EMPRESA E DIREITOS FUNDAMENTAIS

O DEVER CONSTITUCIONAL DE DEVIDA DILIGÊNCIA NO EXERCÍCIO DE ATIVIDADE ECONÔMICA

CB125866

CIRO GRYNBERG

Luís Roberto Barroso
Prefácio

Ana Paula de Barcellos
Apresentação

EMPRESA E DIREITOS FUNDAMENTAIS

O DEVER CONSTITUCIONAL DE DEVIDA DILIGÊNCIA NO EXERCÍCIO DE ATIVIDADE ECONÔMICA

Belo Horizonte
FORUM
CONHECIMENTO
2025

© 2025 Editora Fórum Ltda.

É proibida a reprodução total ou parcial desta obra, por qualquer meio eletrônico, inclusive por processos xerográficos, sem autorização expressa do Editor.

Conselho Editorial

Adilson Abreu Dallari
Alécia Paolucci Nogueira Bicalho
Alexandre Coutinho Pagliarini
André Ramos Tavares
Carlos Ayres Britto
Carlos Mário da Silva Velloso
Cármen Lúcia Antunes Rocha
Cesar Augusto Guimarães Pereira
Clovis Beznos
Cristiana Fortini
Dinorá Adelaide Musetti Grotti
Diogo de Figueiredo Moreira Neto (*in memoriam*)
Egon Bockmann Moreira
Emerson Gabardo
Fabrício Motta
Fernando Rossi
Flávio Henrique Unes Pereira
Floriano de Azevedo Marques Neto
Gustavo Justino de Oliveira
Inês Virgínia Prado Soares
Jorge Ulisses Jacoby Fernandes
Juarez Freitas
Luciano Ferraz
Lúcio Delfino
Marcia Carla Pereira Ribeiro
Márcio Cammarosano
Marcos Ehrhardt Jr.
Maria Sylvia Zanella Di Pietro
Ney José de Freitas
Oswaldo Othon de Pontes Saraiva Filho
Paulo Modesto
Romeu Felipe Bacellar Filho
Sérgio Guerra
Walber de Moura Agra

FÓRUM
CONHECIMENTO

Luís Cláudio Rodrigues Ferreira
Presidente e Editor

Coordenação editorial: Leonardo Eustáquio Siqueira Araújo / Thaynara Faleiro Malta
Revisão: Bárbara Ferreira
Capa e projeto gráfico: Walter Santos
Diagramação: Derval Braga

Rua Paulo Ribeiro Bastos, 211 – Jardim Atlântico – CEP 31710-430
Belo Horizonte – Minas Gerais – Tel.: (31) 99412.0131
www.editoraforum.com.br – editoraforum@editoraforum.com.br

Técnica. Empenho. Zelo. Esses foram alguns dos cuidados aplicados na edição desta obra. No entanto, podem ocorrer erros de impressão, digitação ou mesmo restar alguma dúvida conceitual. Caso se constate algo assim, solicitamos a gentileza de nos comunicar através do *e-mail* editorial@editoraforum.com.br para que possamos esclarecer, no que couber. A sua contribuição é muito importante para mantermos a excelência editorial. A Editora Fórum agradece a sua contribuição.

Dados Internacionais de Catalogação na Publicação (CIP) de acordo com ISBD

G894e Grynberg, Ciro

Empresa e direitos fundamentais: o dever constitucional de devida diligência no exercício de atividade econômica / Ciro Grynberg. Belo Horizonte: Fórum, 2025.

285p. 14,5x21,5cm
ISBN impresso 978-85-450-0896-5
ISBN digital 978-85-450-0897-2

1. Direito constitucional. 2. Direitos humanos. 3. Direitos fundamentais e empresas. 4. Eficácia dos direitos fundamentais. 5. Dever de devida diligência. I. Título.

CDD 342
CDU 342

Ficha catalográfica elaborada por Lissandra Ruas Lima – CRB/6 – 2851

Informação bibliográfica deste livro, conforme a NBR 6023:2018 da Associação Brasileira de Normas Técnicas (ABNT):

GRYNBERG, Ciro. *Empresa e direitos fundamentais*: o dever constitucional de devida diligência no exercício de atividade econômica. Belo Horizonte: Fórum, 2025. 285p. ISBN 978-85-450-0896-5.

Para Fernanda, Ben e Lia, com amor.

AGRADECIMENTOS

A sabedoria e o conselho de muitas pessoas fluíram para dentro desta obra. Nenhum trabalho é, afinal, resultado do esforço individual de seu autor. Muitas foram as pessoas e as instituições que contribuíram para que eu chegasse até aqui. E, em todos e por cada um dos dias, é preciso agradecer.

Começo pelas instituições. À Universidade do Estado do Rio de Janeiro (UERJ) e ao programa de pós-graduação em Direito Público por terem sido muito mais do que eu esperava, com educação gratuita e de excelência. As ideias do livro são o resultado da minha tese de doutorado em Direito Público na UERJ. À Procuradoria-Geral do Estado do Rio de Janeiro (PGE/RJ) por todo o incentivo à minha qualificação acadêmica e profissional. A atuação na PGE/RJ sempre foi fonte de inspiração. Ao Supremo Tribunal Federal, que, por duas oportunidades, me deu a oportunidade de ver o Brasil pelas lentes de seus processos e permitiu participar modestamente de sua construção.

Passo às pessoas. À Professora Ana Paula de Barcellos, minha querida orientadora de mestrado e de doutorado, pelo seu incentivo e por sua disponibilidade. Foi fundamental ter o apoio de quem acredita em mim mais do que eu mesmo. Não há palavras para expressar o tamanho da minha admiração intelectual e carinho. A ideia que deu origem a este livro foi plantada por ela, em e-mail dizendo que o tema *Business and Human Rights* estava à espera de uma análise pelo Direito Constitucional. Muito desse trabalho, portanto, é fruto de sua inteligência, provocações e lições. Precisaria de muitas vidas para celebrar a sorte de ter a Professora Ana Paula em meus caminhos. Ao Professor Luís Roberto Barroso, por ser uma referência pessoal e profissional de como conduzir a vida. Ao longo da redação deste trabalho, por vezes, parava e pensava: "como será que o Professor escreveria isso?". É um privilégio continuar sendo seu aluno mesmo fora da Universidade. Ao Professor Daniel Sarmento, pelas aulas instigantes e que me enchem de saudade. Passaria novamente por todas as dificuldades de vencer a redação de uma tese para ter a oportunidade de refazer as suas matérias e ter o prazer da convivência próxima. Muito da minha forma de ver o mundo e de compreender as coisas vem daí. Aos Professores Rodrigo

Brandão, Jane Reis, Gustavo Binenbojm e Patrícia Baptista, pelos ensinamentos, pela amizade e pela inspiração ao longo da minha vida na UERJ. Há muito deles neste trabalho. Aos Professores Ana Frazão, Paulo Barrozo, Patricia Perrone Campos Mello e Ademar Borges que, ao lado dos Professores Ana Paula de Barcellos, Luís Roberto Barroso e Daniel Sarmento, participaram da banca de exame da tese que deu origem ao livro. As arguições e orientações a tornaram muito melhor. Aos amigos da Procuradoria Lucia Lea, Rodrigo Mascarenhas, Bruno Dubeux, Rafael Rolim, Leonardo Espíndola, Malu Sampaio, Aline Jatahy, Marcia Mannheimer, Rosa Schimitt, Beatriz do Couto e Silva, Rogério Carvalho Guimarães, Rodrigo Zambão, Debora May, Felipe Derbli, Joaquim Rohr, Antonio Joaquim, Marcelle Figueiredo, Julia Ryfer, Fabiana Rudge, Alice Voronoff, Renata Ruffo e Janaina Sousa Cruz. Muito obrigado pelo apoio, amizade e pela instigante troca de ideias ao longo da escrita. Aos colegas de doutorado em Direito Público, com os quais compartilhei angústias e alegrias. Um agradecimento especial a minha querida amiga Carina Lelis. Estivemos juntos na aflição de inscrição de projeto para prova de seleção e chegamos juntos em desespero para a conclusão de redação da tese. Muito bom tê-la ao lado em todas essas etapas. Outro agradecimento destacado, à minha querida Teresa Melo, também companheira de doutorado. É difícil acreditar que, depois de velho, a gente ainda consegue fazer amizades tão profundas. A vida é cheia de surpresas e Teresa é uma delas. A todos os amigos do STF, em especial, Marluce Fleury Flores, Patrícia Perrone Campos Mello, Leonardo Cunha, Luísa Lacerda, Beatriz Chiesse, Fernanda de Paula, Flavia Martins de Carvalho, Eduardo Granzotto, Berandette Vittorino, Aline Dourado, Julio Sisson, Adriano Leal, Ricardo Abreu, Silvia Prado, Leonardo Mello, Cristina Telles, Daniel Pontes, Ana Calil, Andre Luíz Araujo, Tricia Navarro, Guilherme Resende, Inezil Marinho Jr., Marcelo Varella, Mario Carboni, Natalia Cruz, Victor Durigan e Matheus Casimiro. Um agradecimento especial à querida amiga Aline Osório: uma potência de afeto, de trabalho e de generosidade. À amiga de toda a vida, Priscilla Elman.

Os agradecimentos principais são para a minha família. Aos meus pais, Jairo e Valéria, pelo amor indubitável, pelo investimento, pela confiança nos meus estudos, pelo cuidado comigo, pelo tempo de suas vidas para que eu pudesse me dedicar aos meus sonhos e a este livro, assim como pelas conversas sobre o tema deste trabalho. Ao meu irmão Caio, que, mesmo longe, sempre está presente, com muito amor e afeto. Aos meus avós Adaina, Agliberto, Sônia e Leo, pelas memórias de amor e demonstração dos caminhos a seguir. Meu avô Agliberto partiu no último ano de doutorado, cheio de alegria e confiança em mim. Saudades de todos.

À Fernanda, que deu sentido à minha vida, pelo seu amor, compreensão e pela sua ajuda. O que construímos juntos é motivo de felicidade, paz e alegria. Muito obrigado pela generosidade, pela paciência que pôde ter e pela parceria durante as horas e finais de semana dedicados a este projeto e a tantos outros em que embarquei. Nada faz sentido sem você. Ao Ben e à Lia, que coloriram a minha vida, tornaram concreta e intermitente a minha felicidade e são a razão de tudo o que faço.

Vários colegas e amigos foram suficientemente gentis para ler e criticar este trabalho. Puderam me salvar de enganos e erros de julgamento; os que ainda permanecem devem-se somente a mim.

Agradeço, por fim, ao imponderável que faz da vida o que ela é.

"Direitos humanos não são apenas herança a ser preservada, mas também invenção a ser recriada."

Samuel Moyn

SUMÁRIO

I. O autor

Conheço Ciro Grynberg há mais tempo do que ele — e talvez eu também — gostaria de admitir. O tempo, contudo, é um aliado da vida. Não é um inimigo. Dos primeiros encontros como seu professor até a atuação em minha assessoria no Supremo Tribunal Federal, presenciei diferentes fases de sua trajetória intelectual e profissional. Sempre com a mesma impressão renovada: a de estar diante de uma mente privilegiada e inquieta, vocacionada ao serviço público e sensível às injustiças.

Em uma sociedade complexa e heterogênea como a nossa, o Direito desempenha diferentes papéis, ora ligados à conservação, ora à transformação. Há quem atravesse o Direito apenas como técnica; há quem o enxergue como ferramenta de transformação. Ciro tem a virtude do equilíbrio. Com domínio técnico, ele sente, pensa e age a partir de um compromisso genuíno de justiça social.

A sua tese de doutorado, que deu origem a este livro, desenvolvida no programa de pós-graduação da Faculdade de Direito da UERJ, é a expressão desse equilíbrio entre técnica aguçada e a promoção de valores sociais. O trabalho, aprovado por banca que integrei ao lado dos Professores Ana Paula de Barcellos, Daniel Sarmento, Ana Frazão e Paulo Barrozo, confirmou e ampliou as minhas percepções sobre o Ciro. A obra, que tenho o prazer de prefaciar, permitirá que todos conheçam os muitos talentos do autor.

II. Breves reflexões sobre o tema e a obra

O livro trata de uma questão central em um mundo transformado pelas complexidades da terceira revolução industrial,[1] também

[1] A primeira revolução industrial é simbolizada pelo uso do vapor como fonte de energia, a partir do meio do século XVIII. A segunda teve início com o uso da eletricidade e a invenção do motor de combustão interna, na virada do século XIX para o XX. E já se fala da quarta revolução industrial, fruto da fusão de tecnologias que está afetando as fronteiras entre as esferas física, digital e biológica. Sobre esse último ponto, v. SCHWAB, Klaus. *A Quarta Revolução Industrial*. Tradução de Cássio Leite Vieira. São Paulo: Edipro, 2018. v. 1.

conhecida como revolução tecnológica ou digital: a relação entre empresas e direitos fundamentais. Vivemos em um mundo de *apps*, algoritmos, inteligência artificial e de inovação em ritmo acelerado, onde nada parece realmente novo por muito tempo.[2] As inovações tecnológicas, em especial a internet, mudaram a forma como as pessoas se comunicam, conhecem seus parceiros de vida, leem livros, assistem filmes, se locomovem pelas cidades ou simplesmente ouvem música. Esse processo de transformações digitalizou a experiência de vida humana e tem desafiado as bases do constitucionalismo. Já levou, inclusive, à formulação de teorias que sugerem a necessidade de um constitucionalismo digital[3] para assegurar a proteção de direitos no novo contexto de mundo hiperconectado e globalmente disperso.

O constitucionalismo é herdeiro das revoluções liberais na Inglaterra, Estados Unidos da América e França. Trata-se de uma ideologia consolidada na experiência política da maior parte do planeta, que tem apoio em dois grandes pilares: a limitação dos poderes do Estado e a proteção dos direitos fundamentais. No ideário liberal, o reconhecimento de direitos e garantias individuais designou uma fórmula de proteção do indivíduo contra o poder absoluto do Estado.

O que aconteceu no mundo contemporâneo, no entanto, foi o surgimento de poderes privados imensamente influentes e em ampla medida mais ricos e poderosos do que os próprios Estados. Das cem maiores economias do planeta, sessenta e nove são empresas.[4] Isso significa que, paralelamente ao poder soberano do Estado e aos regimes de proteção de direitos fundamentais em face de condutas do Estado, nos deparamos com poderes privados de grandes corporações e de plataformas de mídias sociais com enorme impacto sobre as nossas vidas.

Há, portanto, um fenômeno novo no Direito Constitucional. A ideia clássica de um Direito para a proteção das pessoas em face do Estado tornou-se insuficiente diante de tanto poder concentrado

---

[2] Sobre o tema, em especial sobre os impactos da revolução digital sobre a democracia e a liberdade de expressão, v. BARROSO, Luís Roberto; BARROSO, Luna Van Brussel. Democracia, mídias sociais e liberdade de expressão: ódio, mentiras e a busca da verdade possível. *Direitos Fundamentais & Justiça*, Belo Horizonte, ano 17, n 49, p. 285-311, jul./dez. 2023.

[3] Sobre o tema, v. TEUBNER, Gunther. Autoconstitucionalização de corporações transnacionais? Sobre a conexão entre os códigos de conduta corporativos (*Corporate Codes of Conduct*) privados e estatais. *In*. SCHWARTZ, Germano (org.). *Juridicização das esferas e fragmentação do direito na sociedade contemporânea*. Porto Alegre: Livraria do Advogado, 2012. p 109-126; PEREIRA, Jane Reis Gonçalves; KELLER, Clara Iglesias. Constitucionalismo Digital: contradições de um conceito impreciso. *Revista Direito e Práxis*, Rio de Janeiro, v. 13, n. 4, p. 2.648-2.689, 2022.

[4] Disponível em: https://www.globaljustice.org.uk/news/69-richest-100-entities-planet-are-corporations-not-governments-figures-show/. Acesso em: 20 jun. 2023.

nas mãos de pessoas jurídicas que não são organizações estatais. No tempo presente, as empresas detêm capacidade de interferir na vida institucional dos Estados, podem influenciar resultados eleitorais, induzir decisões políticas, inclusive a elaboração de leis. Elas moldam parte significativa do modo que vivemos e das escolhas que fazemos no dia a dia.[5] Nas palavras do autor, "para além da liberdade de agir dentro de estruturas normativas existentes, as empresas passaram a deter o poder de influenciar e conformar as próprias estruturas em que atuam. Afinal, a influência na esfera política permite que determinem os regulamentos a que estão sujeitas e, portanto, aquilo que orientará a sua própria governança".

O desafio atual, portanto, é saber *como* lidar e regular poderes privados e *como* gerir e proteger antigos e *novos* direitos fundamentais[6] no contexto de concentração de poder por entidades não estatais. Essa é a pergunta que orientou a pesquisa acadêmica que deu origem a este livro.

As empresas, como ressalta o autor, são agentes de desenvolvimento econômico e social: geram oportunidades, renda e acesso a bens e serviços essenciais. São um instrumento necessário à geração de riqueza e, consequentemente, de criação de fontes de arrecadação tributária que habilitam políticas públicas de desenvolvimento social e econômico. Entretanto, as empresas também podem causar degradação ambiental, acentuar regimes de discriminação e exclusão e violar direitos e garantias fundamentais da atual e de futuras gerações. É dizer: direitos fundamentais podem ser respeitados ou violados no exercício de atividade econômica, assim como podem ser fomentados ou restringidos pela empresa.

Ciro Grynberg demonstra que, além do potencial de violação de direitos fundamentais, agentes econômicos privados assumiram papéis

---

5 Florian Wettstein, por sinal, concluiu que as transformações produzidas pelo contexto contemporâneo de economia global alçaram as empresas à posição de instituições quase-governamentais (*quasi-governmental institution*). Sobre o tema, v. WETTSTEIN, FLORIAN. *Multinational Corporations and Global Justice*: Human Rights Obligations of a Quasi-Governmental Institution. Stanford: Stanford University Press, 2009.

6 O avanço de novas tecnologias conduziu ao surgimento de um conjunto de novos direitos fundamentais. Alguns desses novos direitos já vêm sendo bem geridos e protegidos, como o direito de privacidade na realidade da vida digital. A Constituição brasileira, por meio da EC nº 115/2022, positivou o direito à proteção de dados, inclusive nos meios digitais. O Congresso Nacional editou a Lei Geral de Proteção de Dados (Lei nº 13.709/2018) e boa parte dos países democráticos editou leis de proteção da privacidade em ambientes digitais. Por outro lado, o direito à inclusão digital e a garantia de liberdade cognitiva, em um cenário de combinação de neurociência, inteligência artificial e plataformas digitais, são novos direitos fundamentais que ainda estão no radar de definição de modelo de gestão e proteção.

cada vez mais relevantes na definição da intensidade de proteção e promoção de direitos humanos. É o que se vê, por exemplo, dos debates sobre a privacidade e a liberdade de expressão em redes sociais: a extensão de nossos direitos e garantias individuais no ambiente digital é determinada pelas plataformas de mídias sociais ao fixarem suas políticas de conteúdo. O Estado, portanto, já não pode, sozinho, garantir a efetividade dos direitos fundamentais em sociedades complexas e globalizadas.

Esse quadro de impotência estatal e de crescentes impactos negativos sobre os direitos das pessoas e o meio ambiente fez aumentar as cobranças sociais sobre a atuação das empresas. Como consequência, multiplicaram-se as iniciativas corporativas voltadas à promoção de diversidade no ambiente de trabalho, à proteção ao meio ambiente, à tutela de parceiros de cadeia produtiva, à recusa de contratação de fornecedores que não observam suas responsabilidades socioambientais, à estruturação de departamentos internos de *compliance* e à mais recente corrida por conformação aos fatores ESG. Tudo, no entanto, baseado em instrumentos de *soft law* do Direito Internacional ou em códigos de conduta voluntários de responsabilidade social corporativa, sem clareza sobre *o que* a empresa deve fazer e sobre *como* ela deve demonstrar seus compromissos socioambientais.

Frente a essa análise, Ciro apresenta o seguinte diagnóstico: na realidade de poder concreto e estrutural das empresas sobre as nossas vidas e de insuficiência do Estado, os instrumentos de *soft law* do Direito Internacional e os códigos de conduta voluntários de responsabilidade social corporativa não são capazes de garantir a efetividade dos direitos fundamentais, nem segurança jurídica. É dizer: a previsibilidade em relação a *como* e *o que* as empresas devem fazer em relação aos direitos humanos. E a insegurança jurídica se apresenta tanto nas relações: (i) da empresa com o Poder Público, seus concorrentes e a sociedade civil, para se compreender o que pode ser exigido, fiscalizado e sancionado; como (ii) da empresa com os seus acionistas, de modo que os administradores saibam o que deve ser feito, sem fraudar os deveres fiduciários, com a consequente criação de conflitos e inflação de custos de agência. Em outras palavras, existe uma lacuna normativa que deixa pessoas, trabalhadores e comunidades vulneráveis à atividade da empresa, ao mesmo tempo que cria insegurança jurídica para a empresa e seus acionistas.

Nesse contexto, a pergunta que o autor responde ao longo do livro é: *qual é a vinculação jurídico-constitucional da empresa para a incorporação da promoção e da proteção de direitos fundamentais nos seus objetivos sociais*? Ou quais são os deveres impostos pelo Direito Constitucional brasileiro às empresas para que identifiquem, previnam e mitiguem os danos reais ou potenciais a direitos fundamentais decorrentes de sua operação, da sua cadeia de suprimentos e/ou de suas relações comerciais?

A obra se estrutura em cinco capítulos, articulados de forma lógica e progressiva. O *primeiro* capítulo aborda as transformações recentes que posicionam as empresas como agentes centrais na agenda dos direitos fundamentais. O *segundo* expõe como os debates sobre o regime de responsabilidades das empresas avançaram no Direito Internacional, com destaque para os *Guiding Principles on Business and Human Rights* e o conceito de *devida diligência* em direitos humanos, apontando, contudo, as limitações desse regime. No *terceiro*, em um diálogo integrativo com o Direito Internacional dos Direitos Humanos, o autor examina como a ordem econômica e os princípios constitucionais autorizam e impõem deveres jurídicos às empresas relacionados aos direitos fundamentais.

Após identificar a conformidade da devida diligência em direitos humanos com os princípios da ordem econômica e a exigência de incorporação de valores socioambientais protegidos pelos direitos fundamentais no processo decisório da empresa, o *quarto* capítulo retoma o debate sobre a eficácia dos direitos fundamentais nas relações privadas. O autor demonstra que a teoria de eficácia horizontal deve ser ajustada às complexidades do exercício de empresa, incorporando as transformações de *sujeitos* e da *forma* de proteção dos direitos fundamentais na realidade da globalização e da revolução digital. O *quinto* capítulo, enfim, apresenta a principal e inovadora contribuição do trabalho: a formulação de uma teoria de eficácia dos direitos fundamentais no contexto da empresa, que materializa um dever constitucional de *devida diligência* em direitos fundamentais.

O regime constitucional de deveres empresariais é concebido a partir dos princípios da dignidade humana e da solidariedade social, com parâmetros teóricos e operacionais bem definidos. A construção teórica, contudo, é feita a partir da conciliação de liberdades e interesses econômicos da empresa com os direitos fundamentais impactados pela atividade empresarial. Afirma-se, assim, que a Constituição brasileira impõe um dever procedimental e contínuo, que envolve sucessivas fases, cuja finalidade é forçar a própria empresa a enxergar os custos socioambientais de suas ações voltadas à maximização de lucros. O livro, ao propor o dever constitucional de devida diligência em direitos fundamentais, detalha o seu conteúdo, fixa os parâmetros para a sua incidência e esclarece como se pode exigir o seu cumprimento. Ciro Grynberg oferece um marco normativo maduro e consistente para a interpretação constitucional. Ele preencheu o vazio de tutela jurídica dos direitos fundamentais no contexto empresarial.[7]

III. Conclusão

Vivemos uma época de transformações profundas na estrutura da sociedade, no papel do Estado e na dinâmica do poder. Em um mundo globalizado, hiperconectado e profundamente marcado pela terceira revolução industrial — a revolução tecnológica e digital —, emergem novos atores, novas responsabilidades e, sobretudo, novas exigências de justiça. É nesse contexto que se insere, com vigor e originalidade, o trabalho de Ciro Grynberg, publicado sob o título *Empresa e direitos fundamentais: o dever constitucional de devida diligência no exercício de atividade econômica.*

Como já sinalizei, o autor e o livro têm a virtude do equilíbrio. O dever constitucional de devida diligência foi a resposta dada para lidar com a complexa relação entre empresas e direitos fundamentais. A construção teórica foi orientada pela premissa de que todos devem ser tratados com igual consideração e respeito. Isso incluiu levar a sério os legítimos interesses dos dois lados da relação: os da empresa, com a sua fundamentalidade para o desenvolvimento econômico e social, e os das pessoas submetidas aos impactos da atividade econômica. O leitor tem à disposição uma das contribuições mais sólidas e inovadoras do debate constitucional recente. O trabalho inaugura uma nova e necessária gramática para enfrentar os impactos sociais da atividade empresarial em tempos de globalização, mudanças climáticas e revolução digital.

Brasília, 9 de julho de 2025.

Luís Roberto Barroso

Ministro Presidente do Supremo Tribunal Federal.
Professor titular de Direito Constitucional da Universidade do Estado do Rio de Janeiro – UERJ.
Mestre (Master of Laws) pela Yale Law School.
Doutor e livre-docente pela UERJ. *Visiting Scholar* na Harvard Law School.

---

[7] Claire Cutler afirma que há um "vácuo" regulatório global para a tutela dos direitos fundamentais no contexto empresarial. Sobre o tema, v. CUTLER, Claire. Private International Regimes and Interfirm Cooperation. *In:* HALL, Rodney; BIERSTEKER, Thomas. *The Emergence of private authority in global governance.* Cambridge: Cambridge University Press, 2022, p. 23-42.

APRESENTAÇÃO

É com enorme alegria que tenho o privilégio de apresentar ao público (enfim!) a tese de doutorado de Ciro Grynberg, após ter tido o ainda maior privilégio de orientar seu desenvolvimento no âmbito do programa de pós-graduação da Faculdade de Direito da UERJ. O leitor interessado nos desafios contemporâneos dos direitos fundamentais ou da regulação e governança das atividades econômicas (ou em ambos os temas) tem nas mãos uma preciosidade que valerá cada minuto investido na leitura. E, se não acredita, ponderando que afinal sou amiga do autor e fui a orientadora da tese, suspenda o julgamento, prossiga e tire suas próprias conclusões.

A relação entre empresas e direitos fundamentais é uma das questões centrais do nosso tempo. De um lado, direitos individuais e coletivos se desenvolvem, seja no sentido de seu respeito e expansão ou de sua restrição e violação, na interação com as atividades empresariais. A crescente limitação das capacidades estatais de transformação da realidade em matéria de direitos reforça a relevância das empresas nesse contexto, lembrando-se ademais que as políticas públicas serão custeadas, em sua maior parte, por tributos oriundos da taxação das atividades econômicas. Empresas são responsáveis por geração de renda, acesso a produtos e serviços indispensáveis ao bem-estar humano, oportunidades de desenvolvimento pessoal, tecnologias sustentáveis, culturas de respeito e inclusão, mas também por condições de trabalho escravo, pela disseminação de produtos e serviços danosos ao desenvolvimento humano e à saúde, por práticas discriminatórias, por censura, por degradação ambiental.

Por outro lado, as tentativas de impor responsabilidades acerca da promoção e proteção de direitos às empresas apenas com base em princípios gerais e ideais vagos, ainda que bem intencionados, gera insegurança e voluntarismo em um ambiente que estima a previsibilidade e precifica todo tipo de incerteza. Afinal, qual o papel das empresas na promoção e proteção dos direitos fundamentais? Ciro Grynberg articula os fundamentos constitucionais brasileiros com os debates internacionais sobre ESG, devida diligência e governança corporativa, oferecendo não só uma leitura transnacional do tema, como também e sobretudo uma contribuição profunda, inovadora e mais que oportuna a esse debate: o dever constitucional de devida diligência em direitos fundamentais.

Em primeiro lugar, o trabalho demonstra de forma analítica os problemas enunciados e suas repercussões. A insuficiência do Estado, sozinho, para garantir a efetividade dos direitos fundamentais em sociedades complexas e economicamente globalizadas. E a insegurança normativa que decorre da ausência de parâmetros claros sobre as obrigações das empresas — o que pode ou deve ser feito, e em que termos. Os mecanismos hoje disponíveis — tanto no Direito Internacional, por meio de instrumentos de *soft law*, quanto na esfera interna, com códigos de conduta voluntários — não são suficientes para garantir a efetividade dos direitos fundamentais no contexto da atuação empresarial. Há um vazio normativo e institucional que compromete a proteção de pessoas e comunidades afetadas por grandes estruturas econômicas, ao mesmo tempo em que gera insegurança jurídica para empresas, administradores e órgãos de controle.

A partir desse diagnóstico, o autor formula a pergunta fundamental: qual é a vinculação jurídico-constitucional das empresas em relação aos direitos fundamentais? Em outras palavras: há, no Direito Constitucional brasileiro, deveres específicos, exigíveis e juridicamente delimitáveis, impostos às empresas para que atuem de forma a prevenir violações e promover direitos fundamentais?

Para responder a essa indagação, o livro percorre cinco capítulos, articulando com precisão, clareza e equilíbrio os planos normativo, teórico e institucional. No primeiro capítulo, são apresentadas as transformações contemporâneas que colocam as empresas como atores centrais na dinâmica dos direitos humanos/fundamentais. O segundo capítulo analisa os limites da perspectiva internacional vigente, com destaque para os Princípios Orientadores das Nações Unidas e o conceito de devida diligência, discutindo suas potencialidades e insuficiências. No terceiro capítulo, o autor reconstrói a base constitucional brasileira, demonstrando como a ordem econômica e os princípios constitucionais autorizam — e demandam — a imposição de deveres jurídicos às empresas. O quarto capítulo revisita a teoria da eficácia dos direitos fundamentais nas relações privadas, questionando a suficiência da chamada eficácia horizontal e propondo uma teoria mais ajustada à complexidade do contexto empresarial. No quinto e último capítulo, é apresentada a principal inovação do trabalho: a formulação de um dever constitucional de devida diligência em direitos fundamentais, com parâmetros teóricos e operacionais bem definidos.

A contribuição mais inovadora do livro, claro, está na proposta de um regime constitucional de deveres empresariais construído de forma específica e com contornos delimitados e claros a partir do princípio da dignidade da pessoa humana e da solidariedade. Trata-se de uma leitura sistemática e propositiva da Constituição de 1988, que reconhece que certas condutas não podem ser deixadas à mera liberalidade dos agentes econômicos, ao mesmo tempo em que também não podem ser definidas casuisticamente por órgãos de controle estatal. Ao propor o dever jurídico de devida diligência em direitos fundamentais — com conteúdo, extensão e parâmetros definidos —, o autor intervém de modo original no debate acadêmico, oferecendo um referencial normativo valioso para intérpretes constitucionais, operadores do Direito e formuladores de políticas públicas.

Não há sentido em prosseguir com esta introdução e atrasar o início da leitura: a mera descrição do trabalho já é suficiente para revelar sua preciosidade (eu avisei!). Boa leitura e bom proveito!

Ana Paula de Barcellos
Professora de Direito Constitucional
Universidade do Estado do Rio de Janeiro

INTRODUÇÃO

A propriedade das grandes sociedades empresárias é dispersa e fragmentada em ações e títulos. A engenharia jurídica que conformou o Direito Societário criou as bases para investimentos financeiros, mas com responsabilidade limitada dos investidores/proprietários. Essa fórmula permitiu enorme circulação e geração de riqueza no mundo. A história de prosperidade da empresa, de fato, produziu entidades tão grandes que ninguém, individualmente ou em conjunto com outras pessoas, poderia ter capital suficiente para ser proprietário de grandes companhias. Elas se tornaram maiores e mais poderosas do que Estados.

O sucesso do capital e da busca pela maximização de lucros da companhia, contudo, veio associado a inúmeros impactos negativos ao meio ambiente, aos trabalhadores, às comunidades em que a atividade econômica é desenvolvida, enfim, aos direitos humanos. Os Estados, fragilizados diante da potência econômica, política e cultural das grandes sociedades empresárias na atual ordem econômica global, foram desafiados a conciliar o desenvolvimento econômico com a promoção e a proteção dos direitos humanos afetados e vulneráveis diante do exercício da atividade econômica organizada.

O envolvimento de empresas americanas no golpe chileno em 1973, os subornos pagos pela empresa americana de aviação militar Lockheed a oficiais japoneses em troca de contratos militares, o apoio de empresas e bancos ao *apartheid* sul-africano,[1] as relações da indústria

[1] FEENEY, Patricia. A luta por responsabilidade das empresas no âmbito das nações unidas e o futuro da agenda de *advocacy*. *Sur — Revista Internacional de Direitos Humanos*, São Paulo, v. 6, n. 11, p. 174-191, dez. 2009.

farmacêutica e de tecnologia com a Alemanha nazista,[2] ou o financiamento e apoio dado por companhias nacionais e internacionais à ditadura civil-militar brasileira, reveladas pela Comissão da Verdade,[3] são exemplos de casos que, a partir da década de 1970, suscitaram reflexões, em especial por organismos internacionais, sobre *como* responsabilizar e *qual* seria a responsabilidade das empresas para a consecução dos direitos humanos.

A ideia de oposição de direitos que limitariam a liberdade de empresa, criando constrangimentos à livre-iniciativa e controle estatal para a conformação da atividade econômica, foi vista com enorme desconfiança, inclusive porque poderia ser o caminho para subverter a autonomia privada e instrumentalizar a empresa para o atendimento de interesses de governos de ocasião. Depois de décadas de debate, as Nações Unidas, em 2011, aprovaram um conjunto de princípios orientadores (*Guiding Principles on Business and Human Rights*[4]), que estabelece um padrão de orientação para fixação de responsabilidades do Estado e da Empresa para o respeito, a proteção e a promoção dos direitos humanos no contexto da atividade empresarial: a *devida diligência* em direitos humanos. Poucos anos antes, em outra iniciativa das Nações Unidas — o Pacto Global —, se lançou um projeto para a incorporação de fatores ambientais, sociais e de governança ao processo decisório de investimento financeiro: a agenda ESG.[5]

Esse conjunto de documentos das Nações Unidas, que fixam padrões de atuação corporativa, se propõe a garantir, para além do

---

[2] Conforme relato de Edwin Black, a IBM deu suporte técnico ao terceiro *reich* para organizar, contabilizar e gerenciar a deportação, o trabalho forçado e o extermínio de pessoas no holocausto (BLACK, Edwin. *A IBM e o Holocausto*: a aliança estratégica entre a Alemanha nazista e a mais poderosa empresa americana. Rio de Janeiro: Campus, 2001). Alessandra Costa e Marcelo Silva ressaltam, ainda, o fornecimento do inseticida Zyklon B, utilizado nas câmaras de gás, pela empresa IG Farben, que depois foi reaberta com o nome de Bayer (COSTA, Alessandra de Sá Mello da; SILVA, Marcelo Almeida de Carvalho. Empresas, violação dos direitos humanos e ditadura civil-militar brasileira: a perspectiva da Comissão Nacional da Verdade. *Organizações & Sociedade*, v. 25, n. 84, p. 15-29, mar. 2018).

[3] Reportagem de Beatriz Borges, no El País, destacou que, conforme apuração da Comissão da Verdade, mais de 80 empresas colaboraram com a ditadura civil-militar no Brasil. Disponível em: https://brasil.elpais.com/brasil/2014/09/08/politica/1410204895_124898.html. Acesso em: 2 out. 2021. Um dos casos se refere à colaboração da Volkswagen com a repressão aos trabalhadores durante o regime civil-militar brasileiro.

[4] Disponível em: https://www.ohchr.org/Documents/Publications/GuidingPrinciplesBusinessHR_EN.pdf. Acesso em: 20 jan. 2022.

[5] Os protocolos ESG, ou na sigla em português ASG (ambiental, social e governança), referem-se a um conjunto de medidas e práticas que as empresas adotam para promover a sustentabilidade ambiental, a responsabilidade social e a boa governança, orientando investimentos no mercado de capitais.

respeito, a proteção e a promoção dos direitos humanos e, na dimensão interna dos Estados, a realizar os direitos fundamentais no contexto empresarial. Eles tratam, portanto, de uma atribuição de responsabilidades a empresas que, até aqui, ainda são concebidas como funções exclusivas do Estado. Afinal, para além do *respeito*, que é um dever do Estado, mas também dos particulares de se absterem de praticar condutas que ameacem ou violem os direitos fundamentais, caberia apenas ao Estado: (i) *proteger* contra ações de terceiros, provendo estruturas e mecanismos que possam preservar e/ou restaurar os direitos fundamentais; e (iii) *promover* esses direitos, criando as condições jurídicas e materiais para a sua progressiva concretização e universalização.

O fato é que mudanças tecnológicas e demográficas têm desafiado as estruturas tradicionais do Estado e a sua própria aptidão para proteger e promover os direitos fundamentais. Vivemos em uma realidade de mundo volátil, incerto, complexo e ambíguo.[6] Mais do que isso, fala-se mais recentemente em um mundo BANI, para designar uma realidade frágil (*brittle*), de ansiedade (*anxious*), sem linearidade (*nonlinear*) e de incompreensão (*incomprehensible*).[7] A crise climática, a destruição ambiental, a pandemia de covid-19, com as suas consequências econômicas inevitáveis, e a desigualdade social profunda, que, ano após ano, empurram milhares de vidas para a privação e miséria, nos levam a pontos de não retorno.[8] A calamidade social e ambiental é tão intensa que não haverá política pública capaz de revertê-la. Nessa trilha, não seremos capazes de restabelecer biomas nem ecossistemas sociais.

Diante disso, contudo, é comum dizermos: esse é um problema do Estado. A questão é que o nosso pacto social, que molda aquilo que politicamente convencionamos ser papel do Estado, não tem sido capaz de preservar o ambiente em que vivemos, nem garantir a dignidade dos despossuídos e de nossas gerações futuras. Nesse ritmo, acabaremos

---

6 A referência a um mundo volátil, incerto, complexo e ambíguo é originária da Escola de Guerra Norte-Americana (USAWC) para se referir à realidade subsequente à Guerra Fria. A expressão foi incorporada por economistas, com o emprego do acrônimo VUCA world (Volatile, Uncertain, Complex, and Ambiguous) para designar a instabilidade da vida atual.

7 Paula Harraca apresenta o conceito de mundo BANI para descrever uma realidade, evidenciada com a pandemia de covid-19, em que todos nós, indivíduos, sociedade, Estado e empresas, estamos propensos a incidentes de grande impacto na humanidade. Sobre o ponto, v. HARRACA PAULA. *O Poder Transformador ESG*: como alinhar lucro e propósito. São Paulo: Planeta do Brasil, 2022.

8 A ideia de ponto de não retorno social e ambiental foi absorvida da coluna de Edu Lyra, no Jornal O Globo (LYRA, Edu. Pobreza Irreversível? *Jornal O Globo*, Rio de Janeiro, 26 out. 2021). A figura do "não retorno" designa o momento em que os ecossistemas sofrem danos tão profundos, que não é mais possível a sua recuperação.

todos dragados pela devastação ambiental e pela miséria social. Como alertou Martin Luther King, "*todas as pessoas estão presas em uma teia de inescapável mutualidade, entrelaçadas em um único tecido do destino. O que quer que afete alguém diretamente acabará afetando a todos de forma indireta*".[9]

Mas momentos de crise são oportunidades. Como recorda Minouche Shafik, "*algumas crises resultam em decisões que mudam a sociedade para melhor — como as medidas do New Deal, introduzidas para conter a Grande Depressão, ou a ordem internacional baseada em regras que emergiram após a Segunda Guerra Mundial*".[10] Cabe, então, identificar novos paradigmas, enfrentar alguns dogmas e buscar os caminhos para que os direitos, sobretudo aqueles identificados como fundamentais, sejam promovidos, protegidos e preservados.

A partir dos debates no Direito Internacional sobre *como* responsabilizar e sobre *qual* seria a responsabilidade das empresas para a promoção e proteção dos direitos humanos, o livro percorre a Constituição brasileira para responder se existe um dever constitucional das empresas relacionado aos direitos fundamentais. A conclusão é que há uma modalidade especializada de eficácia dos direitos fundamentais nas relações da empresa que se materializa pela exigência de *devida diligência* em direitos fundamentais. Há um dever constitucional das empresas de devida diligência em direitos fundamentais e o livro apresenta os fundamentos desse dever e qual é o seu conteúdo, fixando uma teoria de eficácia dos direitos fundamentais no contexto da empresa.

Apresentação do problema: porque as soluções existentes não são adequadas

O que nós devemos uns aos outros? Temos alguma responsabilidade sobre o desenvolvimento daqueles que não conhecemos? Ao nos depararmos com uma pessoa em situação de risco social, podemos ser chamados a atuar para garantir o seu bem-estar? Por que uma empresa deve incluir nos seus objetivos a melhoria das condições da comunidade em que atua? Qual é objetivamente o papel de agentes econômicos privados na promoção e proteção de direitos fundamentais?

---

[9] Trecho extraído de "*A Christmas Sermon on Peace*", realizado pelo líder americano dos direitos civis Martin Luther King, em 1967. A citação consta de SHAFIK, Minouche. *Cuidar uns dos outros*: um novo contrato social. Rio de Janeiro: Intrínseca, 2021, p. 235-236.

[10] SHAFIK, Minouche. *Cuidar uns dos outros:* um novo contrato social. Rio de Janeiro: Intrínseca, 2021, p. 10/11.

Uma primeira e mais simplista resposta às reflexões suscitadas por essas perguntas poderia ser situada no contexto da filantropia. É dizer: a garantia de desenvolvimento social, com a proteção e a promoção de direitos e garantias fundamentais, é uma função do Estado. O dever de cada um de nós — e de empresas em particular — se limitaria a transferir, por meio de tributos, os recursos necessários para a criação e a manutenção de redes de proteção social. Para além disso, o envolvimento de agentes privados em ações voltadas ao desenvolvimento social seria meramente voluntário e classificado como ato de benemerência. Essa ainda é, em linhas gerais, a compreensão da responsabilidade social corporativa ou empresarial,[11] assim como a previsão do recentemente revogado Decreto nº 9.571/2018, que estabelecia as Diretrizes Nacionais sobre Empresas e Direitos Humanos, acentuando o caráter declaratório e voluntário do regime de responsabilidade das empresas.[12]

Uma segunda e mais elaborada resposta, no entanto, valoriza a ideia de solidariedade. Nessa compreensão, pressupõe-se uma imposição ética altruísta voltada ao outro, capaz de rearticular os valores fundamentais de liberdade e de igualdade "*sobre bases mais humanas e*

---

[11] Pode-se falar em responsabilidade socioambiental corporativa e, mais recentemente, se fala em conduta empresarial responsável. Independentemente da designação, Florian Wettstein aponta que, em regra, as concepções de responsabilidade social corporativa não se baseiam em debates sobre justiça, se relacionando apenas com ideias de virtude. Em consequência, destaca que a responsabilidade social corporativa é interpretada como mera filantropia e percebida como uma conduta voluntária. Nesse sentido: "*Obligations of justice enjoy the highest priority among moral responsibilities. Therefore, one would think that assessing moral responsibilities of corporations must logically start with defining and outlining their obligations of justice. Surprisingly, however, the current debate on corporate social responsibility hardly ever refers to the concept of justice. Instead, it predominantly interprets corporate social responsibility as a virtue- based concept. Such virtue- based interpretations give rise to two interconnected, fundamentally flawed, but surprisingly per sis tent premises regarding the character of corporate responsibilities. First, in most cases social responsibilities of corporations are interpreted as mere philanthropy and charity. Thus they are, second, predominantly perceived as voluntary*". (WETTSTEIN, FLORIAN. *Multinational Corporations and Global Justice*: Human Rights Obligations of a Quasi-Governmental Institution. Stanford: Stanford University Press, 2009. p. 271).

[12] O Decreto nº 9.571, de 21 de novembro de 2018, que estabelecia as Diretrizes Nacionais sobre Empresas e Direitos Humanos, incorporou, em linhas gerais, os *Guiding Principles on Business and Human Rights* da Organização das Nações Unidas. Assim como a cartilha da ONU, o Decreto Federal, no §2º do art. 1º, consiga o caráter voluntário da responsabilidade da empresa em relação aos impactos de suas atividades sobre os direitos humanos. Confira-se a redação do dispositivo: "*Art. 1º Este Decreto estabelece as Diretrizes Nacionais sobre Empresas e Direitos Humanos, para médias e grandes empresas, incluídas as empresas multinacionais com atividades no País.* (...) §2º As Diretrizes serão implementadas voluntariamente pelas empresas".

menos abstratas, colorindo-os com novos e mais cintilantes matizes".[13] Passa-se, aqui, a admitir a existência de obrigações, inclusive com repercussão financeira, destinadas a preservar e promover direitos de terceiros com quem não se tem qualquer relação jurídica antecedente.[14]

Tradicionalmente, contudo, essas obrigações são aquelas relacionadas à seguridade social e pressupõem mediação legislativa. Por meio da criação de contribuições sociais, instalam-se sistemas estatais de proteção social para atendimento de grupos determinados e situações de riscos específicos. O protagonismo no exercício das funções de promoção e proteção de direitos e garantias fundamentais permanece com o Estado. Afinal, cabe ao Estado, por exemplo, a organização e a prestação de serviços de saúde, de assistência social e a oferta de benefícios para proteção social ao trabalhador, aos idosos e às crianças. De igual modo, cabe também ao Estado o desenvolvimento de estruturas para tutelar direitos fundamentais de forma geral, promovendo liberdades, reprimindo tratamentos discriminatórios e preservando a integridade das pessoas.

Nesse aspecto, a abordagem sobre a observância, por atores privados, de normas relacionadas aos direitos fundamentais é essencialmente *indireta*. O Estado é o sujeito de responsabilidades que exigem que ele cobre de atores não estatais, em especial de grandes empresas, a adequação de suas condutas para a proteção e promoção de direitos fundamentais. É dizer: cabe ao Estado prevenir e reprimir as violações de direitos.

Ocorre que as noções de soberania, território e povo, que nos acompanham desde as revoluções liberais, estão em obsolescência. A compreensão clássica de soberania estatal como autoridade que não se subordina na ordem externa, nem encontra concorrência na ordem interna, e que, por isso, impõe incondicionalmente os seus comandos sobre o povo de um determinado território, mostra-se insuficiente para explicar o próprio sentido de Estado na realidade do ciberespaço e do mundo globalizado.[15] A própria capacidade de tributação, um

---

[13] SARMENTO, Daniel. *Direitos fundamentais e relações privadas*. Rio de Janeiro: Lumen Juris, 2004, p. 3.

[14] Sobre o ponto, Ana Paula de Barcellos esclarece que "*a referência à construção de uma sociedade solidária e a menção ao custeio solidário dos sistemas de seguridade social autoriza o Legislativo a criar deveres, particularmente encargos financeiros, destinados a custear benefícios que não necessariamente serão fruídos por aqueles que pagam*" (BARCELLOS, Ana Paula de. *Curso de Direito Constitucional*. 2. ed. Rio de Janeiro: Forense, 2019, p. 148).

[15] Sobre o ponto v. LESSIG, Lawrence. *Code*: version 2.0, Basic Books: New York, 2006; e GATTO, Raquel Fortes. *O impacto da governança da internet sob o prisma da soberania,*

dos instrumentos possíveis para incentivar condutas empresariais e para arrecadar recursos para a concretização de deveres relacionados aos direitos fundamentais, foi afetada pela realidade de dispersão da atividade econômica. Esse giro de sentidos dos elementos do Estado, com a consequente ascensão e concentração de poder por agentes econômicos privados transnacionais, evidenciou que os riscos de violações de direitos e garantias fundamentais não tinham mais apenas os Estados como foco de atenção.[16] Já há alguns anos, portanto, tanto em meio acadêmico como em organismos internacionais, os Estados deixaram de ser o único objeto de pesquisa e regulação, passando-se a examinar, em particular, as repercussões da empresa sobre os direitos humanos.[17] Já se fala, inclusive, em estruturas constitucionais não estatais para garantir a eficácia de direitos fundamentais no contexto das relações das empresas.[18]

Em consequência, a centralidade estatal na criação e na manutenção de sistemas de proteção e promoção de direitos fundamentais vem sendo desafiada pela realidade. As fronteiras entre os deveres de atores estatais, de um lado, e os encargos de entidades privadas, de outro lado, estão em processo de revisão.

Veja-se: em 2020, uma grande empresa de varejo brasileira abriu inscrições para seu programa de *trainee*. Diferente dos anos anteriores, o regulamento para participação do processo seletivo estabeleceu

---

Dissertação, Pontifícia Universidade Católica de São Paulo, 2008. Disponível em: https://sapientia.pucsp.br/bitstream/handle/8130/1/Raquel%20Fortes%20Gatto.pdf. Acesso em: 10 mar. 2021.

16 Os desafios para a efetivação dos direitos humanos no cenário global são sistematizados por RATNER, Steven R. *Corporations and human rights*: A Theory of Legal Responsibility. *Yale Law Journal*, v. 111, n. 3, p. 443-545, dez. 2001.

17 Sobre o ponto, David Bilchitz consigna que "*Tradicionalmente, o foco do direito internacional incidia sobre os Estados como sujeitos primários do direito internacional: no entanto, nos últimos anos, o foco maior está sendo projetado, tanto no meio acadêmico como nas Nações Unidas (ONU), sobre as obrigações legais de atores não estatais, tais como organizações não governamentais, organizações de libertação e empresas (ALSTON, 2005, p. 4-6). Em particular, dado o poder das empresas de influenciar a realização dos direitos fundamentais, tem havido uma série de iniciativas, principalmente voluntárias, que procuram delinear as responsabilidades das empresas a esse respeito*". (BILCHITZ, David. *O marco Ruggie*: Uma proposta adequada para as obrigações de direitos humanos das empresas? *SUR – Revista Internacional de Direitos Humanos*, São Paulo, v. 7, n. 12, p. 209-241, jun. 2010).

18 Gunther Teubner sustenta que os códigos de ética corporativos e as recomendações de organismos internacionais sobre responsabilidade socioambiental corporativa materializam fenômeno de constitucionalização não estatal, mas de cunho civil-societário. Sobre o tema, v. TEUBNER, Gunther. Autoconstitucionalização de corporações transnacionais? Sobre a conexão entre os códigos de conduta corporativos (*Corporate Codes of Conduct*) privados e estatais. *In:* SCHWARTZ, Germano (org.). *Juridicização das esferas e fragmentação do direito na sociedade contemporânea*. Porto Alegre: Livraria do Advogado, 2012. p. 109-126.

que as vagas eram exclusivas para pessoas negras.[19] Os ataques ao pioneirismo empresarial da varejista foram intensos.[20] Foi, inclusive, ajuizada ação coletiva, com pedido de indenização por danos morais, sob o fundamento de discriminação na seleção de candidatos.[21] Apesar dos ataques, o programa de seleção para contratação exclusiva de pessoas negras conseguiu afirmar a sua legalidade e serviu de modelo para outras sociedades empresárias no país.[22]

Por sua vez, em maio de 2022, três décadas após o início de operação na Rússia, o *Mcdonald's* — símbolo da vitória do liberalismo político e econômico sobre os escombros da União Soviética[23] — lançou um comunicado para informar a sua retirada do país, em resposta à crise humanitária decorrente da invasão da Ucrânia.[24] O movimento

---

19 O programa de seleção para contração de profissionais recém-formados foi lançado em 2020 pela Sociedade Magazine Luiza (Magalu). Disponível em: https://traineemaga.lu/. Acesso em: 01 set. 2020.

20 O Deputado Federal Carlos Jordy, então líder do governo na Câmara dos Deputados em 2020, apresentou uma representação no Ministério Público contra a Varejista Magalu, solicitando fosse "*apurado crime de racismo no caso do programa de Trainee só para negros*", uma vez que, nas palavras do parlamentar, "*A lei 7.716/89 tipifica a conduta daquele que nega ou obsta emprego por motivo de raça*". Disponível em: https://twitter.com/carlosjordy/status/1307346246571622400?ref_src=twsrc%5Etfw%7Ctwcamp%5Etweetembed%7Ctwterm%5E1307346246571622400%7Ctwgr%5Eaffaa7427fe94e6aa28b06e29f6de0a8abe36df3%7Ctwcon%5Es1_&ref_url=https%3A%2F%2Feconomia.uol.com.br%2Fnoticias%2Fredacao%2F2020%2F09%2F19%2Fdeputado-diz-que-acionou-mp-contra-o-magazine-luiza-por-racismo.htm. Acesso em: 20 dez. 2022.

21 A ação foi ajuizada pela Defensoria Pública da União e tramitou na 15ª Vara do Trabalho de Brasília, sob o nº 0000790-37.2020.5.10.0015. O pedido foi julgado improcedente, tendo se afirmado em sentença que o processo seletivo "*não configura qualquer tipo de discriminação na seleção de empregados. Ao contrário, demonstra iniciativa de inclusão social e promoção da igualdade de oportunidades decorrentes da responsabilidade social do empregador*".

22 Diversas empresas lançaram programas semelhantes ao da Magalu, para tornar os seus quadros de empregados mais inclusivos. É possível citar a Bayer, Cyrela, Vale, Vivo, Braskem, P&G, General Motors, Philips, Bank of America e a Enel. Disponível em: https://sejatrainee.com.br/a-importancia-da-diversidade-podcast-seja-trainee/. Acesso em: 20 dez. 2022.

23 Disponível em: https://epocanegocios.globo.com/Empresa/noticia/2022/05/epoca-negocios-mcdonalds-vendera-negocios-russos-e-deixara-pais-em-reacao-a-guerra-na-ucrania.html. Acesso em: 3 abr. 2023.

24 O comunicado global do Diretor Executivo do McDonald's anotou o seguinte: "*As you know, almost every multinational company like McDonald's is reconsidering their presence in Russia. This is a complicated issue that's without precedent and with profound consequences. As I've reflected on this issue, I've asked myself five fundamental questions, the first four of which are practical and largely commercial: Are we legally allowed to operate in the country? Do we have the freedom to operate the business and meet the needs of our customers and crew unimpeded? Is our presence in the market brand-enhancing to our global operations? And does it make good business sense? Unfortunately, the answer to each of these questions is currently no -- and I don't see that changing for the foreseeable future. The fifth and final question is more complicated: does it align with our values? Fred Turner espoused one value more than any other: do the right thing. Some*

empresarial de reprovação ao governo russo foi seguido por dezenas de multinacionais após o início da guerra. A rede de *fast food*, mais recentemente, também anunciou a paralisação de suas atividades em Israel, aderindo à greve geral convocada em março de 2023,[25] para protestar contra as reformas do Governo de Benjamin Netanyahu, que são criticadas por ameaçarem a separação dos poderes e o caráter democrático do Estado.[26]

Esses exemplos, que se somam a outras iniciativas corporativas voltadas à promoção de diversidade no ambiente de trabalho, à proteção ao meio ambiente, à tutela de parceiros de cadeia produtiva, à recusa de contratação de fornecedores que não observam suas responsabilidades socioambientais, à estruturação de departamentos internos de *compliance* e à recente corrida por conformação aos fatores ESG, anunciam um fenômeno atual: *o desenvolvimento de sistemas de promoção e proteção de direitos fundamentais por entidades privadas.*

Trata-se de um movimento do mundo corporativo que vai além do *respeito* aos direitos fundamentais nas suas relações negociais, de que se ocuparam os debates que, desde a década de 50, construíram as teorias sobre a eficácia dos direitos fundamentais nas relações privadas.[27] Não mais se discute a incidência, com a afirmação de um dever de respeito aos direitos fundamentais em relações privadas.[28]

---

might argue that providing access to food and continuing to employ tens of thousands of ordinary citizens, is surely the right thing to do. But it is impossible to ignore the humanitarian crisis caused by the war in Ukraine. And it is impossible to imagine the Golden Arches representing the same hope and promise that led us to enter the Russian market 32 years ago". Disponível em: https://corporate.mcdonalds.com/corpmcd/our-stories/article/chris-russia-update.html. Acesso em: 3 abr. 2023.

[25] Disponível em: https://oglobo.globo.com/mundo/noticia/2023/03/mc-donalds-de-israel-anuncia-fechamento-de-unidades-no-pais-em-apoio-a-greve-geral.ghtml. Acesso em: 3 abr. 2023.

[26] Os fatos que sinalizam a existência de uma crise democrática em Israel podem ser lidos em artigo publicado pelo escritor e historiador israelense Yuval Noah Harari no jornal *The Guardian*: HARARI, Yuval. My message to Benjamin Netanyahu: stop your coup or we'll stop the country. The Guardian, Nova Iorque, 7 mar. 2023. Disponível em: https://www.theguardian.com/commentisfree/2023/mar/07/benjamin-netanyahu-coup-israeli-judicial-system. Acesso em: 4 abr. 2023.

[27] Sobre o tema v. SARMENTO, Daniel. *Direitos fundamentais e relações privadas*. Rio de Janeiro: Lumen Juris, 2004.

[28] Os debates sobre a chamada eficácia horizontal dos direitos fundamentais podem ser lidos em SARMENTO, Daniel. *Direitos fundamentais e relações privadas*. Rio de Janeiro: Lumen Juris, 2004; SARLET, Ingo Wolfgang. Direitos fundamentais e direito privado: algumas considerações em torno da vinculação dos particulares aos direitos fundamentais. *In*: SARLET, Ingo Wolfgang (org.). *A Constituição concretizada*. Porto Alegre: Livraria do Advogado, 2000, p. 107/163; STEINMETZ, Wilson Antônio. *Vinculação dos particulares aos direitos fundamentais*. São Paulo: Malheiros, 2005; SILVA, Virgílio Afonso da. *A constitucionalização do direito*: os direitos fundamentais nas relações entre particulares. São Paulo: Malheiros, 2005.

A questão agora consiste em saber se *a eficácia dos direitos fundamentais se expandiu para exigir o apoio e a criação de sistemas privados de proteção e a promoção de direitos fundamentais por atores não estatais.*

Veja-se: assumir a existência de um dever de proteção e promoção impõe uma mudança em relação à natureza das obrigações de atores não estatais sobre os direitos fundamentais. Passa-se de um regime de obrigações essencialmente negativas de não causar danos a direitos e garantias fundamentais para um modelo de obrigações positivas voltadas à própria concretização e preservação de direitos fundamentais alheios.

Atualmente, portanto, para além da eficácia horizontal dos direitos fundamentais, que designa que "*cada pessoa ou entidade privada tem a obrigação jurídica de respeitar, comissiva e omissivamente, os direitos fundamentais alheios*",[29] mas sem enfrentar especificamente a existência de deveres de proteção e promoção,[30] está em curso o processo que

---

[29] SARMENTO, Daniel. *Direitos fundamentais e relações privadas*. Rio de Janeiro: Lumen Juris, 2004, p. 300.

[30] Daniel Sarmento, ainda que não estivesse examinando especificamente a efetividade dos direitos fundamentais nas relações da empresa, ao tratar da eficácia de direitos fundamentais transindividuais sobre as relações privadas, afirma que "*seria praticamente inócua a garantia constitucional destes direitos, que tutelam bens jurídicos que podem ser afetados e comprometidos por todos, se a eles só ficassem diretamente vinculados os poderes públicos*". Sugere, assim, que a vinculação direta dos particulares não se restringe a uma obrigação negativa, de não afetar os bens jurídicos por eles protegidos, já que "*pode importar, em certos casos, no reconhecimento de obrigações positivas de caráter prestacional, inferidas diretamente da Constituição*". De toda forma, apesar de reconhecer uma eficácia mais ampla especificamente para vincular particulares aos direitos sociais e transindividuais, afirma que o papel de proteção e de promoção de direitos fundamentais é eminentemente estatal: "*Sem embargo, apesar da elasticidade e da tendência expansiva que os direitos fundamentais assumem no campo das relações privadas, parece-nos que, afora algumas exceções pontuais que não infirmam a regra, a vinculação dos particulares a tais direitos não abrange o dever de proteção dos mesmos, em relação a lesões e ameaças provenientes de terceiros. Em outras palavras, cada pessoa ou entidade privada tem a obrigação jurídica de respeitar, comissiva e omissivamente, os direitos fundamentais alheios, mas não tem o dever de proteger esses mesmos direitos diante de agressões de terceiros*" (SARMENTO, Daniel. *Direitos fundamentais e relações privadas*. Rio de Janeiro: Lumen Juris, 2004, p. 300 e 365). Em igual sentido, Ingo Wolfgang Sarlet afirma a eficácia de direitos sociais nas relações privadas, concluindo pela possibilidade de incidência de obrigações prestacionais: "*todos os direitos fundamentais (mesmo os assim denominados direitos a prestações) são, ademais, eficazes (vinculantes) no âmbito das relações entre particulares, inexistindo, em princípio, distinção entre os direitos de cunho defensivo e os direitos prestacionais, em que pese o seu objeto diverso e a circunstância de que os direitos fundamentais do último grupo possam até vincular, na condição de obrigado em primeira linha, os órgãos estatais*" (SARLET, Ingo Wolfgang. *Direitos fundamentais e direito privado*: algumas considerações em torno da vinculação dos particulares aos direitos fundamentais. *In*: SARLET, Ingo Wolfgang (org.). *A Constituição concretizada*. Porto Alegre: Livraria do Advogado, 2000, p. 154). A incidência dos direitos fundamentais nas relações entre particulares, mas restrita ao dever de respeito, é apontada por André de Carvalho Ramos: "*Os direitos de defesa, então, têm como consequência inicial a transformação desses direitos em um escudo contra o poder estatal, concretizando exigências de abstenção, derrogação e até mesmo anulação de atos do Estado, o que gera a chamada eficácia vertical dos direitos*

aponta para a assunção também dessas funções por atores privados, em especial sociedades empresárias.

Discute-se, por exemplo, a possibilidade de os Estados exigirem que particulares, em especial grandes empresas, mantenham estruturas de prevenção de violações contra direitos fundamentais que possam ser praticados por seus agentes: o dever geral de devida diligência, com a realização de auditorias permanentes para avaliar o impacto real e potencial de suas atividades sobre interesses socialmente relevantes de terceiros. É ainda uma questão em aberto saber se é possível exigir de empresas a instalação de programas de *compliance*, para que estabeleçam procedimentos internos destinados a estimular e desestimular padrões de conduta e minimizar o risco de pessoas serem alvo de discriminação e assédio, no contexto das atividades econômicas dessas entidades.[31] Mais além, já se discute se empresas, como indústrias farmacêuticas, teriam obrigações de tornar mais acessíveis os produtos essenciais à vida e à saúde das pessoas, conformando suas decisões corporativas ao atendimento de interesses mais amplos, em vez de se orientar apenas pela maximização de seus lucros.[32]

O Supremo Tribunal Federal, em julgados que trataram dos contornos da ordem econômica na Constituição, já afirmou a existência de deveres de atores privados que vão além de mera abstenção de causar danos, admitindo, por exemplo, restrições aos direitos de propriedade e possessórios[33] e limitações de preço de bens e serviços, como meios para a proteção de direitos fundamentais à saúde e à educação.[34]

---

humanos (indivíduo x Estado). Porém, já é um consenso no Brasil que os direitos de defesa também podem ser invocados contra outros particulares, consagrando a eficácia horizontal dos direitos humanos (relação partícula x particular)". (RAMOS, André de Carvalho. *Curso de direitos humanos*. São Paulo: Saraiva, 2021. p. 35).

[31] BARCELLOS, Ana Paula de. *Curso de Direito Constitucional*. 2. ed. Rio de Janeiro: Forense, 2019, p. 182/183).

[32] David Bilchitz, por exemplo, afirma que os direitos fundamentais projetam deveres que impõem limites às decisões empresariais, as quais não podem conduzir à restrição de acesso a bens e serviços essenciais. Sobre o tema v. BILCHITZ, David. *Fundamental Rights and the legal obligations of business*. Cambridge: Cambridge University Press, 2022.

[33] São exemplos de decisões que impuseram restrições aos direitos de propriedade e posse: a ADPF nº 828, que buscava a suspensão de processos e medidas administrativas e judiciais de despejo, desocupação e remoção forçada; a ADI nº 6.362, que tratou de requisições administrativas de bens e serviços de saúde durante a pandemia de covid-19; e a ADI nº 5.529, que afirmou a inconstitucionalidade do art. 40 da Lei nº 9.279/1996, que ampliava o prazo de vigência de patentes.

[34] Sobre limitação de preços e serviços é possível citar: a ADI nº 3.330 e a ADI nº 319, sobre regulação de preço de mensalidades escolares; o RE nº 666.094, que fixou tese em regime de repercussão geral sobre o valor de indenização de serviços privados de saúde requisitados por decisão judicial; o RMS nº 28.487, em que se considerou legítima a imposição de per-

Em passagem do voto do Ministro Luís Roberto Barroso na ADI nº 5.529, sobre a extensão de prazo de patente, consignou-se expressamente que *"as causas humanitárias devem sim, em muitas situações, prevalecer sobre os interesses empresariais"*.[35] Apesar disso, há igualmente julgados que reforçaram o âmbito de autonomia privada, repelindo a atribuição de funções de concretização de direitos fundamentais a agentes privados.[36] Há, pois, grande disparidade de interpretação constitucional sobre quais seriam as obrigações corporativas relacionadas aos direitos fundamentais.

Como exposto, no entanto, em 2011, o Conselho de Direitos Humanos da Organização das Nações Unidas aprovou, por meio da Resolução A/HRC/RES/17/4,[37] um conjunto de diretrizes denominado *Guiding Principles on Business and Human Rights*[38] (Princípios Orientadores), cuja finalidade específica é orientar políticas e práticas de Estados e de empresas em relação aos direitos humanos. Trata-se de um quadro referencial que identifica o que *deve* ser feito e *como fazer* para "proteger, respeitar e remediar" os direitos humanos no contexto empresarial.[39]

De acordo com os Princípios Orientadores aprovados pela Organização das Nações Unidas, os Estados devem proteger; as empresas

---

centual de desconto obrigatório e linear nas vendas de medicamentos ao Poder Público; e a ADI nº 3.512, que afirmou a constitucionalidade de lei que assegurava meia-entrada em eventos culturais para doadores de sangue.

[35] Trecho do voto oral do Ministro Luís Roberto Barroso na ADI nº 5.529, Relator Ministro Dias Toffoli, j. em 06.05.2021.

[36] Citem-se, como exemplos de decisões que franquearam maior peso à livre iniciativa e, consequentemente, orientaram pela menor incidência de deveres às empresas relacionados aos direitos fundamentais: a ADC nº 48 e a ADI nº 3.961, sobre a terceirização de atividades-fim de uma empresa, em que o STF afirmou que *"o princípio constitucional da livre iniciativa garante aos agentes econômicos liberdade para eleger suas estratégias empresariais dentro do marco vigente"*; o RE 839.950, em que se fixou tese em repercussão geral sobre a inconstitucionalidade de leis que obriguem à manutenção de postos de trabalho *"em detrimento das reconfigurações de mercado necessárias à inovação e ao desenvolvimento"*; e a ADI nº 6.451, que afirmou a inconstitucionalidade de lei estadual que suspendia cobranças por instituições financeiras de empréstimos consignados, durante a pandemia de covid-19.

[37] Disponível em: https://ap.ohchr.org/documents/dpage_e.aspx?si=A/HRC/RES/17/4. Acesso em: 20 jan. 2022.

[38] Disponível em: https://www.ohchr.org/Documents/Publications/GuidingPrinciplesBusinessHR_EN.pdf. Acesso em: 20 jan. 2022.

[39] Os Princípios Orientadores das Nações Unidas deram origem a outros documentos internacionais sobre conduta empresarial responsável, como a Declaração Tripartite de Princípios da Organização Internacional do Trabalho — OIT sobre Empresas Multinacionais e Política Social, em 2017, as Diretrizes da OCDE para Empresas Multinacionais, em 2011, as Diretrizes da OCDE para devida diligência, em 2018, e, mais recentemente, as Diretivas do Parlamento Europeu sobre Devida Diligência e Sustentabilidade Corporativa, aprovada em julho de 2022.

têm a responsabilidade de respeitar; e aqueles que forem prejudicados devem ser indenizados. A ideia de *respeito* dos Princípios Orientadores da ONU, no entanto, abarca condutas ativas, prescrevendo responsabilidades corporativas de prevenção para não causar dano, por meio da *devida diligência* em direitos humanos[40] nas próprias atividades da empresa e naquelas de seus parceiros comerciais.[41] Esse conjunto de responsabilidades da empresa para a prática de condutas ativas, que já vai além da noção de simples abstenção, recebe críticas tanto por sua ingerência na organização da atividade econômica[42] quanto, por outro lado, por ser excessivamente modesto.[43]

---

40 O Princípio 17 da ONU sobre Empresas e Direitos Humanos dispõe que "*A fim de identificar, prevenir, mitigar e reparar os impactos negativos de suas atividades sobre os direitos humanos, as empresas devem realizar auditorias (due diligence) em matéria de direitos humanos. Esse processo deve incluir uma avaliação do impacto real e potencial das atividades sobre os direitos humanos, a integração das conclusões e sua atuação a esse respeito; o acompanhamento das respostas e a comunicação de como as consequências negativas são enfrentadas. A auditoria (due diligence) em matéria de direitos humanos: A. Deve abranger os impactos negativos sobre os direitos humanos que tenham sido causados ou que tiveram a contribuição da empresa para sua ocorrência por meio de suas próprias atividades, ou que tenham relação direta com suas operações, produtos ou serviços prestados por suas relações comerciais; B. Variará de complexidade em função do tamanho da empresa, do risco de graves consequências negativas sobre os direitos humanos e da natureza e o contexto de suas operações; C. Deve ser um processo contínuo, tendo em vista que os riscos para os direitos humanos podem mudar no decorrer do tempo, em função da evolução das operações e do contexto operacional das empresas*". A tradução para o português dos Princípios Orientadores foi realizada pela organização Conectas Direitos Humanos. Disponível em: https://www.conectas.org/wp-content/uploads/2017/12/2012_Empresas_-Direitos_Humanos_Par%C3%A2metros_-ONU.pdf.

41 O Princípio 13, alínea "b", da ONU sobre Empresas e Direitos Humanos dispõe que "*A responsabilidade de respeitar os direitos humanos exige que as empresas: A. Evitem que suas próprias atividades gerem impactos negativos sobre direitos humanos ou para estes contribuam, bem como enfrentem essas consequências quando vierem a ocorrer; B. Busquem prevenir ou mitigar os impactos negativos sobre os direitos humanos diretamente relacionadas com operações, produtos ou serviços prestados por suas relações comerciais, inclusive quando não tenham contribuído para gerá-los*".

42 Como destaca Carlos Portugal Gouvêa, "*a primeira voz crítica ao relatório foi a do renomado advogado estadunidense Martins Lipton, o qual é tido como o primeiro arquiteto das chamadas poison pills. Em 1º de maio de 2006, logo após a publicação do relatório de John Ruggie, Martin Liptn tornou público um memorando de seu escritório, Wachtel, Lipton, Rosen & Katz LLP, no qual argumentava que o modelo proposto por Ruggie poderia causar danos às companhias globais e deveria ser analisado de forma muito atenta*" (GOUVÊA, Carlos Portugal. *A Estrutura da Governança Corporativa*. São Paulo: Quartier Latin, 2022. p. 485).

43 A imposição apenas dos chamados deveres positivos derivados de deveres negativos pelos Princípios Orientadores da ONU é objeto de crítica de David Bilchitz e de Florian Wettstein: Como se explicitará na tese, os autores sustentam que os direitos fundamentais exigem que as empresas atuem para realizá-los diretamente dentro de sua esfera de influência, em um papel mais abrangente do que aquele imposto pelo dever de devida diligência. Sobre o tema v. BILCHITZ, David. *Fundamental Rights and the legal obligations of business*. Cambridge: Cambridge University Press, 2022; WETTSTEIN, Florian. *Multinational Corporations and Global Justice*: Human Rights Obligations of a Quasi-Governmental Institution. Stanford: Stanford University Press, 2009.

No Brasil, há uma consistente frente de pesquisa[44] que acompanha a agenda internacional de direitos humanos e empresas desenvolvida pela Organização das Nações Unidas. Essa pesquisa inclui o monitoramento da negociação de um tratado internacional no Conselho de Direitos Humanos e a análise de políticas públicas sobre direitos humanos e empresas desenvolvidas a partir dos marcos internacionais da matéria, monitorando, ainda, os casos de violação de direitos humanos por empresas. Em linhas gerais, apontam-se críticas à abordagem voluntarista da responsabilidade corporativa fixada pelos *Guiding Principles on Business and Human Rights* das Nações Unidas, advogando-se a necessidade de celebração de tratado internacional que vincule a empresa.[45]

Contudo, pela perspectiva interna dos Estados, ainda não se avançou no debate sobre o *regime constitucional* de deveres atribuídos às empresas para concretização de direitos fundamentais. Como resultado, conforme destacou John Ruggie,[46] não há clareza quanto ao que as empresas, seus conselheiros e diretores devem fazer em relação aos direitos fundamentais, nem sobre o que se tem permissão para fazer sem

---

[44] O Homa 3 — Instituto Brasileiro de Direitos Humanos e Empresas foi criado em 2012 e é responsável pela produção de conhecimento científico sobre temas envolvendo violações de direitos humanos por empresas, contando com cinco linhas de pesquisa, uma revista periódica própria (*Homa Publica — Revista Internacional de Derechos Humanos y Empresas*) e a divulgação de boletim informativo. A Fundação Getúlio Vargas também instituiu um "*Centro de Direitos Humanos e Empresas*", tendo publicado em 2017, em parceria com o Ministério dos Direitos Humanos, uma publicação sobre os Princípios Orientadores da ONU, com o título "*Implementando os Princípios Orientadores sobre Empresas e Direitos Humanos da ONU: o dever do Estado de proteger e a obrigação das empresas de respeitar os direitos humanos*". O Ministério Público Federal mantém um grupo de trabalho de direitos humanos e empresas, assim como organizações não governamentais, como a Conectas Direitos Humanos, que realizam a pesquisa e o monitoramento específico de violações de direitos humanos por empresas.

[45] Sobre o tema v. ROLAND, Manoela Carneiro *et al.* Desafios e perspectivas para a construção de um instrumento jurídico vinculante em direitos humanos e empresas. *Revista de Direito GV*, São Paulo, v. 14, n. 2, p. 393-417, maio/ago. 2018.

[46] John Ruggie foi Secretário-Geral-Adjunto para Planejamento Estratégico das Nações Unidas de 1997 a 2001, assim como foi nomeado Representante Especial do Secretário-Geral da ONU para Negócios e Direitos Humanos, em 2005. Ruggie foi responsável pela elaboração do relatório denominado "*Quadro Referencial para Negócios e Direitos Humanos*", que delineou a responsabilidade das empresas de respeito aos direitos humanos e o dever de remediarem os danos causados por suas atividades. O relatório deu origem aos "*Princípios Orientadores sobre Negócios e Direitos Humanos*", sendo considerado o marco internacional sobre responsabilidade de empresas para direitos humanos. Carlos Portugal Gouvêa aponta que John Ruggie é o responsável pelo nascimento da moderna governança socioambiental (GOUVÊA, Carlos Portugal. *John Ruggie e o nascimento da moderna governança socioambiental*. Disponível em: https://www.jota.info/opiniao-e-analise/artigos/john-ruggie-nascimento-moderna-governanca-socioambiental-23112021. Acesso em: 2 jun. 2023).

ir contra os deveres fiduciários que administradores de empresas têm com os acionistas.[47] Tampouco se consegue determinar o que o Estado e a sociedade civil podem exigir da empresa em relação à proteção e à promoção dos direitos fundamentais.

Nesse passo, para além do recurso ao princípio da razoabilidade para solucionar, caso a caso, conflitos aparentes de normas constitucionais que protegem tanto a livre-iniciativa como os interesses daqueles afetados pelo exercício da atividade econômica, há uma *necessidade* de reconhecimento e delimitação de deveres oponíveis juridicamente às empresas, para determinação de suas obrigações relacionadas aos direitos fundamentais. Isso porque, em uma realidade de poder concreto e estrutural das empresas sobre as nossas vidas, os instrumentos de *Soft Law* atualmente existentes no Direito Internacional e os códigos de conduta voluntários de responsabilidade social corporativa não são capazes de garantir a efetividade dos direitos fundamentais,[48] nem segurança jurídica. É dizer: a previsibilidade em relação a *como* e *o que* as empresas devem fazer em relação aos direitos humanos. E a insegurança jurídica se apresenta tanto nas relações: (i) da empresa com o Poder Público, seus concorrentes e a sociedade civil, para se compreender o que pode ser exigido, fiscalizado e sancionado; como (ii) da empresa com os seus acionistas, de modo que os administradores possam saber o que deve ser feito, sem fraudar os deveres fiduciários, com a consequente criação de conflitos e inflação de custos de agência.[49]

---

[47] RUGGIE, John Gerard. *Quando negócios não são apenas negócios*: as corporações multinacionais e os direitos humanos. São Paulo: Abril, 2014. p. 144.

[48] Em posição contrária, Gunther Teubner afirma que há "*alguns estudos empíricos que merecem especial atenção. Eles demonstram que em alguns casos os códigos trouxeram mudança real; ou seja, aprimoraram as condições de trabalho, incrementaram a proteção ambiental e forçaram standards de direitos humanos*". (TEUBNER, Gunther. Autoconstitucionalização de corporações transnacionais? sobre a conexão entre os códigos de conduta corporativos (*Corporate Codes of Conduct*) privados e estatais. *In*: SCHWARTZ, Germano (org.). *Juridicização das esferas e fragmentação do direito na sociedade contemporânea*. Porto Alegre: Livraria do Advogado, 2012. p. 109-126). Teubner, de toda forma, ressalva que os estudos precisam ser qualificados. De toda sorte, como se detalhará na tese, além de estudos mais recentes indicarem a insuficiência dos instrumentos de *Soft Law* e de códigos de ética voluntários para assegurar a adesão de empresas às práticas socioambientais responsáveis, a insegurança jurídica não é eliminada. A existência de códigos com conteúdo diversos não garante previsibilidade para os negócios, nem condições equitativas de concorrência.

[49] As grandes companhias, estruturadas sob a forma de sociedades anônimas, são caracterizadas pela existência de uma separação entre a propriedade e o controle. Afinal, a propriedade dos acionistas não resulta, necessariamente, no poder de controle da empresa. Adolf Berle e Gardiner Means, em 1932, foram os primeiros autores a examinar os benefícios e os custos da separação entre propriedade e controle. Um dos custos assinalados foi o de aumento de poderes dos gestores/administradores com a pulverização da propriedade, o que aumentaria as chances de atuação em próprio interesse, em vez de no interesse dos

Diante disso, a pergunta que se busca responder ao longo do livro é: *qual é a vinculação jurídico-constitucional da empresa para a incorporação da promoção e da proteção de direitos fundamentais nos seus objetivos sociais?* Em outras palavras: há obrigações impostas pela Constituição aos atores não estatais, em especial grandes empresas, para a proteção e promoção de direitos fundamentais? Esse é especificamente o objeto do livro, que se ocupa de desenvolver uma teoria de eficácia dos direitos fundamentais no contexto da empresa.

Um problema de efetividade dos direitos fundamentais decorrente da indefinição de deveres relacionados à responsabilidade socioambiental corporativa

> "A Paula viu a lama descendo. Ela subiu na moto dela, a 'Berenice', acelerou o quanto pôde e rodou o povoado todo de Bento Rodrigues avisando do rompimento e só parou quando a gasolina acabou. Aí ela empurrou a Berenice ladeira acima e assistiu com a família e vizinhos, Bento Rodrigues ser varrido do mapa. Graças a essa atitude, 400 pessoas se salvaram [eram 612 moradores locais], então a Paula foi a sirene que a Samarco não tinha".[50]

A descrição de apenas um entre milhares de eventos desencadeados pelo desastre do rompimento da barragem de Fundão, em Mariana (MG), operada pela Samarco Mineração S/A, que tem como acionistas a Vale S.A e a anglo-australiana BHP Billiton, revela a multiplicidade de violações de direitos fundamentais provocada pelo exercício de uma atividade empresarial. Mortes, lesões físicas e psicológicas, cidades integralmente inundadas por lama, desalojamento de populações, interrupção de atividades em escolas e hospitais, contaminação de

---

acionistas. Esse cenário resultou no desenvolvimento de teorias de governança corporativa, que estabelecem meios de controle, internos e externos, para incentivo e controle, objetivando minimizar os custos decorrentes do problema de agência. O conceito de custo de agência é tributado a Michael Jensen e William Meckling. Sobre o tema v. BERLE, Adolf A.; MEANS, Gardiner C. Means. *A moderna Sociedade Anônima e a Propriedade Privada*. São Paulo: Abril Cultural, 1984; e JENSEN, Michael C.; MECKLING, William H. Theory of the firm: Managerial behavior, agency costs and ownership structure. *Journal of Financial Economics*, v. 3, n. 4, p. 305-360, 1976.

50 Relato da Jornalista Cristina Serra, autora do Livro "Tragédia em Mariana". Disponível em: https://g1.globo.com/mg/sul-de-minas/noticia/2019/04/30/a-paula-foi-a-sirene-que-a-samarco-nao-tinha-diz-cristina-serra-sobre-tragedia-em-mariana.ghtml. Acesso em: 2 jun. 2023.

corpos hídricos, destruição ambiental, enfim, um cenário equivalente ao de violações provocadas por explosões de energia nuclear.[51]

Diante das múltiplas violações de direitos, foram instaurados mecanismos de reparação judicial, com o ajuizamento de ações civis públicas[52] e ação criminal.[53] Foram, inclusive, celebrados termos de ajustamento de conduta[54] pelas mineradoras para instituição de programas de reparação, com a criação de uma Fundação para gerir e realizar pagamento de indenizações,[55] assim como para a repactuação de programas socioambientais e socioeconômicos de mitigação e compensação de danos.

Os programas instituídos já resultaram no desembolso de quase 30 bilhões de reais em ações de reparação e compensação.[56] No entanto, passados muito anos do desastre, ainda há diversos questionamentos sobre os meios de reparação instituídos e os valores devidos; sobre a necessidade de contratação de advogado para ser indenizado;[57] e, especialmente, sobre a ausência de conclusão do processo de apuração de responsabilidades criminais, com a prescrição da pretensão condenatória de diversos tipos penais.[58] Mais ainda, quando se está diante de

---

51 De acordo com o biólogo Augusto Rischi, a magnitude da catástrofe provocada pela ruptura da barragem de resíduos de minério de ferro, em 5 de novembro de 2015, só é comparável ao acidente de Fukushima, causado pela central nuclear japonesa em 2011. Disponível em: https://brasil.elpais.com/brasil/2015/12/30/politica/1451479172_309602.html. Acesso em: 2 jun. 2023.

52 Ação Civil Pública nº 0023863-07.2016.4.01.3800, ajuizada pelo MPF, e Ação Civil Pública nº 0069758-61.2015.4.01.3400, ajuizada pela União e pelos Estados de Minas Gerais e do Espírito Santo.

53 Ação Penal nº 0002725-15.2016.4.01.3822, ajuizada pelo MPF contra a Samarco Mineração S.A, Vale S.A, BHP Billiton Brasil Ltda. e seus diretores pelos crimes ambientais, patrimoniais e contra a vida e a integridade das pessoas.

54 O Termo de Ajustamento de Conduta pode ser lido em https://www.fundacaorenova.org/wp-content/uploads/2016/07/ttac-final-assinado-para-encaminhamento-e-uso-geral.pdf. Acesso em: 2 jun. 2023.

55 A Fundação Renova é a entidade responsável pela mobilização para a reparação dos danos causados pelo rompimento da barragem de Fundão, em Mariana/MG. Trata-se de uma organização sem fins lucrativos, que conduz 42 programas de reparação de danos. Disponível em: https://www.fundacaorenova.org/a-fundacao/ Acesso em: 2 jun. 2023.

56 A informação consta dos relatórios da Fundação criada para a gestão dos programas de reparação. Disponível em: https://www.fundacaorenova.org/a-fundacao/. Acesso em: 2 jun. 2023.

57 Os questionamentos sobre o regime de reparação civil podem ser lidos em https://agenciabrasil.ebc.com.br/geral/noticia/2023-02/caso-samarco-quase-r-1-bilhao-retirado-de-indenizacoes-e-devolvido#:~:text=Ao%20longo%20de%202022%2C%20foram,interrompidas%20em%20decorr%C3%AAncia%20da%20trag%C3%A9dia. Acesso em: 2 jun. 2023.

58 Conforme a apuração feita pelo jornalista Pablo Pires Fernandes, do Observatório da Mineração, nenhum dos réus denunciados pelo Ministério Público Federal foram

sociedades empresárias transnacionais, com enorme poder econômico, o risco de os processos de reparação resultarem em irresponsabilização não podem ser descartados.[59]

O fato é que, por mais que os sistemas estatais de reparação e de proteção judicial de direitos fundamentais tivessem resultados céleres[60] e o acesso à justiça fosse ilimitado e incondicionado,[61] não há como restaurar o povoado de Bento Rodrigues, que foi varrido do mapa, assim como todos os outros igualmente afetados pela atividade econômica da sociedade empresária. Convivemos, dessa forma, com expropriações e abusos de direitos qualificados como fundamentais que não recebem resposta ou proteção efetiva.

Diante disso, é de se perguntar: a Samarco Mineração S/A teria obrigações de monitorar os riscos de sua atividade, ainda que não houvesse lei formal que impusesse?[62] A existência de sirenes, sua falta custou a vida de pessoas, não poderia ou deveria ser mecanismo de segurança existente se houvesse uma atividade preventiva e consistente de mapeamento de riscos? Os alertas de riscos e falhas identificadas em planos de segurança podem ser controlados por acionistas, moradores de comunidades afetadas pela atividade produtiva, ou qualquer outro interessado?

---

condenados, em razão do não encerramento da fase instrutória do processo, com a prescrição dos crimes ambientais em 2024. Disponível em: https://www.brasildefato.com.br/2022/11/05/desastre-de-mariana-sete-anos-depois-ninguem-foi-punido-e-crimes-podem-prescrever. Acesso em: 2 jun. 2023.

59 Sobre o risco específico de frustração dos processos de reparação no caso do acidente da barragem de Mariana, v. SALDANHA, Jânia Mara Lopes; BOHRZ, Clara Rossatto. Dupla influência e dupla projeção entre global e local: o "caso Mariana" e a (ir)responsabilidade social das empresas de mineração. *Homa Publica — Revista Internacional de Direitos Humanos e Empresas*, Juiz de Fora, v. 2, n. 2, p. 1/28, fev./jul. 2018.

60 De acordo com dados de 2022 do Conselho Nacional de Justiça, o tempo médio de duração de processo judicial não criminal no Brasil é de 2 anos e 3 meses. Disponível em: https://www.cnj.jus.br/pesquisas-judiciarias/. Acesso em: 2 jun. 2023.

61 Os obstáculos para acesso e obtenção de tutela jurisdicional dizem respeito aos custos do processo judicial, à exigência de habilitação para discussão em juízo, aos recursos e aptidões das partes envolvidas e à natureza dos direitos e interesses controvertidos. A leitura histórica, mas ainda atual da questão, pode ser lida em CAPPELLETTI, Mauro; GARTH, BRYANT. *Acesso à Justiça.* Porto Alegre: Fabris, 1988. No caso do acidente da barragem de Mariana a discussão sobre a exigência de advogado para a obtenção de indenização é exemplo dos obstáculos de acesso à justiça no sistema judicial de proteção de direitos fundamentais.

62 No caso da atividade de mineração, de acordo com a Lei nº 12.334/2010, que estabelece a Política Nacional de Segurança de Barragens, há o dever de promover o monitoramento e o acompanhamento das ações de segurança empregadas pelos responsáveis por barragens, com a reunião e divulgação de dados que subsidiem o gerenciamento da segurança de barragens. A questão é colocada, contudo, para suscitar a reflexão sobre a existência de uma obrigação de monitoramento de impactos da atividade econômica mesmo quando inexistir lei que fixe a exigência.

De acordo com a denúncia apresentada pelo Ministério Público Federal,[63] apesar de existir um plano de monitoramento e outro de ação emergencial para a barragem de Mariana/MG, os documentos eram "*um roteiro proforma*" que não possibilitavam "*que, na ocorrência do inesperado, a esperada ajuda da empresa se desse de modo efetivo a evitar prejuízo maior*".[64] Também de acordo com a denúncia, as inconsistências dos planos de monitoramento e de emergência foram sinalizadas, tendo o Conselho de Administração solicitado à Samarco "*identificar e manter o foco nos riscos catastróficos identificados pela avaliação de riscos, tomando as medidas necessárias para evitar sua ocorrência*".[65]

Apesar disso, a falta de definição de obrigações e de responsabilidades sobre os impactos socioambientais da atividade econômica impediu que as falhas e omissões fossem previamente enfrentadas e endereçadas. A falta de clareza sobre o conteúdo dessas obrigações, em realidade, tem sido um obstáculo para a própria efetividade da reparação. Afinal, se não há certeza sobre o que se pode esperar, como responsabilizar, civil ou criminalmente, por uma conduta que não era claramente exigida? O caso demonstra a necessidade de definir o conteúdo de deveres — até mesmo justificar o porquê de existirem deveres para além do respeito como mera abstenção de não causar dano — de sociedades empresárias em relação aos direitos fundamentais.

A atuação das indústrias farmacêuticas durante a emergência sanitária de covid-19 evidenciou o poder que atores não estatais, em especial as sociedades empresariais transnacionais,[66] possuem sobre as nossas vidas. A definição de como irão empreender, a forma como desenvolverão seus negócios e até mesmo definirão seus preços podem significar a vida ou a morte de pessoas, como no caso da Samarco e das fabricantes de vacinas para covid-19.

---

[63] Disponível em: https://www.mpf.mp.br/mg/sala-de-imprensa/docs/denuncia-samarco. Acesso em: 2 jun. 2023.

[64] Trecho da denúncia da ação criminal nº 0002725-15.2016.4.01.3822, p. 51. Disponível em: //www.mpf.mp.br/mg/sala-de-imprensa/docs/denuncia-samarco. Acesso em: 2 jun. 2023.

[65] Disponível em: https://www.mpf.mp.br/mg/sala-de-imprensa/docs/denuncia-samarco. Acesso em: 2 jun. 2023.
Trecho da denúncia da ação criminal nº 0002725-15.2016.4.01.3822, p. 52. Disponível em: //www.mpf.mp.br/mg/sala-de-imprensa/docs/denuncia-samarco. Acesso em: 2 jun. 2023.

[66] Não há uniformidade sobre a definição de empresas "multinacionais" ou "transnacionais". Por essa razão, a utilização das expressões é feita como se fossem sinônimos para designar sociedades empresárias que exercem suas atividades em mais de um país, inclusive por meio de subsidiárias, filiais ou afiliadas. Sobre os debates a respeito dos sentidos de "multinacionais" e "transnacionais" v. BRASIL, Bárbara Dayana. *Direitos Humanos e investimento estrangeiro*: perspectivas para interação. Rio de Janeiro: Lumen Juris, 2019. p. 80-85.

Para além de situações extremas e de catástrofes, decisões ordinárias de empresa têm a aptidão de impactar as nossas necessidades básicas. Basta pensar nos reflexos que a atuação de companhias de setores farmacêutico e de alimentação, por exemplo, podem ter para a definição de abastecimento ou desabastecimento de produtos e serviços, com o comprometimento de pessoas e comunidades. Ou, então, nos danos à saúde humana com a utilização de sementes quimicamente dependentes para a produção agrícola.[67] Mais além, como evidenciam os debates sobre a privacidade e a liberdade de expressão na definição das políticas de conteúdo de redes sociais, entidades privadas detêm enorme poder para definição de nossas liberdades e garantias individuais. Como destaca Carlos Portugal Gouvêa, "*em nenhum momento da história humana, tanto poder foi concentrado na mão de pessoas jurídicas em um patamar global que não fossem organizações estatais*".[68]

Dessa forma, estamos diante de: (i) limitações inerentes aos mecanismos de reparação; (ii) possibilidades também limitadas de o Estado coibir violações; e (iii) um altíssimo poder de impacto de atividades empresárias sobre as nossas vidas. A ausência de definição de obrigações de sociedades empresárias relacionada aos direitos fundamentais, portanto, mitiga a ideia de efetividade máxima da Constituição, bem como de aplicabilidade imediata e de progressiva ampliação desses direitos (CRFB/1988, art. 5º, §§1º e 2º).

É preciso, contudo, um alerta: a empresa é fundamental. Além de ser o caminho encontrado pelo Direito para proteger e incentivar indivíduos

---

67 Os impactos de empresas do setor agro-bioquímico-alimentar sobre os direitos humanos foram relatados por Ana Luiza Gama e Souza: "*No caso do setor de sementes e agroquímicos, a fusão das empresas Monsanto e Bayer Crop Science monopolizam o mercado. Nesse cenário, onde o processo de produção de sementes está intrinsecamente relacionado a agentes químicos — pesticidas — e a tecnologias de manipulação genética, o direito à alimentação adequada, à saúde humana e ao meio ambiente estão sendo violados globalmente. A tecnologia RoundUp Ready (RR) desenvolvida pela Monsanto na década de 1970 para produzir sementes quimicamente dependentes, especialmente do glifosato, está se espalhando pelo mundo, tornando-o o maior pesticida usado nas grandes monoculturas que alimentam milhões de pessoas em todo o mundo. No Brasil, onde a promoção do agronegócio é uma prioridade política e econômica, a tecnologia RR é amplamente utilizada na agricultura e comercializada como uma solução para aumentar a produtividade das lavouras, sem que haja regulamentação suficiente e eficiente por parte do Estado para evitar danos à saúde humana*" (SOUZA, Ana Luiza Gama e. Responsabilidade das Corporações Transnacionais do Setor Agro-Bioquímico-Alimentares e as sementes Roudup Ready da Monsanto no mercado brasileiro: para além das obrigações negativas. *In: Compilação dos artigos selecionados para o Seminário sobre Empresas e Direitos Humanos*: reflexões e contribuições para uma agenda nacional. Brasília: Ministério da Mulher, da Família e dos Direitos Humanos, 2019).

68 GOUVÊA, Carlos Portugal. *A Estrutura da Governança Corporativa.* São Paulo: Quartier Latin, 2022. p. 22.

que desejam reunir esforços e recursos para empreender, trata-se de instrumento necessário à geração de riqueza e, consequentemente, de criação de fontes de arrecadação tributária que habilitam políticas de desenvolvimento social e econômico. A sua fundamentalidade é igualmente reconhecida pela Constituição, que designa os valores social do trabalho e da livre-iniciativa como princípios fundamentais do Estado brasileiro. A empresa e o exercício de atividades econômicas em geral, por sua ligação estreita com o livre desenvolvimento das pessoas, têm em si uma relevância existencial.[69] É dizer: *"a tutela da dignidade da pessoa humana não se alcança em contraposição ou em detrimento da tutela do patrimônio"*.[70] Nós, afinal, construímos nossas identidades e conformamos parte significativa da forma como vivemos em razão das atividades econômicas que exercemos.

Nesse aspecto, a busca por uma teoria para a definição de uma modalidade especializada de eficácia dos direitos fundamentais, relacionada aos impactos de atividades econômicas privadas sobre os direitos fundamentais, não deve ser pautada por uma disputa entre, de um lado, as organizações e entidades de defesa de direitos humanos e, de outro lado, as companhias. Não há vilões nem pecado na busca pelo lucro. Nas palavras de John Ruggie, o então Representante Especial da Organização das Nações Unidas que elaborou o *Quadro Referencial para Negócios e Direitos Humanos*, é pelo caminho do diálogo construtivo e colaborativo entre os interesses de todas as partes envolvidas — empresas, governos, sociedade civil e outras partes interessadas —, que se pode encontrar soluções eficazes para os desafios enfrentados na proteção dos direitos humanos no contexto empresarial.[71]

---

[69] Sobre a dimensão existencial do exercício de atividade econômica, Stefano Rodotá anota que, *"Por outro lado, não faltam situações patrimoniais que, por sua ligação estreita com o livre desenvolvimento da pessoa, assumem uma relevância existencial"* (RODOTÀ, Stefano. *Dal Sogetto ala persona*. Napoli: Editirale Scientifica, 2007. p. 24).

[70] NEGREIROS, Teresina. *Teoria do contrato:* novos paradigmas. Rio de Janeiro: Renovar, 2006. p. 462.

[71] Sobre a polarização em torno do debate acerca da responsabilidade das empresas em relação aos direitos humanos, John Ruggie descreveu o seguinte cenário: *"Business often resists binding regulations, and this particular instrument was seen to transfer to companies responsibilities for human rights that business believed belonged to governments. Many advocacy groups discount voluntary initiatives because they believe they provide little more than whitewash for companies — or bluewash for those who want to work the UN color into the criticism — and some hold that they divert attention from the need for legal accountability. The only questions anyone wanted me to answer at the consultation were: Which way do I lean? Which side will I end up supporting? I responded that I intended to conduct an evidence-based mandate, and that I would subject the alternatives to as rigorous an assessment as time and circumstances permitted. After doing so, I found both positions wanting"*. (RUGGIE, John. *Just Business*: multinacional corporations and human rights. Nova Iorque: Norton & Company, 2013. p. 59).

A definição jurídica sobre o que se pode esperar de corporações em relação aos direitos fundamentais, para além de apenas afirmar a sua incidência em relações privadas, é um jogo em que só há ganhadores. Afinal, advoga em favor das sociedades empresárias para: (i) afastar excessivas interferências em sua liberdade de empreender; (ii) proporcionar segurança jurídica para a atuação da empresa e dos seus administradores; e (iii) garantir padrões de atuação em um mercado concorrencial. De igual forma, reforça o sistema de proteção e promoção de direitos fundamentais de todos aqueles potencialmente impactados pela atividade empresarial, além de qualificar a ação do Estado para assegurar a higidez desse sistema. Nos dois lados há direitos e garantias fundamentais a serem protegidos e efetivados na maior extensão possível.

Hipótese, metodologia e tese do livro

Em razão da insuficiência de instrumentos de *soft law* e de códigos de ética voluntários para a garantia de efetividade dos direitos fundamentais no contexto da empresa, assim como para a própria segurança jurídica dos negócios, a *hipótese* articulada é a de que, no Direito interno, deve haver vinculação constitucional das empresas a partir de direitos fundamentais. Diante da expansão de poder de agentes privados, que impõe desafios aos Estados para proteger as pessoas e o meio ambiente dos impactos cada vez mais intensos da atividade econômica, a *metodologia* é verificar se é consistente com o Direito interno dizer que no sistema constitucional brasileiro existe vinculação das empresas para a incorporação da proteção e da promoção de direitos fundamentais nos seus objetivos sociais.

Assim, (i) partindo-se dos debates sobre empresas e direitos humanos no Direito Internacional, de modo a demonstrar o problema existente e a insuficiência de mecanismos de *soft law* e de códigos voluntários de responsabilidade da empresa; (ii) examina-se a questão à luz do sistema constitucional brasileiro. Isso tanto sob a perspectiva da ordem econômica como sob a teoria dos direitos fundamentais para, então, se chegar à tese sobre a intensidade de vinculação das empresas à realização dos direitos fundamentais.

A *tese* é a de expansão de eficácia dos direitos fundamentais, com a consequente imposição de um *dever de devida diligência* no exercício de atividades econômicas, que estabelece uma dimensão preventiva de violações e exige mais do que a simples abstenção de dano. Para além disso, inclusive para ações *promocionais* de direitos fundamentais, não há vinculação constitucional, mas condutas voluntárias que devem ser incentivadas ou, desde que observada a garantia de livre-iniciativa, exigidas por meio de lei.

O objetivo, portanto, é estudar as transformações por que tem passado o regime de proteção e promoção de direitos fundamentais no plano institucional. Por transformações institucionais, quer-se indicar as mudanças nos *sujeitos* e nas *formas* por meio dos quais os direitos fundamentais passaram a ser protegidos e promovidos, no curso de um processo de desestatização e de desterritorialização de funções que eram consideradas primariamente do Estado.

É certo que uma leitura radical de que a ideia de Estado moderno vem sendo solapada pela complexa vida econômica e social contemporânea poderia levar à proclamação de sua *morte*. Seria tentador acreditar na possibilidade de instalação de formas alternativas e supraestatais de ordenação de um mundo globalizado, digital e fragmentado, que contemplassem a proteção e a promoção de direitos fundamentais, no caminho da paz perpétua kantiana de um contrato dos povos entre si.[72] Isso, no entanto, ainda é uma utopia.

De todo modo, o aparente paradoxo de se falar em reforço de ordenação do Estado para a imposição de deveres a agentes privados, em uma curva ascendente de fragilização da própria capacidade de o Estado impor condutas, revela, em verdade, o próprio paradoxo da pós-modernidade: a convivência de uma antimodernidade com uma hipermodernidade.[73] Não é o caso, assim, de se descartar as potencialidades que os Estados nacionais continuam tendo para ordenação e tutela dos direitos fundamentais. A Constituição continua sendo indispensável para a mitigação das assimetrias de poder. Porém, as transformações por que passamos apontam para a necessidade de estabelecer novas compreensões de funções e de relações entre o Estado com os particulares, como também de nós, uns com os outros, para que os direitos fundamentais sejam protegidos e promovidos. Isso, sobretudo, para os particulares que concentram poder e capacidade de impacto sobre a vida digna dos outros: entidades privadas no exercício de suas atividades econômicas.

---

[72] Kant defendeu, já em 1795, que a paz perpétua, com a eliminação de violações e agressões a direitos, "*não pode ser instituída ou assegurada sem um contrato dos povos entre si*". (KANT, Immanuel. *À paz perpétua*. Porto Alegre: L&PM, 1989, p. 41). A ideia de contrato referida por Kant é a origem teórica da Liga das Nações (Organização das Nações Unidas). Apesar da relevância do organismo internacional, não se trata de um contrato vinculante que dispense a atuação nas ordens internas dos Estados nacionais.

[73] CHEVALLIER, Jacques. *O Estado pós-moderno*. Belo Horizonte: Fórum, 2009.

O exame desse processo de transformação evidencia um *processo centrífugo de eficácia dos direitos fundamentais* em distanciamento gradual do núcleo do Estado. À medida que se afasta desse núcleo que projeta deveres de respeito, proteção e promoção, com uma intensa e irrestrita vinculação do Estado, passa-se a identificar uma incidência em graus cada vez mais brandos, até se superar limites marginais, que marcam o início de um espaço exclusivo de voluntariado e filantropia. Com essa ideia de uma eficácia centrífuga que vai espraiando deveres relacionados aos direitos fundamentais para além do núcleo do Estado, pretende-se enfrentar as objeções existentes à afirmação de obrigações positivas para atores não estatais, mas, sobretudo, identificar a natureza e a intensidade dos deveres incidentes.

Em termos objetivos, a leitura do fenômeno descrito como uma expansão de eficácia dos direitos fundamentais funda-se: (i) na ascensão de documentos internacionais que afirmam a responsabilidade dos Estados, mas também das empresas em relação aos direitos humanos; (ii) na necessidade de repensar o regime de proteção e promoção dos direitos fundamentais, em um cenário de crise dos elementos do Estado decorrentes da globalização e da revolução digital e de concentração e ascensão de poder das empresas; e nesse quadro de limitação estatal para garantia efetiva de direitos fundamentais, e (iii) na exigência de um regime complementar que enfrente as assimetrias de poder e de informação nas relações entre a empresa e todos aqueles impactados pelas suas atividades, restaurando-se na maior medida possível a efetividade dos direitos fundamentais.

Mas, se até hoje não há consenso sobre a forma e a intensidade de incidência do dever de *respeito* aos direitos fundamentais nas relações privadas, é certo que mais polêmica existe na afirmação de deveres de *promoção* e *proteção* por agentes privados. Afinal, uma coisa é exigir que as condutas de atores privados sejam regidas pelos direitos fundamentais. Outra bem diferente é exigir que eles se empenhem para proteger e se comprometam a promover a concretização desses direitos. Por certo, os conflitos estabelecidos com a autonomia privada, ou, no contexto das empresas, com a livre iniciativa, são mais evidentes.

Portanto, assim como nos debates que trataram da eficácia horizontal dos direitos fundamentais, o compartilhamento do regime de proteção e promoção entre Estado e atores privados, na busca por sua máxima efetividade, não pode resultar na asfixia da autonomia individual e anular a liberdade humana. É dizer: a justificativa para efetividade da proteção não pode ser converter em instrumento de violação.[74]

A intenção, portanto, é apresentar uma teoria que delimite o conteúdo dessa modalidade especializada de eficácia dos direitos fundamentais que recaem sobre a empresa, para conformar um regime de promoção e proteção de direitos fundamentais que preserve a sua autonomia. Trata-se de um regime de *devida diligência em direitos fundamentais*. A pesquisa, realizada por método hipotético-dedutivo, com revisão bibliográfica, diz respeito, portanto, à existência de diferentes graus de vinculação jurídica para que agentes econômicos privados protejam e promovam direitos fundamentais. Com isso, se identificarão as obrigações que têm fundamento direto na Constituição, determinando-se, por outro lado, o espaço de autonomia e de ações voluntárias no apoio e criação de sistemas privados de proteção e promoção de direitos fundamentais no contexto empresarial.

Plano do livro

A discussão sobre a relação da empresa com os direitos fundamentais se situa em um contexto de expansão de poder de agentes privados, que impõe desafios aos Estados para proteger as pessoas e o meio ambiente dos impactos cada vez mais intensos da atividade econômica. O objeto da tese, como dito, é examinar se existe alguma vinculação constitucional da empresa para a incorporação da promoção e da proteção de direitos fundamentais nos seus objetivos sociais.

A compreensão desse fenômeno de expansão de poder da empresa, que veio acompanhada de iniciativas corporativas de promoção de diversidade no ambiente do trabalho, proteção ao meio ambiente e conformação aos fatores ESG, é o ponto de partida da pesquisa. Nesse passo, o primeiro capítulo da tese examina esse

[74] Conforme destaca John H. Knox, em retrospectiva sobre a tentativa de regulamentação, em tratados internacionais, de deveres relativos aos direitos humanos para indivíduos e entidades privadas, demonstra-se que, em vez de ampliar a concretização, os regimes propostos estabeleciam ameaças aos direitos humanos, em indevida supressão de autonomia. Nesse sentido: "*This article has sought to describe the history of proposals for private duties rights law, and to show that in the context of that history, the two most significant proposals for private duties pose real dangers to human rights law. (...) Efforts to develop new duties should not ignore the lessons of the last six decades of proposals for private duties under human rights law. Those who suggest new horizontal duties should doing so, not to open the door to converse vertical duties that would restrict human rights, and they should take equal care to strengthen the existing system of horizontal rather than to weaken it inadvertently*". (KNOX, John H. Horizontal human rights law. *American Journal of International Law*, v. 102, n. 1, p. 1-47, 2008, p. 47).

movimento de envolvimento das empresas na proteção e promoção de direitos fundamentais. Será demonstrado que, ao mesmo tempo em que multiplicaram as iniciativas corporativas voluntárias, cresceram as cobranças sociais para que as empresas contribuam ativamente com a realização dos direitos fundamentais. Nesse passo, se observará que a ausência de um quadro objetivo sobre as obrigações das empresas relacionadas aos direitos fundamentais colocou as empresas, o Estado e a sociedade em um quadro de incertezas. Afinal, sem a previsibilidade sobre *como* e *o que* as empresas devem fazer, criam-se obstáculos para exigir, fiscalizar e controlar os impactos negativos da atividade econômica sobre os direitos fundamentais. Além da insegurança jurídica, surge um problema de efetividade dos direitos fundamentais decorrente da indefinição de deveres relacionados à responsabilidade socioambiental corporativa. O objetivo do capítulo, portanto, é demonstrar a necessidade de uma teoria constitucional que determine como os direitos fundamentais podem ser protegidos nessa nova realidade de poder concreto e estrutural de agentes privados.

No segundo capítulo, o objetivo será demonstrar que os debates sobre o regime de responsabilidades das empresas avançou no Direito Internacional, levando as Nações Unidas a fixar um quadro de responsabilidades de empresas: os *Guiding Principles on Business and Human Rights*, com a concepção da *devida diligência em direitos humanos*. A exposição dos limites e das potencialidades do Direito Internacional para a regulação da matéria será feita para marcar o apelo feito aos Estados para a construção de um regime especializado de proteção dos direitos fundamentais, a partir do marco teórico da devida diligência em direitos humanos.

Diante disso, no terceiro capítulo, em um diálogo integrativo com o Direito Internacional dos Direitos Humanos, se passará a interpretar a Constituição para examinar a conformidade do regime de devida diligência com os princípios da ordem econômica. Serão expostas as resistências do Direito Empresarial e Societário para a incorporação de interesses socioambientais na administração da empresa, assim como a necessidade de constitucionalização da compreensão de responsabilidade socioambiental corporativa. O objetivo do capítulo é afirmar que o gerenciamento de riscos socioambientais, com a consideração dos interesses das pessoas afetadas pela atividade econômica, é o meio pelo qual se pode proteger os direitos fundamentais no exercício da atividade econômica organizada.

No quarto capítulo, após identificar a conformidade da devida diligência em direitos humanos com os princípios da ordem econômica e a exigência de incorporação de valores socioambientais protegidos pelos direitos fundamentais no processo decisório da empresa, passaremos a examinar como esse fenômeno de mudança de papéis das empresas se relaciona com a teoria dos direitos fundamentais. O objetivo é demonstrar que a teoria de eficácia horizontal dos direitos fundamentais, no contexto das empresas, é chamada a incorporar mais do que o *respeito* como mera abstenção de causar dano. Por razões de efetividade e de segurança jurídica, no exercício de atividade econômica privada tornou-se necessário falar em funções ativas das empresas voltadas à realização de direitos fundamentais. Isso para mitigar as assimetrias de poder e de informação nas relações da empresa, com ganhos de transparência, previsibilidade e de capacidade de controle interno e externo. Esse processo conduzirá à conclusão sobre as transformações de *sujeitos* e de *forma* de proteção dos direitos fundamentais na realidade da globalização e da revolução digital.

No quinto e último capítulo, avançaremos para, enfim, expor a teoria constitucional de eficácia dos direitos fundamentais no contexto da empresa. Para tanto, se detalhará que o papel das empresas na realização dos direitos fundamentais diz respeito ao exercício de uma função de *proteção* derivada do dever de *respeito* aos direitos fundamentais. Essa função se materializa com a *devida diligência em direitos fundamentais*. Em seguida, se identificará especificamente o que é o dever da empresa. Para isso, se apresentará o conceito de devida diligência, o conteúdo dessa eficácia projetada e os parâmetros para a sua incidência. A tese concluirá com o exame dos papéis reservados ao Estado diante da afirmação do dever corporativo de devida diligência.

Do que o livro não trata

O objeto do livro trata de duas questões. A primeira, em grande medida já respondida pelas teorias que afirmam a incidência dos direitos fundamentais nas relações privadas e aquelas que tratam da função social da empresa, diz respeito a saber se as empresas têm obrigações extraídas diretamente dos direitos fundamentais. A segunda questão, partindo da resposta afirmativa anterior, consiste em determinar a natureza e o conteúdo dessa eficácia dos direitos fundamentais sobre as empresas. As noções sobre a eficácia horizontal, assim como a teoria geral dos direitos fundamentais e da função social da empresa, serão apresentadas, mas o foco da pesquisa está na segunda questão. A intenção é oferecer, para além do recurso ao princípio da proporcionalidade para solucionar conflitos aparentes de normas constitucionais, um quadro racional de eficácia dos direitos fundamentais que atribua estabilidade e previsibilidade para a atuação da empresa, assim como do Estado e da sociedade civil em relação a ela. Com isso se espera alcançar um guia que oriente as decisões empresariais, administrativas, legislativas e judiciais sobre o que se pode exigir de empresas para a concretização de direitos fundamentais.

Dito isso, é importante antecipar o que não é objeto de estudo, apesar de serem temas conexos, com aptidão para qualificar a própria definição de um quadro referencial de diretrizes para identificação de obrigações corporativas relacionadas aos direitos fundamentais. *Em primeiro lugar*, os aspectos de governança corporativa não serão examinados. Esse é um tema específico do Direito Societário e Empresarial. Sobre o tema da governança corporativa socioambiental, aliás, já há a recente e relevante contribuição de Carlos Portugal Gouvêa, em sua tese de livre-docência de Direito Comercial da Faculdade de Direito da Universidade de São Paulo, que se converteu no livro "*A Estrutura da Governança Corporativa*". As conclusões de Carlos Portugal Gouvêa, ao afirmar que os Princípios Orientadores das Nações Unidas são o marco ético da governança corporativa e que ela se converteu em uma governança socioambiental,[75] corroboram a tese de expansão da eficácia dos direitos fundamentais.

É certo, de todo modo, que a determinação de obrigações de sociedades empresárias pressupõe a consideração da natureza do agente a quem se imputarão os deveres. Steven Ratner, por exemplo, afirma que a responsabilidade de empresas sobre a consecução de direitos fundamentais "*deve levar em conta as diferenças entre as corporações e o Estado*".[76] Além dessa diferença entre atores estatais e privados, que é o tema central deste trabalho, é possível sustentar que as distinções entre os tipos de sociedades empresárias podem ser um fator relevante para a determinação da intensidade de vinculação jurídica a deveres relativos aos direitos fundamentais. Afinal, é possível cogitar uma vinculação a deveres que sejam proporcionais à proteção patrimonial conferida pelo direito para a liberdade de empreender. É dizer: quanto maior a

---

75 GOUVÊA, Carlos Portugal. *A Estrutura da Governança Corporativa*. São Paulo: Quartier Latin, 2022. p. 444.

76 Trecho traduzido livremente da seguinte passagem: "*But in order to derive the duties from all those other rights-whether the right to life, liberty, and security of the person, to free association, free assembly, and free speech, or to participation in public affairs-we need to take into account the differences between corporations and states, as well as the various types of duties that can arise from the same right*". (RATNER, Steven R. Corporations and human rights: A Theory of Legal Responsibility. *Yale Law Journal*, v. 111, n. 3, p. 443-545, dez. 2001).

proteção conferida para o exercício de empresa, maior seria a vinculação aos deveres de proteção e promoção de direitos fundamentais. Pelas limitações do que é possível dentro de uma tese, no entanto, as distinções societárias sobre a limitação de responsabilidade dos sócios não foram consideradas. As gradações de vinculação às funções de proteção dos direitos fundamentais de acordo com cada espécie societária é uma pesquisa ainda em aberto.

Em segundo lugar, tampouco serão aprofundadas as controvérsias sobre as estratégias "obrigacionistas" e "voluntaristas" para responsabilização das empresas na concretização de direitos humanos, a fim de afirmar a possibilidade de sujeição primária das empresas ao Direito Internacional. A apresentação dos instrumentos de Direito Internacional, com foco sobre os marcos das Nações Unidas sobre o tema, será feita com o propósito de compreender o fenômeno mais recente de atenção aos impactos de empresas sobre os direitos fundamentais, assim como o seu papel para justificar o fenômeno de ampliação da efetividade desses direitos por meio da *devida diligência* em direitos humanos. Os dilemas para submissão de condutas de empresas transnacionais que atuam além-fronteiras de Estados nacionais e em ambientes digitais são considerados como justificativa para as transformações na promoção e proteção dos direitos fundamentais (âmbito interno dos Estados). Por certo, não se alcançará respostas que enfrentem a complexidade de efetivar os direitos fundamentais nesse cenário de condutas transnacional. Essa tarefa é própria do Direito Internacional, que debate sobre a possibilidade e a efetividade de se adotar um tratado internacional que vincule as empresas transnacionais.[77] O objeto da tese, de todo modo, pode fornecer elementos para reflexão sobre qual é o papel da empresa para efetivação dos direitos fundamentais também em relações transnacionais e em ambientes digitais.

Em terceiro lugar, a responsabilidade socioambiental corporativa também pode ser acessada pelo Direito Civil, sobretudo quanto aos elementos da responsabilidade civil para imputação do dever de indenizar por violação a direitos fundamentais. Esse também não é o foco da pesquisa, que se limita a aferir a existência de vinculação constitucional de empresas para assunção de funções de proteção e promoção de direitos fundamentais. A afirmação do que se exige da

[77] A Resolução A/HRC/RES/26/9 da ONU decidiu pela implementação de um Grupo Intergovernamental de Trabalho para debater a elaboração de um instrumento internacional vinculante, para regular as atividades das empresas transnacionais e de outras empresas. Não há consenso sobre a matéria, de modo que não se avançou na edição do tratado.

empresa para concretização dos direitos fundamentais, contudo, pode servir para subsidiar e orientar esquemas de distribuição de ônus de prova e os sistemas reparatórios por danos causados por empresas.

É certo, ainda, que o debate sobre o papel da empresa em relação aos direitos fundamentais também envolve conhecimentos que vão além do Direito. As discussões sobre ética empresarial são intensas e antigas.[78] É fora de dúvida que a determinação da extensão da vinculação de atores corporativos aos direitos fundamentais, a despeito das diferenças entre deveres morais e legais, não pode desconsiderar os aportes de estudos de economia e de administração de empresa sobre funções da empresa na sociedade. Quando necessário, essas reflexões são consideradas, mas com o objetivo específico de qualificar a determinação de vinculações jurídicas de empresas em relação aos direitos fundamentais.

Por fim, também é válido esclarecer que o desenvolvimento de uma tese sobre graus de eficácia jurídica para vinculação da empresa a deveres de proteção e promoção de direitos fundamentais também poderia suscitar a questão sobre a intensidade de vinculação de diferentes entidades privadas, como associações e sociedades civis, ou mesmo sobre cada um de nós como indivíduos. Ainda que se possa aproveitar a concepção teórica desenvolvida e se indique que a capacidade de impacto é um elemento determinante para aferição do grau de vinculação, a tese afirma o fenômeno de irradiação de deveres para além do Estado, mas se concentra sobre a empresa. Afinal, é no contexto empresarial que já se tem justificativa de impacto para falar em prevenção de riscos e, consequentemente, de repercussão sobre o regime de proteção e promoção de direitos fundamentais.

Esclarecimento terminológico: o conceito de direito fundamental

É preciso fazer alguns esclarecimentos antes de prosseguir. A tese examina um fenômeno do mundo corporativo que inundou jornais e redes sociais nos últimos anos.[79] Apesar da recente intensidade com que

---

[78] Sobre o tema v. MAYER, Colin. *Prosperity*: better business makes the grater good. Nova Iorque: Oxford University Press, 2018.

[79] O fenômeno de atenção ao papel da empresa para solução de problemas globais, como a proteção ao meio ambiente e a concretização dos direitos humanos, foi designado por Mariana Pargendler, como "*The Corporate Governance Obsession*" (PARGENDLER, Mariana. The Corporate Governance Obsession. *Journal of Corporation Law*, v. 42, n. 2, p. 359-402, ago. 2016).

passamos a ser contrastados pela sigla ESG, como já exposto, há outros acrônimos e conceitos que se relacionam com a questão subjacente à agenda de incorporação de fatores ambiental, social e de governança no processo decisório empresarial. No livro, a leitura desse fenômeno é realizada a partir da teoria dos direitos fundamentais, examinando especificamente a irradiação de deveres de respeito, proteção e promoção para além do núcleo do Estado, de modo a alcançar a empresa.

Contudo, como também já se adiantou, a vinculação da empresa aos direitos fundamentais já era objeto de atenção do Direito Internacional, tendo a Organização das Nações Unidas elaborado um documento denominado *Guiding Principles on Business and Human Rights*.[80] Os Princípios Orientadores de Empresas e Direitos Humanos, cuja formulação é a justificativa ética para se falar em um regime de vinculação de direitos fundamentais específico para a empresa, retratam uma distinção terminológica: "direitos fundamentais" *vs.* "direitos humanos". Para que não existam dúvidas sobre a utilização dessas expressões ao longo da tese, cabe apresentar, ainda que de forma sumária, os seus sentidos.

É certo que não há consenso no emprego dessas expressões, que ainda se somam a outras como "direitos do homem", "direitos subjetivos públicos", "liberdades públicas" e "direitos humanos fundamentais".[81] Justamente por isso é válido fixar o que se quer alcançar ao se falar em "direitos fundamentais" e em "direitos humanos". De forma objetiva, direitos fundamentais designam o conjunto de direitos reconhecidos e/ou consagrados pela ordem constitucional dos Estados. Já os direitos humanos cuidam dos direitos do ser humano reconhecidos pela ordem internacional.

De acordo com Pérez Luño,[82] o critério mais adequado para distinguir as duas categorias, no contexto de constituições escritas e rígidas como a brasileira, é o da positivação. Em grande medida, portanto, as expressões "direitos humanos" e "direitos fundamentais" possuem diferenças não quanto ao conteúdo, mas em relação à sua forma.[83] Os direitos humanos expressam uma moral jurídica com pretensão de universalidade, afirmada em alguma das fontes do Direito

---

80 Disponível em: https://www.ohchr.org/Documents/Publications/GuidingPrinciplesBusinessHR_EN.pdf. Acesso em: 10 mar. 2021.

81 DA SILVA, José Afonso. *Curso de Direitos Constitucional Positivo*. São Paulo: Malheiros, 2004, p. 175.

82 PÉREZ LUÑO, Antonio Henrique. *Los Derechos Fundamentales*. Madrid: Tecnos, 2004, p. 46.

83 Sobre o ponto, v. BRANDÃO, Cláudio. Introdução ao estudo dos direitos humanos. *In*: BRANDÃO, Cláudio (coord.). *Direitos humanos e fundamentais em perspectiva*. São Paulo: Atlas, 2014.

Internacional. Com a sua incorporação pelas ordens constitucionais dos Estados, convertem-se em direito interno fundante de uma determinada comunidade jurídica.[84]

Nessa linha, os direitos humanos, que pela sua própria nomenclatura cuidam de direitos inerentes à condição e à dignidade humana, são transformados em direitos fundamentais ao serem incorporados às constituições dos Estados. A partir daí, adquirem hierarquia jurídica e caráter vinculante em relação a todos os poderes constituídos de um Estado Constitucional, assim como para todas as pessoas que integram a comunidade política institucionalizada.[85]

As distinções, contudo, não podem desconsiderar a conexão entre direitos humanos e direitos fundamentais. As Constituições editadas após a Segunda Guerra tiveram inspiração na Declaração Universal de Direitos do Homem de 1948, para determinação de seus catálogos de direitos fundamentais. Porém, a própria Declaração Universal de Direitos do Homem recorreu à ideia de direitos fundamentais das pessoas lançada em documentos da esfera doméstica da França e dos Estados Unidos: a Declaração de Direitos do Homem e do Cidadão, editada em 1789 no contexto da Revolução francesa; e a Constituição dos Estados Unidos, de 1787. Essas origens sugerem uma inter-relação na própria gênese dos direitos humanos e dos direitos fundamentais.[86] Isso conduz a um processo de aproximação que conforma, na denominação dada por Flavia Piovesan, um direito constitucional internacional.[87] Na Constituição brasileira, por exemplo, essa aproximação é positivada nos §§2º e 3º do artigo 5º.[88]

Assim sendo, observando-se as distinções em relação à forma de veiculação de conteúdos conexos, a utilização das expressões "

---

84 SARLET, Ingo Wolfgang. *A eficácia dos direitos fundamentais*: uma teoria geral dos direitos fundamentais na perspectiva constitucional. Porto Alegre: Livraria do Advogado, 2018, p. 31.

85 Como se verá, a intensidade da vinculação estatal, de um lado, e a das pessoas naturais e jurídicas de direito privado, de outro lado, são diversas.

86 Sobre as influências reciprocas entre direitos humanos e direitos fundamentais v. BILCHITZ, David. *Fundamental Rights and the legal obligations of business*. Cambridge: Cambridge University Press, 2022.

87 PIOVESAN, Flavia. *Direitos humanos e direito constitucional internacional*. São Paulo: Saraiva jur, 2021.

88 CRFB/1988, Art. 5º (...) §2º Os direitos e garantias expressos nesta Constituição não excluem outros decorrentes do regime e dos princípios por ela adotados, ou dos tratados internacionais em que a República Federativa do Brasil seja parte. § 3º Os tratados e convenções internacionais sobre direitos humanos que forem aprovados, em cada Casa do Congresso Nacional, em dois turnos, por três quintos dos votos dos respectivos membros, serão equivalentes às emendas constitucionais.

direitos humanos" e "direitos fundamentais" ao longo do texto tem por objetivo designar o "*conjunto de direitos considerado indispensável para uma vida humana pautada na liberdade, igualdade e dignidade* (...) *essenciais e indispensáveis à vida digna*".[89] Não se pode deixar de registrar que os conceitos de direitos fundamentais e de direitos humanos refletem compreensões do mundo ocidental, originadas na Europa e nos Estados Unidos. Como qualquer conceito, refletem a visão de uma história sob a perspectiva de seu narrador. A ideia de uma universalidade de direitos indispensáveis para a vida camufla uma questão antecedente sobre quem é o ser humano concretamente considerado, em suas necessidades e compreensões próprias de vida. Essa é uma questão complexa e relevante para a determinação do regime de respeito, proteção e promoção de direitos fundamentais.[90] O ponto, no entanto, foge ao objeto da tese, mas será considerado para determinação do conteúdo do dever especializado da empresa para proteção dos direitos fundamentais. A participação das partes impactadas pela atividade econômica para compreensão dos riscos a serem gerenciados é um fator exigido pela modalidade de eficácia dos direitos fundamentais descrita na tese. É necessário conhecer aqueles que podem ser potencialmente afetados, de modo a se formular um regime efetivo de proteção e de promoção de direitos fundamentais.

Feito esse esclarecimento, na tese, parte-se do impacto e da influência da empresa na concretização dos direitos humanos, sumarizada pelas diretrizes da Organização das Nações Unidas, para examinar as funções atribuídas à empresa pelos direitos fundamentais. Trata-se exatamente do movimento de apreensão daquilo que é objeto de

[89] RAMOS, André de Carvalho. *Curso de direitos humanos*. São Paulo: Saraiva, 2021. p. 31. Como observa o referido autor: "Os direitos humanos representam *valores essenciais*, que são explicitamente ou implicitamente retratados nas Constituições e tratados internacionais. A *fundamentalidade* dos direitos humanos pode ser *formal*, por meio da inscrição desses direitos no rol de direitos protegidos nas Constituições e tratados, ou pode ser *material*, sendo considerado parte integrante dos direitos humanos aquele que – mesmo não expresso – é indispensável para a promoção da dignidade humana".

[90] Os direitos humanos e, consequentemente, os direitos fundamentais positivados pelos países ocidentais retratam uma tradução normativa de uma compreensão de mundo que, em essência, remonta ao Iluminismo. As críticas relativas ao chamado imperialismo dos direitos humanos podem ser lidas em WALSH, Catherine; MIGNOLO, Walter; GARCÍA LINERA, Álvaro. *Interculturalidad, descolonización del Estado y del conocimento*. Buenos Aires: Signo, 2006. Por uma visão crítica, mas com indicação da relevância histórica da normatização decorrente dos direitos humanos e da necessidade de permanente adaptação, v. MOYN, Samuel. *The last utopia*: human rights in history. Cambridge: Harvard University Press, 2010, p. 227: "*If human rights call to mind a few core values that demand protection, they cannot be all things to all people. Put another way, the last utopia cannot be a moral one. And so whether human rights deserve to define the utopianism of the future is still very far from being decided*".

orientação em âmbito internacional para submissão e interpretação pela lente da ordem constitucional interna, em uma relação dialógica e integrativa[91] de busca por efetividade na aplicação e proteção dos direitos fundamentais consagrados e reconhecidos pela Constituição. Afinal, pelo menos em tese, são especificamente os direitos fundamentais, em razão dos mecanismos de imperatividade e garantia próprios das normas jurídicas, que têm maior aptidão para efetivação.[92]

Por fim, cabe fazer três esclarecimentos terminológicos. *Primeiro*: as referências no livro a deveres de empresas se referem às funções atribuídas à empresa na concretização dos direitos fundamentais. É dizer: a modalidade especializada de eficácia de normas relacionadas aos direitos fundamentais que impõe às empresas funções de concretização desses direitos. Assim, para evitar repetições, por vezes se utilizará apenas "deveres de empresas" ou "deveres corporativos", com o objetivo de tratar dessas funções que são atribuídas às empresas para potencializar a efetividade dos direitos fundamentais na atividade empresária. *Segundo*: ao se falar em direitos fundamentais, se está fazendo referência a direitos individuais, coletivos e difusos, inclusive o direito fundamental a viver em um ambiente ecologicamente equilibrado, tal como consagrado pelo art. 225 da Constituição.[93] *Terceiro*: a utilização

---

[91] Daniel Sarmento e Claudio Pereira de Souza Neto ressaltam a tendência crescente e positiva de invocação do Direito Internacional dos Direitos Humanos e do Direito Comparado na interpretação constitucional. Ressaltam que "*hoje, as ideias constitucionais migram*" (SARMENTO, Daniel; SOUZA NETO, Claudio Pereira de. *Direito Constitucional*: Teoria, história e métodos de trabalho. Belo Horizonte: Fórum, 2013. p. 451).

[92] Aqui se ressalta a concepção teórica da maior aptidão para efetivação, porque um dos desafios para a ordem interna dos Estados é, justamente, assegurar que seu poder jurídico seja observado por empresas transnacionais, em uma realidade de mundo globalizado e digital. É importante desde logo registrar que a construção de regimes jurídicos internos sobre deveres da empresa relacionados aos direitos fundamentais não exclui estratégias voluntárias e internacionais sobre o tema. A ideia é que existe um papel relevante a ser cumprido pelo Direito Constitucional para compreensão desse regime de deveres empresariais sobre direitos fundamentais. Sobre o ponto, aliás, são pertinentes as considerações de RATNER, Steven R. Corporations and human rights: A Theory of Legal Responsibility. *Yale Law Journal*, v. 111, n. 3, p. 443-545, dez. 2001: "*The theory posited above offers a starting point for global actors to develop a corpus of law that would recognize obligations on businesses to protect human rights. The modes by which this theory can be implemented are numerous and reflect the diverse processes by which international norms develop and are applied*".

[93] Recentemente, também no plano internacional, o direito ao meio ambiente saudável foi declarado como um direito humano. A Resolução A/76/L.75 das Nações Unidas, aprovada em 28 de julho de 2022, afirma o direito humano ao ambiente limpo, saudável e sustentável. Disponível em: https://www.unep.org/pt-br/noticias-e-reportagens/reportagem/momento-historico-onu-declara-que-meio-ambiente-saudavel-e-um#:~:text=Em%20abril%2C%20o%20Conselho%20de,e%20sustent%C3%A1vel%22%20um%20direito%20humano. Acesso em: 23 mar. 2023.

do conceito de empresa também não será restrita à noção de "*atividade econômica organizada para a produção ou circulação de bens ou de serviços*", prevista no art. 966 do Código Civil, porque também será empregada para expressar a própria pessoa jurídica constituída para o exercício da empresa.[94]

---

[94] Sobre os diferentes sentidos e dimensões da expressão empresa, v. SZTAJN, Rachel. *Teoria jurídica da empresa*. São Paulo: Atlas, 2004.

CAPÍTULO 1

EMPRESAS E DIREITOS HUMANOS: NOTAS SOBRE UM CONTEXTO CONTEMPORÂNEO

Há cerca de cinco anos, um acrônimo passou a circular com incrível intensidade em jornais, *lives*, ou como tema de livros de consultoria empresarial e de investimento financeiro: ESG, que corresponde à tríade em inglês para *Enviromental, Social and Governance*. Apesar da fama repentina no Brasil e no mundo, a ideia por trás do acrônimo não é nova, nem mesmo a sigla.

Lançada em 2004 no relatório *"Who Cares Wins: Conenecting Financial Markets to a Changing World"*,[95] produzido por instituições financeiras que aderiram ao *UN Global Compact* (Pacto Global das Nações Unidas),[96] a pedido do então Secretário-Geral das Nações Unidas Kofi Annan, ESG designou uma diretriz para inserção de fatores ambientais, sociais e de governança no processo decisório de investimento no mercado de capitais. A convicção central era a de que aliar os fatores ESG ao mercado financeiro tornaria os mercados mais fortes e resilientes, bem como contribuiria para o desenvolvimento humano, em razão do estímulo à realização de investimentos financeiros em sociedades empresárias com compromissos ambientais, sociais e de governança.

Essa ideia evoluiu do conceito de investimentos socialmente responsáveis (*Socially Responsible Investment — SRI*), existente desde

[95] Disponível em: https://www.unepfi.org/fileadmin/events/2004/stocks/who_cares_wins_global_compact_2004.pdf. Acesso em: 3 maio 2021.

[96] UNITED NATIONS. *Global Compact*. Disponível em: https://www.unglobalcompact.org. Acesso em: 3 maio 2021.

a década de 70, em que fundos de investimento passaram a excluir de seus portfólios ações de empresas de armas, tabaco, jogos e bebidas alcóolicas.[97] Tanto no acrônimo ESG como no seu antecedente SRI, a consideração de fatores não financeiros para a decisão sobre investimento em mercado de ações sinalizava para um compromisso das empresas e de investidores que ultrapassava o retorno econômico imediato. Empresas e investidores começavam a examinar os impactos sociais e ambientais de suas decisões, colocando em revisão a ideia de lucro a qualquer custo. Esse debate, em realidade, se insere em uma discussão ainda mais antiga sobre o papel da empresa na sociedade, que repensa os deveres corporativos a partir de uma mudança de compreensão dos objetivos empresariais, resumida pela expressão "*do lucro ao propósito*".[98]

Neste primeiro capítulo, portanto, se apresentará o contexto contemporâneo da relação entre empresa e direitos humanos, com a exposição dos fatores que levaram à atual ascensão e corrida corporativa por caminhos de sustentabilidade social e ambiental, bem como os desafios dessa agenda. Em seguida, será detalhado como o Direito tem se aproximado do tema, para, então, esclarecer qual é a razão de se examinar o fenômeno específico da relação entre empresa e direitos humanos, com a evidência dos impactos que comprometem a efetividade dos direitos fundamentais no contexto da empresa. A exposição conduzirá à conclusão parcial sobre o *processo centrífugo de eficácia dos direitos fundamentais*, que retrata a projeção de funções de respeito, proteção e promoção para além do Estado, de forma a também incidirem sobre empresas, mas com graus diversos de vinculação. O capítulo sinalizará que, sem uma teoria constitucional de empresa e direitos fundamentais, com a delimitação objetiva do papel da empresa na realização dos direitos fundamentais, permaneceremos em um terreno de vaguezas, com riscos para a estabilidade dos negócios, assim

---

[97] Sobre a evolução do conceito de Investimento Socialmente Responsável para a sigla ESG, v. RUGGIE, John Gerard. Corporate Purpose in Play: The Role of ESG Investing. *In:* BRIL, Herman; KELL, Georg; RASCHE, Andreas. *Sustainable Investing:* a path to a new horizon. New York: Routledge, 2021. p. 173/189.

[98] Como registra Robert Eccles, em apresentação do livro *Prosperity: better business makes the grater good,* do autor Colin Mayer, "*One of the most pressing questions facing the world today is "What is the role of the corporation in society?". Thanks to Professor Colin Mayer we now have a definitive answer: the corporation's role is to fulfil its purpose. This wonderful book could have been titled "From Profit to Purpose"; in the recent past we have confounded the two. They are separate and purpose comes first. When purpose is achieved, profits will follow*". (MAYER, Colin. *Prosperity*: better business makes the grater good. Nova Iorque: Oxford University Press, 2018).

como para a própria efetividade da proteção e promoção dos direitos fundamentais no contexto empresarial.

1.1 Os fatores da ascensão de sistemas privados de proteção e promoção de direitos humanos, seus desafios e abordagens jurídicas

É certo que já são antigas as discussões sobre responsabilidade social corporativa, conduta empresarial responsável, sustentabilidade empresarial, governança corporativa, eficiência ecológica e investimento socialmente responsável. Diante disso, o que há de novo e diverso para justificar a recente escalada ESG? Em termos objetivos: por que o tema de responsabilidade socioambiental corporativa ganhou atenção global? O impulso dessa agenda decorre de uma confluência de fatores.

O *primeiro fator* é político: agentes não estatais passaram a assumir papéis até então reservados aos Estados, tanto em relação às atribuições no sistema internacional de direitos humanos como pela sua capacidade de violação em larga escala desses direitos. A possibilidade de opressão não vinha mais apenas de Estados, mas de agentes econômicos multinacionais, que não se subordinavam a um Estado soberano. Com o avanço da globalização e a instalação de modelos de produção flexível e sob demanda, a atividade empresarial passou a ser exercida em redes que conectam pessoas e pequenas e grandes empresas em todo o planeta (cadeias de valor). A decisão sobre um modelo de produção de roupa no Rio de Janeiro com a importação de algodão chinês tem repercussão sobre a forma como esse algodão é colhido e processado no outro lado do mundo. Em consequência, tornou-se ineficaz ter sistemas de proteção e promoção de direitos humanos que não considerem os papéis desempenhados pelas entidades privadas no novo contexto de Estado da era digital e globalizada.

O *segundo fator* é econômico. A crise financeira de 2008,[99] que quase derrubou o sistema financeiro do mundo, foi um ponto de inflexão para o triunfalismo do mercado.[100] As falhas de mercado

---

[99] O colapso do *Lehman Brothers Bank* em setembro de 2008 quase derrubou o sistema financeiro do mundo. A crise de crédito que se seguiu acabou por se transformar na maior recessão dos últimos 90 anos.

[100] Michael Sandel afirma que "*os anos anteriores à crise financeira de 2008 foram um período temerário de aposta no mercado e na desregulamentação – uma era de triunfalismo do mercado*" (SANDEL, Michael. *O que o dinheiro não compra:* os limites morais do mercado. Rio de Janeiro: Civilização Brasileira, 2012. p. 12).

evidenciadas pela crise financeira impulsionaram um movimento de revisão do modelo econômico até então vigente.[101] O denominado capitalismo de *shareholders* (acionistas), caricaturado pela frase "*a responsabilidade social da empresa é aumentar os seus lucros*",[102] iniciou uma transição para um modelo mais inclusivo: o capitalismo de *stakeholders* (partes interessadas). Em vez de continuar a orientar as decisões corporativas pela exclusiva maximização do valor da empresa (interesse dos acionistas), as decisões corporativas passaram a incluir os interesses de todos aqueles envolvidos e/ou impactados pela atividade empresarial. Essa abertura para a revisão dos objetivos corporativos acentuou a necessidade de as empresas assumirem compromissos além do lucro imediato.

O *terceiro fator* é sociocultural. A chamada "geração Z", composta por pessoas nascidas de 1995 a 2010, nasceu na era digital, cresceu em um período de incertezas econômicas e sociais, como a crise financeira de 2008, e vivenciou o aumento de conscientização sobre as mudanças climáticas. Em razão desse contexto, são designados como jovens altamente conectados, interessados em pertencer a comunidades inclusivas e solidárias, sendo mais ativos política e socialmente na defesa do que acreditam nas mídias sociais. Trata-se, hoje, da geração que mais cresce em presença e atuação no mercado. No Brasil, já corresponde a 20% da população.[103]

---

[101] Rebeca Henderson aponta que a crise financeira de 2008 escancarou as falhas do modelo de negócios focado nos acionistas, servindo de fundamento para a transição para um capitalismo em que os interesses de *stakeholders* são considerados. Sobre o ponto, v. HENDERSON, Rebeca. *Reimagining Capitalism in a World on Fire*. New York: Public Affairs, 2020, p. 32-33: "*For example, changes in accounting standards are hard to understand and rarely arouse much public interest. But seemingly minor changes in accounting rules were one of the causes of the Great Crash of 2008.Profit maximization only increases prosperity and freedom when markets are genuinely free and fair. Modern capitalism is neither. If massive externalities go unpriced or uncontrolled, if true freedom of opportunity is more dream than reality, and if firms can change the rules of the game to suit themselves at the expense of the public good, maximizing shareholder value leads to ruin*".)

[102] A frase consta de artigo de 13 de setembro de 1970, do *The New York Times*, escrito por Milton Friedman, com o título: *A Friedman Doctrine – The social Responsibility of Business Is to Increase Its Profits*. (FRIEDMAN, Milton, A Friedman Doctrine – The social Responsibility of Business Is to Increase Its Profits. New York Times, New York, 13.09.1970. Disponível em: https://www.nytimes.com/1970/09/13/archives/a-friedman-doctrine-the-social-responsibility-of-business-is-to.html).

[103] O perfil da geração Z assim como os dados de impacto em mercado e da proporção na população brasileira foram extraídos de pesquisa realizada pela empresa de consultoria empresarial McKinsey & Company. Disponível em: https://www.mckinsey.com/industries/consumer-packaged-goods/our-insights/true-gen-generation-z-and-its-implications-for-companies#/. Acesso em: 5 jun. 2022.

A geração Z é responsável, dessa forma, por uma mudança na forma de consumo e de investimento. A escolha do produto ou serviço não é mais feita apenas pelo preço ou rentabilidade, mas pelo seu valor e impacto. Por exemplo, informações sobre a origem dos produtos e a condição da mão de obra empregada passaram a ser relevantes para o consumidor. Mais do que isso, sequer basta oferecer um produto de qualidade. Os posicionamentos políticos e sociais das empresas em relação ao ambiente e aos direitos humanos passaram a ser considerados para a decisão de consumo. Essa nova realidade de consumidor ativo, barulhento e público vem empurrando as entidades privadas a conformarem sua atividade empresarial e a se envolverem em sistemas de proteção e promoção de direitos.

O *quarto fator* é científico. Alguns anos atrás, alertava-se para uma situação de risco climático, mas ainda havia vozes negacionistas acerca da influência humana sobre o clima. Atualmente, há consenso.[104] Aliás, consenso de que não mais se tem risco, mas caos e crise climática, com pouquíssimo tempo útil para a adoção de medidas de contenção de danos socioambientais decorrentes do aquecimento global.

A ideia do "se não mudar agora, não haverá mais solução"[105] mobilizou governos, sociedade e investidores, com significativa pressão para mudanças corporativas relacionadas ao ambiente. Essas mobilizações ambientais também agregaram outras questões sociais em ebulição na sociedade, forçando as empresas a examinarem o impacto de suas atividades para temas como a inequidade racial e de gênero e a desigualdade social.

E, no curso do processo de consolidação desses fatores, o mundo ainda enfrentou a pandemia de covid-19. A repercussão social e

---

[104] Conforme apontado por estudo da Universidade de Cornell nos Estados Unidos, reunião e revisão de 88.125 pesquisas sobre a crise climática, publicadas entre 2012 e novembro de 2020, concluiu-se que "*o grau de certeza científica sobre o impacto humano sobre os gases do efeito estufa agora é semelhante ao nível de certeza sobre a evolução da vida terrestre ou sobre a existência e dinâmica das placas tectônicas*". De acordo com o principal autor da pesquisa, "*É realmente um caso encerrado. Não há ninguém significativo na comunidade científica que duvide que as mudanças climáticas são causadas por humanos*". Disponível em: https://super.abril.com.br/ciencia/99-9-dos-cientistas-concordam-que-humanos-causam-crise-climatica-diz-pesquisa. Acesso em: 5 jun. 2022.

[105] De acordo com relatório "*Transformation is feasible: How to achieve the Sustainable Development Goals within Planetary Boundaries*", do Stockholm Resilience Centre, a manutenção do modelo de negócios desvinculada de preocupações socioambientais conduzirá a "*alto risco de colocar as condições de vida na Terra em pontos irreversíveis até 2050*" (tradução livre). RANDERS, Jorgen; ROCKSTROM, Johan; STOKNES, Per Espen; GOLUKE, Ulrich; COLLSTE, David; CORNELL, Sarah. *Transformation Is Feasible*: How to Achieve the Sustainable Development Goals within Planetary Boundaries. Stockholm: Stockholm Resilience Centre, 2018, p. 7.

econômica da emergência sanitária, com a evidência da fundamentalidade da ciência para a existência humana, acrescentou dois elementos para a escalada ESG e, a reboque, de demandas por responsabilidade socioambiental corporativa. *Em primeiro lugar*, o anticientificismo foi empurrado para o ostracismo. Não apenas daqueles adeptos de teorias conspiratórias de vacinação, mas também de terraplanistas e daqueles que refutavam as bases empíricas da crise climática.

Em segundo lugar, em razão dos impactos nas cadeias de suprimentos globais e da paralisação de atividades, as empresas foram forçadas a refletir sobre as suas externalidades, reconhecendo a sua interdependência com as comunidades e o ambiente em que operam. Os riscos econômicos vivenciados, em realidade, demonstraram a fragilidade das corporações a eventos adversos do ambiente em que estão inseridas. Isso estimulou uma reflexão mais profunda sobre como as atividades empresariais podem ser ajustadas para minimizar esses riscos e como podem, em consequência, contribuir para a sustentabilidade dos negócios a longo prazo.

Mais além, em tempos de alta velocidade da informação,[106] atividades corporativas podem ser rapidamente afetadas por seus impactos e condutas relacionadas ao meio ambiente e aos direitos humanos. Por exemplo, são consideráveis os danos reputacionais de empresas envolvidas em exploração de mão de obra ou em desastres ambientais, como demonstraram os casos envolvendo o resgate de mais de 200 pessoas em condições análogas à escravidão em vinícolas na cidade de Bento Gonçalves,[107] ou dos impactos do rompimento das barragens de Mariana e de Brumadinho para a Vale S.A.[108] Esse cenário, somado à confluência dos fatores descritos, alavancou a agenda ESG e, como consequência, a mais ampla ideia de responsabilidade socioambiental corporativa, mas agora como instrumentos *vinculantes* de gerenciamento de riscos e oportunidades para as empresas.

Diferente dos acrônimos anteriores, que enfatizavam o caráter discricionário das responsabilidades sociais e ambientais da empresa, a atenção aos fatores ESG se converteu em um instrumento de

---

[106] A Era Digital é caracterizada por avanços tecnológicos que modificaram a forma como a informação é transmitida, acessada e compartilhada. Vive-se, hoje, em uma sociedade interconectada por redes de comunicação digital. Sobre o tema, v. CASTELLS, Manuel. *A Sociedade em Rede*. São Paulo: Paz e Terra, 2002.

[107] A notícia pode ser lida em https://mpt.mp.br/pgt/noticias/resgatados-em-bento-goncalves-rs-voltam-para-casa-com-verbas-rescisorias-garantidas. Acesso em: 25 mar. 2023.

[108] Disponível em: https://epocanegocios.globo.com/Mercado/noticia/2019/02/acao-da-vale-e-excluida-de-indice-de-sustentabilidade-da-b3.html. Acesso em: 10 mar. 2021.

gerenciamento de riscos e oportunidades, inserido como uma parte natural dos negócios: *a consideração dos impactos socioambientais da empresa deixou de ser uma atividade discricionária.*[109]

A atenção empresarial ao monitoramento de seus impactos socioambientais e na criação de instrumentos para proteção e promoção de direitos transformou-se em uma responsabilidade. Como já se adiantou, contudo, não há clareza quanto à natureza dessa responsabilidade — se é apenas moral ou também jurídica —, assim como quais são os deveres que decorrem desse regime. O atual cenário de indeterminação, mas com acentuada ênfase sobre o caráter voluntário da responsabilidade social corporativa, leva a alguns obstáculos que, ao final, mitigam a efetividade de direitos fundamentais que se busca preservar.

Como descrito no documento das Nações Unidas que deu origem ao termo ESG, o objetivo da agenda é contribuir para o desenvolvimento sustentável das sociedades em que as empresas operam. Isso por meio da concretização dos princípios do *Global Compact* (Pacto Global) que orientam, em linhas gerais, o respeito e o *apoio* aos direitos humanos proclamados em documentos internacionais.[110] A agenda ESG possui, portanto, um impacto direto na promoção e proteção de direitos humanos e, no âmbito interno, dos direitos fundamentais. Trata-se, assim, de

---

[109] É o que apontam Herman Bril, George Kell e Andreas Rasche: *"The fact-based and objective nature of claims related to sustainability problems has influenced the perception of these problems by business leaders, policymakers, and investors. Early discussions around corporate social responsibility (CSR) viewed at least some social and environmental problems as discretionary (Rasche, Morsing, and Moon, 2017). However, the emerging scientific consensus on a number of sustainability issues together with increasing evidence about the positive relationship between addressing ESG issues and firms' financial performance (Friede, Busch, and Bassen, 2015; Kotsantonis and Bufalari, 2019) have changed this picture. ESG is viewed as risk and opportunity management and is therefore a natural part of doing business (and not a discretionary activity)"*. (BRIL, Herman; KELL, George; RASCHE, Andreas. *Sustainable Investing:* a path to a new horizon. New York: Routledge, 2021. p. 10/11).

[110] Conforme descreve o relatório "*Who Cares Wins: Connecting Financial Markets do a Changing World*", a estratégia da agenda de investimentos ESG busca concretizar os dez princípios da *UN Global Compact* (Pacto Global das Nações Unidas): "*Principle 1: Businesses should support and respect the protection of internationally proclaimed human rights; within their sphere of influence; and Principle 2: make sure that they are not complicit in human rights abuses. Principle 3: Businesses should uphold the freedom of association and the effective recognition of the right to collective bargaining; Principle 4: the elimination of all forms of forced and compulsory labour; Principle 5: the effective abolition of child labour; and Principle 6: eliminate discrimination in respect of employment and occupation. Principle 7: Businesses should support a precautionary approach to environmental challenges; Principle 8: undertake initiatives to promote greater environmental responsibility; and Principle 9: encourage the development and diffusion of environmentally friendly technologies. Principle 10: Businesses should work against corruption in all its forms, including extortion and bribery*". Disponível em: https://www.unepfi.org/fileadmin/events/2004/stocks/who_cares_wins_global_compact_2004.pdf. Acesso em: 3 jul. 2022.

um movimento que se propõe a efetivar um dos conteúdos nucleares das constituições contemporâneas: os direitos fundamentais.[111]

Ocorre que um dos principais desafios da agenda global ESG consiste em uniformizar os dados divulgados por empresas relativos aos seus impactos sociais e ambientais, assim como o que deve ser considerado como informação relevante para ser monitorada. Afinal, como não há definição da natureza da responsabilidade e dos deveres que ela impõe, os exames de impactos da atividade econômica são subjetivos, com baixa densidade semântica e com diferentes métodos de avaliação.[112]

A euforia ESG, que carrega com ela uma crença de mudança de perspectiva sobre o papel das empresas na sociedade, está cercada de incertezas e de insegurança. Nesse quadro, as críticas e resistências têm sido intensas. O bilionário Elon Musk, presidente de uma empresa de veículos elétricos — atividade intimamente ligada ao conceito de sustentabilidade com menor eliminação de carbono —, replicou em sua conta pessoal do *Twitter* uma notícia sobre o *ranking* ESG de empresas,

---

[111] Sobre o ponto, v. BARROSO, Luís Roberto. *Curso de Direito Constitucional*. Rio de Janeiro: Saraiva, 2009. p. 89-90: "*As constituições contemporâneas, como já se assinalou, desempenham dois grandes papéis: (i) o de condensar os valores políticos nucleares da sociedade, os consensos mínimos quanto a suas instituições e quanto aos direitos fundamentais nela consagrados; e (ii) o de disciplinar o processo político democrático, propiciando o governo da maioria, a participação da minoria e a alternância no poder*".

[112] O relatório da OCDE "*ESG Investing: Practices, Progress and Challenges*" sinaliza que a vagueza semântica dos fatores para avaliação da adequação ESG por empresas, assim como a inexistência de uniformidade para definição de resultados, é um desafio para o avanço da agenda de proteção e promoção de direitos humanos: "*Metrics related to ethical standards, including these UN and OECD guidelines, are incorporated in some frameworks for ESG assessment so that investors are able to assess and compare behaviours of issuers when making investment decisions. Notwithstanding this welcome progress, the sharp growth of ESG investing has brought with it a growing number of participants that influence the creation of disclosure frameworks, ESG metric, ratings methodologies, and products from funds to indices. As forms of ESG investing continue to grow and proliferate, differing motives and lack of clarity over the specific types of investing that utilise ESG metrics and methodologies may be contributing to emerging challenges related to consistency and comparability, which risk undermining ESG meaningfulness and integrity*". (BOFFO, R.; R. Patalano. *ESG Investing*: Practices, Progress and Challenges. Paris: OECD, 2020. p. 18). Disponível em: www.oecd.org/finance/ESG-Investing-Practices-Progress-and-Challenges.pdf. Em igual sentido, v. BERG, Florian *et al*. Agregate Confusion: the divergence of ESG ratings. *Review of Finance*, v. 26, n. 6, p. 1315-1344, nov. 2022: "*We identify three distinct sources of divergence. Scope divergence refers to the situation where ratings are based on different sets of attributes. One rating agency may include lobbying activities, while another might not, causing the two ratings to diverge. Measurement divergence refers to a situation where rating agencies measure the same attribute using different indicators. For example, a firm's labor practices could be evaluated on the basis of workforce turnover or by the number of labor related court cases taken against the firm. Finally, weight divergence emerges when rating agencies take different views on the relative importance of attributes*".

com o seguinte título: "*Why ESG is the devil*".[113] A notícia do jornalista Aaron Sibarium,[114] citada pelo empresário sul-africano, apontou que a agência de classificação de risco *S&P Global Ratings* atribuía à empresa de carros elétricos Tesla uma pontuação bastante inferior àquela conferida às empresas de cigarro quanto ao atendimento de fatores ESG. Isso porque, de acordo com a reportagem, as empresas de tabaco atuavam especificamente para reforçar suas políticas internas de diversidade, equidade e inclusão (*DEI complex*), camuflando todo o impacto de sua atividade produtiva para o meio ambiente, para a saúde dos consumidores e de trabalhadores expostos aos componentes químicos do cigarro. Esse movimento das empresas de Tabaco, segundo descreve o jornalista, decorreria de uma estratégia para ampliação de apoio social, com o objetivo de diminuir os riscos de responsabilização civil pelos danos causados pela produção e consumo do cigarro.

Aswath Damodran, professor de finanças da Stern School of Business da Universidade de Nova Iorque e especialista em valoração de ativos (*valuation*), declarou que não compreendia como "*um conceito com tão pouco por trás* [pode] *ser adotado por tantas pessoas e de forma tão entusiástica*".[115] De acordo com o autor, há setores do mercado que vivem de narrativas e, com isso, conseguem impulsionar a circulação de dinheiro. A agenda ESG, sem a substância do que ela impõe, seria um exemplo disso. Em tom crítico, portanto, Damodran concluiu: "*Você realmente quer que suas companhias virem igrejas?... Você sabe o que acontece quando as companhias tentam ser igrejas? Elas não são boas nem como companhias e nem como igrejas. Estamos caminhando para esse cenário, de empresas que soam bem, mas não fazem o bem*".[116]

A utilização da agenda ESG e de ações socioambientais como *marketing* corporativo, desorientando órgão de controle, investidores e consumidores sobre os reais impactos da empresa sobre os direitos fundamentais, já tem, inclusive, nomes próprios: o *bluewashing* (com referência ao azul das Nações Unidas) e o *greenwashing* (com referência ao verde ambiental), para designar, respectivamente, a prática de empresas

---

[113] Disponível em: https://twitter.com/elonmusk/status/1668829554448777216. Acesso em: 13 jun. 2023.

[114] Disponível em: https://threadreaderapp.com/thread/1668658866337218560.html. Acesso em: 13 jun. 2023.

[115] A declaração foi dada por ocasião do lançamento do livro de Aswath Damodaran, "*The Dark Side of Valuation*", extraída de reportagem do *Brazil Journal*. Disponível em: https://braziljournal.com/damodaran-detona-o-esg-erro-de-valuation. Acesso em: 13 maio 2022.

[116] Disponível em: https://braziljournal.com/damodaran-detona-o-esg-erro-de-valuation. Acesso em: 13 maio 2022.

que promovem discursos e campanhas publicitárias comunicando iniciativas social (*blue*) e ambientalmente (*green*) responsáveis, mas que, na prática, não ocorrem ou não representam o contexto dos negócios que exercem.[117]

O fato é que as empresas estão pressionadas a ingressarem na corrida sustentável para que o seu valor de mercado não seja afetado, tampouco haja prejuízo na sua captação de investimentos, ou perda de desejo de compra dos consumidores. De acordo com os dados da *Global Sustainable Investment Association*, os ativos com classificação ESG passaram de US$ 22,8 trilhões em 2016 para US$ 35 trilhões em 2020, com projeção para alcançar US$ 50 trilhões em 2025, representando mais de um terço dos ativos globais em gestão mobiliária.[118] As dúvidas sobre o que se deve considerar e como avaliar a responsabilidade socioambiental empresarial, além da instabilidade para exercício de atividade econômica, com a imposição de certificações que aumentam os custos de operação, também prejudicam o controle das informações que são lançadas ao mercado. Há um impasse para o avanço de uma pauta que se propõe a ampliar a efetivação de direitos fundamentais.

Esse cenário, aliás, tem fomentado os debates sobre as estratégias de regulação. Há desde modelos de autorregulação, com a criação de certificações ou *rankings* de empresas, passando por regimes normativos que padronizam a divulgação de informação ou fixam regimes de responsabilidade social corporativa[119] e, até mesmo, legislação proibindo que fatores ESG sejam considerados para decisões de investimento financeiro.[120]

---

[117] A questão diz respeito tanto à divulgação de informação falsa ou incompleta sobre os impactos socioambientais da atividade empresarial como também à veiculação de programas que, apesar de incentivarem medidas de proteção ou promoção de direitos fundamentais, não têm conexão com os riscos reais da empresa. Cite-se, como exemplo, uma mineradora que divulga programa de incentivo à contratação de mulheres, mas silencia sobre programas ambientais. Os principais impactos da sua atividade não são examinados, nem recebem tratamento específico.

[118] Dados apresentados por MAGALHÃES, Eduardo *et al. O greenwashing impulsionado pela explosão ESG*. Disponível em: https://www.jota.info/opiniao-e-analise/colunas/praticas-esg/o-greenwashing-impulsionado-pela-explosao-esg-22082022. Acesso em: 25 ago. 2022.

[119] As diferentes estratégias de regulação relacionadas ao desenvolvimento de sistemas corporativos de promoção e proteção de direitos humanos podem ser lidas em COSSART, Sandra; CHPLIER, Jerôme; BEAU DE LOMENIE, Tiphaine. The French Law on Duty of Care: A historic Step towards Making Globalization Work for All. *Bussiness and Human Rights Journal*, Cambridge University Press, v. 2, p. 317-323, 2017.

[120] Sobre a disputa para regulação legislativa nos Estados Unidos em torno da agenda ESG, com quadro analítico da legislação dos Estados sobre o tema, v. MALONE, Leah *et al. ESG Battlegrounds:* How the States Are Shaping the Regulatory Landscape in the U.S. Disponível em: https://corpgov.law.harvard.edu/2023/03/11/esg-battlegrounds-how-the-states-are-shaping-the-regulatory-landscape-in-the-u-s/. Acesso em: 3 abr. 2023.

No Brasil, por sinal, já está em vigor, a Resolução CVM nº 59/2021, que alterou e acrescentou dispositivos à Instrução nº 480, para incluir em Formulário de Referência das companhias de capital aberto as informações sobre práticas ambientais, sociais e de governança corporativa. Recentemente, foi publicada a Resolução CVM nº 175/2022,[121] que dispõe sobre a constituição, o funcionamento e a divulgação de informações dos fundos de investimento, com previsão específica sobre a utilização de expressões "ESG", "ASG", "ambiental", "verde", "social", "sustentável" ou quaisquer outros termos correlatos às finanças sustentáveis. O novo ato normativo diferencia especificamente, de um lado, a integração de fatores ambientais, sociais e de governança às atividades relacionadas à gestão da carteira de investimentos e, de outro lado, a produção de benefícios socioambientais pela política de investimentos. Reservou-se apenas a essa última hipótese a possibilidade de associar os fundos às expressões que remetem à sustentabilidade. Não está claro, ainda, o que diferencia cada uma das atuações e a razão de se restringir a associação apenas à segunda hipótese.

Além disso, o Brasil contava com um marco interno de Diretrizes Nacionais sobre Empresas e Direitos Humanos (o já referido Decreto nº 9.571/2018)[122] e está em tramitação um projeto de lei para a criação do "*Marco Nacional sobre Direitos Humanos e Empresas*",[123] que segue a estratégia francesa constante da Lei nº 2017-399[124] e da proposta de Diretivas do Parlamento Europeu de Devida Diligência e Sustentabilidade Corporativa,[125] de imposição às empresas, inclusive suas subsidiárias localizadas em outros países, do dever de desenvolver medidas para

---

[121] Nos termos do art. 140 da Resolução CVM nº 175, de 22 de dezembro de 2022, o ato da Comissão de Valores Mobiliários do Brasil tem vigência a partir de 2 de outubro de 2023.

[122] Conforme destacado em seminário promovido pelo Conselho Nacional de Justiça sobre Empresas e Direitos Humanos, realizado em 21 de outubro de 2022, "*No Brasil, o Decreto nº 9.571/2018 trata do assunto, mas especialistas e magistrados presentes relatam haver um desconhecimento geral sobre os princípios orientadores desses direitos, em especial dessa normativa. Magistradas e magistrados mencionaram desconhecer o decreto, que estabelece as Diretrizes Nacionais sobre Empresas e Direitos Humanos, para médias e grandes empresas, incluídas as empresas multinacionais com atividades no país*". Disponível em: https://www.cnj.jus.br/responsabilizar-empresas-por-danos-aos-direitos-humanos-e-peca-chave-para-reparar-vitimas/. Acesso em: 30 out. 2022. O Decreto nº 9.571/2018 foi revogado pelo Decreto nº 11.772, de 9 de novembro de 2023, que instituiu o Grupo de Trabalho Interministerial para a elaboração de proposta da Política Nacional de Direitos Humanos e Empresas.

[123] Trata-se do Projeto de Lei nº 572/2022, de autoria do Deputado Federal Helder Salomão.

[124] Disponível em: https://www.legifrance.gouv.fr/jorf/id/JORFTEXT000034290626/. Acesso em: 10 mar. 2021.

[125] Disponível em: https://www.europarl.europa.eu/doceo/document/TA-9-2023-0209_PT.html. Acesso em: 19 ago. 2023.

gerenciamento de riscos e prevenção de violações de direitos humanos em toda a cadeia de valor. Contudo, como já exposto, não se avançou na identificação do que a Constituição exige das empresas e aquilo que ela demanda e autoriza seja objeto de conformação legislativa para orientação da livre-iniciativa.

O regime de responsabilidade socioambiental corporativa, inclusive na recente ascensão ESG, já vem sendo analisado por perspectivas econômicas e de administração de empresas há algumas décadas, descrevendo as repercussões financeiras e sobre a gestão de negócios com a incorporação de fatores socioambientais no processo decisório empresarial e de investimentos. No campo do Direito, a leitura desse fenômeno também já é realizada pelo Direito Societário e pelo Direito Internacional. O primeiro examina os instrumentos de influência e de controles interno e externo que incidem sobre as empresas, com a conformação de novas formas de governança.[126] Já o Direito Internacional se debruça sobre a existência de responsabilidade de entes não estatais, com o estudo sobre modelos ideais para garantir a participação das empresas no sistema de proteção e promoção de direitos humanos, com especial foco sobre as empresas transnacionais.[127] Aliás, diante dos desafios para regulação de impactos transnacionais, afirma-se a conformação de um Direito Societário Internacional para orientar os regimes de proteção a investidores e para mitigar as externalidades resultantes da atividade empresarial de grande porte, com riscos sistêmicos para o meio ambiente e para os direitos humanos.[128]

Há, ainda, uma terceira aproximação jurídica que coloca a responsabilidade socioambiental corporativa como um desdobramento do *compliance*[129] e do sistema de integridade inaugurado com a Lei

---

[126] Carlos Portugal Gouvêa afirma a conformação de uma governança corporativa socioambiental. GOUVÊA, Carlos Portugal. *A Estrutura da Governança Corporativa*. São Paulo: Quartier Latin, 2022. p. 444.

[127] Leandro Martins Zanitielli diz que as propostas para responsabilização de atores não estatais, em especial as sociedades empresárias, estabelece uma "*controvérsia entre voluntaristas e obrigacionistas*". Sobre o tema, v. ZANITELLI, Leandro Martins. Corporações e Direitos Humanos: o debate entre voluntaristas e obrigacionistas e o efeito solapador das sanções. *SUR – Revista Internacional de Direitos Humanos*, São Paulo, v. 8, n. 15, p. 37-57, dez. 2011.

[128] Sobre o tema v. PARGENDLER, Mariana. Reflexões sobre a Ascensão do Direito Societário Internacional. *In*: COELHO, Fábio Ulhoa; TEPEDINO, Gustavo; LEMES, Selma Ferreira (coord.). *A Evolução do Direito Societário no Século XXI* – Seus Princípios e Valores (ESG, Liberdade, Regulação, Igualdade e Segurança Jurídica): Homenagem ao Professor Arnoldo Wald. Direito Privado. v. 2. São Paulo: IASP, 2022. p. 935-951.

[129] *Compliance* designa o cumprimento de normas internas e externas por organizações, com o objetivo de assegurar que empresas operem de forma legal, evitando, por exemplo, práticas fraudulentas, corrupção e conflitos de interesse. Sobre o tema, v. CUEVA, Ricardo Villas

nº 12.846/2013.[130] O sistema de integridade e o regime de *compliance* empresarial, de fato, têm pontos de coincidência com a atual agenda ESG e a mais antiga compreensão de responsabilidade social corporativa. É certo, inclusive, que o fortalecimento de departamentos de ética e integridade nas empresas influencia a atual ascensão ESG e impulsiona o processo de vinculação da reponsabilidade corporativa em relação aos direitos fundamentais.

Ocorre que os fenômenos são diversos, em especial para o Direito Constitucional. Afinal, a exigência de conformidade às leis e aos regulamentos externos e internos trata de *respeito* às normas, sejam elas constitucionais, infraconstitucionais, infralegais ou mesmo regulamentos privados de cada organização. É uma observância passiva do Direito, sob a perspectiva de gerenciamento de riscos para os negócios, administradores e investidores.[131] Quando se fala em incorporação de fatores ESG no processo decisório empresarial e de investimento financeiro, ou mesmo de uma mais ampla responsabilidade socioambiental corporativa, o passo é adiante: empresas são chamadas a se envolver na própria concretização do Direito, criando ou apoiando medidas de *promoção* e *proteção* de fatores diretamente relacionados aos direitos fundamentais. De toda forma, seja para respeitar, proteger ou promover, os estudos de *compliance* se atêm aos aspectos internos de atuação para conformidade empresarial. Não há o exame da questão antecedente sobre a existência em si de uma vinculação especializada das empresas aos direitos fundamentais.

Esse é, justamente, o escopo do livro: identificar o que a Constituição exige das empresas, com a apresentação de testes de conformidade constitucional para determinar aquilo que pode ser esperado, até onde é possível vincular e explicar a razão de se falar em um regime jurídico de concretização de direitos fundamentais específico para empresas.

Bôas; FRAZÃO, Ana. *Compliance*: perspectivas e desafios dos programas de conformidade. Belo Horizonte: Fórum, 2018.

[130] A Lei nº 12.846/2013, conhecida como Lei Anticorrupção, dispõe sobre a responsabilização administrativa e civil de pessoas jurídicas pela prática de atos contra a Administração Pública, nacional ou estrangeira.

[131] Ricardo Villa Bôas Cueva descreve os programas de *compliance* como sendo compostos por "*rotinas e práticas concebidas para prevenir riscos de responsabilidade empresarial decorrentes do descumprimento de obrigações legais ou regulatórias (...) voltam-se para a mudança de comportamento, por meio de padrões de conduta a serem observados e monitorados pelas empresas, administradores e funcionários, a fim de evitar o cometimento de ilícito*" (CUEVA, Ricardo Villas Bôas. Funções e finalidades dos programas de *compliance*. *In:* CUEVA, Ricardo Villas Bôas; FRAZÃO, Ana. *Compliance*: perspectivas e desafios dos programas de conformidade. Belo Horizonte: Fórum, 2018, p. 53-69).

Com isso será possível contribuir para a estabilidade dos negócios, de modo que as empresas não façam a menos (vedação à proteção insuficiente) nem sejam demandadas demais (vedação de excesso), conformando o que é necessário e adequado para a efetividade dos direitos fundamentais. Por outro lado, será possível orientar esquemas regulatórios e administrativos, assim como instruir eventual controle judicial concreto, ou de constitucionalidade, abstrato[132] ou incidental, sobre os impactos da atividade empresarial sobre os direitos fundamentais.

1.2 Por que empresas e direitos humanos?[133]

A Companhia Holandesa das Índias Orientais, criada no século XV por empresários com o apoio do governo holandês, era uma empresa de navegação para comércio com a Ásia. Em realidade, ela era um instrumento de política externa holandesa para conquistar colônias portuguesas e espanholas nas Américas e na África Ocidental.[134] A Companhia tinha poderes para cobrar impostos, assinar acordos comerciais, prender criminosos e declarar guerras.[135] O poder de intervenção da empresa era enorme e evidente.

Pense-se agora na influência de gigantes de tecnologia como a Apple, o Google, a Amazon, a Microsoft e o Facebook sobre as nossas vidas. A capacidade e o poder de interferência sobre os destinos de pessoas e países não são declarados, mas se tornaram gigantescos. Diferente da companhia holandesa, cujo poder decorria de privilégios

---

[132] Como se detalhará na última parte da tese, o caráter integralmente voluntário de deveres da empresa referido pelo §2º do art. 1º do recentemente revogado Decreto nº 9.571/2018 era inconstitucional, uma vez que há deveres de diligência no exercício de atividade econômica organizada, que são extraídos diretamente da Constituição para a preservação de efetividade dos direitos fundamentais.

[133] "Por que empresas e direitos humanos?" é o título da introdução do livro "*Quando negócios não são apenas negócios: as corporações multinacionais e os direitos humanos*", de John Gerard Ruggie. Na tese, a exposição absorve as reflexões do autor, com a projeção da justificativa para um regime de deveres da empresa necessário e adequado à efetividade dos direitos fundamentais.

[134] É o que destaca Roberto Chacon de Albuquerque: "*A Companhia das índias Ocidentais, que teve como maior realização em toda sua história a conquista temporária de parte do Brasil de 1630 a 1654, o Brasil holandês, que passou a ser conhecido como a Nova Holanda*" (ALBUQUERQUE, Roberto Chacon de. A Companhia das Índias Ocidentais: uma sociedade anônima? *Revista da Faculdade de Direito da USP*, v. 105, p. 25-38, jan./dez. 2010).

[135] A referência histórica da Companhia das Índias Ocidentais para ilustrar o poder das corporações no mundo atual foi extraída do artigo da jornalista Cristina Galindo, no jornal *EL PAIS*, de 07.11.2017, com o título "*Quando empresas são mais poderosas que os países*". Disponível em: https://brasil.elpais.com/brasil/2017/11/03/economia/1509714366_037336.html. Acesso em: 22 jun. 2023.

concedidos pelo Estado e era exercido sobre regiões geográficas específicas, o poder econômico, político e cultural das empresas de hoje se desvinculou da origem estatal e é disperso pelo mundo. E isso não se restringe ao universo das *big techs*.[136]

Veja-se, o Walmart tem uma receita financeira maior do que o Produto Interno Bruto da Espanha. A receita da British Petroleum supera o PIB da Suíça.[137] Estima-se que os ativos sob o comando da Blackrock, a maior gestora de investimentos financeiros do mundo, devem chegar a 15 trilhões de dólares nos próximos anos.[138] Das cem maiores economias do planeta, sessenta e nove são empresas.[139] O enorme poder concentrado por esses agentes econômicos privados influencia resultados eleitorais, induz decisões políticas, inclusive a elaboração de leis, e conforma parte significativa do modo que vivemos e das escolhas que fazemos no dia a dia. Trata-se de um poder fragmentado e volátil, que sequer se concentra em territórios específicos. Moises Naim, membro do *Carnegie Endowment for International Peace*,[140] atestou: "*não é irrealista prognosticar que veremos inevitáveis transformações na forma pela qual a humanidade se organiza para sobreviver e progredir*".[141]

Florian Wettstein, por sinal, concluiu que as transformações produzidas pelo contexto contemporâneo de economia global alçaram as empresas à posição de instituições quase governamentais (*quasi-governmental institution*).[142] A posição de comando que passaram a deter sobre o processo de produção — a capacidade de determinar as estruturas de produção — criou regimes de dependência que se convertem em efetiva capacidade de influenciar decisões políticas, com a determinação, por exemplo, de regimes tributários e regulatórios.[143]

---

136 As *big techs* são as grandes empresas de tecnologia e inovação.

137 A organização não governamental *Global Justice Now* realiza uma classificação que compara as cifras de negócios das principais empresas com a renda orçamentária dos países. Disponível em: https://www.globaljustice.org.uk/news/69-richest-100-entities-planet-are-corporations-not-governments-figures-show/. Acesso em: 20 jun. 2023.

138 Dados apresentados em: https://valor.globo.com/financas/noticia/2023/04/17/ativos-da-blackrock-devem-chegar-a-us-15-trilhoes-em-cinco-anos.ghtml. Acesso em: 22 jun. 2023.

139 Disponível em: https://www.globaljustice.org.uk/news/69-richest-100-entities-planet-are-corporations-not-governments-figures-show/. Acesso em: 20 jun. 2023.

140 O *Carnegie Endowment for International Peace* é um *think tank* de política externa, com sede em Washington.

141 NAIM, Moises. *O fim do poder*. São Paulo: Leya, 2013. p. 314.

142 WETTSTEIN, Florian. *Multinational Corporations and Global Justice*: Human Rights Obligations of a Quasi-Governmental Institution. Stanford: Stanford University Press, 2009.

143 WETTSTEIN, Florian. *Multinational Corporations and Global Justice*: Human Rights Obligations of a Quasi-Governmental Institution. Stanford: Stanford University Press,

Mais além, com a revolução tecnológica, as empresas passaram ainda a controlar o conhecimento. Afinal, controlam o fluxo de informações e aquilo que as pessoas ouvem e veem. Com isso, moldam crenças individuais, princípios e os próprios fundamentos da vida democrática. Veja-se: ao lado do monopólio da força para a garantia de proteção dos indivíduos, retratado com mais intensidade nas leituras da teoria hobbesiana, havia outro monopólio nos Estados modernos. O monopólio da definição.

Conforme acentuado por Renato Janine Ribeiro[144] e Patricia Nakayama,[145] a ideia de que o poder soberano é exercido a partir da força bélica é complementada pelo domínio que o Estado detém sobre as descrições e definições de conceitos e sentidos. Hobbes, ao declarar que "*os pactos sem a espada não passam de palavras*",[146] ao mesmo tempo em que reconhece a necessidade da força, também adverte que as espadas sem as palavras não convencionam nada.[147] Esse *monopólio dos sentidos*, que os Estados modernos detinham, contudo, também se fragilizou com a revolução digital.

O poder das empresas, portanto, no contexto da economia global e da revolução digital, trata de um poder estrutural e concreto,[148] que não se resume a uma liberdade de agir dentro de estruturas normativas existentes. Grandes agentes econômicos privados passaram a deter o

---

2009, p. 195: "*First, they are powerful because of their commanding position over the production process, that is, their ability to determine outcomes in the global production structure. Additionally, they can use the dependencies deriving from this commanding position to influence bargaining processes in their favor. For example, with increasing de pendency of states on multinationals' performance in creating and maintaining wealth for their citizens, multinationals can bargain for favorable conditions and treatment in tax and regulation matters*".

144 RIBEIRO, Renato Janine. *Ao leitor sem medo:* Hobbes escrevendo contra o seu tempo. Belo Horizonte: UFMG, 2004.

145 NAKAYAMA, Patrícia. *Sobre a Descrição do Ser* (Estudo sobre ameríndios, Thomas Hobbes e os rebentos de seu estado de natureza). Dissertação (Mestrado em Filosofia). Faculdade de Filosofia, Letras e Ciências Humanas, Universidade de São Paulo. São Paulo, 2014.

146 HOBBES, Thomas. *Leviatã*: matéria, forma e poder de um estado eclesiástico e civil. São Paulo: Abril, 1974, p. 107: "*Porque as leis de natureza (como a justiça, a equidade, a modéstia, a piedade, ou, em resumo, fazer aos outros o que queremos que nos façam) por si mesmas, na ausência do temor de algum poder capaz de levá-las a ser respeitadas, são contrárias a nossas paixões naturais, as quais nos fazem tender para a parcialidade, o orgulho, a vingança e coisas semelhantes. E os pactos sem a espada não passam de palavras, sem força para dar qualquer segurança a ninguém*".

147 NAKAYAMA, Patrícia. *Sobre a Descrição do Ser* (Estudo sobre ameríndios, Thomas Hobbes e os rebentos de seu estado de natureza). Dissertação (Mestrado em Filosofia). Faculdade de Filosofia, Letras e Ciências Humanas, Universidade de São Paulo. São Paulo, 2014, p. 15.

148 BILCHITZ, David. *Fundamental Rights and the legal obligations of business*. Cambridge: Cambridge University Press, 2022, p. 40: "*This power does not only arise from their general control over production processes but also their ability to utilise their dominant positions to gain a number of advantages from states. Corporate power is thus both structural and concrete*".

poder de determinar as próprias estruturas em que irão atuar. Nesse quadro, a propensão para abuso e arbítrio, com a vulneração de direitos e garantias das pessoas direta e indiretamente impactados pela atividade econômica se tornou uma realidade.

Então, se no contexto do surgimento dos Estados nacionais a ideia de limitação de poder para a proteção do indivíduo tinha os Estados como foco de atenção, com a ascensão e a concentração de poder por entidades privadas, a tutela da humanidade precisou se transformar para coibir o uso abusivo e arbitrário de poder independentemente de sua origem.

Na perspectiva histórica de John Ruggie, a década de 1990 marcou a "época de ouro" da globalização corporativa.[149] Grandes companhias multinacionais emergiram e estabeleceram núcleos de atividade econômica transnacional, em um processo transformador do modelo de comércio mundial: a realização de transações por redes de entidades corporativas, em vez de negócios intermediados por países. Essa transformação, contudo, produziu impactos para aqueles que não estavam na empresa ou nos países que conduziram a transformação no modelo de transação econômica.

A nova realidade de integração econômica transnacional da empresa veio acompanhada de trabalho forçado em fábricas que prestavam serviços para marcas internacionais, deslocamento compulsório de comunidades nativas e povos originários para instalação de empresas estrangeiras no território, exploração de trabalho infantil, entre outros impactos negativos sobre direitos fundamentais.[150]

A atenção sobre as repercussões da empresa sobre os direitos humanos, no resumo de Steve Ratner, resultou de cinco fatores abarcados pelo processo de globalização das transações econômicas: (i) o aumento do investimento de empresas multinacionais nos países subdesenvolvidos ou em desenvolvimento; (ii) a corrosão do poder político dos Estados diante do aumento do poder econômico de algumas corporações; (iii) a revolução global das telecomunicações, que ampliou o acesso à informação sobre as condições de vida daqueles impactados pela atividade econômica, com o consequente aumento da capacidade de mobilização da opinião pública; (iv) a atuação da Organização Mundial do Comércio — OMC e do Fundo Monetário

---

[149] RUGGIE, John Gerard. *Quando negócios não são apenas negócios*: as corporações multinacionais e os direitos humanos. São Paulo: Abril, 2014. p. 10.

[150] RUGGIE, John Gerard. *Quando negócios não são apenas negócios*: as corporações multinacionais e os direitos humanos. São Paulo: Abril, 2014. p. 11.

Internacional — FMI para forçar a abertura dos Estados à recepção de investidores estrangeiros; e (v) a ampliação do regime de transparência e de produção de relatórios das atividades empresariais.[151]

O discurso dos direitos humanos, que consolida o valor e a dignidade inerentes a todas as pessoas, começou, assim, a ser utilizado como base para o questionamento sobre os custos humanos — sociais e ambientais, de gerações atuais e futuras — da atividade empresarial. A forma e até mesmo a possibilidade de inclusão de fatores socioambientais no processo decisório da empresa, no entanto, criaram impasses. De um lado, organizações não governamentais de direitos humanos passaram a advogar a imposição de ética corporativa pela regulação e pela força do Estado, muitas vezes com a simples transposição de um regime de deveres idêntico àqueles do Estado.[152] De outro lado, empresas, com dúvidas sobre a sua função na proteção e promoção de direitos fundamentais nos locais em que operavam, manifestaram o receio de interferências externas sobre a liberdade de iniciativa. Mais ainda, críticos nos dois extremos enxergavam que a ideia de deveres às empresas seria um caminho para a exoneração de responsabilidades dos Estados, com a progressiva renúncia estatal de deveres relativos aos direitos fundamentais.[153]

Os impasses sobre como tratar da questão, contudo, não diminuíram as demandas de entidades de defesa de direitos humanos para que as empresas tratassem dos riscos de suas operações. Afinal, as violações continuavam a ocorrer, em especial em países subdesenvolvidos ou em desenvolvimento. Com a progressiva exposição em mídia e a crescente mobilização de organizações não governamentais, cada vez mais se tinha ciência dos impactos negativos de atividades empresariais sobre os direitos humanos. Por exemplo, na década de 1990, denúncias de trabalho forçado, insalubre e de exploração de mão de obra infantil pela *Nike* em países asiáticos começaram a estampar

---

[151] RATNER, Steven R. Corporations and human rights: A Theory of Legal Responsibility. *Yale Law Journal*, v. 111, n. 3, p. 443-545, dez. 2001.

[152] Sobre a perspectiva dos debates acerca da regulação da responsabilidade social corporativa v. RUGGIE, John Gerard. *Quando negócios não são apenas negócios*: as corporações multinacionais e os direitos humanos. São Paulo: Abril, 2014. p. 10

[153] Os Estados Unidos foram o primeiro país a buscar a aprovação de um código de conduta para corporações multinacionais, ainda na década de 1970. A ideia não se converteu em qualquer norma social ou jurídica. Sobre o ponto, v. SAGAFI-NEJAD, Tagi. *The UN and Transnational Corporations*: from Code of Conduct to Global Compact. Bloomington: Indiana University Press, 2008 *apud* RUGGIE, John Gerard. *Quando negócios não são apenas negócios*: as corporações multinacionais e os direitos humanos. São Paulo: Abril, 2014. p. 12.

capas de revista,[154] provocando reações que levaram até mesmo a um "Dia Internacional de Protesto contra a Nike", em 28 estados americanos e 12 países.[155] De igual modo, a participação de grupos privados no comércio ilegal de diamantes em Serra Leoa, que conduziram a uma guerra civil,[156] assim como as condutas da *Enron Corporation* na Índia, que era complacente com o uso de seus equipamentos por autoridades locais para repressão de protestos contra a construção de uma usina de energia,[157] ou da *Shell* na Nigéria, com os danos ambientais e sociais causados pela exploração de petróleo, mas sem qualquer retorno ou reparação das comunidades locais impactadas,[158] tiveram projeção global e ampla reação de organizações não governamentais de defesa dos direitos humanos. E isso já com a percepção de que as violações poderiam acontecer tanto por ações e omissões das empresas assim como pela cumplicidade, contribuição ou benefício com condutas de terceiros que violassem os direitos fundamentais.[159]

O nexo entre a atividade empresarial e os danos a direitos individuais, coletivos e difusos evidenciou a necessidade de se falar em

---

[154] Conforme relatado por John G. Ruggie, a fotografia de um garoto paquistanês de 12 anos costurando bolas de futebol apareceu na revista *Life*, tendo ainda se apurado que fornecedores da *Nike* do Vietnã usavam um tipo de cola com produto químico que causava doenças respiratórias.

[155] RUGGIE, John Gerard. *Quando negócios não são apenas negócios*: as corporações multinacionais e os direitos humanos. São Paulo: Abril, 2014. p. 36.

[156] A atuação de associações privadas de comércio de diamantes em Serra Leoa foi condenada pelo Conselho de Segurança da Organização das Nações Unidas, em Resolução de 5 de julho de 2000. Disponível em: https://digitallibrary.un.org/record/417948. Acesso em: 20 jun. 2023.

[157] As violações de direitos humanos no caso Enron, envolvendo o projeto da Usina Dabhol Power, foram denunciadas em relatório elaborado pela organização de direitos humanos *Human Rights Watch*. Disponível em: http://www.hrw.org/reports/1999/enron. Acesso em: 20 jun. 2023.

[158] John Ruggie relata que a exploração e produção de petróleo pela *Shell Petroleum Development*, uma *joint venture* não constituída entre a *Royal Dutch Shell* e a *Nigerian National Petroleum Corporation*, causou, desde o início da operação, danos ambientais no território dos Ogonis. A poluição do solo e da água afetou a subsistência daqueles que dependiam da agricultura e da pesca. Os moradores da área ainda tinham que conviver com queimadores de gás residual e chuva ácida (RUGGIE, John Gerard. *Quando negócios não são apenas negócios*: as corporações multinacionais e os direitos humanos. São Paulo: Abril, 2014. p. 39).

[159] *"Como o envolvimento das multinacionais nos abusos de direitos humanos pode ocorrer de modos distintos, haverá envolvimento direto, diante de ações ou omissões das empresas que violam direitos humanos, por exemplo, na recusa de contratar pessoas em função do gênero com impacto no direito à não discriminação. Tais situações são facilmente identificáveis, pois é a própria empresa que infringe os direitos humanos. (...). O envolvimento também poderá ocorrer de modo indireto, quando as empresas são acusadas de contribuírem ou beneficiarem-se dos abusos praticados por terceiros. Nesse cenário, inserem-se os abusos decorrentes da cadeia de fornecimento da empresa"*. BRASIL, Bárbara Dayana. *Direitos Humanos e investimento estrangeiro*: perspectivas para interação. Rio de Janeiro: Lumen Juris, 2019. p. 361/362.

uma teoria de responsabilidade corporativa sobre direitos humanos. A compreensão histórica de que os Estados seriam os sujeitos primários de normas sobre direitos humanos, já que concebidos como trunfos contra ameaças e abusos oriundos do poder concentrado pelos Estados, passou a ser insuficiente diante das transformações que concentraram poder econômico e, consequentemente, atribuíram poderes político e cultural para atores não estatais.[160] No registro de Andrew Clapham, em livro lançado em 1993 sobre a eficácia dos direitos humanos nas esferas privadas, a emergência de novos e fragmentados centros de poder levou as pessoas a compreenderem que a autoridade, a expropriação e a violação poderiam advir de outras entidades, sendo necessária a adaptação de regimes de proteção para incluir esses novos agentes.[161]

A ideia de que atores não estatais, em especial grandes sociedades empresárias, têm responsabilidades independentes do Estado para concretização dos direitos fundamentais, contudo, não é simples nem universalmente aceita. Afinal, falar na imposição de deveres pelo Estado pode ser um caminho para cercear liberdades pela linguagem da proteção e promoção de direitos fundamentais.[162]

---

[160] Florian Wettstein, retomando a análise política de Peter Drucker de 1946 sobre o poder das corporações, destaca como as empresas, em especial as grandes corporações, reconfiguraram o Poder Político dos Estados. Confira-se a passagem: "*In his famous political analysis in 'Concept of the Corporation', Peter Drucker (1993, 6) described the large American corporation as an 'institution which sets the standard for the way of life and the mode of living of our citizens'. The large American corporation, in Drucker's eyes, is representative of 'big business' in general; 'it leads, molds and directs, and it determines our perspective on our own society'. It is the institution 'around which crystallize our social problems and to which we look for their solutions'. Hence as early as 1946, when the book first appeared, Drucker attributed all the characteristics we would commonly associate with primary agents of justice to big business. It is not society with its values and principles that deliberates on and determines the role and responsibilities of the corporation, but the corporation that largely shapes and determines the values to which our society adheres*" (WETTSTEIN, Florian. *Multinational Corporations and Global Justice*: Human Rights Obligations of a Quasi-Governmental Institution. Stanford: Stanford University Press, 2009, p. 167). Jose Luiz Bolzan de Moraes também relata o processo de submissão e/ou condicionamento do Poder Político dos Estados ao poder econômico: "*Deve-se ter presente, como uma constatação e um alerta que, o brutal crescimento e autonomização do poder econômico, a ponto de ver-se por sobre o controle dos governos dos Estados e até de órgãos de caráter supra e internacionais (...) reduz/reconfigura o poder das autoridades eleitas, deixando-as mesmo sem comporem um poder de Estado, fragilizando o modelo democrático moderno, alicerçado nos pressupostos da decisão vinculante tomada por órgãos representativos do conjunto da comunidade interessada*" (MORAES, Jose Luiz Bolzan de. *As crises do Estado e da Constituição e a Transformação Espaço-Temporal dos Direitos Humanos*. Porto Alegre: Livraria do Advogado, 2011. p. 30/31).

[161] CLAPHAM, Andrew. *Human Rights in the private sphere*. Oxford: Oxford University Press, 1993, p. 137.

[162] A utilização de estratégias de promoção e proteção de direitos como meio para o cerceamento de liberdades individuais, mas com atenção especificamente ao direito à saúde, foi objeto de minha dissertação de mestrado na UERJ, com o título *Democracia Sanitária*: o papel da participação na construção do conceito jurídico de saúde, UERJ, 2015.

Esse cenário de crescente mobilização pela defesa de direitos humanos, com impacto para a reputação e para o exercício da empresa, contudo, teve um efeito persuasivo a respeito da necessidade de fixação de um quadro referencial sobre "empresas e direitos humanos", que levou as Nações Unidas a fixarem os já citados *Guiding Principles on Business and Human Rights*[163] (Princípios Orientadores sobre Empresas e Direitos Humanos). Passou-se, assim, da resistência à busca por definição quanto às responsabilidades corporativas, de modo a se ter estabilidade e previsibilidade para o exercício da atividade empresarial, assim como para a realização de investimentos financeiros.

A evolução desse tema no Direito Internacional, contudo, não aconteceu com a mesma intensidade no Direito Constitucional. Isso, em grande medida, porque a origem do tema estava inerentemente relacionada ao Direito Internacional: o potencial para violação de direitos humanos por sociedades empresárias transnacionais sem a possibilidade de responsabilização e sujeição a controle estatal. É certo, de todo modo, que os desafios apresentados à efetividade prática dos direitos humanos e dos direitos fundamentais no contexto empresarial, em razão desse fenômeno de *desterritorialização* e *desinstitucionalização* de poderes, exige múltiplas abordagens para torná-los concretos, seja no ambiente global, seja nas jurisdições locais. Inclusive porque é nas esferas locais que as demandas por responsabilização são mais frequentemente veiculadas, não sendo possível, por isso, confiar a um regime exclusivamente de Direito Internacional a determinação da moldura de deveres da empresa extraídos dos direitos fundamentais. Como se explicitará no próximo capítulo, é inegável, contudo, a relevância do Direito Internacional como instância para orientação normativa da questão, sobretudo para se ter uniformidade de tratamentos em uma realidade complexa de economia global.

1.3 Conclusão parcial: a necessidade de uma teoria constitucional de empresa e direitos humanos — o processo centrífugo de projeção de eficácia dos direitos fundamentais

As transformações geopolíticas e econômicas por que passamos mexeram nas estruturas tradicionais de poder dos Estados modernos.

---

[163] Disponível em: https://www.ohchr.org/Documents/Publications/GuidingPrinciplesBusinessHR_EN.pdf. Acesso em: 10 mar. 2021.

Em consequência, os meios pelos quais os Estados cumpriam os seus deveres de proteção — que, nas teorias contratualistas que conformaram o Estado moderno, fundamentam a sua própria existência — tornaram-se insuficientes. Diante disso, sem que se revisem os deveres e encargos do Estado com os particulares, como também de nós, uns com os outros, não há como proteger e promover os direitos fundamentais.

Por outro lado, o poder das empresas, no contexto da economia global e da revolução digital, se tornou estrutural e concreto. Para além da liberdade de agir dentro de estruturas normativas existentes, as empresas passaram a deter o poder de influenciar e conformar as próprias estruturas em que atuam. Afinal, a influência na esfera política permite que determinem os regulamentos a que estão sujeitas e, portanto, aquilo que orientará a sua própria governança. Nesse cenário, as iniciativas voluntárias para se autorregular em torno de questões sociais e ambientais designam um claro conflito de interesses. Além disso, propiciam condutas *proforma*, desorientando órgãos de controle, investidores e consumidores sobre os reais impactos da empresa sobre os direitos fundamentais. Há, diante disso, uma insuficiência no regime de proteção de direitos fundamentais daqueles que são direta e indiretamente impactados pela atividade econômica privada.

Essa é a razão, portanto, para se falar em um *processo centrífugo de eficácia dos direitos fundamentais*: diante das transformações geopolíticas e econômicas, atribuem-se funções às empresas, para que a efetividade máxima e a progressiva ampliação dos direitos fundamentais (CRFB/1988, art. 5º, §§1º e 2º) sejam restauradas e preservadas no contexto da atividade empresarial. Por certo, no entanto, não se tem a projeção de funções idênticas àquelas dos Estados. Afinal, empresas não são Estados, não têm aptidão para causar as mesmas ameaças e violações, nem dispõem dos mesmos recursos para o cumprimento de suas responsabilidades. Mais além, como qualquer pessoa natural ou jurídica privada, as empresas são igualmente destinatárias do regime de proteção estatal de direitos e garantias fundamentais.

Assim sendo, os deveres de respeito, proteção e promoção, que impõem uma intensa e irrestrita vinculação do Estado, são projetados para alcançarem as empresas, mas com uma incidência em graus cada vez mais brandos, até não serem capazes de estabelecer qualquer vinculação jurídica, mas apenas responsabilidades sociais ou morais. É dizer: os direitos fundamentais projetam efeitos com incidência direta sobre as empresas, mas o conteúdo desses deveres é limitado e contrastado pelas garantias que elas possuem para conformar livremente as suas atividades econômicas. O equilíbrio entre essas duas forças é o que marca as fronteiras, de um lado, de onde se tem eficácia jurídica para exigir obrigações de fazer e, de outro lado, de onde se tem autonomia para empreender ações voluntárias e filantrópicas.

Afirmações genéricas de responsabilidades socioambientais corporativas, no entanto, podem significar qualquer coisa. A própria ideia de eficácia centrífuga dos direitos fundamentais pode soar como uma fórmula mágica para solucionar uma questão complexa. É justamente por isso que não basta dizer que há responsabilidades empresariais, ou que os direitos fundamentais têm incidência sobre relações privadas. É preciso ir além para detalhar quais são os efeitos projetados por essa modalidade especializada de eficácia que potencializa a efetividade dos direitos fundamentais.

A vagueza do discurso de incidência direta para conformar condutas empresariais aos fatores ESG ou mesmo ao atendimento voluntário de padrões de responsabilidade social corporativa é problemática. Ela não garante segurança jurídica para compreender o que se deve fazer para ser considerado como socialmente responsável, ou mesmo quais são os referenciais para se controlar uma estratégia de investimentos ESG.

Tome-se, como exemplo, o tema da transição energética. Por um lado, é possível sustentar que realizar investimento em companhias que mantêm usinas térmicas a carvão seria inconsistente com o atendimento da agenda ESG. Isso porque, diante dos desafios da crise climática, a suspensão dos investimentos nesse setor, em razão dos efeitos nocivos da queima do carvão, seria um passo importante para limitar o aquecimento global. Por outro lado, em regiões onde o fornecimento de energia é dependente dessa matriz energética, a suspensão de investimentos e a desestabilização do sistema de produção de energia poderiam comprometer o acesso a serviços de saúde, educação e outros direitos básicos de pessoas que dependem dessa fonte de energia. Nessa linha, a agenda ESG exigiria a continuidade do investimento, em vez de reprimi-lo.[164]

---

[164] Fabio Alperowitch, fundador da Fama Investimentos e um dos principais articuladores no Brasil da agenda ESG, afirma que o argumento de dependência à matriz energética de queima de carvão é similar ao argumento que se utilizava no século XIX para fundamentar a continuidade do regime escravagista: "*Dentre as alegações, encontram-se desde questões históricas (a falácia de que a escravidão sempre existiu, sendo então entendida como normal ou tradicional) ou questões de devaneios paternalistas (tais como "os escravos não serem capazes de cuidar de si próprios, então é melhor – por questões humanitárias – que eles se mantenham sob a égide de seu Senhor)*". Disponível em: https://braziljournal.com/replica-o-esg-nao-se-molda-por-marteladas. Acesso em: 13 maio 2022.

Ainda que se possa racionalmente construir fundamentos para rejeitar um ou outro argumento, mergulha-se em um espaço de divergências razoáveis, que podem imobilizar, ou transformar o discurso de atendimento à agenda ESG em declarações retóricas e meramente formais. Assim, o discurso de alinhamento das empresas aos direitos humanos, apesar do potencial para reforço de sistemas de proteção e promoção de direitos fundamentais, pode comprometer, com a sua vagueza e plasticidade, a moral interna do direito,[165] retirando a certeza e a confiança de que se está diante de um caminho legítimo e necessário para a proteção e promoção aos direitos fundamentais.

É necessário, assim, institucionalizar meios para que a empresa conheça e gerencie concretamente os seus impactos adversos sobre os direitos fundamentais. É justamente isso que permitirá o controle da própria empresa, de seus acionistas e investidores, assim como do Estado e da sociedade em geral sobre o que está em jogo no exercício da atividade econômica privada.

A responsabilidade socioambiental corporativa e a agenda ESG, como visto, ainda estão cercadas de incertezas sobre o que se deve fazer e como comprovar o que se faz. São, portanto, intensos os obstáculos para uniformizar a divulgação de dados e até mesmo controlar as informações colocadas à disposição do mercado para avaliação de riscos e oportunidades de investimento financeiro.

É certo que nas áreas ambiental, de proteção ao consumidor e anticorrupção já existem obrigações para as empresas que se relacionam direta e indiretamente com a realização de direitos fundamentais. Mas, mesmo nesses temas, não se tem apoio em uma teoria geral que indique quais são as responsabilidades da empresa relacionadas aos direitos fundamentais, na realidade da globalização e da revolução digital. Como já destacado na introdução, a definição constitucional sobre o que se pode esperar de empresas em relação aos direitos fundamentais, para além de apenas afirmar a sua incidência em relações privadas, é um jogo em que só há ganhadores. Afinal, advoga em favor das sociedades empresárias para: (i) afastar excessivas interferências em sua liberdade de empreender; (ii) proporcionar segurança jurídica para a

---

[165] Lon Fuller, em *The Morality of Law*, afirma que o Direito tem um valor moral interno ou intrínseco, que estabelece uma relação de reciprocidade entre o Estado e os indivíduos: o Estado exige que o indivíduo se guie pelas condutas da legalidade; mas o indivíduo confia que será seguro guiar seu comportamento pelas normas legais. Quando não se tem clareza sobre o que é o Direito, se perde a confiança e a reciprocidade. Sobre o tema v. FULLER, Lon. *The morality of law*. New Haven: Yale University Press, 1964.

atuação da empresa e dos seus administradores; e (iii) garantir padrões de atuação em um mercado concorrencial. De igual forma, reforça o sistema de proteção e promoção de direitos fundamentais de todos aqueles potencialmente impactados pela atividade empresarial, além de qualificar a ação do Estado para assegurar a higidez desse sistema.

Essas preocupações, por sinal, levaram o Direito Internacional a debater, sob a designação *"Business and Human Rights"*, quais seriam os caminhos para identificação das responsabilidades das empresas, mas, especialmente, como *concretamente* ela deveria cumprir essa responsabilidade. Os debates no Direito Internacional, com a demonstração de suas potencialidades e limites para, em uma relação dialógica e integrativa,[166] se estruturar uma teoria constitucional que conforma um *dever de devida diligência em direitos fundamentais*, são o que se explicitará no próximo capítulo.

[166] Daniel Sarmento e Claudio Pereira de Souza Neto ressaltam a tendência crescente e positiva de invocação do Direito Internacional dos Direitos Humanos e do Direito Comparado na interpretação constitucional. Ressaltam que *"hoje, as ideias constitucionais migram"* (SARMENTO, Daniel; SOUZA NETO, Claudio Pereira de. *Direito Constitucional*: Teoria, história e métodos de trabalho. Belo Horizonte: Fórum, 2013. p. 451.

EMPRESAS E DIREITOS HUMANOS: A PERPECTIVA DO DIREITO INTERNACIONAL, SUAS POTENCIALIDADES E LIMTES

A partir da década de 1970, o regime internacional de proteção dos direitos humanos passou a ser desafiado por uma perspectiva nova: a afirmação de que atores privados, em especial empresas transnacionais, seriam destinatários de normas internacionais sobre direitos humanos. A concepção tradicional no sentido de que os direitos humanos vinculariam apenas os Estados, com a projeção de deveres de abstenção de causar danos (*respeito*), criação de condições materiais e jurídicas para a sua realização (*promoção*) e instituição de mecanismos para prevenir e reprimir violações (*proteção*), foi contrastada pela realidade de riscos e violações oriundos de atividades econômicas privadas.

A constatação de que a responsabilização exclusiva dos Estados não seria suficiente para enfrentar os desafios de concretização dos direitos humanos, no contexto de transações econômicas globalizadas, conduzidas especialmente por companhias transnacionais, fundamentou defesas de atribuição direta de responsabilidades às empresas. Assim, para além da chamada *abordagem indireta*, em que as normas de Direito Internacional sobre direitos humanos sujeitam os Estados, a quem caberia cobrar a conformidade das empresas, surgiram propostas de *abordagem direta*, que incidiriam diretamente sobre as empresas para observarem padrões de conduta em suas atividades.[167]

[167] A classificação dos regimes de incidência dos direitos humanos sobre empresas em abordagens direta e indireta é apresentada por RAMOS, André de Carvalho. *Curso de direitos humanos*. São Paulo: Saraiva, 2023. p. 300.

A admissão de vinculação direta, contudo, não é simples. Além de pressupor a sujeição de atores privados às normas de Direito Internacional, que, como regra, vinculam apenas as partes signatárias — os Estados —, exige consensos sobre conteúdos que irão regular realidades e interesses muito diversos, tanto das empresas como dos Estados. Dessa forma, o debate sobre o papel das empresas no Direito Internacional se tornou polarizado, colocando empresas, Estados desenvolvidos, Estados em desenvolvimento ou subdesenvolvidos e organizações não governamentais em arenas de impasse.

Neste capítulo, portanto, será ambientado o debate travado pelo Direito Internacional sobre a extensão de deveres às empresas para a consecução dos direitos humanos, até se chegar ao atual marco das Nações Unidas: os *Guiding Principles on Business and Human Rights*[168] (Princípios Orientadores sobre Empresas e Direitos Humanos). O objetivo é esclarecer como o Direito Internacional sintetizou os problemas e quais foram as propostas de solução. Isso permitirá identificar as potencialidades, mas também os limites da regulação da matéria pelo Direito Internacional. Essas potencialidades e limites marcam um apelo para a construção pelos Estados de um regime especializado de proteção dos direitos fundamentais no contexto das atividades econômicas organizadas.

2.1 O sistema internacional de direitos humanos: dos Estados como sujeitos primários do Direito Internacional à afirmação de "eficácia horizontal"

Todas as pessoas são dotadas de dignidade inerente e de direitos iguais e inalienáveis. Essa é a essência dos direitos humanos. As revoluções liberais burguesas, apesar de sua concepção de humanismo individualista e formal, foram responsáveis pela consolidação histórica da ideia de centralidade do homem como uma prerrogativa, que não se subordina a qualquer concessão ou está condicionada à vontade de outras pessoas.

[168] Disponível em: https://www.ohchr.org/Documents/Publications/GuidingPrinciplesBusinessHR_EN.pdf. Acesso em: 10 mar. 2021.

A compreensão iluminista de direitos naturais,[169] anteriores e superiores ao Estado e fundados na razão,[170] atribuiu universalidade ao discurso de *direitos do homem*. Essa manifestação racionalista foi incorporada à Declaração dos Direitos do Homem e do Cidadão de 1789,[171] editada no contexto da Revolução Francesa, assim como à Declaração de Independência dos Estados Unidos de 1776, positivando-se a liberdade e a igualdade do homem como um valor fundamental. As contribuições francesa e norte-americana foram decisivas para o processo de constitucionalização e reconhecimento de direitos e liberdades fundamentais nas Constituições editadas desde então.

Ao longo do século XX, no entanto, em vários momentos o homem foi funcionalizado e desumanizado, com a manipulação ou o desprezo às Constituições e aos direitos que consagravam a concepção de pessoa como titular de iguais direitos e merecedora de respeito e consideração. O Estado nazista alemão, com a sua convivência formal com a Constituição de Weimar de 1919, é o exemplo emblemático de violência institucionalizada.[172]

---

[169] Os direitos naturais afirmados pelo Iluminismo, como destaca Daniel Sarmento, "*diferiam do Direto Natural pré-moderno, que, em geral, buscava legitimar as hierarquias sociais existentes, fundando-as numa ordem objetiva imutável, frequentemente associada à vontade divina*" (SARMENTO, Daniel, *Dignidade de Pessoa Humana*: conteúdo, trajetórias e metodologia. Belo Horizonte: Fórum, 2016. p. 35).

[170] O apelo à razão como fundamento da liberdade e da dignidade humana apresentou-se como fundamento de validade universal de direitos humanos para todos os seres humanos, independentemente de suas convicções religiosas. Sobre a desvinculação dos direitos humanos de fundamentos religiosos, v. LAFER, Celso. *A reconstrução dos direitos humanos:* um diálogo com o pensamento de Hanna Arendt. São Paulo: Companhia das Letras, 2006. p. 121.

[171] Declaração dos Direitos do Homem e do Cidadão, Art. 1º. Todos os homens nascem livres e iguais em direito.

[172] A desumanização pelo Estado nazista alemão é retratada por Primo Levi, no livro "É isto um homem?". Com 25 anos, Primo Levi foi deportado para o campo de Auschwitz, tendo sido capturado pela milícia fascista italiana no ano de 1943. O autor relata a sua experiência brutal, sob a perspectiva de quem perdeu tudo: família, prestígio, dignidade, nome e cabelo. A experiência de perda da própria humanidade. Para além do relato de um sobrevivente, o livro trata de como os reais objetivos do nazismo eram retirar o que há de humano em cada um de nós. Primo Levi registra que não há no vocabulário palavras capazes de descrever o que sentiam quando chegavam ao campo de concentração: "*Estamos transformados nos fantasmas que havíamos deslumbrado na noite passada. Então pela primeira vez nos demos conta de que nossa língua não tem palavras para expressar esta ofensa, a destruição de um homem. Num instante, com intuição quase profética, a realidade nos é revelada: chegamos ao fundo. Mais fundo que isso não se pode chegar: uma condição humana mais miserável não existe tampouco se pode imaginar. Não temos nada nosso: tiraram-nos as roupas, os sapatos e até os cabelos; se falarmos, não nos escutarão, e caso nos escutassem, não nos entenderiam. Até mesmo o nome, nos tiraram: e se quisermos conservá-lo deveremos encontrar dentro uma força arquitetada de tal maneira que, atrás do nome, algo nosso, algo do que um dia fomos, enfim permaneça. Pois imaginem agora um homem a quem, além de suas pessoas amadas, roubem-lhe também a casa, os costumes,*

As atrocidades e a desumanização comandadas pelo poder do Estado na Segunda Guerra indicaram a urgência de um regime de proteção do homem. A realidade de violações e abusos evidenciou a necessidade de vincular os Estados ao respeito aos direitos humanos, com a criação de um sistema internacional de proteção que garantisse a responsabilização por violações.[173] O segundo pós-guerra tornou-se, assim, o marco histórico da internacionalização dos direitos humanos,[174] assim como do delineamento da ideia atual de dignidade humana.[175]

A reunião de 21 (vinte e um) países do Continente Americano em Chapultepec, no México, no início de 1945, firmou a tese sobre a necessidade de edição de um documento internacional sobre os direitos do homem, assim como sobre a criação das Nações Unidas.[176] A Conferência de São Francisco, realizada meses depois, resultou na assinatura da "Carta de São Francisco", sedimentando a criação da Organização das Nações Unidas — ONU e, alguns anos depois (em 1948), na aprovação da Declaração Universal dos Direitos Humanos — DUDH.[177]

Em seus 30 (trinta) artigos, a DUDH reconhece e consagra *a dignidade humana*, o *ideal democrático* e o direito de *resistência à*

---

as roupas, tudo, literalmente tudo o que possui: será um homem vazio, reduzido ao sofrimento e à necessidade, vazio de dignidade e de juízo, porque àqueles que perderam tudo ocorre que se perdem a si mesmos" (LEVI, Primo. *É isto um homem?* Rio de Janeiro: Rocco, 2000. p. 24/25.

173 PIOVESAN, Flávia. *Direitos humanos e o direito constitucional internacional.* São Paulo: Saraiva, 2016. p. 202.

174 LEWANDOWSKI, Enrique Ricardo. *Proteção internacional dos direitos humanos na ordem interna e internacional.* Rio de Janeiro: Forense, 1984.

175 É o que registra Luís Roberto Barroso: "*Ao lado dos marcos religiosos e filosóficos já identificados, existe um marco histórico significativo, que foi decisivo para o delineamento da noção atual de dignidade humana: os horrores do nacional-socialismo e do fascismo, e a reação que eles provocaram após o fim da Segunda Guerra Mundial. Na reconstrução de um mundo moralmente devastado pelo totalitarismo e pelo genocídio, a dignidade humana foi incorporada ao discurso político dos vitoriosos como uma das bases para uma era longamente aguardada de paz, democracia e proteção dos direitos humanos. A dignidade humana foi então importada para o discurso jurídico devido a dois fatores principais. O primeiro deles foi a inclusão em diferentes tratados e documentos internacionais, bem como em diversas constituições nacionais, de referências textuais à dignidade humana. O segundo fator corresponde a um fenômeno mais sutil, que se tornou mais visível com o passar do tempo: a ascensão de uma cultura jurídica pós-positivista, que reaproximou o direito da moral e da filosofia política, atenuando a separação radical imposta pelo positivismo pré-Segunda Guerra*" (BARROSO, Luís Roberto. Aqui, lá e em todo lugar: a dignidade humana no Direito contemporâneo e no discurso transnacional. *Revista dos Tribunais*, Rio de Janeiro, ano 101, v. 919, p. 127/196, 2012). Sobre a consolidação da compreensão atual de dignidade humana v. SARMENTO, Daniel, *Dignidade de Pessoa Humana:* conteúdo, trajetórias e metodologia. Belo Horizonte: Fórum, 2016.

176 SILVA, José Afonso da. *Curso de direito Constitucional Positivo.* São Paulo: Malheiros, 2004. p. 162.

177 RAMOS, André de Carvalho. *Curso de direitos humanos.* São Paulo: Saraiva, 2023. p. 23.

opressão,[178] com a previsão de direitos e garantias individuais, sociais, econômicos e culturais. Entre as garantias e direitos declarados constam o direito à vida e à integridade física, o direito à igualdade, o direito de propriedade, o direito à liberdade de pensamento, consciência e religião, o direito à liberdade de opinião e de expressão e à liberdade de reunião, o direito à segurança social, o direito ao trabalho, o direito à livre escolha da profissão e o direito à educação, assim como o "*direito a um padrão de vida capaz de assegurar a si e a sua família saúde e bem-estar, inclusive alimentação, vestuário, habitação, cuidados médicos e os serviços sociais indispensáveis*" (art. XXV).[179]

A partir da aprovação da Declaração Universal de 1948, portanto, começou a se desenvolver o Direito Internacional dos Direitos Humanos,[180] com a fixação de uma consciência ética compartilhada pelos Estados acerca da importância de se defender os direitos humanos.[181] Desde então, foram editados diversos documentos internacionais sobre direitos humanos, com a previsão de correlatos deveres atribuídos aos Estados para a sua proteção e promoção.[182]

---

[178] SILVA, José Afonso da. *Curso de direito Constitucional Positivo*. São Paulo: Malheiros, 2004. p. 163.

[179] MORAES, Jose Luiz Bolzan de. *As crises do Estado e da Constituição e a Transformação Espaço Temporal dos Direitos Humanos*. Porto Alegre: Livraria do Advogado, 2011. p. 23/24.

[180] PIOVESAN, Flávia. *Temas de direitos humanos*. São Paulo: Saraiva, 2018. p. 66.

[181] É o que registra Lynn Hunt, ao consignar que "*nas décadas depois de 1948, formou-se aos trancos e barrancos um consenso internacional sobre a importância de se defender os direitos humanos*". (HUNT, Lynn. *A Invenção dos Direitos Humanos*: uma história. São Paulo: Companhia das Letras, 2009. p. 209).

[182] São representativos para ilustrar os tratados, cartas e outros documentos internacionais sobre direitos humanos editados após a Declaração Universal de Direitos do Homem – DUDH, o Pacto Internacional de Direitos Civis e Políticos; o Pacto Internacional de Direitos Econômicos, Sociais e Culturais, que compõem a chamada Carta Internacional de Direitos Humanos; a Convenção sobre a Eliminação de Todas as Formas de Discriminação contra a Mulher; a Convenção sobre os Direitos da Criança; e, nos sistemas regionais, a Convenção Europeia dos Direitos Humanos; a Convenção Americana sobre Direitos Humanos; e a Carta Africana de Direitos Humanos e dos Povos. Em todos esses instrumentos, a centralidade das responsabilidades para concretização dos direitos humanos está relacionada aos Estados. É certo, contudo, que a DUDH já invocava na parte final de seu preâmbulo que os direitos humanos declarados eram um "*ideal comum a ser atingido por todos os povos e todas as nações, com o objetivo de que cada indivíduo e cada órgão da sociedade tendo sempre em mente esta Declaração, esforce-se, por meio do ensino e da educação, por promover o respeito a esses direitos e liberdades, e, pela adoção de medidas progressivas de caráter nacional e internacional, por assegurar o seu reconhecimento e a sua observância universais e efetivos, tanto entre os povos dos próprios Países-Membros quanto entre os povos dos territórios sob sua jurisdição*". Essa previsão da DUDH de responsabilidades de cada indivíduo e da sociedade, o que inclui as empresas, para promoção dos direitos humanos, contudo, não resultou em qualquer compreensão de funções a serem desempenhadas por atores privados. É o que registram Nicole Deitelhoff e Klaus Wolf: "*Thus, in principle, business companies and the business sector in general have long fallen within the purview of the international human rights regime. Still, it took a long time before the business sector was willing to accept this responsibility,*

O reconhecimento, a promoção e a proteção dos direitos humanos se tornaram temas globais.[183] Nas palavras de Phillip Alston e Ryan Goodman, "*o conceito de direitos humanos tornou-se parte da consciência moderna, uma lente através da qual se vê o mundo, um discurso universal, uma potente aspiração*",[184] que influenciou toda a teoria e prática do Direito Internacional, assim como as estruturas constitucionais de diversos Estados, sobretudo das Constituições editadas após a Segunda Guerra.

A celebração de diversos tratados e documentos internacionais pelos Estados conformaram, assim, o sistema internacional de proteção aos direitos humanos. Esse sistema, tradicionalmente, trata da proteção de indivíduos e grupos contra violações de direitos humanos pelos Estados, concebidos como sujeitos primários dos deveres de *respeito*, *proteção* e *promoção*. É dizer: cabe aos Estados (i) *respeitar* os direitos humanos, abstendo-se de praticar condutas que os ameacem ou violem; (ii) *proteger* contra ações de terceiros, provendo estruturas e mecanismos que possam preservá-los e/ou restaurá-los; e (iii) *promover*, criando as condições jurídicas e materiais para a progressiva concretização e universalização dos direitos humanos.[185]

Essa concepção dos Estados como centros primários de atribuição de deveres no sistema internacional designa a *eficácia vertical* dos direitos humanos,[186] que decorre da concepção tradicional de instituição de limites ao poder estatal, relacionada diretamente com as preocupações que deram origem ao sistema global e aos sistemas regionais de direitos humanos,[187]

---

a responsibility which is perceived as falling within the 'political sphere' of states and other public entities." DEITELHOFF, Nicole; WOLF, Klaus Dieter. Business and human rights: how corporate norm violators become norm entrepreneurs. *In*: RISSE, Thomas; ROPP, Stephen C.; SIKKINK, Kathryn (org.). *The Persistent Power of Human Rights*: from commitment to compliance. Cambridge: Cambridge University Press, 2013, p. 223/224.

183 Sobre a ascensão dos direitos humanos e a sua internacionalização v. BOBBIO, Norberto. A era dos direitos. Rio de Janeiro: Elsevier, 2004; e COMPARATO, Fábio Konder. *A afirmação histórica dos direitos humanos*. São Paulo: Saraiva, 2015.

184 ALSTON, Phillip; GOODMAN, Ryan. *International human rights*. Oxford: Oxford University Press, 2013. p. 5.

185 Os deveres de respeito, proteção e promoção também são referidos, respectivamente, como deveres de consideração, proteção e prestação. Essa é a classificação de funções atribuída por André de Carvalho Ramos. Sobre o ponto, v. RAMOS, André de Carvalho. *Curso de direitos humanos*. São Paulo: Saraiva, 2023. p. 35.

186 Sobre a eficácia vertical dos direitos humanos, André de Carvalho Ramos esclarece que "*os direitos de defesa, então, têm como consequência inicial a transformação desses direitos em um escudo contra o poder estatal, concretizando exigências de abstenção, derrogação e até mesmo anulação de atos do Estado, o que gera a chamada eficácia vertical dos direitos humanos (indivíduo x Estado)*" (RAMOS, André de Carvalho. *Curso de direitos humanos*. São Paulo: Saraiva, 2023. p. 35).

187 "*Os sistemas global e regional não são dicotômicos, mas complementares. Inspirados pelos valores e princípios da Declaração Universal, compõem o universo instrumental de proteção dos direitos*

Como destaca a citação que inaugura o livro, no entanto, *"direitos humanos não são apenas herança a ser preservada, mas também invenção a ser recriada"*.[188] Nas palavras de Antônio Augusto Cançado Trindade, os direitos humanos são *"como o mito do Sísifo, uma tarefa que não tem fim. É como estar constantemente empurrando uma rocha para o alto de uma montanha, voltando a cair e a ser novamente empurrada para cima. Entre avanços e retrocessos, desenvolve-se o labor de proteção"*.[189] Isso quer dizer que os regimes de tutela e promoção devem ser ajustados para que se cumpra a própria finalidade do sistema internacional de direitos humanos, que é também o valor fundante da ordem constitucional brasileira: garantir a dignidade humana, independentemente da natureza dos agentes e da origem dos atos que possam ameaçá-la ou degradá-la.[190]

Conforme anotado por Eric Posner,[191] se, por um lado, o discurso dos direitos humanos evoluiu em escala global, alcançando-se um cenário de mais amplo respeito em comparação com os séculos passados, por outro lado, os progressos têm sido pequenos desde a década de 1990. Sem afastar o peso dos Estados, que permanecem como agentes de expressivas violações,[192] diante da ascensão de agentes

humanos, no plano internacional. Nessa ótica, os diversos sistemas de proteção de direitos humanos interagem em benefício dos indivíduos protegidos. O propósito da coexistência de distintos instrumentos jurídicos — garantindo os mesmos direitos é, pois, no sentido de ampliar e fortalecer a proteção dos direitos humanos. O que importa é o grau de eficácia da proteção, e, por isso, deve ser aplicada a norma que, no caso concreto, melhor proteja a vítima. Ao adotar o valor da primazia da pessoa humana, esses sistemas se complementam, interagindo com o sistema nacional de proteção, a fim de proporcionar a maior efetividade possível na tutela e promoção de direitos fundamentais". (PIOVESAN, Flávia. *Temas de direitos humanos*. São Paulo: Saraiva, 2018. p. 184).

188 Tradução livre do original: *"human rights are not so much an inheritance to preserve as an invention to remake"*. MOYN, Samuel. *The last utopia*: human rights in history. Cambridge: Harvard University Press, 2010. p. 9.

189 TRINDADE, Antônio Augusto Cançado. Desafios e Conquistas do Direito Internacional dos Direitos Humanos no Início do Século XXI. *In:* MEDEIROS, Antônio Paulo Cachapuz de (org.). *Desafios do Direito Internacional Contemporâneo*: Jornadas de Direito Internacional Público no Itamaraty. Brasília: Funag, 2007. p. 208.

190 Sobre o ponto, Flavia Piovesan destaca: *"Esta é inclusive a lógica e a principiologia próprias do Direito Internacional dos Direitos Humanos, todo ele fundado no princípio da maior dignidade humana"*. (PIOVESAN, Flávia. *Temas de direitos humanos*. São Paulo: Saraiva, 2018. p. 184).

191 POSNER, Eric A. *The Twilight of Human Rights Law*. New York: Oxford University Press. 2014. Para uma visão mais ampla dos limites, dilemas e possibilidades do regime de direitos humanos, com artigos de diferentes autores sobre o tema, vide FASSBENDER, Bardo; TRAISBACH, Knut (ed.). *The Limits of Human Rights*. New York: Oxford University Press, 2019.

192 Cite-se, como exemplo, o quadro de violações retratado pela Arguição de Descumprimento de Preceito Fundamental nº 635, conhecida como "ADPF das Favelas", ajuizada pelo Partido Socialista Brasileiro, objetivando sejam sanadas lesões decorrentes da política de segurança pública do Estado do Rio de Janeiro, marcada pela *"excessiva e crescente letalidade da atuação policial"*.

econômicos privados como centros de poder, começou-se a identificar que a realização dos direitos humanos não seria efetiva sem considerar as violações e ameaças de atores não estatais, em especial de empresas transnacionais.[193] O catálogo de violações de direitos humanos que passou a constar de relatórios de organizações não governamentais e de documentos de organismos internacionais é múltiplo, envolvendo: o direito à vida; o direito de não ser submetido a tortura e práticas cruéis, desumanas ou degradantes; a liberdade de trabalho forçado ou escravo; a liberdade de detenção arbitrária ou privação de segurança da pessoa; a liberdade de desfrutar da propriedade; a liberdade de privação ou danos à saúde; o direito ao meio ambiente limpo e saudável; e o direito a não discriminação.[194]

Contrariando, assim, a tradicional compreensão segundo a qual apenas os Estados são os sujeitos juridicamente vinculados às normas internacionais de direitos humanos, a realidade dos impactos da empresa na vida das pessoas, assim como a sua capacidade de influenciar a concretização de direitos humanos, a partir da década de 1970, ganhou força a ideia de extensão de responsabilidades primárias para entidades não estatais.[195]

---

[193] PAUST, Jordan J. Human Rights Responsibilities of Private Corporations. *Vanderbilt Journal of Transnational Law*, v. 35, p. 801-825, 2002: "*In fact, many multinational corporations wield more effective power and wealth than many nation-states. In terms of potential impact, decisions and activities of many large multinational corporations are capable of doing more harm to persons and resources in ways that thwart human rights than decisions and activities of some nation-states. Additionally, large economic institutions are often capable of doing more harm in violation of international law than private individuals because they often wield more power and wealth than individuals, often engage in activities that transcend state boundaries and effective control, and are often capable of causing more extensive injuries to persons or harm to property, other resources, and the environment, both domestically and transnationally*".

[194] Jordan J. Paust fez o levantamento histórico de relatórios e casos que relacionavam condutas de empresas violadoras de direitos humanos. A relação faz referência ao Caso nº 7615 da Comissão Interamericana de Direitos Humanos, de 5 de março de 1985, conhecido como Caso Yanomami, que relacionava violações aos direitos da população indígena por empresas contratadas pelo Estado brasileiro. PAUST, Jordan J. Human Rights Responsibilities of Private Corporations. *Vanderbilt Journal of Transnational Law*, v. 35, p. 801-825, 2002.

[195] RATNER, Steven R. Corporations and human rights: A Theory of Legal Responsibility. *Yale Law Journal*, v. 111, n. 3, p. 443/545, dez. 2001; KNOX, John H. Horizontal human rights law. *American Journal of International Law*, v. 102, n.1, p. 01-47, 2008. Sobre o ponto, no Brasil, v. ZANITELLI, Leandro Martins. *Corporações e direitos humanos*: o debate entre voluntaristas e obrigacionistas e o efeito solapador das sanções. SUR: Revista Internacional de Direitos Humanos, São Paulo, v. 8, n. 15, 2011, p. 37/57: "*Contrariando tradicional entendimento segundo o qual são os Estados os sujeitos legalmente obrigados pelas normas internacionais concernentes aos direitos humanos, nos últimos anos tem-se cogitado em estender, se não todos, ao menos alguns dos deveres emanados dessas normas a sujeitos não estatais e, em particular, às corporações*".

A compreensão de que os direitos humanos projetam efeitos sobre atores privados para, além de garantir proteção a eles como titulares do direito, também atribuir deveres em benefício de toda a sociedade, designa a *eficácia horizontal* dos direitos humanos.[196] As propostas de responsabilização desses agentes no plano internacional, apesar de reconhecerem o impacto e a influência deles para a concretização dos direitos humanos, divergem sobre: (i) a *forma* de responsabilização (modelo direto ou indireto); (ii) *como* atribuir a responsabilidade (modelo voluntário ou obrigacionista); e (iii) *no que* consiste a responsabilidade das empresas na consecução dos direitos humanos. É o que se passará a expor adiante, com a prévia apresentação da evolução dos instrumentos de "empresas e direitos humanos" na esfera internacional, que permitirão compreender como o tema vem sendo enfrentado por organismos internacionais, em especial pela Organização das Nações Unidas – ONU.

2.1.1 Os instrumentos de "empresas e direitos humanos" no sistema das Nações Unidas[197]

Na esfera internacional, o debate sobre a imputação de responsabilidades sociais às empresas surgiu, de início, em razão de

---

[196] É o que registra John Knox. "*Most recently, in 2003, the United Nations Commission Rights (Commission), historically the most important incubator of human rights received two proposed instruments that might appear to realign human rights law horizontally: private actors would have duties as well as rights, and they would owe those duties to society as a whole or to individuals within it*" (KNOX, John H. Horizontal human rights law. *American Journal of International Law*, v. 102, n1, p. 01/47, 2008). Em igual sentido, RATNER, Steven R. Corporations and human rights: A Theory of Legal Responsibility. *Yale Law Journal*, v. 111, n. 3, p. 443/545, dez. 2001.

[197] A tese fez um corte normativo sobre os instrumentos internacionais relacionados à responsabilidade social corporativa, centrando-se sobre o processo de tratamento do tema pela Organização das Nações Unidas. Isso porque são os instrumentos que ganharam maior repercussão para orientação dos debates atuais sobre as responsabilidades da empresa em relação aos direitos humanos. Trata-se, inclusive, dos instrumentos que fundamentaram a edição do revogado Decreto nº 9.571/2018, que era o único ato normativo nacional sobre a matéria. É importante registrar, contudo, que na esfera internacional há outros instrumentos e iniciativas que tratam responsabilidade social corporativa, como a Declaração Tripartide de Princípios sobre Empresas Multinacionais e Política Social da Organização Internacional do Trabalho – OIT, as Diretrizes da OCDE para Empresas Multinacionais, da Organização para Cooperação e Desenvolvimento Econômico — OCDE, os Princípios de Direitos Humanos para Empresas, da Anistia Internacional. Sobre esses instrumentos e iniciativas v. RATNER, Steven R. Corporations and human rights: A Theory of Legal Responsibility. *Yale Law Journal*, v. 111, n. 3, p. 443/545, dez. 2001; CLAPHAM, Andrew. *Human Rights Obligations of Non-State Actors*. New York: Oxford University Press, 2006. p. 195/237.

preocupações com questões ambientais, passando, em seguida, a alcançar todos os direitos humanos e questões relacionadas à corrupção.[198]

Apesar da fama recente da agenda ESG, que foi articulada pela publicação do relatório *Who Cares Wins: Connecting Financial Markets to a Changing World* em 2004, do Pacto Global (*Global Compact*) das Nações Unidas, o tema da integração de fatores não imediatamente financeiros ao processo decisório empresarial e de investimento já era examinado algumas décadas antes.

Em 1972, a ONU convocou a Conferência das Nações Unidas sobre o Meio Ambiente, que deu origem à Declaração de Estocolmo,[199] que contém 19 princípios, cujas diretrizes fixaram as bases da então nova agenda ambiental do Sistema das Nações Unidas: a ideia de defesa e melhoria do meio ambiente para as atuais e futuras gerações como uma meta fundamental para a humanidade. Foi, contudo, o Relatório Bruntdland, publicado em 1987 pela Comissão Mundial sobre o Meio Ambiente e Desenvolvimento da ONU, que articulou a ideia de "desenvolvimento sustentável" e lançou o tema para o discurso público. De forma objetiva, o relatório apontou que o desenvolvimento econômico e social estava diretamente relacionado à proteção ao meio ambiente, de modo que não se tratava de interesses conflitantes, mas de objetivos interdependentes.[200] A tônica desenvolvimentista[201] que vigorava foi, assim, desafiada pela visão de desenvolvimento sustentável, definido como "*o desenvolvimento que satisfaz as necessidades do presente sem comprometer a capacidade das gerações futuras de satisfazer suas próprias necessidades*".[202]

---

[198] GOUVÊA, Carlos Portugal. *A Estrutura da Governança Corporativa*. São Paulo: Quartier Latin, 2022. p. 444.

[199] Disponível em: https://legal.un.org/avl/ha/dunche/dunche.html. Acesso em: 22 jun. 2023.

[200] É o que se extrai da seguinte passagem do Relatório Bruntdland: "*Na sua essência, o desenvolvimento sustentável é um processo de mudança no qual a exploração dos recursos, o direcionamento dos investimentos, a orientação do desenvolvimento tecnológico e a mudança institucional estão em harmonia e reforçam o atual e futuro potencial para satisfazer as aspirações e necessidades humanas*". Disponível em: https://www.un.org/documents/ga/res/42/ares42-187.htm. Acesso em: 22 jun. 2023.

[201] O desenvolvimentismo é uma palavra polissêmica, mas aqui se emprega a compreensão da ideologia política e econômica, que marcou as décadas de 1970 e 1980, que se assenta em metas de crescimento industrial e de infraestrutura para crescimento econômico, que resultariam em desenvolvimento social. Foi um modelo típico da América Latina. Sobre o tema v. FONSECA, Pedro Cezar Dutra. *Desenvolvimentismo*: a construção do conceito. Instituto de Pesquisa Econômica Aplicada: Brasília, 2015.

[202] O conceito de desenvolvimento sustentável foi extraído do Relatório Brundtland. Disponível em: https://brasil.un.org/pt-br/91223-onu-e-o-meio-ambiente. Acesso em: 22 jun. 2023.

A vinculação do desenvolvimento socioeconômico à atenção sobre os impactos ambientais foi reafirmada em diversas conferências realizadas pelas Nações Unidas, como a Rio-92, assim como pela Organização para a Cooperação e Desenvolvimento Econômico — OCDE, pelo Banco Mundial e pelo Fundo Monetário Internacional — FMI.[203] O sucesso da conciliação dos objetivos de desenvolvimento com a agenda ambiental serviu, então, de base para a advocacia de um projeto de conciliação das políticas de desenvolvimento econômico e dos interesses corporativos com todos os direitos humanos.

E foi justamente nesse momento, em um cenário de crescente preocupação com os impactos da globalização das transações econômicas e, consequentemente, de ascensão de poder econômico das empresas e de aceso debate sobre a responsabilidade social corporativa,[204] que a Organização das Nações Unidas se fixou como articuladora da ideia de "empresas e direitos humanos". Por trás dessa articulação estavam Kofi Annan e John Ruggie.

O então Secretário-Geral da Organização das Nações Unidas Kofi Annan nomeou John Ruggie como seu Secretário-Geral Adjunto para Planejamento Estratégico em 1997. Juntos, arquitetaram os "Objetivos de Desenvolvimento do Milênio", lançados em 8 de setembro de 2000.[205] O documento estabeleceu um roteiro, com oito metas a serem alcançadas até 2015,[206] que ficaram conhecidas como "Metas do

---

[203] HULME, David; SCOTT, James *apud* GOUVÊA, Carlos Portugal. *A Estrutura da Governança Corporativa*. São Paulo: Quartier Latin, 2022. p. 447.

[204] Como destacado, a intensificação do fenômeno da globalização ocorreu na década de 1990, ao passo que os debates sobre a reponsabilidade social corporativa ganharam atenção acadêmica a partir da década de 1970.

[205] Disponível em: https://brasil.un.org/pt-br/66851-os-objetivos-de-desenvolvimento-do-mil%C3%AAnio. Acesso em: 22 jun. 2023.

[206] As Metas do Milênio eram: 1. Erradicar a pobreza extrema e a fome (Reduzir à metade a proporção de pessoas cuja renda seja inferior a U$1,25 por dia; alcançar emprego pleno, produtivo e decente para todos, inclusive mulheres e jovens; reduzir à metade a proporção de pessoas que sofrem com a fome); 2. Alcançar educação primária universal (garantir que todos os meninos e meninas completem o curso de educação primária); 3. Promover a igualdade entre os sexos e a autonomia das mulheres (eliminar a disparidade entre os gêneros na educação primária e secundária preferencialmente até 2005, e em todos os níveis da educação até 2015); 4. Reduzir a mortalidade infantil (reduzir em dois terços a mortalidade de crianças menores que 5 anos); 5. Melhorar a saúde materna (reduzir a mortalidade materna em três quartos; alcançar acesso universal à saúde reprodutiva); 6. Combater o HIV/aids, a malária e outras doenças (deter e diminuir a propagação do HIV/aids; alcançar, até 2010, acesso universal ao tratamento do HIV/aids para todos aqueles que precisam; deter e diminuir a incidência da malária e outras doenças); 7. Garantir a sustentabilidade ambiental (integrar os princípios do desenvolvimento sustentável às políticas e programas de governo dos países; reverter a perda de recursos naturais; reduzir a perda da biodiversidade, alcançando, até 2010, uma redução significativa da taxa de

Milênio",[207] para que os países signatários se ajudassem mutuamente a reduzir a extrema pobreza. Para além dos compromissos de Estados, fixou-se nas "Metas do Milênio" a visão de que, dentro de um contexto político-econômico complexo como o da ordem mundial contemporânea, o mundo não era mais governando apenas por Estados-nação, mas também por outros agentes, como as empresas e as organizações não governamentais. Como o próprio Ruggie destacou, buscava-se desenvolver iniciativas e mensagens que levassem "*as preocupações da ONU para além dos prédios dos governos, rumo a Nós, os Povos*",[208] que foi o título do relatório da Cúpula do Milênio das Nações Unidas do ano 2000.

Dessa forma, como os Objetivos do Milênio já envolviam ações do setor privado, tais como assegurar o acesso a medicamentos e a tecnologias da informação e comunicação, em fevereiro de 1999, Kofi Annan, no encontro do Fórum Econômico Mundial de Davos, apresentou a ideia de um pacto global entre líderes de grandes empresas e as Nações Unidas. Foi uma proposta de um "*pacto global de princípios e valores compartilhados, que dar*[ia] *uma face humana ao mercado global*".[209]

O então Secretário-Geral das Nações Unidas destacou que o fenômeno da globalização fez com que a expansão dos mercados superasse a capacidade dos Estados de se ajustarem a eles. Mais do que isso, mitigou a capacidade dos Estados de orientar o curso que os mercados seguiriam. Assim sendo, citando a Grande Depressão de 1929, relembrou que a história ensina que um desequilíbrio entre as esferas

---

perda; reduzir à metade a proporção de pessoas sem acesso a água potável e saneamento básico; melhorar a vida de pelo menos 100 milhões de habitantes de favelas até 2020); e 8. Estabelecer uma parceria global para o desenvolvimento (desenvolver a fundo um sistema financeiro e comercial que seja aberto, baseado em regras, previsível e não discriminatório; atender às necessidades especiais dos países menos desenvolvidos, países sem litoral e Estados em desenvolvimento em pequenas ilhas; lidar compreensivelmente com as dívidas de países em desenvolvimento; em parceria com a indústria farmacêutica, prover acesso a medicamentos essenciais nos países em desenvolvimento; em parceria com o setor privado, tornar disponível os benefícios das novas tecnologias, em especial tecnologias de informação e comunicação). Disponível em: https://brasil.un.org/pt-br/66851-os-objetivos-de-desenvolvimento-do-mil%C3%AAnio. Acesso em: 22 jun. 2023.

[207] Disponível em: https://brasil.un.org/pt-br/66851-os-objetivos-de-desenvolvimento-do-mil%C3%AAnio. Acesso em: 22 jun. 2023.

[208] RUGGIE, John Gerard. *Quando negócios não são apenas negócios*: as corporações multinacionais e os direitos humanos. São Paulo: Abril, 2014. p. 21.

[209] Tradução livre de trecho do discurso de Kofi Annan no Fórum Mundial de Davos de 1999. No original: "*I propose that you, the business leaders gathered in Davos, and we, the United Nations, initiate a global compact of shared values and principles, which will give a human face to the global market*". Disponível em: https://www.un.org/sg/en/content/sg/speeches/1999-02-01/kofi-annans-address-world-economic-forum-davos#:~:text=I%20propose%20that%20you%2C%20the,The%20problem%20is%20this. Acesso em: 22 jun. 2023.

econômica, social e política nunca pode ser sustentado por muito tempo. Nesse aspecto, para assegurar padrões mínimos de estabilidade social e política, convencionou-se a criação de redes de segurança social e outras medidas destinadas a limitar a volatilidade econômica e compensar as falhas de mercado, que conformaram o Estado de Bem-Estar Social.

Foi esse consenso, ressaltou Annan, que possibilitou os movimentos sucessivos de liberalização, que marcaram o longo período de expansão do pós-guerra. Contudo, diante do que, em 1999, ainda eram *riscos* de extremos climáticos e de fragilização da nossa existência, Kofi Annan apontou pela necessidade de se buscar um novo pacto para sustentar a nova economia global. Era um pacto para que as empresas "*adot*[assem] *um conjunto de valores fundamentais nas áreas de direitos humanos, padrões trabalhistas e práticas ambientais*".[210] Esse pacto foi lançado formalmente pela ONU em 2000 e é considerado a maior iniciativa de responsabilidade social corporativa do mundo, com 19.667 empresas participantes, além de organizações não governamentais, entidades públicas, sindicatos, associações de classe e universidades, sediados em 170 países. No Brasil, 2.025 entidades de diferentes tipos aderiram ao Pacto Global, sendo 1.610 empresas de diferentes portes.[211]

---

[210] Tradução livre de trecho do discurso de Kofi Annan no Fórum Mundial de Davos de 1999. No original, com a íntegra do texto: "*Globalization is a fact of life. But I believe we have underestimated its fragility. The problem is this. The spread of markets outpaces the ability of societies and their political systems to adjust to them, let alone to guide the course they take. History teaches us that such an imbalance between the economic, social and political realms can never be sustained for very long. The industrialized countries learned that lesson in their bitter and costly encounter with the Great Depression. In order to restore social harmony and political stability, they adopted social safety nets and other measures, designed to limit economic volatility and compensate the victims of market failures. That consensus made possible successive moves towards liberalization, which brought about the long post-war period of expansion. Our challenge today is to devise a similar compact on the global scale, to underpin the new global economy. If we succeed in that, we would lay the foundation for an age of global prosperity, comparable to that enjoyed by the industrialized countries in the decades after the Second World War. Specifically, I call on you — individually through your firms, and collectively through your business associations — to embrace, support and enact a set of core values in the areas of human rights, labour standards, and environmental practices*". Disponível em: https://www.un.org/sg/en/content/sg/speeches/1999-02-01/kofi-annans-address-world-economic-forum-davos#:~:text=I%20propose%20that%20you%2C%20the,The%20problem%20is%20this. Acesso em: 22 jun. 2023.

[211] Informações retiradas da página eletrônica do *Global Compact* das Nações Unidas. Disponível em: https://unglobalcompact.org/what-is-gc/participants/search?search%5Bkeywords%5D=&search%5Bsort_field%5D=&search%5Bsort_direction%5D=asc. Acesso em: 22 jun. 2023.

2.1.1.1 Pacto Global das Nações Unidas

Como a própria iniciativa da Organização das Nações Unidas se apresenta, o Pacto Global (Global Compact) trata de um "chamado para empresas alinharem estratégias e operações com princípios universais de direitos humanos, trabalho, meio ambiente e anticorrupção, e tomar ações que promovam os objetivos sociais".[212]

Lançado oficialmente em 2000, o programa tem como objetivo mobilizar lideranças corporativas a observarem essas diretrizes. De forma objetiva, busca que as empresas e outras partes interessadas se comprometam, de forma voluntária, a adotar condutas alinhadas com a defesa dos direitos humanos, incluindo os direitos trabalhistas e ambientais e as normas anticorrupção. Como destacam Wagaki Mwangi *et al.*,[213] a iniciativa representa o primeiro esforço das Nações Unidas para a criação de uma rede multisetorial de empresas, associações de classe, ONGs, universidades e centros de pesquisa voltada à ampliação do compromisso em torno da responsabilidade social corporativa.

O Pacto Global não é, contudo, um instrumento regulatório, nem um código de conduta obrigatório.[214] Dessa forma, a ampliação da responsabilidade social corporativa é buscada por meio de adesão e orientação de práticas corporativas com base em dez princípios,[215] inspirados na Declaração Universal dos Direitos do Homem, na

---

[212] Tradução livre, do original "*A call to companies to align strategies and operations with universal principles on human rights, labour, environment and anti-corruption, and take actions that advance societal goals*". Disponível em: https://unglobalcompact.org/what-is-gc. Acesso em: 25 maio 2023.

[213] MWANGI, Wagaki; RIETH, Lothar; SCHMITZ, Hans Peter. Encouraging greater compliance: local networks and the United Nations Global Compact. *In:* RISSE, Thomas; ROPP, Stephen C.; SIKKINK, Kathryn (org.). *The Persistent Power of Human Rights*: from commitment to compliance. Cambridge: Cambridge University Press, 2013. p. 206.

[214] "*O Pacto Global não é um instrumento regulatório, um código de conduta obrigatório ou um fórum para policiar as políticas e práticas gerenciais. É uma iniciativa voluntária que fornece diretrizes para a promoção do crescimento sustentável e da cidadania, por meio de lideranças corporativas comprometidas e inovadoras*". Disponível em: https://www.pactoglobal.org.br/a-iniciativa. Acesso em: 22 jun. 2023.

[215] "*Principle 1: Businesses should support and respect the protection of internationally proclaimed human rights; Principle 2: make sure that they are not complicit in human rights abuses. Principle 3: Businesses should uphold the freedom of association and the effective recognition of the right to collective bargaining; Principle 4: the elimination of all forms of forced and compulsory labour; Principle 5: the effective abolition of child labour; Principle 6: the elimination of discrimination in respect of employment and occupation. Principle 7: Businesses should support a precautionary approach to environmental challenges; Principle 8: undertake initiatives to promote greater environmental responsibility; Principle 9: encourage the development and diffusion of environmentally friendly technologies. Principle 10: Businesses should work against corruption in all its forms, including extortion and bribery*". Disponível https://www.unglobalcompact.org/what-is-gc/mission/principles. Acesso em: 22 jun. 2023.

Declaração da Organização Internacional do Trabalho sobre Princípios e Direitos Fundamentais no Trabalho, na Declaração do Rio sobre Meio Ambiente e Desenvolvimento e na Convenção das Nações Unidas contra a Corrupção.

A assimilação desses valores nas estratégias de negócios, nas políticas e nos procedimentos de controle da empresa moldaria, assim, uma "sustentabilidade empresarial",[216] com o atendimento de responsabilidades fundamentais nas áreas de direitos humanos, trabalho, meio ambiente e combate à corrupção. A lógica das Nações Unidas foi a de trazer as empresas para, junto aos Estados e à sociedade civil, realizar as Metas do Milênio[217] e, logo depois, os Objetivos de Desenvolvimento Sustentável,[218] previstos na Agenda 2030 para o

[216] O Pacto Global conta com um Guia de Sustentabilidade Empresarial. Disponível em: https://d306pr3pise04h.cloudfront.net/docs/publications%2FUN_Global_Compact_Guide_to_Corporate_Sustainability.pdf. Acesso em: 22 jun. 2023.

[217] O objetivo da ONU de ampliar a responsabilidade social corporativa e vinculá-la às Metas do Milênio é destacado por Graham Knight e Jackie Smith: "*The rationale of the code was to establish commitment to and consensus around universal principles at a global as opposed to national or regional level. The GC was designed primarily as an instrument of socialization, a means to humanize and moralize the cold calculus of market rationality and its principal agents, transnational corporations (TNCs) (Williams 2004); hence it was closely associated with another, contemporaneous U.N. initiative, the Millennium Development Goals. The GC is an instrument of socialization in the double sense. It is designed to encourage social learning based on the best practices model of corporate performance, and to incorporate its participants into networks of interdependency and co-operation realized chiefly through communicative action. As is true of CSR generally, dialogue plays a central role in how the GC represents itself to the world*". KNIGHT, Graham; SMITH, Jackie. *The Global Compact and Its Critics*: Activism, Power Relations, and Corporate Social Responsibility. *In:* LEATHERMAN, Janie (org.). *Discipline and Punishment in Global Politics*. New York: Palgrave Macmillan, 2008. p. 192.

[218] 1. Erradicação da pobreza - Acabar com a pobreza em todas as suas formas, em todos os lugares. 2. Fome zero e agricultura sustentável - Acabar com a fome, alcançar a segurança alimentar e melhoria da nutrição e promover a agricultura sustentável. 3. Saúde e bem-estar - Assegurar uma vida saudável e promover o bem-estar para todos, em todas as idades. 4. Educação de qualidade - Assegurar a educação inclusiva, e equitativa e de qualidade, e promover oportunidades de aprendizagem ao longo da vida para todos. 5. Igualdade de gênero - Alcançar a igualdade de gênero e empoderar todas as mulheres e meninas. 6. Água limpa e saneamento - Garantir disponibilidade e manejo sustentável da água e saneamento para todos. 7. Energia limpa e acessível - Garantir acesso à energia barata, confiável, sustentável e renovável para todos. 8. Trabalho de decente e crescimento econômico - Promover o crescimento econômico sustentado, inclusivo e sustentável, emprego pleno e produtivo, e trabalho decente para todos. 9. Inovação infraestrutura - Construir infraestrutura resiliente, promover a industrialização inclusiva e sustentável, e fomentar a inovação. 10. Redução das desigualdades - Reduzir as desigualdades dentro dos países e entre eles. 11. Cidades e comunidades sustentáveis - Tornar as cidades e os assentamentos humanos inclusivos, seguros, resilientes e sustentáveis. 12. Consumo e produção responsáveis - Assegurar padrões de produção e de consumo sustentáveis. 13. Ação contra a mudança global do clima - Tomar medidas urgentes para combater a mudança climática e seus impactos. 14. Vida na água - Conservação e uso sustentável dos oceanos, dos mares, e dos recursos marinhos para o desenvolvimento sustentável. 15. Vida terrestre - Proteger,

desenvolvimento sustentável,[219] aprovada em 2015 pela Resolução A/RES/70/1 das Nações Unidas.

Com o Pacto Global, portanto, as empresas aderentes buscam desenvolver suas atividades de forma a apoiar e respeitar os direitos humanos, em um movimento de governança social e ambientalmente responsáveis, no que se convencionou chamar de pauta ESG, ou, no acrônimo em português, ASG (ambiental, social e governança). Foi, por sinal, uma iniciativa do Pacto Global que deu origem ao termo ESG.

Em 2004, vinte instituições financeiras, de nove países, que representavam mais de 6 trilhões de dólares em ativos, em conjunto com o Banco Mundial, foram convidadas pelas Nações Unidas para participarem de um relatório que fixaria orientações para a integração de fatores ambientais, sociais e de governança no processo decisório de investimento financeiro. O convite, em realidade, partiu de uma demanda das instituições financeiras para dar mais concretude às ações que alinhariam as suas atividades à responsabilidade socioambiental. O resultado desse trabalho foi o relatório "Who Cares Wins: Conenecting Financial Markets to a Changing World".[220]

A convicção central era a de que aliar os fatores ESG ao mercado financeiro tornaria os mercados mais fortes e resilientes, bem como contribuiria para o desenvolvimento humano, em razão do estímulo à realização de investimentos financeiros em sociedades empresárias com compromissos ambientais, sociais e de governança. Com vinte e cinco recomendações, relacionadas em alíneas de "a" a "y", o relatório estabeleceu diretrizes gerais voltadas à adequação de sistemas de controle externo e interno para materializar a integração dos fatores ESG às decisões financeiras. No resumo de Carlos Portugal Gouvêa, as recomendações orientaram: (i) a inclusão de avaliações sobre política ambiental, de direitos humanos e de governança corporativa nas decisões de concessão de empréstimos ou realização de investimentos diretos; (ii) a ampliação da divulgação de fatores que impactassem as

---

recuperar e promover o uso sustentável dos ecossistemas terrestres, gerir de forma sustentável as florestas, combater a desertificação, deter e reverter a degradação da Terra e deter a perda da biodiversidade. 16. Paz, justiça e instituições eficazes - Promover sociedades pacíficas e inclusivas par ao desenvolvimento sustentável, proporcionar o acesso à justiça para todos e construir instituições eficazes, responsáveis e inclusivas em todos os níveis. 17. Parcerias e meios de implementação - Fortalecer os meios de implementação e revitalizar a parceria global para o desenvolvimento sustentável. Disponível em: https://brasil.un.org/pt-br/sdgs. Acesso em: 22 jun. 2023.

[219] Disponível em: https://sdgs.un.org/2030agenda. Acesso em: 22 jun. 2023.

[220] Disponível em: https://www.unepfi.org/fileadmin/events/2004/stocks/who_cares_wins_global_compact_2004.pdf. Acesso em: 3 maio 2021.

políticas ESG; (iii) o desenvolvimento de planos de investimento de longo prazo que se beneficiariam das políticas ESG; e (iv) a reforma de legislação doméstica para permitir o monitoramento e a quantificação da adoção de políticas adequadas para orientação de investidores.[221]

O documento que fundou o termo ESG foi, em realidade, o primeiro de cinco relatórios publicados entre 2004 e 2009,[222] desenvolvidos como parte das iniciativas do Pacto Global, que examinaram a integração dos fatores ESG ao mercado financeiro. Eles iniciaram um processo de ampla reflexão de lideranças corporativas, tanto para a compreensão do problema (os impactos da atividade econômica sobre os direitos humanos) como para identificar métodos que tornassem concreta a responsabilidade social corporativa.

A crise financeira de 2008, ocorrida no curso desse processo de conscientização corporativa, evidenciou os efeitos devastadores de erros de cálculo de riscos. Isso reforçou a necessidade de ampliação da precaução, da vigilância e da diligência sobre as questões ambientais, sociais e de governança. Afinal, "um sistema financeiro míope e desconhecedor da dinâmica de impactos"[223] de fatores ambientais e sociais sobre a continuidade dos negócios, como as consequências da mudança climática, pode significar o colapso de qualquer empresa.

De forma positiva, portanto, esse processo levou à criação de metodologias e de indicadores para orientação de investimentos, com base na divulgação de riscos, oportunidades e impactos relativos à gestão socioambiental da empresa, como é exemplo o relatório, lançado em setembro de 2020, denominado "Measuring Stakeholder Capitalism: Towards Common Metrics and Consistent Reporting of Sustainable Value Creation,[224] elaborado pelo International Business Council em

---

[221] GOUVÊA, Carlos Portugal. *A Estrutura da Governança Corporativa*. São Paulo: Quartier Latin, 2022. p. 457.

[222] A série de relatórios foi: (i) Who Cares Wins: Connecting Financial Markets to a Changing World (2004; (ii) Investing for Long-Term Value (2005); (iii) Communicating ESG Value Drivers at the Company-Investor Interface (2006); (iv) New Frontiers in Emerging Markets Investment (2007); e (v) Future proof? Embedding environmental, social and governance issues in investment markets (2009). O histórico dos relatórios é descrito pelo último documento da série: KNOEPFEL, Ivo; HAGART, Gordon. *Future Proof?*: Embedding environmental, social and governance issues in investment markets - Outcomes of the Who Cares Wins Initiative 2004–2008. Banco Mundial, 2009. Disponível em: https://digitallibrary.un.org/record/681662. Acesso em: 22 jun. 2023.

[223] KNOEPFEL, Ivo; HAGART, Gordon. *Future Proof?*: Embedding environmental, social and governance issues in investment markets - Outcomes of the Who Cares Wins Initiative 2004–2008. Banco Mundial, 2009. p. 3. Disponível em: https://digitallibrary.un.org/record/681662. Acesso em: 22 jun. 2023.

[224] Disponível em: https://www3.weforum.org/docs/WEF_IBC_Measuring_Stakeholder_Capitalism_Report_2020.pdf. Acesso em: 22 jun. 2023.

parceria com as Big Four em auditoria (Deloitte, Ernest Young, KPMG e PwC).

Sem embargo dos avanços para implementação de políticas ESG no sistema financeiro e de incentivos à responsabilidade social corporativa, o caráter voluntário e a baixa capacidade de monitoramento das iniciativas foram apontados como aspectos de fragilidade na estratégia das Nações Unidas. Chegou-se, inclusive, a suscitar que o Pacto Global seria um caminho para camuflar violações de direitos humanos por empresas, já que, ao aderirem ao programa, assumiriam discursos meramente retóricos de promoção e proteção de direitos humanos,[225] sem qualquer controle sobre as suas condutas, estimulando o *bluewashing* e o *greenwashing*.[226] Como revelou pesquisa realizada pela representação do Pacto Global no Brasil, a existência de políticas concretas é baixa. Das 107 empresas que participaram da pesquisa, apesar de 90% afirmarem que têm compromissos públicos de respeito aos direitos humanos internacionalmente reconhecidos, somente 26% têm políticas específicas.[227]

Graham Knight e Jackie Smith destacam que, no espectro das iniciativas de responsabilidade social corporativa, o Pacto Global é caracterizado como um programa de incentivo, baseado em cumprimento voluntário e autocontenção de seus participantes. Nesse aspecto, como não dispõe de mecanismo externo de monitoramento, verificação ou sanção para assegurar o adimplemento de seus compromissos, a efetividade de seus resultados é pequena.[228] Em igual sentido, José Antonio Puppim de Oliveira *et al.*, em pesquisa sobre a implementação do Pacto Global por empresas do Paraná, concluíram que a adesão não resultou em "esforços suficientes para cumprir minimamente com seus compromissos de adequação aos 10 princípios, mesmo que fosse, o

[225] NOLAN, Justine. The United Nations' Compact with Business: Hindering or Helping the Protection of Human rights? *University of Queensland Law Journal*, v. 24, n. 2, 2005.

[226] Sobre o ponto, v. RAHIM, Mia Mahmudur. Quest for A Global Code of Conduct for TNCs — A Grim Tale. *In*: RAHIM, Mia Mahmudur (ed.). *Code of Conduct on Transnational Corporations*: challenges and opportunities. Cham: Springer, 2019: "*The Compact lacks sound monitoring and enforcement procedures, opining that companies' participation in the Compact is largely opportunistic: 'many corporations would like nothing better than to wrap themselves in the flag of the UNO in order to "blue wash" their public image, while at the same time avoiding significant changes to their behaviour*".

[227] Disponível em: https://www1.folha.uol.com.br/folha-social-mais/2022/12/pesquisa-mostra-engajamento-de-empresas-com-direitos-humanos.shtml. Acesso em: 6 jul. 2023.

[228] KNIGHT, Graham; SMITH, Jackie. The Global Compact and Its Critics: Activism, Power Relations, and Corporate Social Responsibility. *In*: LEATHERMAN, Janie (org.). *Discipline and Punishment in Global Politics*. New York: Palgrave Macmillan, 2008. p. 191/213.

singelo esforço de compreendê-los e disseminá-los à sociedade através da simples exposição dos princípios em seus sites corporativos".[229]

É certo que o relatório periódico de comunicação de progresso, que deve ser apresentado pelas empresas aderentes,[230] amplia a transparência sobre a incorporação dos princípios do Pacto Global nas estratégias de negócio e operações diárias das empresas. A ausência de submissão do relatório pode levar à exclusão da empresa, com algum risco reputacional. Ocorre, contudo, que são limitados os meios de controle das informações apresentadas. A revisão das informações é meramente formal. Desse modo, apesar de incentivar o debate sobre a responsabilidade social corporativa e advogar a maior participação das empresas na consecução dos direitos humanos, o Pacto Global não foi capaz de diminuir a distância entre um mero discurso corporativo de respeito, proteção e promoção dos direitos humanos e a efetiva incorporação de práticas que os tornassem concretos. Em arremate, Manoela Carneiro Roland *et al.*[231] argumentam que a exclusão de mais de três mil empresas do Pacto Global, no período de 2000 a 2012, atestaria a insuficiência do instrumento. O descompromisso com o atendimento de aspectos formais é, afinal, sintomático da pequena adesão aos compromissos materiais relativos aos direitos humanos.

2.1.1.2 Minuta de Normas sobre as Responsabilidades das Empresas Transnacionais e outras Empresas Comerciais na esfera dos Direitos Humanos (*Draft Norms*)

Em paralelo à criação do Pacto Global, a Subcomissão para a Promoção e Proteção de Direitos Humanos das Nações Unidas, desde o final da década de 1990, trabalhava em um novo projeto de normas de conduta vinculantes sobre direitos humanos no contexto empresarial. A realidade é que, mesmo antes, a ONU já se debruçava sobre a questão de como inserir na prática corporativa regras para a defesa dos direitos humanos.

---

229 OLIVEIRA, José Antonio Puppim de *et al.* A implementação do Pacto Global pelas empresas do Paraná. *Revista de Gestão Social Ambiental*, v. 2, n. 3, p. 92-110, set./dez. 2008. p. 108.

230 Disponível em: https://www.pactoglobal.org.br/compromissos. Acesso em: 22 jun. 2023.

231 ROLAND, Manoela Carneiro *et al.* Desafios e perspectivas para a construção de um instrumento jurídico vinculante em direitos humanos e empresas. *Revista de Direito GV*, São Paulo, v. 14, n. 2, p. 393/417, maio/ago. 2018.

Esse processo foi marcado por resistências. As *Draft Norms*, que, até o seu abandono em 2003, não ultrapassaram o *status* de minuta,[232] se inserem nesse ambiente de disputa em torno da forma de responsabilização das empresas, que colocou defensores de direitos humanos, empresas, Estados desenvolvidos, em desenvolvimento e Estados subdesenvolvidos em uma arena de impasses.

Os Estados Unidos foram o principal palco onde esses debates se intensificaram. E foi, por isso, o primeiro Estado a negociar um código de conduta, ainda na década de 1970.[233] Não houve êxito na tentativa. Mas a preocupação com o crescimento do poder das empresas transnacionais e a sua capacidade de influenciar as decisões políticas e econômicas dos Estados eram uma realidade que despontava.

O discurso de Salvador Allende, ainda Presidente do Chile, na Assembleia Geral das Nações Unidas, em dezembro de 1972, ressaltando que *"a comunidade mundial, organizada sob os princípios das Nações Unidas, não deve aceitar a interpretação da lei internacional subordinada aos interesses do capitalismo"*,[234] sinalizou que, já àquela época, se questionavam os impactos da atividade econômica sobre os direitos humanos. Mas a manifestação sobre os impactos da atividade empresarial sobre as pessoas, sobretudo por representantes de partidos de esquerda, foi capturada para se associar à ideia de responsabilidade social corporativa a uma agenda socialista. Milton Friedman, inclusive, no seu conhecido repúdio à ideia de responsabilidade social da empresa, lançado em artigo do *New York Times* de 1970, declarou:

> The businessmen believe that they are defending free enterprise when they declaim that business is not concerned "merely" with profit but also with promoting desirable "social" ends; that business has a "social conscience" and takes seriously its responsibilities for providing employment, eliminating discrimination, avoiding pollution and whatever else may be the catchwords of the contemporary crop of

---

[232] Houve debate sobre a vigência das normas sobre as responsabilidades das empresas transnacionais e outras empresas comerciais na esfera dos direitos humanos. Em 2004, no entanto, a Comissão de Direitos Humanos das Nações Unidas formalmente afirmou que não chegaram a ter *status* legal.

[233] RUGGIE, John Gerard. *Quando negócios não são apenas negócios*: as corporações multinacionais e os direitos humanos. São Paulo: Abril, 2014. p. 19.

[234] Tradução livre do original *"the world community, organised under the principles of the United Nations, does not accept an interpretation of international law subordinated to the interests of capitalism"*, extraído de ZUBIZARRETA, Juan Hernández; RAMIRO, Pedro. *Against the "Lex Mercatoria"*: proposals and alternatives for controlling transnational corporations. Madrid: OMAL, 2016. p. 9.

reformers. In fact they are—or would be if they or anyone else took them seriously— preaching pure and unadulterated socialism.[235]

Em um ambiente polarizado desde a sua origem, a edição de documentos que disciplinassem responsabilidades de empresas em relação aos direitos humanos não encontrava consenso, apesar da preocupação crescente, em qualquer dos espectros políticos, sobre os impactos de atividades econômicas organizadas sobre os direitos humanos, em especial aquelas decorrentes de empresas transnacionais.

Nesse cenário de impasses e debates políticos, a história de aproximação das Nações Unidas à disciplina das responsabilidades sociais da empresa que vai resultar nas *Draft Norms* se inicia também no começo dos anos 1970, quando o Conselho Econômico e Social da ONU solicitou ao Secretário-Geral que constituísse um grupo de trabalho para estudar o impacto de multinacionais no desenvolvimento dos países.[236]

O grupo, então, recomendou que a ONU estabelecesse uma Comissão sobre multinacionais, que, entre outras coisas, deveria formular um código de conduta.[237] As discussões seguiram por mais de uma década, mas, em razão de divergências entre, de um lado, países desenvolvidos e empresas e, de outro lado, os países em desenvolvimento,[238] a iniciativa de Projeto de Código (*Draft Code*) foi interrompida na década de 1990. O projeto, contudo, em seu parágrafo 13, apresentava de forma expressa — e até então inédita — a previsão de que as empresas "*devem respeitar os direitos humanos e direitos e liberdades fundamentais nos países em que operaram*".[239]

---

235 FRIEDMAN, Milton, A Friedman Doctrine – The social Responsibility of Business Is to Increase Its Profits. New York Times, Nova Iorque, 13.09.1970. Disponível em: https://www.nytimes.com/1970/09/13/archives/a-friedman-doctrine-the-social-responsibility-of-business-is-to.html.

236 DEVA, Surya; BILCHITZ, David. *Human Rigths Obligations of Business*: Beyond the Corporate Responsibility to Respect. Cambridge: Cambridge University Press, 2013. p. 5.

237 MUCHLINSKI, Peter. *Multinational Enterprises and the Law*. Oxford: Blackwell Publishing, 1999. p. 593.

238 Amon Barros esclarece que as divergências se deviam "*ao fato de os interesses dos países desenvolvidos e multinacionais, de um lado, e dos países em desenvolvimento, de outro, serem profundamente divergentes. Enquanto os primeiros se concentravam em pedir por normas que liberassem a atuação das empresas, reduzindo a interferência dos Estados, os segundos se esforçavam por colocar na pauta as responsabilidades das grandes empresas, ao mesmo tempo em que temiam pela perda de sua soberania*".

239 Disponível em: https://investmentpolicy.unctad.org/international-investment-agreements/treaty-files/2891/download. Acesso em: 22 jun. 2023. Tradução livre do original: "*13. Transnational corporations should/shall respect human rights and fundamental freedoms in the countries in which they operate. In their social and industrial relations, transnational corporations should/shall not discriminate on the basis of race, colour, sex, religion, language, social, national*

A ideia de imposição de obrigações (código de conduta vinculante) no âmbito das Nações Unidas, que tinha a resistência das empresas que demandavam instrumentos orientadores de condutas voluntárias, fez com que o tema passasse a ser discutido por outros organismos internacionais. A Organização Internacional do Trabalho — OIT editou a Declaração Tripartida de Princípios sobre Empresas Multinacionais em 1977,[240] assim como a Organização para a Cooperação e Desenvolvimento Econômico — OCDE publicou as *Guidelines for Multinational Enterprises* em 1976.[241] As duas com ênfase sobre o caráter voluntário de condutas relacionadas ao respeito aos direitos humanos.

A construção de instrumentos internacionais que ultrapassassem o caráter voluntário da responsabilidade social corporativa, nesse contexto de esvaziamento da ONU após a tentativa do *Draft Code*, ocorrido na década de 1990, foi ainda impactada pela ascensão de políticas neoliberais, orientadas pelo Consenso de Washington.[242] Uma orientação que enfatizava a diminuição do Estado e rejeitava qualquer forma de controle estatal da economia.

A crescente exposição de casos de abuso e violações de direitos humanos por empresas[243] trouxe, no entanto, o tema de volta à agenda das Nações Unidas. Steve Ratner[244] destaca que, apesar da

---

and ethnic origin or political or other opinion. Transnational corporations should/shall conform to government policies designed to extend equality of opportunity and treatment".

240 Disponível em: https://www.ilo.org/wcmsp5/groups/public/---ed_emp/---emp_ent/documents/publication/wcms_579899.pdf. Acesso em: 22 jun. 2023.

241 Disponível em: https://www.oecd-ilibrary.org/docserver/81f92357-en.pdf?expires=1688995303&id=id&accname=guest&checksum=938EAC1EF281FDD4117387B2FFF3F76F. Acesso em: 22 jun. 2023.

242 O termo "Consenso de Washington" foi lançado pelo economista John Williamson para descrever o conjunto de políticas apoiadas pelo Fundo Monetário Internacional, pelo Banco Mundial e pelo Tesouro Norte-Americano. As políticas, destinadas ao enfrentamento de crises financeiras de Estados em desenvolvimento ou subdesenvolvidos, sobretudo na América Latina, advogavam a premissa de Estado mínimo e de máxima liberalização dos mercados, com a diminuição de regulação e controle da economia. O lema era: reduzir o tamanho do Estado, garantir o livre mercado e aumentar a abertura para o exterior. Sobre o tema v. Williamson, John. The Strange History of the Washington Consensus. *Journal of Post Keynesian Economics*, v. 27, n. 2, p. 195/206, inverno 2004/2005.

243 Sobre o ponto v. tópico 1.1.

244 *"Claims that various kinds of corporate activity have a detrimental impact on human welfare are at least as old as Marxism, and have always been a mantra of the political left worldwide. But today's assertions are different both in their origin and in their content. They emanate not from ideologues with a purportedly redistributive agenda, but from international organizations composed of states both rich and poor; and from respected nongovernmental organizations, such as Amnesty International and Human Rights Watch, whose very credibility turns on avoidance of political affiliation. Equally importantly, these groups do not seek to delegitimize capitalism or corporate economic power itself, but have criticized certain corporate behavior for impinging*

discussão sobre a responsabilidade socioambiental corporativa ter sido influenciada por capturas político-ideológicas, a partir do final da década de 1990 e do início dos anos 2000, se iniciou um movimento que não mais deslegitimava o capitalismo ou o poder econômico das empresas, mas que centrava a sua atenção sobre comportamentos corporativos francamente contrários aos direitos humanos.

O Pacto Global, apresentado no tópico anterior, marcou o movimento de retorno ao debate na ONU[245] da responsabilidade corporativa, mas ainda alinhado ao caráter voluntarista de respeito aos direitos humanos. Diante das críticas sobre a baixa efetividade do plano para a conformação das empresas e da concomitante discussão que acontecia sobre a responsabilidade das empresas envolvendo o Conselho Econômico e Social e o Escritório do Alto Comissário das Nações Unidas para os Direitos Humanos — ACNUDH, em 2003, foram apresentadas as *Draft Norms on the responsabilities of transnational corporations and Other Business Enterprises with Regard to Human Rights*.[246] A divulgação do documento marcou um relevante movimento das Nações Unidas para codificar e desenvolver normas de Direito Internacional relacionadas aos deveres de empresas.

Em linhas gerais, as normas estabeleciam que as empresas teriam, dentro de sua *esfera de influência*,[247] as mesmas obrigações impostas aos Estados signatários de tratados internacionais de direitos humanos.

---

on clearly accepted norms of human rights law based on widely ratified treaties and customary international law" (RATNER, Steve R. Corporations and human rights: A Theory of Legal Responsibility. *Yale Law Journal*, v. 111, n. 3, p. 443-545, dez. 2001).

[245] John Ruggie destaca que desde o fim da década de 1990, a Subcomissão da ONU de Promoção e Proteção dos Direitos Humanos começou a elaborar um documento similar a um tratado para cuidar da responsabilidade das empresas em relação aos direitos humanos. Sobre o ponto, v. RUGGIE, John Gerard. *Quando negócios não são apenas negócios*: as corporações multinacionais e os direitos humanos. São Paulo: Abril, 2014. p. 19).

[246] Disponível em: https://digitallibrary.un.org/record/498842. Acesso 22 jun. 2023.

[247] David Bilchitz destaca que a imposição de obrigações dentro da esfera de influência buscava limitar os deveres das empresas, distinguindo-os dos deveres dos Estados, já que as empresas só estariam obrigadas em relação a sua esfera de atividade e influência, ao passo que os Estados estariam obrigados dentro de sua jurisdição. Sobre o tema, v. BILCHITZ, David. *Fundamental Rights and the legal obligations of business*. Cambridge: Cambridge University Press, 2022, p. 189/190: "*Finally, the provision contains a key limiting principle in relation to the obligations of corporations: their obligations are said to apply only within their respective 'spheres of activity and influence'. This idea is meant to provide a basis to distinguish the obligations of corporations from those of the state (...) It is perhaps an analogue of an attempt to define the 'jurisdiction' of a corporation: the state's jurisdiction lies, mostly, within its territorial borders; the jurisdiction of a corporation lies within its 'sphere of influence*". Os Princípios Orientadores de Empresas e Direitos Humanos, apresentados adiante, dispensam a abordagem de "esfera de influência", incorporado o conceito inovador de devida diligência em direitos humanos.

Ainda que falassem em transposição com a devida proporcionalidade, o projeto de normas vinculantes, lançado em 2003, fazia uma simples reprodução de obrigações dos Estados às empresas,[248] em termos muito vagos a respeito do teor das obrigações fixadas.

As *Draft Norms*, de fato, reconheciam caber aos Estados a responsabilidade primária pela promoção e proteção dos direitos humanos. Contudo, afirmavam a vinculação das empresas aos deveres de respeito, proteção e promoção dos direitos previstos na Declaração Universal de Direitos do Homem — DUDH e pelos demais tratados de direitos humanos da ONU e de sistemas regionais.[249] Em suas disposições gerais, a minuta de normas ainda fixava um conjunto de normas relacionadas à adequação de sistemas internos de controle da empresa às obrigações fixadas, assim como exigia a divulgação de relatórios e autorização para auditorias externas periódicas.

A previsão de funções que apenas alteravam os sujeitos passivos das obrigações de Estados para empresas[250] foi recebida com entusiasmo

[248] Cite-se, como exemplo o parágrafo 12 das *Draft Norms*, que estabelecia o dever de contribuição das empresas para a realização de direitos de acesso a água e alimentação, à moradia, à educação e outros: "12. *Transnational corporations and other business enterprises shall respect civil, cultural, economic, political and social rights and contribute to their realization, in particular the rights to development, adequate food and drinking water, the highest attainable standard of physical and mental health, adequate housing, privacy, education, freedom of thought, conscience, and religion and freedom of opinion and expression, and shall refrain from actions which obstruct or impede the realization of those rights*".

[249] Confira-se a redação dos parágrafos 1º, 10 e 12 das *Draft Norms*, que retratam a imposição de deveres de respeito, proteção e promoção às empresas: "1. *States have the primary responsibility to promote, secure the fulfilment of, respect, ensure respect of and protect human rights recognized in international as well as national law, including ensuring that transnational corporations and other business enterprises respect human rights. Within their respective spheres of activity and influence, transnational corporations and other business enterprises have the obligation to promote, secure the fulfilment of, respect, ensure respect of and protect human rights recognized in international as well as national law.* (...) 10. *Transnational corporations and other business enterprises shall recognize and respect applicable norms of international law, national laws, regulations, administrative practices, the rule of law, the public interest, development objectives, social, economic and cultural policies including transparency, accountability and prohibition of corruption, and authority of the countries in which the enterprises operate.* (...) 12. *Transnational corporations and other business enterprises shall respect civil, cultural, economic, political and social rights and contribute to their realization, in particular the rights to development, adequate food and drinking water, the highest attainable standard of physical and mental health, adequate housing, privacy, education, freedom of thought, conscience, and religion and freedom of opinion and expression, and shall refrain from actions which obstruct or impede the realization of those rights*" (grifos acrescentados).

[250] John Knox classifica os deveres projetados por direitos humanos em *converse duties* (deveres inversos), para explicar deveres que condicionam a fruição de direitos, e *correlative duties* (deveres correlatos), para explicar deveres relacionados à observância de direitos de terceiros. Afirma que apenas os *correlative duties* podem ser admitidos. De acordo com o autor, as *Draft Norms* não impunham *converse duties*, mas autorizavam a sua criação. Sobre

pelas organizações de defesa dos direitos humanos, mas foi alvo de críticas pelo setor empresarial e pelos Estados.[251] As organizações de defesa dos direitos humanos celebraram a ideia de deveres vinculantes, assim como a abordagem direta de responsabilidades para empresas no Direito Internacional. As empresas, contudo, descreveram as *Draft Norms* como a "privatização dos direitos humanos", porque transferiam funções que enxergavam como sendo exclusivamente dos Estados.[252] Os Estados, por sua vez, afirmaram que a proposta fixava uma regulação excessivamente intrusiva na economia.[253]

Como resultado, em 2004, a Comissão das Nações Unidas para os Direitos Humanos, sucedida pelo atual Conselho de Direitos Humanos, afirmou que a minuta de normas não tinha efeito normativo e, por isso, não seria devido qualquer monitoramento pela ONU da observância dos deveres que ela propunha.[254] No entanto, como medida substitutiva à rejeição das *Draft Norms*, a Comissão de Direitos Humanos decidiu pela indicação de um Representante Especial do Secretário-Geral — RESG para o tema "empresas e direitos humanos".[255]

---

o tema, v. KNOX, John H. Horizontal human rights law. *American Journal of International Law*, v. 102, n. 1, p. 1/47, 2008. A questão será retomada no tópico "Os riscos de cerceamento de liberdades pela imposição de deveres à empresa".

[251] A resistência às *Draft Norms* pelas empresas é destacada por Mia Mahmudur Rahim: *"The Norm stipulate that TNCs must comply with a very wide set of human rights and related obligations involving at least 56 international instruments (Baxi 2005). It mentions that the business enterprises shall contribute to peoples' right to 'development, adequate food and drinking water, the highest attainable standard of physical and mental health, adequate housing, privacy, education, freedom of thought, conscience, and religion and freedom of opinion and expression' (Paragraph 12 of the Norm). Quite often, due to such an overtly inclusive corporate human rights obligation, TNCs find it challenging to adhere to the Norm"*. (RAHIM, Mia Mahmudur. Quest for A Global Code of Conduct for TNCs — A Grim Tale. *In*: RAHIM, Mia Mahmudur (ed.). *Code of Conduct on Transnational Corporations*: challenges and opportunities. Cham: Springer, 2019. p. 13).

[252] RUGGIE, John Gerard. *Quando negócios não são apenas negócios*: as corporações multinacionais e os direitos humanos. São Paulo: Abril, 2014. p. 19/20.

[253] Sobre as reações de Estados, ONGs e empresas, v. ALSTON, Philip; GOODMAN, Ryan. *International human rights*. Oxford: Oxford University Press, 2013, p. 1477: *"Responses to the UN Norms varied dramatically. The most involved NGOs — notably Amnesty International, Human Rights Watch and the International Commission of Jurists — all endorsed them as an appropriate basis upon which to move forward to develop corporate accountability. While the views of scholars were deeply divided, governmental reaction was largely negative. Most developing countries were not keen on intrusive regulation and most developed countries felt that the Norms were either unnecessary or overreaching. The United States, for example, spoke of an 'anti-business agenda'. The response of industry representatives was mixed, but most were hostile"*.

[254] Disponível em: https://www.un.org/en/ecosoc/docs/2004/decision%202004-279.pdf. Acesso em: 22 jun. 2023.

[255] Conforme reproduzem Philip Alston e Ryan Goodman, a indicação de Representante Especial tinha por objetivo: *"(a) To identify and clarify standards of corporate responsibility and accountability; (b) To elaborate on the role of States in effectively regulating [corporations],*

Em 2005, foi então escolhido para a função John Ruggie, que havia idealizado o Pacto Global junto com Kofi Annan. Trata-se da origem do atual marco teórico de orientação sobre responsabilidades de empresas em relação aos direitos humanos.

2.2 Princípios Orientadores sobre Empresas e Direitos Humanos das Nações Unidas: o marco Ruggie e a introdução do conceito de devida diligência em direitos humanos

Surya Deva e David Bilchitz,[256] em retrospectiva histórica sobre a atenção das Nações Unidas às responsabilidades de empresas, que culmina nos *Guiding Principles on Business and Human Rights*[257] (Princípios Orientadores sobre Empresas e Direitos Humanos), dividem em três etapas o processo de deslocamento de foco exclusivo sobre os Estados para também alcançar atores não estatais.

A primeira fase vai do início dos anos 1970 até os anos 1990, com a edição do *Draft Code* da ONU, assim como outros documentos de orientação, de caráter voluntário, elaborados pela OIT e pela OCDE. Nesse momento, a compreensão majoritária era de responsabilidades voluntárias para respeito, proteção e promoção dos direitos humanos. Isso, inclusive, levou ao arquivamento da proposta de código de conduta vinculante da Comissão de Direitos Humanos da ONU.

Na segunda fase, que se inicia em 1999, em um contexto de crescente preocupação social com os impactos da empresa sobre os direitos humanos, em razão do avanço da globalização e da maior exposição de casos de abuso e violações, as empresas começaram a adotar códigos de conduta voluntários e outras iniciativas de autorregulação, em parcerias com organismos internacionais. O principal instrumento desse tipo foi o já exposto Pacto Global, com a veiculação de seus dez princípios, que buscavam envolver atores não estatais e formar parcerias

including through international cooperation; (c) To research and clarify the implications ... of concepts such as 'complicity' and 'sphere of influence'; (d) To develop materials and methodologies for undertaking human rights impact assessments of [corporate activities]; and (e) To compile a compendium of best practices of States and [corporations]". (ALSTON, Phillip; GOODMAN, Ryan. *International human rights*. Oxford: Oxford University Press, 2013, p. 1448).

256 DEVA, Surya; BILCHITZ, David. *Human Rigths Obligations of Business*: Beyond the Corporate Responsibility to Respect. Cambridge: Cambridge University Press, 2013. p. 5/10.

257 Disponível em: https://www.ohchr.org/Documents/Publications/GuidingPrinciples BusinessHR_EN.pdf. Acesso em: 10 mar. 2021.

com os Estados para a proteção e promoção dos direitos humanos no contexto empresarial. As iniciativas voluntárias, impulsionadas pela crescente pressão da sociedade civil e pela necessidade de as empresas gerenciarem seus riscos reputacionais, eram, contudo, criticadas por serem excessivamente vagas e por não possuírem mecanismos de monitoramento e de responsabilização.

Chega-se, assim, à terceira fase, que é determinada pelo início do mandato de John Gerald Ruggie nas Nações Unidas como Representante Especial do Secretário-Geral. Como o próprio Ruggie destacou,[258] a resistência em relação às *Draft Norms* e a percepção de insuficiência do Pacto Global não diminuíram a atenção dos Estados, de diferentes regiões do mundo, sobre a relação das empresas com os direitos humanos. O setor empresarial, diante da crescente pressão e campanhas de ONGs, também percebeu a necessidade de maior clareza sobre as suas responsabilidades pelos direitos humanos. Por sua vez, o ambiente acadêmico tinha visões muito diversas sobre o tema, que iam da rejeição à ideia de atores não estatais como sujeitos primários do Direito Internacional até a defesa de ampla vinculação e incidência direta para empresas das funções dos Estados de respeito, proteção e promoção dos direitos humanos.[259]

Nesse contexto, mas com uma expectativa crescente de que as empresas não apenas respeitassem os direitos humanos, mas também os protegessem e promovessem (não somente se abstivessem de causar danos, mas adotassem medidas para que seus negócios auxiliassem na realização dos direitos humanos), Ruggie iniciou o mandato como Representante Especial do Secretário-Geral das Nações Unidas, em 2005. O objetivo definido pela Comissão de Direitos Humanos, que arquivara as *Draft Norms*, era: (i) identificar e esclarecer os padrões existentes e as melhores práticas de negócios e o papel dos Estados na regulamentação das empresas em relação a seus efeitos sobre os direitos humanos; e

[258] RUGGIE, John Gerard. *Quando negócios não são apenas negócios*: as corporações multinacionais e os direitos humanos. São Paulo: Abril, 2014. p. 20.

[259] Os debates doutrinários sobre a responsabilidade das empresas em relação aos direitos humanos podem ser conferidos em DEVA, Surya; BILCHITZ, David. *Human Rigths Obligations of Business*: Beyond the Corporate Responsibility to Respect. Cambridge: Cambridge University Press, 2013; RATNER, Steve R. Corporations and human rights: A Theory of Legal Responsibility. *Yale Law Journal*, v. 111, n. 3, p. 443/545, dez. 2001; ALSTON, Philip; GOODMAN, Ryan. *International human rights*. Oxford: Oxford University Press, 2013; KNOX, John H. Horizontal human rights law. *American Journal of International Law*, v. 102, n. 1, p. 01/47, 2008. No Brasil, v. ZANITELLI, Leandro Martins. Corporações e direitos humanos: o debate entre voluntaristas e obrigacionistas e o efeito solapador das sanções. *SUR — Revista Internacional de Direitos Humanos*, São Paulo, v. 8, n. 15, 2011.

(ii) esclarecer o significado de conceitos controversos de "cumplicidade corporativa" e "esfera de influência corporativa".[260]

Dentro de um ambiente ainda muito conflagrado sobre a *forma* de responsabilização, sobre *como* atribuir a responsabilidade e *no que* consiste a responsabilidade das empresas na consecução dos direitos humanos, o então Representante Especial buscou os consensos possíveis para a orientação do tema pelas Nações Unidas. Para tanto ouviu representantes das partes interessadas (empresas, Estados, organizações não governamentais) e realizou uma extensa pesquisa com entrevistas, consultas e estudos de casos.[261]

O objetivo foi construir um quadro referencial para identificar "*os deveres jurídicos e a lógica de política relacionada aos Estados em relação ao tema empresas e direitos humanos; as responsabilidades sociais independentes das empresas, em particular corporações multinacionais, em relação aos direitos humanos — nas quais independentes significa que elas existem, não importando se os Estados estão respeitando seus compromissos; e os mecanismos de remediação associados aos dois*".[262]

Nesse passo, em abril de 2008, publicou-se o relatório "*Protect, Respect and Remedy: a Framework for Business and Human Rights*":[263] o aguardado Quadro Referencial de pontos consensuais[264] entre

---

[260] RUGGIE, John Gerard. *Quando negócios não são apenas negócios*: as corporações multinacionais e os direitos humanos. São Paulo: Abril, 2014. p. 20.

[261] Para a leitura do processo de elaboração dos *Guiding Principles on Business and Human Rights* no relato do próprio John Gerald Ruggie: RUGGIE, John Gerard. *Quando negócios não são apenas negócios*: as corporações multinacionais e os direitos humanos. São Paulo: Abril, 2014.

[262] RUGGIE, John Gerard. *Quando negócios não são apenas negócios*: as corporações multinacionais e os direitos humanos. São Paulo: Abril, 2014. p. 139.

[263] Disponível em: https://digitallibrary.un.org/record/625292. Acesso em: 22 jun. 2023.

[264] A ideia de consenso é criticada por alguns autores, que afirmam a maior influência das empresas sobre as orientações alcançadas por John Ruggie. Em razão disso, concluem que a natureza *voluntária* dos *Guiding Principles* decorre dessa influência corporativa, que vetava qualquer regulamentação normativa. Sobre o ponto, v. DEVA, Surya. Trating Human Rights Lightly: a critique of the consensus rhetoric and the language employed by the Guiding Principles. *In*: DEVA, Surya; BILCHITZ, David. *Human rights obligations of business*: beyond the corporate responsibility to respect? New York: Cambridge University Press, 2013. p. 78/104; NOLAN, Justine. The corporate responsibility to respect human rights: soft law or not law? *In*: DEVA, Surya; BILCHITZ, David. *Human rights obligations of business*: beyond the corporate responsibility to respect? New York: Cambridge University Press, 2013. p. 138/161. Manoela Carneiro Roland *et al.* destacam que John Ruggie "*demonstrava, desde o início, sua tendência à edição de normas não vinculantes com caráter de soft law, evidenciando sua opinião de que as reivindicações legais das UN Norms eram "exageradas"* (ROLAND, Manoela Carneiro *et al.* Desafios e perspectivas para a construção de um instrumento jurídico vinculante em direitos humanos e empresas. *Revista de Direito GV*, São Paulo, v. 14, n. 2, p. 393-417, maio/ago. 2018. p. 401).

stakeholders. O Quadro que aborda *o que* deve ser feito, detalhando as responsabilidades dos Estados e das empresas, foi aprovado pela Resolução A/HRC/RES/8/7 da ONU[265] e é estruturado em três pilares:

(i) o dever do Estado de proteger contra abusos cometidos contra os direitos humanos por terceiros, incluindo empresas, por meio de políticas, regulamentação e julgamentos apropriados;
(ii) a responsabilidade independente das empresas de respeitar os direitos humanos, o que significa realizar processos de auditoria (devida diligência) para identificar, prevenir e mitigar os impactos negativos com os quais as empresas podem se envolver, em toda a cadeia de valor;
(iii) a necessidade de maior acesso das vítimas à reparação efetiva, por meio de ações judiciais e extrajudiciais.

Em resumo: os Estados devem proteger; as empresas têm responsabilidade de respeitar; e aqueles que foram prejudicados devem ser indenizados. A clareza na determinação dos papéis que caberiam a cada um foi bem recebida pelos Estados e pelas empresas,[266] sobretudo porque diferenciava a natureza das responsabilidades do Estado e das empresas. As críticas à ênfase voluntarista das responsabilidades socioambientais das empresas feitas por ONGs e acadêmicos que defendiam a necessidade de criação de regime obrigacional[267] não impediram o reconhecimento da relevância da afirmação de conteúdos sobre os papéis de Estados, empresas, bem como de Estados em relação às empresas. Afinal, a partir do Quadro Referencial, tinha-se um marco para uniformizar a linguagem dos debates em torno do tema empresas e direitos humanos.[268]

---

[265] Disponível em: https://ap.ohchr.org/documents/dpage_e.aspx?si=A/HRC/RES/8/7. Acesso em: 22 jun. 2023.

[266] Sobre o ponto, v. JERBI, Scott. Business and Human Rights at the UN: What might happen next? *Human Rights Quarterly*, v.31, n. 2, p. 299/320, maio 2009.

[267] A coletânea elaborada por Surya Deva e David Bilchitz apresenta as críticas ao quadro referencial proposto por Ruggie e a sua ênfase na voluntária responsabilidade social corporativa. É válido sobre o tema o resumo feito pelo artigo de Carlos López. LOPEZ, Carlos. The 'Ruggie process': from legal obligations to corporate social responsibility? *In*: DEVA, Surya; BILCHITZ, David. *Human rights obligations of business*: beyond the corporate responsibility to respect? New York: Cambridge University Press, 2013. p. 58/77.

[268] É o que afirma David Bilchitz: "*A continuação do mandato foi de grande importância não somente em si mesmo, mas, entre outras razões, para manter toda a questão da relação entre empresas e direitos humanos na agenda da ONU e, desse modo, garantir a discussão sobre o tema no nível elevado da Comissão de Direitos Humanos e auxiliar no desenvolvimento de padrões nessa área*". (BILCHITZ, David. O marco Ruggie: Uma proposta adequada para as obrigações de

A ideia de responsabilidades diferenciadas e complementares,[269] em vez de meras alterações de sujeitos passivos, como eram os deveres previstos pelas *Draft Norms*, constitui um plano de ações independentes e coordenadas, que se propõe a proteger, respeitar e remediar os direitos humanos[270] no contexto empresarial.

Aos Estados é afirmado o *dever de proteção*, que inclui: (i) a abstenção de violações e ameaças do próprio Estado a direitos de pessoas em seu território (dever de respeito); (ii) a adoção de medidas para evitar abusos e para investigar, punir e compensar quando as violações ocorrerem (dever de proteção); e (iii) a garantia de condições para fruição e realização dos direitos por seus titulares (dever de promoção). O Quadro Referencial esclarece que a obrigação de promoção inclui o fomento a culturas corporativas de respeito aos direitos humanos.[271] Carlos Portugal Gouvêa reflete que esse dever estatal inclui analisar "*as políticas, regras e práticas da companhia, para incentivá-las a terem sistemas de compliance adequados*".[272]

Por sua vez, a *responsabilidade independente das empresas de respeitar* os direitos humanos, de acordo com o Quadro Referencial, trataria de uma norma social já estabelecida por "expectativas sociais" e pela noção de "licença social da companhia para operar".[273] Apesar da afirmação de

---

direitos humanos das empresas? *SUR – Revista Internacional de Direitos Humanos*, São Paulo. v. 7, n. 12, p. 209-241, jun. 2010, p. 227).

269 "*9. The framework rests on differentiated but complementary responsibilities. It comprises three core principles: the State duty to protect against human rights abuses by third parties, including business; the corporate responsibility to respect human rights; and the need for more effective access to remedies. Each principle is an essential component of the framework: the State duty to protect because it lies at the very core of the international human rights regime*". Report of the Special Representative of the Secretary-General on the issue of human rights and transnational corporations and other business enterprises, John Ruggie. Disponível em: https://media.business-humanrights.org/media/documents/files/reports-and-materials/Ruggie-report-7-Apr-2008.pdf. Acesso em: 22 jun. 2023.

270 John Ruggie esclarece que o quadro "proteger, respeitar e remediar" também pode ser acrescido do preceito de "promover". A ideia de promoção, segundo o Quadro Referencial de Ruggie, está inserida no comando de proteção. Na tese, contudo, se segue o quadro de deveres de respeito, proteção e promoção, já que são os preceitos mais usuais e que expressam com mais exatidão as diferentes atribuições frente aos direitos humanos ou aos direitos fundamentais. Sobre o ponto, v. RUGGIE, John Gerard. *Quando negócios não são apenas negócios*: as corporações multinacionais e os direitos humanos. São Paulo: Abril, 2014. p. 139.

271 É o que dispõe o parágrafo 27 do Quadro Referencial. Disponível em: https://media.business-humanrights.org/media/documents/files/reports-and-materials/Ruggie-report-7-Apr-2008.pdf. Acesso em: 22 jun. 2023.

272 GOUVÊA, Carlos Portugal. *A Estrutura da Governança Corporativa*. São Paulo: Quartier Latin, 2022. p. 480.

273 A afirmação da natureza de norma social é feita pelo parágrafo 54 do relatório que fixou o Quadro Referencial: "*54. In addition to compliance with national laws, the baseline responsibility*

que não haveria normas jurídicas no plano internacional,[274] a construção do papel da empresa sobre deveres morais conseguiu destravar a resistência corporativa à fixação do tema pela Comissão de Direitos Humanos da ONU. E isso porque forneceu argumentos persuasivos para evidenciar que a violação de direitos humanos impõe um risco reputacional que não poderia ser mitigado. Demonstrou-se, assim, que os abusos e ameaças a direitos humanos impactavam diretamente os negócios, de forma que a questão não poderia ser tratada como uma externalidade, mas como um fator inerente à própria formulação e execução da atividade econômica.

O Quadro Referencial, portanto, define a *responsabilidade das empresas de respeitar* como uma abstenção de violação de direitos de terceiros, independentemente dos deveres de proteção do Estado. É dizer: as empresas têm a responsabilidade de não causar danos. Para além disso, podem "*se voluntariar a fazer mais do que 'respeitar' os direitos humanos. Mas a não violação dos direitos dos outros é a norma de referência*".[275]

De forma inovadora, no entanto, o relatório das Nações Unidas definiu que a abstenção de causar danos não seria uma mera responsabilidade passiva, porque também impõe condutas (ativas).[276] Para cumprir a responsabilidade de respeitar os direitos humanos, enfatizou-se que as empresas devem desenvolver a capacidade institucional de saber

---

of companies is to respect human rights. Failure to meet this responsibility can subject companies to the courts of public opinion — comprising employees, communities, consumers, civil society, as well as investors — and occasionally to charges in actual courts. Whereas governments define the scope of legal compliance, the broader scope of the responsibility to respect is defined by social expectations — as part of what is sometimes called a company's social licence to operate". Disponível em: https://media.business-humanrights.org/media/documents/files/reports-and-materials/Ruggie-report-7-Apr-2008.pdf. Acesso em: 22 jun. 2023. John Ruggie cita o exemplo da empresa de energia *Shell*, que, em razão dos impactos de sua atividade para o povo Ogoni, na Nigéria, perdeu a sua licença social para operar mais de dez anos antes de a licença legal ser anulada pelo governo (RUGGIE, John Gerard. *Quando negócios não são apenas negócios*: as corporações multinacionais e os direitos humanos. São Paulo: Abril, 2014. p. 150).

[274] Ruggie esclarece que "*a maneira como utilizei o termo "responsabilidade" tinha o objetivo de deixar claro que eu estava falado de algo diferente de obrigações legais*" (RUGGIE, John Gerard. *Quando negócios não são apenas negócios*: as corporações multinacionais e os direitos humanos. São Paulo: Abril, 2014. p. 147).

[275] RUGGIE, John Gerard. *Quando negócios não são apenas negócios*: as corporações multinacionais e os direitos humanos. São Paulo: Abril, 2014. p. 152.

[276] "55. (...) *Finally, 'doing no harm' is not merely a passive responsibility for firms but may entail positive steps — for example, a workplace anti-discrimination policy might require the company to adopt specific recruitment and training programmes*". Report of the Special Representative of the Secretary-General on the issue of human rights and transnational corporations and other business enterprises, John Ruggie. Disponível em: https://media.business-humanrights.org/media/documents/files/reports-and-materials/Ruggie-report-7-Apr-2008.pdf. Acesso em: 22 jun. 2023.

e demonstrar que não violam os direitos de terceiros.[277] Tendo como paradigma a prática de auditoria de operações, realizada para planos de fusão ou aquisição de empresas,[278] o Quadro Referencial apresentou o conceito de auditoria periódica em matéria de direitos humanos (*due diligence*). Foi esse o meio apontado para identificar, prevenir, mitigar e tratar os impactos da atividade empresarial sobre os direitos humanos: a devida diligência em direitos humanos.[279]

E, respondendo aos questionamentos sobre quais direitos devem ser respeitados e em que espécies de atividade (próprias ou de terceiros), o Quadro Referencial esclareceu que os impactos da atividade de empresa devem observar todos os direitos afirmados pela "*Carta Internacional dos Direitos Humanos (a Declaração Universal e seus dois Pactos), junto com a Declaração da OIT sobre princípios e Direitos Fundamentais no Trabalho*",[280] causados pelas próprias atividades de um empreendimento comercial, assim como pelos relacionamentos com terceiros associados a essas atividades (a cadeia global de valor). As Nações Unidas, portanto, endereçaram de forma inédita *atribuições diretas* às empresas, com especificação clara do papel corporativo no sistema de proteção dos direitos humanos.

O terceiro e último pilar do Quadro Referencial trata do dever de reparação. Afinal, ainda que se cumpram os deveres de proteção e a responsabilidade de respeitar, violações aos direitos humanos relacionadas a atividades empresariais podem acontecer. Assim sendo, sem que existam medidas para investigar, punir e corrigir violações, o dever de proteção do Estado, realizado por meios judiciais, administrativos

---

277 RUGGIE, John Gerard. *Quando negócios não são apenas negócios*: as corporações multinacionais e os direitos humanos. São Paulo: Abril, 2014. p. 156.

278 David Bilchitz salienta que os *Guiding Principles* adotaram os instrumentos de gestão de riscos que as empresas já estão familiarizadas, em processos de *due diligence*, e os aplicaram ao contexto dos direitos humanos. Sobre o ponto, v. BILCHITZ, David. *Fundamental Rights and the legal obligations of business*. Cambridge: Cambridge University Press, 2022, p. 196: "*clearly, the UNGPs took a risk-management notion that businesses are familiar with – the due diligence process in the context of mergers and acquisitions, for instance – and applied it to the fundamental rights context*".

279 Sobre o ponto, o parágrafo 56 do Quadro Referencial esclarece nos seguintes temos: "*56. To discharge the responsibility to respect requires due diligence. This concept describes the steps a company must take to become aware of, prevent and address adverse human rights impacts. Comparable processes are typically already embedded in companies because in many countries they are legally required to have information and control systems in place to assess and manage financial and related risks*". Disponível em: https://media.business-humanrights.org/media/documents/files/reports-and-materials/Ruggie-report-7-Apr-2008.pdf. Acesso em: 22 jun. 2023.

280 RUGGIE, John Gerard. *Quando negócios não são apenas negócios*: as corporações multinacionais e os direitos humanos. São Paulo: Abril, 2014. p. 153.

e legislativos seria interpretado como fraco ou insignificante. De igual modo, a responsabilidade das empresas de respeitar tampouco será efetiva, se não existirem mecanismos de ouvidoria e de denúncia para atender indivíduos e comunidades que possam ser afetados negativamente, independentemente da possibilidade de acessarem o sistema de proteção estatal.

Com a aprovação do Quadro Referencial pelo Conselho de Direitos Humanos da ONU, uma vez fixada a moldura de deveres e responsabilidades, o mandato do Representante Especial John Ruggie foi estendido para que fosse determinado *como* realizar esses deveres e responsabilidades. Em março de 2011, foi, então, apresentado o relatório *Guiding Principles on Business and Human Rights: Implementing the United Nations "Protect, Respect and Remedy" Framework*[281] (Princípios sobre Empresas e Direitos Humanos: implementando os parâmetros "proteger, respeitar e remediar" das Nações Unidas).

Os Princípios Orientadores, endossados pelo Conselho de Direitos Humanos, na Resolução A/HRC/RES/17/4,[282] regulamentam o Quadro Referencial, com a exposição prática de *como* se efetivam os deveres e responsabilidades de Estados e empresas. Como registrou a organização de defesa dos direitos humanos Conectas, *"os princípios, elaborados a partir de normas de direitos humanos preexistentes, representam um momento histórico na consolidação de parâmetros normativos aplicáveis à conduta das empresas em relação aos direitos humanos"*.[283] São trinta e um princípios orientadores, divididos em (i) princípios gerais; (ii) dever do Estado em proteger os direitos humanos; (iii) responsabilidade da empresa em respeitar os direitos humanos; e (iv) acesso a recursos e reparação. Em essência, eles distribuem as ações esperadas de Estados, empresas e dos Estados em relação às empresas, reforçando os parâmetros do Quadro Referencial "proteger, respeitar e remediar".

---

[281] Disponível em: https://www.ohchr.org/Documents/Publications/GuidingPrinciples BusinessHR_EN.pdf. Acesso em: 10 mar. 2021.

[282] Disponível em: https://ap.ohchr.org/documents/dpage_e.aspx?si=A/HRC/RES/17/4. Acesso em: 22 jun. 2023. É válido ressaltar que a Resolução A/HRC/RES/17/4, que aprovou os Princípios Orientadores, também criou um grupo de trabalho, denominado de Grupo de Trabalho sobre Empresas e Direitos Humanos, com o objetivo de disseminar os Princípios Orientadores, bem como avaliar e fazer recomendações aos Estados sobre o regime de empresas e direitos humanos. O grupo de trabalho teve o seu mandato renovado em 2020.

[283] KWITEL, Juana. *Empresas e direitos humanos:* parâmetros da ONU para proteger, respeitar e reparar — relatório final de John Ruggie — Representante Especial do Secretário-Geral. Disponível em: https://www.conectas.org/wp-content/uploads/2017/12/2012_Empresas_-Direitos_Humanos_Par%C3%A2metros_-ONU.pdf.

Em grande avanço, os Princípios Orientadores sedimentam que as empresas têm reponsabilidades diretas e independentes do Estado e que essas responsabilidades não se limitam a meras abstenções de dano, mas pressupõem condutas ativas de controle de riscos, de verificação de condutas de parceiros comerciais, com a devida diligência em suas condutas para ampliação do regime de proteção dos direitos humanos (Princípios 17[284] e 18[285]). Nas palavras de John Ruggie, isso permitiu afirmar que "*a era da responsabilidade social corporativa declarativa acabou*",[286] já que ela não seria mais atendida com códigos meramente formais, submetidos integralmente à autorregulação, sem controle e fiscalização. Com os Princípios Orientadores, a responsabilidade social corporativa foi submetida a instrumentos para que a empresa demonstre que sabe quais são seus impactos negativos e evidencie que respeita os direitos humanos. Iniciava-se, assim, um *regime de transparência* nas atividades empresariais em relação aos direitos humanos.

O recurso ao conceito de *devida diligência*, nesse passo, foi estruturado para superar as deficiências da noção de "esfera de influência", que informava a elaboração de códigos internos de conduta de responsabilidade social corporativa.[287] Sobre o ponto, Amy Lehr e Beth

---

[284] PRINCÍPIO 17 A fim de identificar, prevenir, mitigar e reparar os impactos negativos de suas atividades sobre os direitos humanos, as empresas devem realizar auditorias (*due diligence*) em matéria de direitos humanos. Esse processo deve incluir uma avaliação do impacto real e potencial das atividades sobre os direitos humanos, a integração das conclusões e sua atuação a esse respeito; o acompanhamento das respostas e a comunicação de como as consequências negativas são enfrentadas. A auditoria (*due diligence*) em matéria de direitos humanos: A. Deve abranger os impactos negativos sobre os direitos humanos que tenham sido causados ou que tiveram a contribuição da empresa para sua ocorrência por meio de suas próprias atividades, ou que tenham relação direta com suas operações, produtos ou serviços prestados por suas relações comerciais; B. Variará de complexidade em função do tamanho da empresa, do risco de graves consequências negativas sobre os direitos humanos e da natureza e o contexto de suas operações; C. Deve ser um processo contínuo, tendo em vista que os riscos para os direitos humanos podem mudar no decorrer do tempo, em função da evolução das operações e do contexto operacional das empresas.

[285] PRINCÍPIO 18 A fim de aferir os riscos em matéria de direitos humanos, as empresas devem identificar e avaliar as consequências negativas reais ou potenciais sobre os direitos humanos em que possam ser envolvidos, seja por meio de suas próprias atividades ou como resultado de suas relações comerciais. Esse processo deve: A. Recorrer a especialistas em direitos humanos internos e/ou independentes; B. Incluir consultas substanciais com grupos potencialmente afetados e outras partes interessadas, em função do tamanho da empresa e da natureza e do contexto da operação.

[286] RUGGIE, John Gerard. *Quando negócios não são apenas negócios*: as corporações multinacionais e os direitos humanos. São Paulo: Abril, 2014. p. 170.

[287] David Bilchitz, sobre o ponto, destaca que "*The idea of 'sphere of influence' had already become influential within the domain of corporate social responsibility when it was included in the Draft Norms*" (BILCHITZ, David. *Fundamental Rights and the legal obligations of business*. Cambridge: Cambridge University Press, 2022, p. 190).

Jenkins, que integraram o grupo de trabalho de John Ruggie para a elaboração dos Princípios Orientadores, destacaram que "*as empresas tentaram descobrir o que significava esfera de influência na prática e algumas organizações de direitos humanos defenderam o uso do conceito como base para atribuir obrigações legais aos negócios, mas seus limites rapidamente se tornaram aparentes*".[288]

Isso porque a influência, por si só, não serve como base para a atribuição de responsabilidade corporativa. Afinal, há múltiplas dimensões, como as noções de proximidade, impacto, controle e benefício, que precisam ser determinadas para se ter alguma densidade no conceito de influência. Como resultado, antes mesmo de se definir a responsabilidade da empresa, já se tinha um obstáculo que impedia acessar conteúdos específicos de deveres corporativos relacionados aos direitos humanos.[289]

De forma diversa, a *devida diligência em direitos humanos*,[290] introduzida pelo marco Ruggie (os Princípios Orientadores), trata de um conceito operacional (*process-based*) que conforma um *processo contínuo para que as empresas identifiquem, previnam, mitiguem, tratem e comuniquem os impactos adversos, reais e potenciais, aos direitos humanos, que possam causar ou contribuir, por meio de suas próprias atividades, ou que estejam relacionadas às suas operações, produtos ou serviços de suas relações comerciais*.[291] Isso faz com que os impactos adversos de suas atividades sejam conhecidos, controlados e tratados.

---

[288] LEHR, Amy; JENKINS, Beth. *Business and Human Rights*: Beyond corporate spheres of influence. Business & Human Rights Resource Centre, nov. 2007. Disponível em: https://www.business-humanrights.org/en/latest-news/business-and-human-rights-beyond-corporate-spheres-of-influence/. Acesso em: 22 jun. 2023.

[289] A vagueza semântica da noção de "esfera de influência" é apontada por David Bilchitz: "*The 'sphere of influence' approach thus really reduces to a multi-factoral approach that recognises multiple determinants for the substantive content of corporate obligations. The approach is not helpful without an analysis of these underlying factors and how they each condition and determine the substantive content of corporate obligations*" BILCHITZ, David. *Fundamental Rights and the legal obligations of business*. Cambridge: Cambridge University Press, 2022, p. 191).

[290] O conceito e o conteúdo do dever de devida diligência serão retomados na última parte da tese, em que se estrutura a teoria de deveres corporativos relacionados aos direitos fundamentais. Registre-se, desde logo, que o conceito de devida diligência em direitos humanos também enfrenta críticas por contar com indeterminação sobre as condutas impõe. A crítica é relevante e, em realidade, justifica a necessidade de estruturação de teoria para designar o conteúdo da devida diligência em direitos humanos. Para uma concepção crítica, v. BILCHITZ, David. *Fundamental Rights and the legal obligations of business*. Cambridge: Cambridge University Press, 2022.

[291] Sobre o ponto, v. BRIGHT, Claire. Corporate Due Dilligence: History and future prospects. *In*: ABREU, Jorge M. Coutinho de; MARTINS, Alexandre de Soveral; DIAS, Rui Pereira Dias. *Dever de diligência das empresas e responsabilidade empresarial*. Instituto Jurídico: Coimbra, 2022, p. 1/11: "*Importantly, the un Guiding Principles introduced the concept of "human rights due diligence" which constitutes the operational means through which companies*

A despeito das já referidas críticas de defensores de direitos humanos, diante do caráter não vinculante das normas e da ênfase voluntarista sobre a responsabilidade das empresas,[292] os Princípios Orientadores constituem-se em *soft law*,[293] servindo ao relevante propósito de orientar a interpretação de normas domésticas e internacionais,[294] assim como apontar caminhos administrativos, legislativos e judicias, em especial de interpretação constitucional, sobre o regime de proteção dos direitos fundamentais no contexto empresarial.

De fato, no plano internacional, a diretriz da ONU sobre empresas e direitos humanos produziu efeitos sobre documentos de organismos internacionais e de autorregulação, como exemplificam as revisões realizadas pela OCDE, em suas Diretrizes para Empresas Multinacionais, pela União Europeia em sua diretriz de responsabilidade corporativa, e por entidades de certificação, como a ISO 26000, que incorporaram os Princípios Orientadores em seus estatutos.[295]

---

can fulfil their responsibility to respect human rights. Human rights due diligence refers to an ongoing process that companies are expected to put in place through which they can identify, prevent, mitigate and account for the actual and potential adverse human rights impacts that they may cause or contribute to through their own activities, or which may be directly linked to their operations, products, or services by their business relationships".

292 Cite-se, como exemplo, a crítica de Carlos López: "*The Framework and the GPs represent an important step, but they are clearly not exempt from conceptual or political weaknesses. More importantly, they do not close the original and long-running debate about corporate human rights obligations. In fact, the debate about corporate legal obligations and corporate accountability is still very much open*" (LÓPEZ, Carlos. The 'Ruggie process': from legal obligations to corporate social responsibility? *In*: DEVA, Surya; BILCHITZ, David. *Human rights obligations of business*: beyond the corporate responsibility to respect? New York: Cambridge University Press, 2013. p. 58/77. p. 77). No Brasil, a crítica é apresentada por ROLAND, Manoela Carneiro *et al.* Desafios e perspectivas para a construção de um instrumento jurídico vinculante em direitos humanos e empresas. *Revista de Direito GV*, São Paulo, v. 14, n. 2. p. 393-417, maio/ago. 2018: "*Lançados em 2011 (...), tais princípios visavam à implementação do marco conceitual já mencionado, reforçando a ideia de regulação baseada no voluntarismo e direcionando todas as obrigações aos Estados, enquanto das empresas esperava-se apenas um compromisso de respeitar os Direitos Humanos*".

293 De acordo com Miguel Santos Neves, a *soft law* designa "*um processo de produção de standards normativos, que têm como vocação a regulação de comportamentos sociais, sem caráter vinculativo e cujo incumprimento não estão associados a sanções jurídicas*" (NEVES, Miguel Santos. Soft Law. *In*: NASSER, Salem Hikmat. *Fontes e Normas do Direito Internacional*: Um Estudo sobre a Soft Law. São Paulo: Atlas, 2006. p. 251). Em sentido diverso, a *Hard Law* designa fontes do *Direito Internacional* que vinculam os seus signatários, como os tratados internacionais.

294 A natureza de *soft law* dos Princípios Orientadores é assinalada por André de Carvalho Ramos: "*Os princípios orientadores constituem-se em soft law, servindo para orientar a interpretação das normas nacionais e internacionais, bem como espelhar — caso haja prática reiterada dos Estados com convicção de obrigatoriedade — costume internacional*" (RAMOS, André de Carvalho. *Curso de direitos humanos*. São Paulo: Saraiva, 2021. p. 306).

295 Sobre o ponto, v. BUHMANN, Karin. Business and Human Rights: Understanding the UN Guiding Principles from the Perspective of Transnational Business Governance

De toda forma, a internalização pelas empresas do gerenciamento de riscos sobre direitos humanos permaneceu modesta.[296]

No plano interno, os debates sobre a responsabilidade das empresas no sistema de proteção de direitos fundamentais sequer ocorreram. Isso apesar de, como destaca Carlos Portugal Gouvêa, *"os princípios operacionais propugna*[rem] *um sistema jurídico que obrigue as companhias a respeitá-los"*.[297] A ideia de abordagem direta de responsabilidades de empresas, independentemente do Estado, nos termos fixados pelos Princípios Orientadores das Nações Unidas, não produziu transformações relevantes no sistema jurídico brasileiro.[298]

Diferente do imobilismo brasileiro, a baixa adesão das empresas à incorporação dos interesses socioambientais no seu processo decisório de empreender tem marcado um movimento crescente de reconhecimento de eficácia jurídica à exigência de devida diligência em direitos humanos. O Parlamento e o Conselho Europeu, em 14 de dezembro de 2023, chegaram a um acordo provisório sobre Diretivas

---

Interactions. *Osgoode Legal Studies Research Paper Series*, n. 20, 2014:*"The Guiding Principles have already had significant influence on several other public and private business governance instruments, including the Global Compact, OECD's Guidelines for Multinational Enterprises, ISO 26000 as well as EU and national law and policy. With limited own specific implementation modalities, the Guiding Principles also interact with the Global Compact, ISO 26000, OECD's Guidelines, EU policy and law and national law for their implementation. The way in which the Guiding Principles as a publicly initiated multi-stakeholder initiative on business governance has claimed the stage potentially changes prospects for sustainability oriented transnational regulation of business governance. Maximising this potential may be improved through understanding of the interactional aspects"*.

[296] Claire Bright destaca que, em 2020, a partir das informações não financeiras das 230 maiores empresas do mundo, constatou-se que 46,2% das empresas não exerciam a devida diligência em direitos humanos. BRIGHT, Claire. *Corporate Due Dilligence:* History and future prospects. *In*: ABREU, Jorge M. Coutinho de; MARTINS, Alexandre de Soveral; DIAS, Rui Pereira Dias. *Dever de diligência das empresas e responsabilidade empresarial*, Instituto Jurídico: Coimbra, 2022, p. 6.

[297] GOUVÊA, Carlos Portugal. *A Estrutura da Governança Corporativa*, Quartier Latin: São Paulo, 2022. p. 488.

[298] O ponto é destacado por BILCHITZ, David. *Fundamental Rights and the legal obligations of business*. Cambridge: Cambridge University Press, 2022; e WETTSTEIN, florian. *Multinational Corporations and Global Justice*: Human Rights Obligations of a Quasi-Governmental Institution. Stanford: Stanford University Press, 2009. Cristina Ochoa faz análise diversa, afirmando que a aprovação dos Princípios Orientadores ampliou a criação de códigos voluntários de conduta por empresas, assim como gerou a criação de Planos de Ação Nacional por Estados. Como se verá adiante, no entanto, a despeito da ampliação do debate sobre o tema, inclusive com a ascensão da agenda ESG, há pouca efetividade e concretude nas ações corporativas. De toda forma, para a visão otimista dos efeitos dos Princípios Orientadores no plano interno: OCHOA, Christiana. Business & Human Rights: Optimism and Concern from the U.S. *Perspective, Law and Business Research*, v. 8, n. 3, 2018.

de Devida Diligência e Sustentabilidade Corporativa,[299] na linha de modelos normativos preexistentes na França e na Alemanha. Todos eles utilizam os Princípios Orientadores das Nações Unidas como base para a regulação da responsabilidade da empresa e para a determinação do conteúdo da devida diligência em direitos humanos.

Os Princípios Orientadores das Nações Unidas podem ser compreendidos, portanto, como um processo de mobilização do mundo corporativo que resultou na atual noção de governança corporativa socioambiental.[300] O que a Constituição diz a respeito desse modelo é o que se detalhará nos próximos capítulos. Afinal, há um marco internacional sobre empresas e direitos humanos, resultante de um longo processo de debates e controvérsias, ainda pouco conhecido pelo Direito brasileiro. Esse *standard* ainda não foi incorporado para orientação da interpretação dos deveres das empresas em relação aos direitos fundamentais, conforme destacado em recente seminário realizado pelo Conselho Nacional de Justiça.[301]

Antes de chegar ao exame das conformações possíveis do Direito Constitucional utilizando-se os padrões fixados pelos Princípios Orientadores, cabe diferenciar o significado de eficácia horizontal afirmada no Direito Internacional, porque diverso daquele associado aos direitos fundamentais.

---

[299] Disponível em: https://www.europarl.europa.eu/doceo/document/TA-9-2023-0209_PT.html. Acesso em: 19 ago. 2023.

[300] A incorporação da expressão "governança socioambiental" é inspirada na pesquisa de Carlos Portugal Gouvêa: *"Optamos por denominar o tema de 'governança socioambiental' ao invés da tradução literal do termo em inglês, environmental, social and Governance ('ambiental, social e governança', o qual passou a ser conhecido muito mais por sua sigla, ESG, do que pelo seu conteúdo"* (GOUVÊA, Carlos Portugal. *A Estrutura da Governança Corporativa.* Quartier Latin: São Paulo, 2022. p. 444).

[301] Conforme destacado em seminário promovido pelo Conselho Nacional de Justiça sobre Empresas e Direitos Humanos, realizado em 21 de outubro de 2022, *"No Brasil, o Decreto nº 9.571/2018 trata do assunto, mas especialistas e magistrados presentes relatam haver um desconhecimento geral sobre os princípios orientadores desses direitos, em especial dessa normativa. Magistradas e magistrados mencionaram desconhecer o decreto, que estabelece as Diretrizes Nacionais sobre Empresas e Direitos Humanos, para médias e grandes empresas, incluídas as empresas multinacionais com atividades no país"*. Disponível em: https://www.cnj.jus.br/responsabilizar-empresas-por-danos-aos-direitos-humanos-e-peca-chave-para-reparar-vitimas/. Acesso em: 30 out. 2022.

2.2.1 O significado de eficácia horizontal dos direitos humanos no contexto empresarial do Direito Internacional: exame comparativo com a eficácia horizontal dos direitos fundamentais

Ao longo das últimas décadas, o sistema internacional de proteção dos direitos humanos foi progressivamente projetando atenção sobre atores não estatais. A ideia de extensão da responsabilidade por concretizar esses direitos a atores privados, em especial sociedades transnacionais, conformou a concepção de *eficácia horizontal* no Direito Internacional. É o que afirma John H. Knox:

> What duties, if any, does international human rights law establish for individuals, corporations, and other private actors? For many years, the conventional answer has places duties on states to respect the rights of individuals and creates few or no private duties. In other words, human rights law is aligned vertically, not horizontally. But that view has regularly been challenged. Most recently, in 2003, the United Nations Commission Rights (Commission), historically the most important incubator of human rights agreements received two proposed instruments that might appear to realign human rights law horizontally: private actors would have duties as well as rights, and they would owe those duties as a whole or to individual within it.[302]

Knox, contudo, sinaliza que a incidência dos direitos humanos em relações privadas no Direito Internacional seria o resultado de duas propostas que estavam em tramitação na Comissão de Direitos Humanos das Nações Unidas: as *Draft Norms* (*Norms on the Responsabilities of Transnational Corporations and Other Business Enterprises with Regard to Human Rights*) e a *Draft Declaration on Human Social Responsibilities*. A primeira, já apresentada no tópico 2.1.1.2, buscava impor deveres às empresas similares àqueles atribuídos aos Estados para respeito, proteção e promoção dos direitos humanos. A segunda consistiu em uma tentativa de estabelecer um conjunto de responsabilidades sociais que as pessoas devem cumprir para garantir o respeito pelos direitos humanos. Nenhum dos dois documentos foi aprovado.

Isso não impediu que se associasse a noção de eficácia horizontal a esse movimento de extensão de responsabilidades ou de deveres a

[302] KNOX, John H. Horizontal human rights law. *American Journal of International Law*, v. 102, n. 1, p. 01/47, 2008, p. 1.

agentes privados.[303] Ocorre que essa concepção de eficácia horizontal, que se afirma em relação aos direitos humanos no Direito Internacional, é diversa daquela defendida no plano interno para os direitos fundamentais. A diferença decorre tanto em relação à eficácia jurídica como também pelo conteúdo e alcance dos efeitos projetados sobre as relações privadas.

Sem ingressar de forma detida na concepção de eficácia privada ou horizontal dos direitos fundamentais, já que a exposição será feita adiante para se alcançar o regime de funções confiadas às empresas para a realização dos direitos fundamentais, há certo consenso que a dimensão objetiva dos direitos fundamentais faz com "que todos, Estado e particulares, se encontrem a estes vinculados por um dever geral de respeito".[304] Independentemente dos debates sobre a incidência direta ou indireta, ou da indicação de que o dever de respeito projetado sobre particulares não é uniforme, tem-se como premissa a existência de vinculação jurídica, com conteúdo obrigacional essencialmente negativo e restrito à esfera própria de ação. É dizer: os direitos fundamentais nas relações privadas impõem aos particulares diretamente envolvidos deveres de abstenção para preservação de sua dimensão objetiva.

Como se viu, contudo, no plano internacional, o regime de "empresas e direitos humanos" é disciplinado pelo Quadro Referencial e pelos Princípios Orientadores. Neles, além de não se tratar em si de documentos vinculantes, especificamente para as empresas se

---

303 Sobre o ponto v. RATNER, Steven R. Corporations and human rights: A Theory of Legal Responsibility. *Yale Law Journal*, v. 111, n. 3, p. 443-545, dez. 2001: "*Long before those cases, German courts had developed the notion of third-party (or horizontal) effect (Drittwirkung), holding that some German constitutional rights affect private legal relation*". No Brasil, v. GOUVÊA, Carlos Portugal *et al.* Governança corporativa e direitos humanos: uma análise empírica no novo mercado. *Revista Internacional de Direitos Humanos e Empresas*, v. 3, n. 2, p. 139/158, fev./jul. 2019: "*Nos últimos anos, diante dos desafios apresentados à efetivação dos direitos humanos a nível mundial, inicialmente ganhou força o movimento que reivindicava a extensão da responsabilidade primária por concretizar esses direitos a sujeitos não estatais, particularmente grandes sociedades transnacionais* (PAUST, 2002, p. 801-825; KINLEY; TADAKI, 2004, p. 931-1024; HESSBRUEGGE, 2005, p. 21-88; e RATNER, 2001, p. 443-545). Tratava-se de uma concepção de *"eficácia horizontal" para os direitos humanos na ordem internacional*"; e ZANITELLI, Leandro Martins. Corporações e Direitos Humanos: o debate entre voluntaristas e obrigacionistas e o efeito solapador das sanções. *SUR — Revista Internacional de Direitos Humanos*, São Paulo, v. 8, n. 15, p. 37/57, dez. 2011: "*Contrariando tradicional entendimento segundo o qual são os Estados os sujeitos legalmente obrigados pelas normas internacionais concernentes aos direitos humanos, nos últimos anos tem-se cogitado em estender, se não todos, ao menos alguns dos deveres emanados dessas normas a sujeitos não estatais e, em particular, às corporações. Esse vínculo a entidades privadas é designado como eficácia horizontal dos direitos humanos*".

304 SARLET, Ingo Wolfgang. *A eficácia dos direitos fundamentais*: uma teoria geral dos direitos fundamentais na perspectiva constitucional. Porto Alegre: Livraria do Advogado, 2018, p. 400.

desenvolveu a concepção de responsabilidades fundadas em normas sociais. A eficácia horizontal do atual marco do Direito Internacional não é, portanto, uma eficácia jurídica.

Além disso, o conteúdo dessas responsabilidades, como visto, fixadas essencialmente no segundo pilar do Quadro Referencial, trata de abstenções para não causar danos, mas também veicula fazeres específicos: a devida diligência, com o controle de riscos e o monitoramento de impactos negativos, decorrentes da própria atividade comercial e de relacionamentos com terceiros associados a essa atividade, para identificar, prevenir, mitigar, tratar, monitorar e comunicar os impactos sobre os direitos humanos. É válido, assim, detalhar as responsabilidades fixadas pelos Princípios Orientadores para avaliar, analiticamente, o seu conteúdo com a compreensão de eficácia horizontal dos direitos fundamentais.

Os Princípios Orientadores 11[305] e 12,[306] que iniciam as diretrizes sobre as responsabilidades das empresas, tratam da abstenção de infringir os direitos humanos internacionalmente reconhecidos de terceiros. Fixou-se, assim, um padrão global de conduta para as empresas, que, nos termos do Princípio 13,[307] envolve as próprias atividades empresariais, como também os impactos adversos decorrentes de atividades relacionadas às suas operações, produtos ou serviços prestados em suas relações comerciais (cadeia de valor). A incidência difere da compreensão de eficácia horizontal dos direitos fundamentais, que "não abrange o dever de proteção dos mesmos, em relação a lesões e ameaças provenientes de terceiros".[308] Mais além, ao falar que as empresas têm a responsabilidade de "se abster de infringir os direitos humanos de terceiros e enfrentar os impactos negativos sobre os direitos humanos"

---

[305] PRINCÍPIO 11 As empresas devem respeitar os direitos humanos. Isso significa que devem se abster de infringir os direitos humanos de terceiros e enfrentar os impactos negativos sobre os direitos humanos nos quais tenham algum envolvimento.

[306] PRINCÍPIO 12 A responsabilidade das empresas de respeitar os direitos humanos refere-se aos direitos humanos internacionalmente reconhecidos — que incluem, no mínimo, os direitos enunciados na Carta Internacional de Direitos Humanos e os princípios relativos aos direitos fundamentais estabelecidos na Declaração da Organização Internacional do Trabalho relativa.

[307] PRINCÍPIO 13 A responsabilidade de respeitar os direitos humanos exige que as empresas: A. Evitem que suas próprias atividades gerem impactos negativos sobre direitos humanos ou para estes contribuam, bem como enfrentem essas consequências quando vierem a ocorrer; B. Busquem prevenir ou mitigar os impactos negativos sobre os direitos humanos diretamente relacionados com operações, produtos ou serviços prestados por suas relações comerciais, inclusive quando não tenham contribuído para gerá-los.

[308] SARMENTO, Daniel. *Direitos Fundamentais e Relações Privadas*. Rio de Janeiro: Lumen Juris, 2004, p. 300.

(Princípio 11), afirmou-se que a capacidade de causar efeitos negativos sobre direitos de terceiros cria um compromisso corporativo de adoção de medidas para evitar a produção desses efeitos.

Por sua vez, nos termos do Princípio 14,[309] a responsabilidade das empresas independe de seu tamanho, setor, contexto operacional e estrutura, afirmando-se uma diretriz objetiva de respeito aos direitos humanos por qualquer atividade econômica organizada. O Princípio, contudo, reconhece que "a magnitude e a complexidade dos meios dispostos pelas empresas" importarão na forma como a empresa cumprirá as suas responsabilidades, em aproximação à compreensão de que o modo como se opera a aplicação dos direitos fundamentais às relações entre particulares não é uniforme e pressupõe recurso à técnica de ponderação.[310]

Para além da simples abstenção, distanciando-se também nesse ponto do conteúdo de deveres projetados pela teoria de eficácia horizontal dos direitos fundamentais, os Princípios 15,[311] 16,[312] 17,[313]

---

[309] PRINCÍPIO 14 A responsabilidade das empresas de respeitar os direitos humanos aplica-se a todas as empresas independentemente de seu tamanho, setor, contexto operacional, proprietário e estrutura. No entanto, a magnitude e a complexidade dos meios dispostos pelas empresas para assumir essa responsabilidade pode variar em função desses fatores e da gravidade dos impactos negativos das atividades da empresa sobre os direitos humanos.

[310] Sobre a ausência de uniformidade na forma de aplicação dos direitos fundamentais às relações privadas, Ingo Wolfgang Sarlet esclarece: "*o modo pelo qual se opera a aplicação dos direitos fundamentais às relações jurídicas entre particulares não é uniforme, reclamando soluções diferenciadas, mediante recurso, em especial, à ponderação e correlato teste da proporcionalidade*" (SARLET, Ingo Wolfgang. *A eficácia dos direitos fundamentais*: uma teoria geral dos direitos fundamentais na perspectiva constitucional. Porto Alegre: Livraria do Advogado, 2018, p. 401).

[311] PRINCÍPIO 15 Para cumprir com sua responsabilidade de respeitar os direitos humanos, as empresas devem contar com políticas e procedimentos apropriados em função de seu tamanho e circunstâncias, a saber: A. Um compromisso político de assumir sua responsabilidade de respeitar os direitos humanos; B. Um processo de auditoria (*due diligence*) em matéria de direitos humanos para identificar, prevenir, mitigar e prestar contas de como abordam seu impacto sobre os direitos humanos; C. Processos que permitam reparar todas as consequências negativas sobre os direitos humanos que provoquem ou tenham contribuído para provocar.

[312] PRINCÍPIO 16 De maneira a incorporar sua responsabilidade de respeitar os direitos humanos, as empresas devem expressar seu compromisso com essa responsabilidade mediante uma declaração política que: A. Seja aprovada no mais alto nível de direção da empresa; B. Baseie-se em assessoria especializada interna e/ou externa;
C. Estabeleça o que a empresa espera, em relação aos direitos humanos, de seu pessoal, seus sócios e outras partes diretamente vinculadas com suas operações, produtos ou serviços; D. Seja publicada e difundida interna e externamente a todo o pessoal, aos parceiros comerciais e outras partes interessadas; E. Seja refletida nas políticas e procedimentos operacionais necessários para incorporar o compromisso assumido no âmbito de toda a empresa.

[313] PRINCÍPIO 17 A fim de identificar, prevenir, mitigar e reparar os impactos negativos de suas atividades sobre os direitos humanos, as empresas devem realizar auditorias (*due diligence*) em matéria de direitos humanos. Esse processo deve incluir uma avaliação

18,[314] 19,[315] 20[316] e 21[317] consolidam orientações para condutas ativas e permanentes para prevenir violações e ameaças a direitos humanos, que conformam a noção de devida diligência em direitos humanos

---

do impacto real e potencial das atividades sobre os direitos humanos, a integração das conclusões e sua atuação a esse respeito; o acompanhamento das respostas e a comunicação de como as consequências negativas são enfrentadas. A auditoria (*due diligence*) em matéria de direitos humanos: A. Deve abranger os impactos negativos sobre os direitos humanos que tenham sido causados ou que tiveram a contribuição da empresa para sua ocorrência por meio de suas próprias atividades, ou que tenham relação direta com suas operações, produtos ou serviços prestados por suas relações comerciais; B. Variará de complexidade em função do tamanho da empresa, do risco de graves consequências negativas sobre os direitos humanos e da natureza e o contexto de suas operações; C. Deve ser um processo contínuo, tendo em vista que os riscos para os direitos humanos podem mudar no decorrer do tempo, em função da evolução das operações e do contexto operacional das empresas.

314 PRINCÍPIO 18 A fim de aferir os riscos em matéria de direitos humanos, as empresas devem identificar e avaliar as consequências negativas reais ou potenciais sobre os direitos humanos em que possam ser envolvidos, seja por meio de suas próprias atividades ou como resultado de suas relações comerciais. Esse processo deve: A. Recorrer a especialistas em direitos humanos internos e/ou independentes; B. Incluir consultas substanciais com grupos potencialmente afetados e outras partes interessadas, em função do tamanho da empresa e da natureza e do contexto da operação.

315 PRINCÍPIO 19 Para prevenir e mitigar os impactos negativos sobre os direitos humanos, as empresas devem integrar as conclusões de suas avaliações de impacto no marco das funções e processos internos pertinentes e tomar as medidas apropriadas. A. Para que essa integração seja eficaz é preciso que: I. A responsabilidade de prevenir essas consequências seja atribuída aos níveis e funções adequados dentro da empresa; II. A adoção de decisões internas, as atribuições orçamentárias e os processos de supervisão possibilitem oferecer respostas eficazes a esses impactos. B. As medidas a serem adotadas devem variar em função de: I. Que a empresa provoque ou contribua para provocar as consequências negativas ou de que seu envolvimento se reduza a uma relação direta desses impactos com as operações, produtos ou serviços prestados por uma relação comercial; II. Sua capacidade de influência para prevenir os impactos negativos.

316 PRINCÍPIO 20 A fim de verificar se estão sendo tomadas medidas para prevenir os impactos adversos sobre os direitos humanos, as empresas devem fazer um acompanhamento da eficácia de sua resposta. Esse monitoramento deve: A. Basear-se em indicadores qualitativos e quantitativos adequados; B. Levar em consideração as informações vindas de fontes tanto internas como externas, inclusive das partes interessadas afetadas.

317 PRINCÍPIO 21 Para explicar as medidas tomadas para enfrentar os impactos de suas atividades sobre os direitos humanos, as empresas devem estar preparadas para comunicar isso externamente, sobretudo quando os afetados ou seus representantes demonstrem suas preocupações. As empresas cujas operações ou contextos operacionais impliquem graves riscos de impacto sobre os direitos humanos deveriam informar oficialmente as medidas que tomam a esse respeito. Em qualquer caso, as comunicações devem reunir as seguintes condições: A. Possuir uma forma e uma frequência que reflitam as consequências das atividades da empresa sobre os direitos humanos e que sejam acessíveis para seus destinatários; B. Proporcionar suficiente informação para avaliar se a resposta de uma empresa diante de consequências concretas sobre os direitos humanos é adequada; C. Não pôr em risco, por sua vez, as partes afetadas ou seus funcionários, e não violar requisitos legítimos de confidencialidade comercial.

(Princípio 17). Como já mencionado, o documento das Nações Unidas de empresas e direitos humanos atribui às empresas uma responsabilidade de afirmação pública de compromissos em relação aos direitos humanos, inclusive para que seus parceiros comerciais tenham ciência dos comportamentos que espera conformar. Exige-se, de toda forma, que esses compromissos sejam comprovados. Não é suficiente, portanto, uma carta de compromissos meramente formal e declaratória, ou regimes de autorregulação sem qualquer controle e fiscalização. As responsabilidades afirmadas pelos Princípios Orientadores pressupõem que o compromisso com a concretização dos direitos humanos pelas empresas seja constitutivo de sua atividade econômica.

De acordo com o regime de "Empresas e Direitos Humanos" das Nações Unidas, exigem-se das empresas a realização de auditorias e a adoção de instrumento de gerenciamento de risco. Isso para que os seus impactos negativos sobre direitos humanos sejam conhecidos, tornando-se possível demonstrar, de maneira permanente e auditável, o atendimento de seus compromissos. Mais além, cabe às empresas a responsabilidade de comunicar às autoridades e aos demais *stakeholders* (interessados), como comunidades, consumidores e parceiros comerciais, os riscos e as violações que identificarem em suas atividades comerciais, assim como as medidas adotadas para o tratamento.

O conteúdo e o alcance das responsabilidades projetadas pelos direitos humanos para as empresas, nos termos dos Princípios Orientadores das Nações Unidas, conformam, portanto, um sistema de respeito, mas também de proteção. O passo adiante no regime de proteção tradicionalmente confiado aos Estados foi dado pelo Direito Internacional para reconhecer também a empresa como um centro de atribuições de funções protetivas. Esse é um passo que, nos termos defendidos nos capítulos seguintes, também é exigido para o regime de proteção dos direitos fundamentais, mas com o reconhecimento de eficácia jurídica e não apenas social ou moral.

2.3 Os riscos de cerceamento de liberdades pela imposição de deveres à empresa: a atenção necessária ao discurso de deveres

A crítica formulada por John Ruggie às *Draft Norms on the Responsibilities of Transnational Corporations and Other Business Enterprises with Regard to Human Rights*, que foi registrada no relatório do Quadro

Referencial de "Empresas e Direitos Humanos",[318] se refere à extensão às empresas do conjunto de deveres atribuídos ao Estado para respeitar, proteger e promover os direitos humanos. Afinal, a simples transposição não observou um dado elementar: a empresa, como qualquer agente privado, seja uma pessoa natural ou jurídica, tem garantias e direitos que impedem interferências estatais arbitrárias ou abusivas em sua autonomia. Em termos mais simples: a empresa não é o Estado.

A extensão de deveres do Estado para a empresa, em simples alteração de sujeito passivo obrigacional, ignora as diferenças entre a natureza dos Estados e das corporações. Por essa razão, como aponta Steve Ratner,[319] qualquer regime que se proponha a disciplinar responsabilidades corporativas para respeito, proteção e promoção de direitos humanos deve refletir um equilíbrio entre liberdades individuais e liberdades da empresa, ambas igualmente protegidas. As responsabilidades da empresa não podem e não devem, assim, simplesmente refletir as obrigações dos Estados.

Os debates na Comissão de Direitos Humanos da ONU, que levaram ao arquivamento da *Draft Norms* e da *Draft Declaration on Human Social Responsabilites* (*Draft Declaration*),[320] ressaltaram os riscos da utilização de regimes de deveres para fundamentar a violação de direitos humanos. As controvérsias sobre a incorporação de catálogos de deveres privados para a proteção de direitos humanos, no entanto, remontam à origem das Nações Unidas.

A Declaração Americana dos Direitos e *Deveres* do Homem,[321] também aprovada em 1948, previu, já mesmo em seu título, que a garantia de direitos pressupõe deveres correlatos à sua concretização. A contemporânea negociação para a aprovação da Declaração Universal de Direitos Humanos — DUDH[322] concluiu em sentido diverso. Apesar de todos terem deveres sociais, reputou-se que a inclusão de catálogos

---

318 É o que consta do parágrafo 51 do Relatório. Disponível em: https://digitallibrary.un.org/record/625292. Acesso em: 22 jun. 2023.

319 Steve Ratner aponta que: "*simply extending the state's duties with respect to human rights to the business enterprise ignores the differences between the nature and functions of states and corporations. Just as the human rights regime governing states reflects a balance between individual liberty and the interests of the state (based on its nature and function), so any regime governing corporations must reflect a balance of individual liberties and business interests*" (RATNER, Steven R. Corporations and human rights: A Theory of Legal Responsibility. *Yale Law Journal*, v. 111, n. 3, p. 443/545, dez. 2001, p. 493).

320 Disponível em: https://digitallibrary.un.org/record/491708. Acesso em: 22 jun. 2023.

321 Disponível em: https://www.cidh.oas.org/basicos/portugues/b.declaracao_americana.htm. Acesso em: 22 jun. 2023.

322 RAMOS, André de Carvalho. *Curso de direitos humanos*. São Paulo: Saraiva, 2023. p. 23.

explícitos de deveres poderia fundamentar indevidas supressões de direitos pelos Estados.[323] Charles Malik, representante do Líbano durante as negociações da minuta da Declaração Universal, diante das demandas de países para inclusão de uma relação expressa de deveres, advertiu que *"a insistência do Estado em falar em obrigações e deveres do indivíduo para com ele é um grave perigo, pois o homem não é escravo do Estado e não existe apenas para servir ao Estado"*.[324]

A DUDH, nesse passo, no lugar de catálogos de deveres, afirmou, no art. 29, que *"todo ser humano tem deveres para com a comunidade, na qual o livre e pleno desenvolvimento de sua personalidade é possível"*, de modo que *"no exercício de seus direitos e liberdades (...) estará sujeito apenas às limitações determinadas pela lei, exclusivamente com o fim de assegurar o devido reconhecimento e respeito dos direitos e liberdades de outrem e de satisfazer as justas exigências da moral, da ordem pública e do bem-estar de uma sociedade democrática"*.

A previsão da DUDH refletiu a concepção de que os direitos, inclusive os humanos e fundamentais, não são absolutos. Eles são limitados pelas liberdades de outros, como também por razões fundadas em interesses coletivos de uma sociedade democrática. Afinal, não se discute que em um Estado Democrático de Direito qualquer um deve obediência às leis do Estado. E a submissão à lei em sentido amplo impõe limitações aos direitos reconhecidos ou consagrados. Apesar da inerente correlação com deveres, optou-se, no entanto, por não os deixar expressos.

Veja-se, aliás, que a noção de limites ao exercício de um direito[325] não se confunde com a imposição de deveres pelo Estado. Os deveres, que podem ser conexos ou autônomos, são atribuições de poder ao Estado para exigir o cumprimento de uma determinada conduta. Em qualquer uma das espécies, mas em especial nos deveres autônomos, o risco está no reforço de poder de atuação do Estado, que pode resultar na restrição ou supressão de direitos, que, como os humanos e fundamentais, são justificados pela própria necessidade de limitação do poder estatal.

Não se pode deixar de considerar que governos autoritários frequentemente usam a linguagem de deveres para justificar a restrição de

---

323 KNOX, John H. Horizontal human rights law. *American Journal of International Law*, v. 102, n. 1, p. 01/47, 2008, p. 3.

324 KNOX, John H. Horizontal human rights law. *American Journal of International Law*, v. 102, n. 1, p. 01/47, 2008, p. 6.

325 Sobre restrições e limites a Direitos Fundamentais, v. PEREIRA, Jane Reis Gonçalves. *Interpretação Constitucional e Direitos Fundamentais*. São Paulo: Saraiva, 2018.

direitos.[326] Por exemplo, um governo pode impor um dever de lealdade ao Estado, como uma forma de restringir a liberdade de expressão, suprimindo a manifestação ou crítica de oposição política. De igual modo, a imposição do dever de não discriminação pode ser utilizada pelo Estado como fundamento para restringir a liberdade de associação, sob o argumento de discriminação a grupos e pessoas não associados.

É fora de dúvida que a criação de um direito pressupõe a existência de meios para concretizá-lo. Direitos, por certo, não podem existir sem deveres. Do contrário, seriam simples proclamações em um pedaço de papel. Ocorre que o discurso de deveres, sobretudo aqueles que vão exigir obrigações de fazer, pressupõe cautela. Precaução essa fundada nos riscos prováveis de levar à supressão de autonomia privada. De toda forma, reconhecer esse ponto, como ressalta David Bilchitz,[327] não significa dizer que as responsabilidades das empresas estão limitadas a simples abstenções e que a elas não é possível exigir mais do que a concepção restrita de *respeito*. Como se verá, o regime de proteção constitucional relativo às empresas é compatível e exige o reconhecimento do dever de devida diligência no exercício da atividade econômica.

2.4 Conclusão parcial: a relevância dos Princípios Orientadores de Empresas e Direitos Humanos — o apelo aos Estados para conformação de regimes internos de Empresas e Direitos Fundamentais_

Em retrospectiva do que se viu até aqui, registrou-se que, tradicionalmente, o foco do sistema de direitos humanos no Direito Internacional incidia sobre os Estados. A ideia, que também é enraizada no Direito Constitucional, é a de que a tarefa de proteção e promoção

---

326 Cite-se, como exemplo, trecho do discurso realizado pelo Primeiro-Ministro da Hungria, Viktor Orban, em 2014: "*A democracia liberal foi incapaz de comprometer o atual governo vigente, inclusive por meio de seus poderes constitucionais, a servir os interesses da nação com seu trabalho. E de fato desafiou a própria ideia da existência de interesses nacionais. Não comprometeu o governo atual a aceitar que os húngaros que vivem em todo o mundo fazem parte da nação húngara e a tentar reforçar esta comunidade através do seu trabalho*". Tradução livre. Disponível em: https://kormany.hu/en/the-prime-minister/the-prime-minister-s-speeches/prime-minister-viktor-orban-s-speech-at-the-25th-balvanyos-summe%E2%80%A6. Acesso em: 25 ago. 2019.

327 BILCHITZ, David. O marco Ruggie: Uma proposta adequada para as obrigações de direitos humanos das empresas? *SUR — Revista Internacional de Direitos Humanos*, São Paulo, v. 7, n. 12, p. 209-241, jun. 2010. É importante registrar, desde logo, que David Bilchitz, na recente obra *Fundamental Rights and the Legal Obligations of Business* (2022), afirma deveres jurídicos de promoção, mais amplos, portanto, que os três deveres afirmados nessa tese: o dever de devida vigilância, o dever de devida diligência e o dever de precaução.

dos direitos humanos — no âmbito interno, direitos fundamentais — é exclusivamente do Estado. Já há algum tempo, no entanto, as luzes apenas sobre a responsabilidade dos Estados têm migrado para também sujeitar atores não estatais aos direitos humanos, ao que se designa como "eficácia horizontal".[328] E, de acordo com a principal diretriz internacional que conforma o regime de atribuições da empresa em relação aos direitos humanos — os *Guiding Principles on Business and Human Rights*[329] das Nações Unidas —, afirmam-se responsabilidades de *respeito* e de *proteção*.

As diretrizes da ONU, no entanto, não têm força normativa, tratando-se de *soft law*.[330] Como é próprio dessa espécie de fonte do Direito Internacional, constituem padrões, sem caráter vinculativo, para a regulação de condutas, cujo descumprimento não é associado a qualquer sanção jurídica. E, justamente pela ausência de caráter vinculante e de um regime sancionatório associado, há um consistente debate que diverge sobre a (in)suficiência de um instrumento de *soft law* para assegurar responsabilidades às empresas quanto aos direitos humanos.

O debate no Direito Internacional, portanto, agrupa visões "obrigacionistas" e "voluntaristas", que, de forma simplificada, divergem sobre a adequação e a necessidade de deveres jurídicos para que sociedades empresárias se envolvam na concretização de direitos humanos.[331] De um lado, a defesa de que apenas instrumentos de *Hard Law*, com a criação de obrigações jurídicas, seriam capazes de fazer as empresas atenderem compromissos de respeito, proteção e promoção de direitos humanos. De outro lado, a concepção de que, por convencimento e persuasão, as empresas compreenderão que a criação de sistemas internos de controle de atividades comerciais para respeito aos direitos humanos minimizaria seus riscos e atenderia o objetivo de maximização de lucro.

---

[328] KNOX, John H. Horizontal human rights law. *American Journal of International Law*, v. 102, n. 1, p. 01/47, 2008.

[329] Disponível em: https://www.ohchr.org/Documents/Publications/GuidingPrinciplesBusinessHR_EN.pdf. Acesso em: 20 jan. 2022.

[330] De acordo com Miguel Santos Neves, a *soft law* designa "*um processo de produção de standards normativos, que têm como vocação a regulação de comportamentos sociais, sem caráter vinculativo e cujo incumprimento não estão associados a sanções jurídicas*" (NEVES, Miguel Santos. Soft Law. *In*: NASSER, Salem Hikmat. *Fontes e Normas do Direito Internacional*: um estudo sobre a *Soft Law*. São Paulo: Atlas, 2006. p. 251). Em sentido diverso, a *Hard Law* designa fontes do Direito Internacional que vinculam os seus signatários, como os tratados internacionais.

[331] ZANITELLI, Leandro Martins. Corporações e direitos humanos: o debate entre voluntaristas e obrigacionistas e o efeito solapador das sanções. *SUR — Revista Internacional de Direitos Humanos*, São Paulo, v. 8, n. 15, p. 37/57, 2011.

Conforme se viu do histórico de tentativas de regulação do tema, a visão "obrigacionista" era aquela das *Draft Norms*. A "voluntarista" foi a absorvida pelos Princípios Orientadores, enfrentando, desde a sua divulgação em 2011, as críticas de ONGs e de pesquisadores,[332] que advogam a necessidade de um tratado internacional sobre "Empresas e Direitos Humanos". Aliás, pouco depois da aprovação dos Princípios Orientadores, em 2014, foi criado um grupo de trabalho[333] pelo Conselho de Direitos Humanos das Nações Unidas para discutir a elaboração de um instrumento vinculante sobre o tema.[334] Em 2018, apresentou-se uma minuta de tratado, com sucessivas sessões de discussão.

A aprovação de instrumento vinculante, contudo, não é simples[335] e pressupõe, além da superação da lógica de vinculação às partes signatárias (os Estado e não as empresas),[336] alcançar consenso sobre o

---

[332] A coletânea elaborada por Surya Deva e David Bilchitz apresenta as críticas à ênfase voluntária dos Princípios Orientadores das Nações Unidas: DEVA, Surya; BILCHITZ, David. *Human rights obligations of business*: beyond the corporate responsibility to respect? New York: Cambridge University Press, 2013. p. 58/77.

[333] O Grupo de Trabalho foi instituído pela Resolução A/HRC/RES/26/9. Disponível em: https://ap.ohchr.org/documents/dpage_e.aspx?si=A/HRC/RES/26/9. Acesso em: 22 jun. 2023.

[334] Sobre a criação do Grupo de Trabalho para tramitação de proposta de instrumento vinculante sobre "Empresas e Direitos Humanos", assim como para leitura da crítica ao caráter voluntário dos Princípios Orientadores, v. ROLAND, Manoela Carneiro *et al.* Desafios e perspectivas para a construção de um instrumento jurídico vinculante em direitos humanos e empresas. *Revista de Direito GV*, São Paulo, v. 14, n. 2, p. 393/417, maio/ago. 2018.

[335] John Ruggie afirma que não acredita na formação de consenso para a celebração de tratado sobre empresas e direitos humanos: "*But my best guess is that if the current parameters of the resolution and the intent of the treaty sponsors hold fast, one of two outcomes is likely to occur: either the process will drag on like the 1970s UN Code of Conduct for Multinational Corporations negotiations, which were finally abandoned in 1992; or Ecuador and its allies gather enough votes and ratifications from small states to produce an equivalent to the Migrant Workers Convention, which entered into force in 1990 but has not been ratified by a single migrant worker-receiving country — the equivalent in the present case being the major home countries of multinational corporations. By 2025 nearly half of the Global Fortune 500 firms are expected to be domiciled in emerging market countries, further narrowing the North- South divide that some have sought to resurrect in support of the current treaty initiative*". (RUGGIE, John Gerard. *Life in the Global Public Domain*: Response to Commentaries on the UN Guiding Principles and the Proposed Treaty on Business and Human Rights, 2015, p. 5).

[336] Raphael Vieira da Fonseca Rocha e Marilda Rosado de Sá Ribeiro, sobre o reconhecimento da possibilidade de sujeição de empresas ao Direito Internacional, destacam que "*ainda é cedo para reconhecer um traço dominante na doutrina que concedam às transnacionais a condição de sujeitos de direito internacional, dotados de personalidade jurídica e capacidades internacionais. Todavia, é certo que o poderio econômico dessas entidades vem sendo avaliado pelo direito internacional tanto para rever esses posicionamentos mais tradicionais, abrindo a possibilidade de um futuro enquadramento como sujeitos de direito internacional, bem como para melhor examinar institutos que tentem regulamentar a atividades dos conglomerados empresariais de atuação transacional*" (RIBEIRO, Marilda Rosado de Sá; ROCHA, Raphael Vieira da Fonseca. Responsabilidade Social Corporativa: as empresas transnacionais no âmbito do

conjunto de deveres a serem instituídos. E, ainda que se alcançassem consensos sobre a edição de um instrumento vinculante, como o tema "Empresas e Direitos Humanos" reflete uma diversidade de problemas, em razão das especificidades dos ordenamentos jurídicos de cada Estado, os termos do tratado "*teriam que ser lançados em um nível tão alto de abstração que seria de pouca ou nenhuma utilidade para pessoas reais*".[337]

Não se pode descartar, ainda, que, pelas próprias limitações para imposição das normas de Direito Internacional, a celebração de um tratado não significa necessariamente a sua observância pelos Estados signatários, menos ainda pelos seus nacionais. Nesse aspecto, conforme adverte Eric Neumayer, não há evidências que sugerem que a ratificação de tratados internacionais de direitos humanos conduz a melhores práticas de direitos humanos.[338] Isso porque o cumprimento de normas de direitos humanos depende da realidade interna de cada Estado, em especial de seus compromissos democráticos e com uma cultura jurídica de respeito aos direitos humanos.

De toda forma, não é o caso de desconsiderar a importância dos fundamentos e dos desafios para a edição de um tratado internacional sobre "Empresas e Direitos Humanos". Um instrumento internacional com eficácia jurídica vinculante pode ser, de fato, um caminho para enfrentar os impactos negativos causados por transnacionais em espaços transfronteiriços, ou mesmo supraestatais. O principal avanço dos Princípios Orientadores, contudo, foi a conformação, com relativo consenso dentro de um contexto profundamente polarizado, de um marco teórico sobre as responsabilidades de Estados, empresas e Estados em relação às empresas. Preencheu-se com a compreensão de *devida diligência* uma lacuna que, desde a década de 1970, se tentava superar.

Conforme o próprio John Ruggie respondeu às críticas sobre a ausência de caráter normativo, ou mesmo de uma linguagem de

---

direito internacional contemporâneo. *In*: MENEZES, Wagner (org.). *Anais do 18º Congresso Brasileiro de Direito Internacional* – Direito Internacional em Expansão: biodiversidade, mobilidade e integração. Belo Horizonte: Arraes Editores, 2020, p. 330.

[337] Tradução livre de trecho extraído do seguinte original: "*The brief explanation is that the category of business and human rights involves an enormous range of problem diversity, legal and institutional variations, as well as conflicting interests across and even within states. Therefore, a general business and human rights treaty would have to be pitched at so high a level of abstraction that it would be of little if any use to real people in real places*". (RUGGIE, John Gerard. *Life in the Global Public Domain*: Response to Commentaries on the UN Guiding Principles and the Proposed Treaty on Business and Human Rights, 2015, p. 5).

[338] Sobre o tema, v. NEUMAYER, Eric. *Do International Human Rights treaties improve respect for human rights*? 2005, Londres: LSE Research Online. Disponível em: http://eprints.lse.ac.uk/612/. Acesso em: 22 jun. 2023.

deveres jurídicos atribuídos às empresas pelos Princípios Orientadores,[339] o recurso à estratégia de normas sociais para a afirmação de responsabilidades de devida diligência às empresas se alinhava ao reconhecimento, ao menos declarado por elas, de que respeitavam os direitos humanos. Com isso, foi possível avançar para o detalhamento de atribuições e de formas de cumprimento dessa responsabilidade. E, superados os obstáculos, o ordenamento jurídico passou a ter *standards* internacionais para orientar a interpretação do Direito interno.

A existência de um marco internacional, ainda que desprovido de caráter vinculante, garante uniformidade de tratamento do tema. Veja-se: a inexistência de um parâmetro uniforme, na realidade de comércio global, levaria à fixação de critérios *ad hoc* por legisladores, juízes e administradores, para determinação do meio pelo qual se deve responder aos problemas relacionados aos riscos e abusos de direitos humanos no contexto empresarial. A infinidade de respostas, soluções e comandos pode variar significativamente dentro do próprio Estado, como em todo o planeta. Um ambiente de incertezas como esse é prejudicial tanto para as empresas quanto para a proteção dos direitos humanos.[340]

Os Princípios Orientadores, portanto, fixaram uma moldura para orientar interpretações constitucionais e decisões judiciais, administrativas e legislativas sobre empresas e direitos humanos, que, baseados em um dever geral de devida diligência, sedimenta a necessidade de maior transparência e prestação de contas sobre os impactos adversos da atividade econômica organizada sobre os direitos humanos.

Como destaca Christiana Ochoa, há um quadro referencial a ser absorvido pelo direito interno dos Estados, para adequação e evolução do ordenamento jurídico. Afinal, agora, as empresas *"se encontram*

---

[339] *"Apart from legal requirements, the source of this independent corporate responsibility to respect is rooted in social norms and expectations"* (RUGGIE, John Gerard. *Life in the Global Public Domain*: Response to Commentaries on the UN Guiding Principles and the Proposed Treaty on Business and Human Rights, 2015, p. 3).

[340] A reflexão é feita por Steve Ratner: *"Without some international legal standards, we will likely continue to witness both excessive claims made against such actors for their responsibility and counterclaims by corporate actors against such accountability. Decisionmakers considering these claims — whether legislatures or international organizations contemplating regulation, courts facing suits, or officials deciding whether to intervene in a dispute involving business and human rights — will respond in an ad hoc manner, driven by domestic priorities or by legal frameworks that are likely to differ significantly across the planet. The resultant atmosphere of uncertainty will be detrimental to both the protection of human rights and the economic wealth that private business activity has created worldwide"* (RATNER, Steven R. Corporations and human rights: A Theory of Legal Responsibility. *Yale Law Journal*, v. 111, n. 3, p. 443/545, dez. 2001, p. 448).

enredadas em um tecido de responsabilidade social e econômica que emergiu ao longo do último meio século. Essas normas sociais emergentes, ao longo do tempo, podem formar direito legítimo".[341] Nas palavras do próprio John Ruggie, em sua apresentação final ao Conselho de Direitos Humanos da ONU, *"os Princípios Orientadores marcam o fim do começo: fornecendo uma plataforma global comum de padrões normativos e orientações políticas confiáveis para Estados, empresas e sociedade civil"*.[342] No plano interno dos Estados, portanto, há uma tarefa a ser cumprida: interpretar o ordenamento jurídico a partir dessa plataforma global de padrões normativos de empresas e direitos humanos.

---

341 Tradução livre do original *"Transnational corporations and other business actors now find themselves enmeshed in a fabric of social and economic responsibility that has emerged throughout the past half century. This is the stuff of emerging social norms and, over time, the formation of legitimate law"* (OCHOA, Christiana. Business & Human Rights: Optimism and Concern from the U.S. *Perspective, Law and Business Research*, v. 8, n. 3, p. 5, 2018).

342 RUGGIE, John Gerard. *Quando negócios não são apenas negócios*: as corporações multinacionais e os direitos humanos. São Paulo: Abril, 2014. p. 24.

CAPÍTULO 3

EMPRESAS E DIREITOS FUNDAMENTAIS: A EMPRESA E A CONSTITUIÇÃO

É possível resumir o que se viu até aqui em dez proposições objetivas: (i) a atribuição às empresas de funções relacionadas à realização de direitos humanos e fundamentais é um fenômeno contemporâneo e global; (ii) a agenda socioambiental corporativa tem desafios relacionados à transparência, à confiabilidade e à uniformização de dados divulgados sobre os impactos sociais e ambientais da atividade econômica privada sobre os direitos fundamentais, suscitando diversas e até mesmo contraditórias estratégias de regulação; (iii) no contexto da economia global e da revolução digital, o poder das empresas se transformou em um poder estrutural e concreto, com potencial para abuso e arbítrio; (iv) as iniciativas voluntárias e de autorregulação em torno de questões sociais e ambientais são insuficientes para a proteção dos direitos fundamentais das pessoas impactadas pela atividade econômica; (v) há um processo centrífugo de eficácia dos direitos fundamentais, projetando funções de proteção e de promoção às empresas, mas sem clareza sobre o que é juridicamente exigido e o que é atividade voluntária e filantrópica; (vi) a ausência de determinação constitucional do papel da empresa na realização dos direitos fundamentais afeta a efetividade dos direitos fundamentais no contexto empresarial, assim como a segurança jurídica para o ambiente de negócios; (vii) o Direito Internacional dos Direitos Humanos, depois de décadas de debate, consolidou um marco teórico sobre as funções da empresa em relação aos direitos fundamentais, conformando a noção de governança socioambiental corporativa; (viii) com fundamento em responsabilidades sociais e morais, as empresas foram reconhecidas como centros de atribuição de funções protetivas de direitos humanos, realizadas por meio de processo de *devida diligência*;

(ix) a resistência à vinculação jurídica para o exercício de funções ativas de realização de direitos humanos por empresas decorre dos riscos de supressão de liberdades individuais e econômicas; e (x) os Princípios Orientadores das Nações Unidas, garantindo uniformidade para o tratamento das responsabilidades da empresa em relação aos direitos humanos, fixou uma moldura para orientar a interpretação constitucional pelos Estados para adequação e evolução do ordenamento jurídico interno sobre empresas e direitos fundamentais.

Diante disso, a partir de uma interpretação dialógica e integrativa do Direito Internacional dos Direitos Humanos, passa-se agora a examinar pela perspectiva da Constituição a afirmação de atribuições à empresa de funções ativas na realização de direitos fundamentais. Essa análise iniciará com a verificação do regime constitucional da empresa.

Como se extrai dos debates no Direito Internacional, o receio de regimes jurídicos de deveres corporativos mais amplos do que o mero *respeito* aos direitos fundamentais se relaciona com a intensificação de fundamentos para intervenção do Estado na ordem econômica, com a consequente supressão de liberdades individuais e econômicas. A desejabilidade da máxima expansão de regimes de proteção de direitos fundamentais pressupõe, por isso, a sua coordenação com as garantias constitucionais da empresa. A ênfase na eficácia jurídica de funções de *proteção* e *promoção* de direitos fundamentais no contexto empresarial não pode desconsiderar os possíveis efeitos negativos para o funcionamento do mercado e, consequentemente, para a geração de riqueza e o desenvolvimento econômico e social.

Em um regime que pretende que os direitos fundamentais individuais, coletivos e difusos sejam levados a sério, não é possível desconsiderar os próprios direitos fundamentais que informam e protegem o exercício de empresa. A empresa é o caminho encontrado pelo Direito para a proteção de riscos aos indivíduos que desejam reunir esforços e recursos para empreender. É um instrumento fomentador de inovação e de geração de riqueza que possibilita a criação de fontes de arrecadação tributária. São esses recursos que vão, ao final, habilitar o funcionamento do Estado e o cumprimento de seus deveres relacionados aos direitos fundamentais.

A livre-iniciativa, porém, na forma como acontece com qualquer princípio, não é absoluta e precisa ser coordenada com os demais fins e valores constitucionais. A Constituição estabelece no art. 170 uma série de outros princípios que dão sentido e impõem limites à livre-iniciativa. A Constituição, aliás, expressamente reconhece a função social da propriedade e, consequentemente, da posse, dos contratos e da empresa. A funcionalização social, nesse passo, não é um mero limite de direitos e garantias fundamentais. Ela delimita o próprio conteúdo da liberdade de agir da empresa, condicionando a sua proteção à verificação do atendimento das preocupações constitucionais com a igualdade material e a solidariedade.

Assim, se por um lado, a Constituição não assegura uma zona franca de agir da empresa, por outro lado, ela preserva a autonomia negocial, pelo reconhecimento de sua fundamentalidade para o desenvolvimento econômico e social. Há, portanto, um núcleo de autonomia privada que não pode ser ultrapassado para que as vontades majoritárias ou interesses coletivos e difusos aniquilem a liberdade de iniciar, organizar e manter a empresa.

A ideia de incorporação pela empresa de objetivos relacionados ao ambiente e às comunidades em que ela está inserida, rompendo com a ideia de uma existência exclusivamente voltada à maximização de lucros de acionistas, contudo, ainda conta com muitas barreiras. Diz-se, inclusive, que o Direito Empresarial formou uma ilha.[343] Há, no entanto, cada vez menos porção de terra para justificar o exercício de empresa descompromissada com os objetivos socioambientais que a Constituição determina que sejam respeitados, protegidos e promovidos.

Neste capítulo, portanto, o objetivo é contrastar a moldura fixada pelo Direito Internacional com os princípios da ordem econômica. A conclusão parcial indicará que a exigência de uma atuação corporativa diligente, com o controle e o gerenciamento de impactos adversos sobre direitos fundamentais, se encontra no equilíbrio de conformação constitucional de sentido e de limites da livre-iniciativa. O *dever de devida diligência* é o fator de legitimidade da liberdade de empresa.

3.1 Os deveres corporativos na ordem econômica da Constituição: a exigência de gerenciamento de riscos socioambientais

Temos liberdade para violar direitos? É possível pagar para violar direitos? A resposta, por certo, é negativa. Desde a formulação do sentido de liberdade realizada por John Stuart Mill,[344] definido por

---

[343] A expressão é de Anderson Schreiber e de Carlos Nelson Konder, em SCHREIBER, Anderson; KONDER, Carlos Nelson. Uma agenda para o Direito Civil-Constitucional. *Revista Brasileira de Direito Civil*, Rio de Janeiro, v. 10, p. 9-27, out./dez. 2016.

[344] A concepção de liberdade de John Stuart Mill foi formulada em MILL, John Stuart. *Sobre a liberdade*. Rio de Janeiro: Saraiva, 2011. p. 35: "*O objetivo deste ensaio é asseverar um princípio*

Isaiah Berlin como *"o homem que formulou esses princípios* [liberais] *de maneira mais clara e, assim, fundou o liberalismo moderno"*,[345] entendemos que a nossa liberdade encontra limites em ações que causem males a terceiros. Como é popularmente propagado, a liberdade de um termina onde começa a do outro.

Lesões e ofensas a direitos, no entanto, acontecem. Diante disso, para a proteção dos bens tutelados pela norma que foi violada, estruturam-se mecanismos de reparação, que assumem um caráter preventivo/pedagógico e punitivo.[346] É uma advertência do Estado a respeito da inadmissão do comportamento que resultou na violação das normas, com a expectativa de que a conduta reprovável não se repetirá. A ideia é evitar o dano. Não sendo possível, busca-se a sua reparação.

Regimes reparatórios são, nesse aspecto, necessários para remediar aqueles que tiveram seus direitos corrompidos. A reparação, é certo, não é feita apenas em dinheiro, já que existem meios de tutela para a remoção de ilícitos, entrega de equivalentes práticos ou para a restituição de bens e direitos atingidos.[347] De todo modo, quando em uma atividade ou setor específico os danos se tornam frequentes, é sinal de que o *respeito* aos direitos está comprometido e que a reparação, como mecanismo de proteção, já não é capaz de orientar as condutas sociais conforme o direito objetivo. Verifica-se que há riscos concretos

---

muito simples, que se destina a reger em absoluto a interação da sociedade com o indivíduo no que diz respeito à coação e controle, quer os meios usados sejam a força física, na forma de punições legais, quer a coerção moral da opinião pública. É o princípio de que o único fim para o qual as pessoas têm justificação, individual ou coletivamente, para interferir na liberdade de ação de outro, é a autoproteção. É o princípio de que o único fim em função do qual o poder pode ser corretamente exercido sobre qualquer membro de uma comunidade civilizada, contra a sua vontade, é o de prevenir dano a outros".

[345] Tradução livre do original *"the man who formulated these principles most clearly and thereby founded modern liberalism"*. (BERLIN, Isaiah. *Liberty*: incorporating four essays on liberty. Oxford: Oxford University Press, 2002. p. 217).

[346] BITTAR, Carlos Alberto. *Responsabilidade civil*: teoria e prática. Rio de Janeiro: Forense Universitária, 1999, p. 232-233: *"Adotada a reparação pecuniária — que, aliás, é a regra na prática, diante dos antecedentes expostos —, vem-se cristalizando orientação na jurisprudência nacional que, já de longo tempo, domina o cenário indenizatório nos direitos norte-americano e inglês. É a fixação de valor que serve como desestímulo a novas agressões, coerente com o espírito dos referidos punitive ou exemplar damages da jurisprudência daqueles países. Em consonância com essa diretriz, a indenização por danos morais deve traduzir-se em montante que represente advertência ao lesante e à sociedade de que não se aceita o comportamento assumido, ou o evento lesivo advindo. Consubstancia-se, portanto, em importância compatível com o vulto dos interesses em conflito, refletindo-se de modo expressivo, no patrimônio do lesante, a fim de que, sinta efetivamente, a resposta da ordem jurídica aos efeitos do resultado lesivo produzido. Deve, pois, ser quantia economicamente significativa, em razão das potencialidades do patrimônio do lesante"*.

[347] Sobre o tema, v. MARINONI, Luiz Guilherme. *Tutela específica*: (arts. 461, CPC, e 84, CDC). São Paulo: Revista dos Tribunais, 2000.

e recorrentes que não recebem tratamento adequado e que a função promocional do Direito não está sendo atendida.[348] Quando se trata de direitos fundamentais, isso se converte em um problema de efetividade que desestabiliza toda a ordem constitucional.

Dessa forma, a persistência de violações e a impotência do Estado em evitá-las e repará-las (inclusive por serem irreparáveis em muitos casos) geram a percepção de que os direitos podem ser violados. E se o que está em questão são os impactos negativos causados por grandes agentes econômicos privados, é inevitável a associação de que o poder financeiro e o *jeitinho*[349] autorizam a violação, em razão da flexibilização na aplicação de normas jurídicas.[350] Como destacado no relato do desastre de Mariana (MG), não se pode descartar os riscos de irresponsabilização em litígios envolvendo empresas com enorme poder econômico.[351] Voltando um tanto no tempo, o cenário seria próximo aos pagamentos em dinheiro que "pecadores" faziam à Igreja medieval para compensar suas transgressões.

É justamente nesse quadro de incapacidade estatal de evitar e dissuadir a violação de direitos, assim como de respeitá-los e protegê-los adequadamente, que se passa a articular deveres de agir às empresas, de modo a restabelecer a efetividade dos direitos fundamentais. O objetivo é fixar medidas preventivas de danos (prevenção) e riscos (precaução) associados à atividade econômica privada.

---

[348] A partir do Estado Social, as Constituições passaram a projetar objetivos e ideias a serem cumpridos. O ordenamento jurídico, assim, passa a promover comportamentos socialmente desejáveis. Nesse sentido, Norberto Bobbio afirma: "*Nas constituições liberais clássicas, a principal função do Estado parece ser a de tutelar (ou garantir). Nas constituições pós-liberais, ao lado da função de tutela ou garantia, aparece, cada vez com maior frequência, a função de promover*" (BOBBIO, Norberto. *Da estrutura à função*: novos estudos de teoria do Direito. São Paulo: Manole, 2007, p. 13).

[349] Luís Roberto Barroso esclarece que "*Jeitinho brasileiro é uma expressão que comporta múltiplos sentidos, facetas e implicações.* (...) *Na sua acepção mais comum, jeitinho identifica os comportamentos de um indivíduo voltados à resolução de problemas por via informal, valendo-se de diferentes recursos, que podem variar do uso do charme e da simpatia até a corrupção pura e simples. Em sua essência, o jeitinho envolve uma pessoalização das relações, para o fim de criar regras particulares para si, flexibilizando ou quebrando normas sociais ou legais que deveriam se aplicar a todos*" (BARROSO, Luís Roberto. *Um outro país*: transformações no direito, na ética e na agenda do Brasil. Belo Horizonte: Fórum, 2018, p. 246).

[350] SARMENTO, Daniel. O princípio republicano nos 30 anos da Constituição de 88: por uma República inclusiva. *In:* BARROSO, Luís Roberto; MELLO, Patrícia Perrone Campos (org.). *A República que ainda não foi:* trinta anos da Constituição de 1988 na visão da escola de direito constitucional da UERJ. Belo Horizonte: Fórum, 2018.

[351] Sobre o risco específico de frustração dos processos de reparação no caso do acidente da barragem de Mariana, v. SALDANHA, Jânia Mara Lopes; BOHRZ, Clara Rossatto. *Dupla influência e dupla projeção entre global e local*: o "caso Mariana" e a (ir)responsabilidade Social das empresas de mineração. *Homa Publica — Revista Internacional de Direitos Humanos e Empresas*, Juiz de Fora, v. 2, n. 2, p. 1-28, fev./jul. 2018.

A ênfase sobre os mecanismos de reparação decorrentes de desrespeito a direitos, no lugar de deveres de agir prévios, tem relação com o peso atribuído à tutela da liberdade na conformação do Estado Liberal clássico. Tornou-se preferível para a garantia da ordem jurídica que a intervenção estatal fosse posterior, sem a prévia censura dos espaços de liberdade individual.[352] Todavia, os riscos e as ameaças da época de teorização do Estado Liberal clássico não são mais os mesmos. Os riscos atuais são *"um produto de série do maquinário industrial do progresso, sendo sistematicamente agravados com seu desenvolvimento ulterior"*.[353] Há, pois, uma multiplicidade de riscos e de danos que as forças do Estado não conseguem mais alcançar. O regime clássico de tutelas do Estado Liberal passou a ser insuficiente para atender os compromissos determinados pela Constituição. A maior exposição aos riscos e a insuficiência dos instrumentos de reparação para assegurar o *respeito* aos direitos fundamentais nas cadeias de valor da empresa conduzem, assim, à exigência de deveres corporativos positivos, conformados pelo já referido *dever de devida diligência*.

O discurso de medo, contudo, não é uma razão suficiente para justificar a existência de um dever de agir das empresas.[354] Afinal, para além da abstenção de causar dano, a admissão de deveres preventivos e prestacionais (positivos) das empresas exige fundamento na própria Constituição. Afinal, *"ninguém será obrigado a fazer ou deixar de fazer alguma coisa senão em virtude de lei"* (CRFB/1988, art. 5º, II). E, no caso da ordem econômica, as intervenções na livre-iniciativa são aquelas especificamente autorizadas pela própria Constituição.[355]

O reconhecimento de uma eficácia dos direitos fundamentais que resulte em deveres corporativos de agir significa estabelecer comandos

---

[352] Cite-se, como exemplo, o regime de proteção relacionado à liberdade de expressão. A censura prévia representa a violação mais extrema da liberdade de expressão. O uso abusivo das liberdades comunicativas e de danos eventualmente decorrentes dos excessos de expressão está sujeito a regime de responsabilização posterior, em vez de interdição prévia.

[353] BECK, Ulrich. *Sociedade de risco*: rumo a uma outra modernidade. São Paulo: Editora 34, 2011. p. 23.

[354] Os riscos de supressão de liberdades individuais pela criação de deveres de precaução fundados no medo são expostos por SUSTEIN, CASS R. *Laws of Fear*: Beyond the Precautionary Principle. Cambridge: Cambridge University Press, 2005, p. 204: *"In explaining how public fear might produce unjustified intrusions on civil liberties, I shall emphasize two underlying sources of error: the availability heuristic and probability neglect. With an understanding of these, we are able to have a better appreciation of the sources of unsupportable intrusions on civil liberties"*.

[355] Nas palavras de Diogo de Figueiredo Moreira Neto, o *"rol de instrumentos de intervenção, por ser constitucional, é exaustivo"* (MOREIRA NETO, Diogo de Figueiredo. *Curso de Direito Administrativo*. Rio de Janeiro: Forense, 2014, p. 524).

prévios e abstratos que podem mitigar a liberdade de empresa. Isso difere substancialmente da fixação de limites à autonomia privada e à livre-iniciativa em casos de conflito aparente de normas constitucionais. Isso porque já há de antemão uma limitação. No conflito aparente de norma, a determinação é feita, caso a caso, diante de circunstâncias concretas, mediante recurso à ponderação e ao correlato teste de proporcionalidade.[356] Em um Estado como o brasileiro, com uma história de intenso dirigismo econômico,[357] a articulação de um discurso de deveres positivos às empresas esbarra na legítima desconfiança e nos riscos de criação de regimes permanentes de supressão de liberdades econômicas.

A autonomia privada, nessa linha, é o valor que se contrapõe ao discurso de deveres corporativos para além do *respeito* como mera abstenção. No contexto das empresas, trata-se da livre-iniciativa. No plano das liberdades individuais, ela se converte no livre exercício de trabalhos e profissões (CRFB/1988, art. 5º XIII), na liberdade de associação (CRFB/1988, art. 5º, XVII) e na garantia de propriedade privada (CRFB/1988, art. 5º, XXII e art. 170, II). Decorrem também da livre-iniciativa a liberdade de empresa (CRFB/1988, parágrafo único do art. 170), a liberdade de lucro em um quadro de livre concorrência (CRFB/1988, art. 170, IV) e a liberdade de contratar (CRFB/1988, art. 5º, II).[358]

A Constituição de 1988 reservou dois papéis à livre-iniciativa. Ela funciona como um dos *fundamentos* do Estado brasileiro e revela uma

---

[356] Os deveres fundamentais não se confundem com os limites e restrições aos direitos fundamentais. Eles constituem uma categoria autônoma, ainda que possam servir de justificativa constitucional para eventuais limitações ou restrições. É o que esclarece SARLET, Ingo Wolfgang. *A eficácia dos direitos fundamentais*: uma teoria geral dos direitos fundamentais na perspectiva constitucional. Porto Alegre: Livraria do Advogado, 2018, p. 238-293: "*De outra parte, embora, conforma já enfatizado, os deveres não possam ser confundidos com os limites e as restrições aos direitos fundamentais, tais restrições podem ser justificadas a partir dos deveres fundamentais, designadamente em prol do interesse comunitário (ou da assim designada* responsabilidade comunitária dos indivíduos*) prevalente, desde que preservado o núcleo essencial dos direitos, visto que os deveres não justificam, por si, uma prevalência apriorística do interesse público sobre o particular*".

[357] O ponto é ressaltado por Luís Roberto Barroso: "*Curiosa e paradoxalmente, o avanço e o agigantamento do Estado Econômico brasileiro se deu durante o regime militar iniciado em abril de 1964. Ao longo da década de 60 e, sobretudo, da década de 70, foram criadas mais de 300 empresas estatais: Eletrobras, Nuclebrás, Siderbrás etc. Foi a era das empresas "bras". Em setembro de 1981, recenseamento oficial arrolava a existência, apenas no plano federal, de 530 pessoas jurídicas públicas, de teor econômico, inclusive autarquias, fundações e entidades paraestatais*" (BARROSO, Luís Roberto. Estado e livre-iniciativa na experiência constitucional brasileira. *Revista de Direito do Estado* 33, jan./mar. 2013).

[358] BARCELLOS, Ana Paula de. *Curso de Direito Constitucional*. 2. ed. Rio de Janeiro: Forense, 2019, p. 142.

expressão da ideia geral de liberdade.[359] O Estado, com base nisso, não pode determinar as escolhas existenciais e profissionais das pessoas.[360] Para além da previsão do art. 1º, IV, da Constituição, a livre-iniciativa é também um princípio geral da ordem econômica (CRFB/1988, art. 170). Isso significa uma garantia constitucional de liberdade para iniciar, organizar e gerir uma atividade econômica,[361] com a vedação de uma economia planificada, em que os agentes econômicos são obrigados a seguir as diretrizes estatais. É o que dispõe o art. 174 da Constituição ao especificar que o planejamento econômico é "*determinante para o setor público e indicativo para o setor privado*".

A liberdade de empresa garantida pela Constituição expressa, assim, uma opção pela economia de mercado, assentada na crença de que a competição entre os agentes econômicos e a liberdade de escolha de consumidores produzirão os melhores resultados sociais: bens e serviços de qualidade, inovação, preço justo e crescimento econômico. É o que se lê, por exemplo, no voto do Ministro Luiz Fux, no RE 839.950, em que se fixou tese no regime de repercussão geral sobre a inconstitucionalidade de leis que impunham a oferta de serviço de empacotamento em supermercados:

> O princípio da livre-iniciativa, plasmado no art. 1º, IV, da Constituição como fundamento da República e reiterado no art. 170 do texto constitucional, veda a adoção de medidas que, direta ou indiretamente, destinem-se à manutenção artificial de postos de trabalho, em detrimento das reconfigurações de mercado necessárias à inovação e ao desenvolvimento, mormente porque essa providência não é capaz de gerar riqueza para trabalhadores ou consumidores. (RE 839.950, Relator Ministro Luiz Fux, j. em 24.10.2018).

É bem de ver, no entanto, que, como qualquer princípio, a livre-iniciativa não possui caráter absoluto. Seu sentido e alcance são

---

359 BARROSO, Luís Roberto. Estado e livre-iniciativa na experiência constitucional brasileira. *Revista de Direito do Estado* 33, jan./mar. 2013.

360 Em igual sentido, BILCHITZ, David. *Fundamental Rights and the legal obligations of business*. Cambridge: Cambridge University Press, 2022, p. 305: "*The starting point for this argument would be that for every individual adult human being, there is an important interest in being able to decide on and follow their own course of life in whichever way they wish*".

361 Nesse sentido, CANOTILHO, José Joaquim Gomes; MOREIRA, Vital. *Constituição da República Portuguesa Anotada*. Vol. I, Coimbra: Coimbra Ed, 2007, p. 790: "*A liberdade de iniciativa tem um duplo sentido. Consiste, por um lado, na liberdade de iniciar uma atividade econômica (liberdade de criação de empresa, liberdade de investimento, liberdade empresarial) e, por outro, na liberdade de organização, gestão e atividade da empresa (liberdade de empresa, liberdade do empresário, liberdade empresarial)*".

conformados a partir da ponderação com outros valores e fins públicos previstos no próprio texto constitucional.[362] A leitura dos princípios do art. 170 da Constituição,[363] que seguem ao lado da livre-iniciativa, demonstra a inexistência de homogeneidade funcional entre eles. Afinal, também são objetivos e princípios da ordem econômica *"a valorização do trabalho humano"*, *"a existência digna"*, *"a justiça social"*, *"a função social da propriedade"*, *"a defesa do consumidor"*, *"a defesa do meio ambiente"* e *"a redução das desigualdades regionais e sociais"*. Como destacado pelo Ministro Luís Roberto Barroso, *"o princípio da livre-iniciativa, inserido no caput do art. 170 da Constituição, nada mais é do que uma cláusula geral cujo conteúdo é preenchido pelos incisos do mesmo artigo. Esses princípios claramente definem a liberdade de iniciativa não como uma liberdade anárquica, mas social, e que pode, consequentemente, ser limitada"* (ARE 1.104.226, Relator Ministro Luís Roberto Barroso, j. em 27.04.2018).

O conjunto de valores que orienta a ordem econômica não estabelece, portanto, a exata extensão da intervenção do Estado na economia.[364] É papel do intérprete definir como acomodar esses diferentes valores. Assim, é nesse balanço entre, de um lado, o que é necessário para assegurar a efetividade dos direitos fundamentais no contexto da empresa e, de outro lado, o legítimo espaço de autonomia privada e de livre-iniciativa, que se determina a extensão da vinculação constitucional das empresas à realização dos direitos fundamentais. A exigência da devida diligência em direitos fundamentais se situa nesse ponto de equilíbrio.

A Constituição, é certo, assegura um espaço de liberdade para a empresa definir suas estratégias de negócio. Não cabe ao Estado ditar

---

362 A afirmação do caráter heterogêneo dos princípios da ordem econômica brasileira é feita por MOREIRA NETO, Diogo de Figueiredo. *Ordem Econômica e desenvolvimento na Constituição de 1988*. Rio de Janeiro: Apec, 1989, p. 28: *"O princípio da liberdade de iniciativa tempera-se pelo da iniciativa suplementar do Estado; o princípio da liberdade de empresa corrige-se com o da definição da função social da empresa; o princípio da liberdade de lucro, bem como o da liberdade de competição, moderam-se com o da repressão do abuso de poder econômico; o princípio da liberdade de contratação limita-se pela aplicação dos princípios de valorização do trabalho e da harmonia e solidariedade entre as categorias sociais de produção; e, finalmente, o princípio da propriedade privada restringe-se com o princípio da função social da propriedade"*.

363 CF/1988, Art. 170. A ordem econômica, fundada na valorização do trabalho humano e na livre-iniciativa, tem por fim assegurar a todos existência digna, conforme os ditames da justiça social, observados os seguintes princípios: I - soberania nacional; II - propriedade privada; III - função social da propriedade; IV - livre concorrência; V - defesa do consumidor; VI - defesa do meio ambiente, inclusive mediante tratamento diferenciado conforme o impacto ambiental dos produtos e serviços e de seus processos de elaboração e prestação; VII - redução das desigualdades regionais e sociais; VIII - busca do pleno emprego; IX - tratamento favorecido para as empresas de pequeno porte constituídas sob as leis brasileiras e que tenham sua sede e administração no País.

364 SALOMÃO FILHO, Calixto. *Direito concorrencial*. São Paulo: Malheiros, 2003, p. 106.

como ela vai iniciar, organizar e manter uma atividade produtiva. A jurisprudência do Supremo Tribunal Federal, nesse aspecto, extrai da Constituição uma cláusula de não interferência, que impede a imposição de modelos e estratégias de produção. Nesse sentido, o Ministro Luís Roberto Barroso, ao examinar a constitucionalidade da terceirização de atividades-fim de uma empresa, registrou que "*a Constituição não impõe uma única forma de estruturar a produção. Ao contrário, o princípio constitucional da livre-iniciativa garante aos agentes econômicos liberdade para eleger suas estratégias empresariais dentro do marco vigente (CF/1988, art. 170)*" (ADC 48, Relator Ministro Luís Roberto Barroso, j. em 15.04.2020).

De igual modo, a Ministra Cármen Lúcia, ao deferir pedido de suspensão de tese fixada pelo Tribunal Superior do Trabalho em recurso repetitivo, que afirmara a obrigatoriedade da varejista *Walmart* de restabelecer política de aproveitamento de empregados, que havia sido descontinuada pela empresa, afirmou que "*a imposição judicial para adoção de determinada política empresarial por tempo indefinido pelo Grupo econômico poderia, em tese, criar nova espécie de estabilidade para os empregados e limitação ao direito do empreendedor de organizar e gerir seu negócio, o que ofenderia os princípios da legalidade, da livre-iniciativa e da liberdade econômica*" (PET 11.670, Relatora Ministra Cármen Lúcia, j. em 08.09.2023).

Isso significa que não é compatível com a livre-iniciativa a imposição de deveres de agir que condicionem materialmente o que a empresa deve fazer. É dizer: não se admite que o Estado especifique quais são os meios selecionados, os bens e serviços que serão produzidos, nem mesmo o que a empresa fará com o seu lucro. O modelo e as estratégias de produção são determinados pelo agente econômico. Mas isso, claro, desde que sejam meios e finalidades lícitas, capazes de assegurar o *respeito* ao Direito.

A exigência de uma atuação corporativa diligente, na forma de deveres procedimentais, que permitam o gerenciamento e o tratamento de riscos e de danos a terceiros se insere exatamente nesse campo de conformação constitucional da livre-iniciativa pelos princípios da ordem econômica. Mantém-se a liberdade de produção, assegurando-se, no entanto, que essa liberdade será exercida em conformidade com a função social da propriedade, a defesa do consumidor e do meio ambiente, a valorização do trabalho humano e com a atenção à justiça social. Esses valores, por sua relevância, são fundamentos expressos para a intervenção econômica (CRFB/1988, art. 170, *caput* e incisos III, IV, V, VI e VII).

Além disso, a exigência de deveres jurídicos procedimentais para identificação, controle e tratamento de riscos socioambientais é um caminho para uniformizar as expectativas sobre a atuação das empresas, preservando o mercado concorrencial. Sobre o tema, a exposição de motivos elaborada pela Comissão Europeia para a proposta de Diretivas do Parlamento Europeu sobre devida diligência e sustentabilidade, recentemente aprovada em acordo provisório,[365] registrou que "*as grandes empresas de todos os setores solicitaram uma maior harmonização no domínio do dever de diligência, a fim de melhorar a segurança jurídica e criar condições de concorrência equitativas*".[366] Destacou, ainda, o receio das empresas europeias de "*risco de desvantagens competitivas em relação às empresas de países terceiros que não têm os mesmos deveres*".[367]

A atribuição de previsibilidade para o exercício socioambiental responsável cria condições de concorrência equitativas. Evitam-se (i) cobranças sociais excessivas que podem afetar o desempenho e a reputação das empresas, induzidas, inclusive, para a predação de concorrentes; (ii) esforços díspares entre os concorrentes; e (iii) custos desnecessários para demonstração de adequação de conduta, por meio, por exemplo, de certificações privadas,[368] que, a depender da intensidade das exigências, podem caracterizar barreiras de entrada ou de permanência no mercado concorrencial. A determinação de um conjunto comum de regras para o que se deve fazer e demonstrar é fundamental para garantir a livre concorrência (CRFB 1988, art. 170, IV).

Mais além, a exigência de devida diligência em direitos fundamentais é uma garantia para que as empresas regidas pelas leis brasileiras

---

[365] Em 14 de dezembro de 2023, o Conselho e o Parlamento Europeu chegaram a um acordo provisório sobre a diretiva relativa ao dever de diligência das empresas em matéria de sustentabilidade, que visa reforçar a proteção do ambiente e dos direitos humanos. Disponível em: https://www.consilium.europa.eu/pt/press/press-releases/2023/12/14/corporate-sustainability-due-diligence-council-and-parliament-strike-deal-to-protect-environment-and-human-rights/. Acesso em: 15 dez. 2023.

[366] Disponível em: https://eur-lex.europa.eu/legal-content/EN/TXT/?uri=CELEX%3A52022PC0071&qid=1705150897448. Acesso em: 19 ago. 2023.

[367] Disponível em: https://eur-lex.europa.eu/legal-content/EN/TXT/?uri=CELEX%3A52022PC0071&qid=1705150897448. Acesso em: 19 ago. 2023.

[368] As certificações privadas podem ser úteis para a adequação de condutas aos compromissos constitucionais preservados pelos direitos fundamentais. Sem unidade nos deveres, contudo, multiplicam-se as estratégias e metodologias de certificação, o que resulta em insegurança jurídica. São exemplos de certificação: (i) a certificação FSC, da *Forest Stewardship Council*, focada na gestão das florestas; (ii) a ISO 14001, de agências credenciadas pelo INMETRO, que examina os sistema de gestão ambiental de redução de uso de energia, de produção de lixo e de uso de matérias primas; (iii) o *Global Reporting Initiative*, fundado pelas organizações filiadas à Coalizão para Economias Ambientalmente Responsáveis e pelo Instituto Tellus; (iv) o índice de Sustentabilidade Empresarial, da BM&F BOVESPA; e (v) os indicadores ETHOS, do Instituto Ethos.

não fiquem para trás. Com a globalização e a revolução digital, o modelo de produção flexível é uma realidade. Com o acesso a uma ampla rede de potenciais parceiros comerciais, prontos para produzir, transportar e distribuir produtos e serviços, criou-se uma rede global de indivíduos e de pequenas e grandes empresas. As chamadas cadeias globais de valor, que descrevem a fragmentação das diferentes etapas de produção, desde a sua concepção até a entrega ao consumidor,[369] são formadas por pessoas e agentes econômicos em diversos países. Trata-se de uma estrutura de produção própria da "sociedade de rede". Mas é necessário fazer parte dessa rede para não ser excluído.[370]

As transformações socioculturais que vieram a reboque das crises do século XXI (crédito, climática e sanitária) impulsionaram a internalização por muitos agentes econômicos privados da necessidade de incorporação de fatores socioambientais e de preocupações intergeracionais à gestão de negócios. Isso, sobretudo, para minimizar riscos e contribuir para a sustentabilidade dos negócios a longo prazo. Esse processo tem levado à exigência de governança socioambiental para o relacionamento empresarial. Por sinal, a citada proposta de Diretivas do Parlamento Europeu de devida diligência e sustentabilidade corporativa[371] e a Lei Francesa nº 2017-399,[372] elaboradas com base nos Princípios Orientadores da ONU, impõem o dever de desenvolver medidas para identificar os riscos e prevenir as violações de direitos humanos. E isso com efeitos extraterritoriais para alcançar toda a cadeia produtiva.[373]

Assim sendo, a afirmação de um dever procedimental, tal como feito pelos Princípios Orientadores das Nações Unidas, impondo o cuidado devido para evitar ou minimizar o sacrifício e a ameaça a direitos fundamentais de terceiros (individuais, coletivos e difusos),

---

[369] ZHANG, Liping; SCHIMANSKI, Silvana. *Cadeias globais de valor e os países em desenvolvimento*. Disponível em: https://repositorio.ipea.gov.br/handle/11058/5322. Acesso em: 19 ago. 2023.

[370] BANET-WIESER, Sarah; CASTELLS, Manuel. Economia é cultura. *In*: CASTELLS, Manuel (org.). *Outra Economia é Possível*: cultura e economia em tempos de crise. Rio de Janeiro: Zahar, 2019, p. 13-46.

[371] Disponível em: https://www.europarl.europa.eu/doceo/document/TA-9-2023-0209_PT.html. Acesso em: 19 ago. 2023.

[372] Disponível em: https://www.legifrance.gouv.fr/jorf/id/JORFTEXT000034290626/. Acesso em: 10. mar. 2021.

[373] Sobre o impacto extraterritorial da proposta de Diretivas do Parlamento Europeu, v. ENRIQUES, Luca. *The extraterritorial impact of the Proposed EU Directive on Corporate Sustainability Due Diligence*: Why Corporate America Should Pay Attention, abr. 2022. Disponível em: https://blogs.law.ox.ac.uk/business-law-blog/blog/2022/04/extraterritorial-impact-proposed-eu-directive-corporate. Acesso em: 22 mar. 2023.

ajusta a atuação da empresa para a concretização do *respeito* aos direitos fundamentais. Trata-se, portanto, de uma exigência constitucional para coordenação prática da livre-iniciativa com os demais valores e compromissos constitucionais. Como destaca Ricardo Villas Bôas Cueva, *"as empresas visam lucro e agem segundo o binômio benefício/perda, não se orientado pelo binômio justo/injusto"*.[374] É a devida diligência em direitos fundamentais que autoriza a articulação dos interesses econômicos com os de justiça.

Há, pois, quatro razões para justificar a conformidade do dever corporativo de *devida diligência* com os princípios constitucionais da ordem econômica. A *primeira*: a concentração de poder das empresas impõe uma vulnerabilidade real daqueles que são negativamente impactados pela atividade econômica organizada. Não se trata de mero medo, mas de riscos concretos e conhecidos. A força normativa da Constituição é, assim, indispensável para mitigar assimetrias de poder, com a imposição de um agir diligente que evite ou minimize riscos e danos.

A *segunda*: a exigência de agir de forma diligente não resulta na imposição de um modelo de organização e de gestão da empresa, que a Constituição garante com a livre-iniciativa. Trata-se de um dever procedimental (*process-based*) que atribui aos agentes econômicos privados um compromisso concreto e controlável de não causar danos a terceiros ao organizarem e executarem livremente a sua atividade. Esse compromisso se alinha com o atendimento dos princípios setoriais da ordem econômica que dão sentido e limitam a livre-iniciativa.

A *terceira*: o gerenciamento para evitar danos e riscos da atividade empresária significa proteger os interesses de *stakeholders*, mas também da própria empresa, para que permaneça no mercado e opere em condições equitativas de concorrência, minimizando os seus riscos e contribuindo para a sustentabilidade dos negócios a longo prazo. Como registrado em estudo da empresa de auditoria KPMG,[375] as empresas estão cada vez mais atentas às suas vulnerabilidades, já sendo maioria, dentre as de capital aberto, as que possuem área específica para o gerenciamento de riscos (apesar de não serem examinados sob a perspectiva dos interesses socioambientais das pessoas impactadas

---

[374] CUEVA, Ricardo Villas Bôas. Funções e finalidades dos programas de *compliance*. *In:* CUEVA, Ricardo Villas Bôas; FRAZÃO, Ana. *Compliance*: perspectivas e desafios dos programas de conformidade. Belo Horizonte: Fórum, 2018, p. 53-69.

[375] Disponível em: https://kpmg.com/br/pt/home/insights/2022/07/riscos-regulatorios-economicos-preocupam-empresas-brasileiras.html. Acesso em: 19 ago. 2023.

pela atividade econômica[376]). Trata-se, assim, de medida que se ajusta ao objetivo de desenvolvimento econômico preservado pela livre-iniciativa e pela livre concorrência.

A *quarta:* gerenciar riscos socioambientais é uma exigência da própria Constituição. A ordem econômica é fundada na livre-iniciativa, mas tem por fim assegurar a todos a existência digna, conforme os ditames da justiça social, observados os princípios da função social da propriedade, da defesa do consumidor e do meio ambiente e da redução das desigualdades regionais e sociais (CRFB/1988, art. 170, *caput* e incisos III, V, VI e VIII). A livre-iniciativa, afinal, "*não se revela um fim em si mesmo, mas um meio para atingir os objetivos fundamentais da República, inclusive a tutela e preservação do meio ambiente para as presentes e futuras gerações (CF, art. 225)*" (ADI nº 6.218, Relator Ministro Nunes Marques, Red. p/ acórdão Ministra Rosa Weber, j. em 03.07.2023).

Não há na Constituição garantia de exercício irresponsável de empresa. Ninguém está autorizado a violar direitos de terceiros, nem está imune à força normativa da Constituição. Exigir o gerenciamento de riscos significa atribuir à empresa a capacidade de *agir de forma diligente*, em conformidade com a Constituição e com os princípios que informam a ordem econômica. A Constituição, portanto, projeta efeitos sobre o exercício da empresa, forçando-a a incorporar no seu processo decisório interesses mais amplos do que os imediatamente econômicos de maximização de lucro.

3.2 A ilha do Direito Empresarial, a função social da empresa[377] e os deveres fiduciários

O Direito privado atravessou os tempos sob o signo da livre-iniciativa e da autonomia privada.[378] Ao longo do século XX, no entanto, esse quadro mudou. Como se detalhará no próximo capítulo,

---

[376] Como se verá adiante, os exames de risco empresarial ainda são focados sob os riscos externos para os negócios, com baixa incorporação de riscos socioambientais que a empresa pode estar relacionada. Isso como se não houvesse repercussão sobre a sustentabilidade do negócio.

[377] A Constituição de 1988 não fala expressamente em função social da empresa. A sua funcionalização, de qualquer modo, é uma decorrência dos princípios da ordem econômica, que dão conteúdo à livre-iniciativa assegurada pela Constituição. O Supremo Tribunal Federal, por ocasião do julgamento da ADI nº 3.934, Relator Ministro Ricardo Lewandowski, j. em 27.05.2009, que impugnava dispositivos da Lei de Falência e Recuperação Judicial, fez referência ao princípio da *função social da empresa*.

[378] BARROSO, Luís Roberto. *Curso de Direito Constitucional*. Rio de Janeiro: Saraiva, 2009.

a progressiva transformação do Estado para contenção dos excessos de individualismo do Estado Liberal trouxe para o domínio do Direito privado diversos princípios limitadores do primado da vontade. Esse processo se aprofundou e, já mais próximo do século XXI, conformou uma nova metodologia: a *constitucionalização do Direito Civil*.[379] O desenvolvimento dogmático ganhou o prestígio em diversas obras doutrinárias e trabalhos acadêmicos e serviu de orientação para decisões judiciais em todo o país.

A metodologia da *constitucionalização*, já amplamente conhecida,[380] pressupõe a permanente releitura do Direito infraconstitucional, sob a lente da Constituição, de modo a realizar os valores nela consagrados. Trata-se da reinterpretação de institutos sob uma ótica constitucional. É dizer: superando-se o dogma da subsunção e a concepção de interpretação do Direito como uma operação puramente formal, passa-se a impor uma hermenêutica com fins aplicativos, voltada à máxima realização dos valores constitucionais.

No Direito privado, contudo, a intensidade da constitucionalização do Direito Civil não foi acompanhada pelo Direito Empresarial. Anderson Schreiber e Carlos Nelson Konder registram que "*a doutrina empresarialista brasileira parece, ainda, apegada à velha tradição dos atos de comércio, que refletia uma visão estática e puramente estrutural das relações comerciais, indiferente à função que a empresa, como atividade produtiva, desempenha na vida social que é, a um só tempo, resultado e justificativa da tutela das relações empresariais*".[381]

A ilha que se formou no Direito Empresarial, é certo, já vem sendo desafiada por autores que se dedicaram a consolidar teorias de *função social da empresa*[382] e, mais recentemente, de *função sociosolidária*

---

[379] Sobre a constitucionalização do direito civil, v. PERLINGIERI, Pietro. *O Direito Civil na Legalidade Constitucional*. Renovar: Rio de Janeiro, 2008; TEPEDINO, Gustavo. *Temas de Direito Civil*. Rio de Janeiro, Renovar, 2008.

[380] Para referência, v. CANOTILHO, José Joaquim Gomes; MOREIRA, Vital. *Fundamentos da Constituição*. Coimbra: Coimbra Ed., 1991, p. 45: "*A principal manifestação da preeminência normativa da Constituição consiste em que toda a ordem jurídica deve ser lida à luz dela e passada pelo seu crivo*".

[381] SCHREIBER, Anderson; KONDER, Carlos Nelson. Uma agenda para o Direito Civil-Constitucional. *Revista Brasileira de Direito Civil*, Rio de Janeiro, v. 10, p. 9-27, out./dez. 2016.

[382] A aproximação do Direito Empresarial à Constituição, com o desenvolvimento específico da compreensão de função social da empresa é feita por COMPARATO, Fábio Konder. Estado, empresa e função social. *Revista dos Tribunais*, São Paulo, v. 732, p. 38-46, out. 1996; FRAZÃO, Ana. Função Social da Empresa. *In*: COELHO, Fábio Ulhoa; ALMEIDA, Marcus Elidius Michelli (org.). *Enciclopédia Jurídica da PUCSP*: direito comercial. São Paulo: Pontifícia Universidade Católica de São Paulo, 2018; e SALOMÃO FILHO, Calixto. *O novo direito societário*. São Paulo: Malheiros, 2002.

da empresa.[383] A funcionalização social da empresa significa dizer que a tutela constitucional da propriedade e, consequentemente, da autonomia sobre os bens e meios de produção passa a ser condicionada à verificação de proporcionalidade entre o efeito vantajoso produzido com o reconhecimento de um poder subjetivo em favor da empresa (a liberdade de empresa e o domínio sobre bens) e o efeito desvantajoso para os terceiros que o ato é destinado a produzir (no caso, os *stakeholders*). Trata-se de atribuir à autonomia privada e à livre-iniciativa, com fundamento no princípio da solidariedade social,[384] *"uma utilidade ou impor-lhe um papel social"*.[385] [386]

O reconhecimento de que a empresa se tornou um centro de poder concreto e estrutural, não sendo apenas uma mera produtora de bens, passou a exigir que o seu exercício fosse condicionado não apenas ao interesse econômico de seus sócios, mas levando em consideração também os interesses socioambientais. Para não se tornar abusivo, o poder, afinal, precisa ser funcionalizado aos interesses sociais constitucionalmente relevantes. De acordo com Ana Frazão, *"a consolidação da função social da empresa foi o advento do Estado Social, que surge, de certa forma, para conciliar o capitalismo com o bem-estar social, além de promover a superação da dicotomia entre direito público e direito privado, para que sejam entendidos no âmbito de uma relação de recíproca complementaridade e dependência, de modo a realçar o compromisso dos direitos subjetivos privados em assegurar o bem-estar comum"*.[387]

Assim, para além da funcionalização do domínio de bens de produção, a função social da empresa também passa a condicionar as

---

[383] A função sociosolidária da empresa chama a atenção para atribuição à empresa, além de uma função social, de uma função solidária. Sobre o tema, v. SANCHES, Samyra Haydêe Dal Farra Naspolini; SILVEIRA, Vladmir Oliveira da. A função sociosolidária da empresa privada e o desenvolvimento sustentável. *In:* SILVEIRA, Vladimir Oliveira da; MEZZAROBA, Orides; SANCHES, Samyra Haydêe Dal Farra Naspolini; COUTO, Mônica Bonetti (org.). *Empresa, funcionalização do direito e sustentabilidade:* função sociosolidária da empresa e desenvolvimento. Curitiba: Clássica, 2013, p. 109-127.

[384] Pietro Perlingieri destaca que *"o princípio solidarista não permite um exercício do direito de modo a não realizar uma proporcionalidade entre o efeito vantajoso a favor do titular e o efeito desvantajoso para os terceiros que o ato é destinado a produzir"* (PERLINGIERI, Pietro. *O Direito Civil na Legalidade Constitucional*. Renovar: Rio de Janeiro, 2008, p. 681/682).

[385] NALIN, Paulo. *Do contrato: conceito pós-moderno*: em busca de sua formulação na perspectiva civil-constitucional. Curitiba: Juruá, 2001, p. 217.

[386] Eros Grau destaca que a função social *"por ser uma função, ou seja, poder-dever, o Direito Privado passa a ter algo que até então era exclusivo do Direito Público: o condicionamento do poder a uma finalidade"* (GRAU, Eros Roberto. *A Ordem Econômica na Constituição de 1988*: Interpretação e Crítica. São Paulo: Malheiros, 2010. p. 246).

[387] FRAZÃO, Ana. Função Social da Empresa. *In*: COELHO, Fábio Ulhoa; ALMEIDA, Marcus Elidius Michelli (org.). *Enciclopédia Jurídica da PUCSP*: direito comercial. São Paulo: Pontifícia Universidade Católica de São Paulo, 2018, p. 5.

decisões corporativas, orientando os seus órgãos decisórios a equilibrarem os seus interesses financeiros com os interesses socialmente relevantes preservados pela Constituição. A positivação da função social da empresa nos incisos do art. 170 da Constituição, contudo, não foi suficiente para "*os poderes e faculdades que caracterizam os direitos subjetivos coexistirem com deveres positivos em favor da coletividade*".[388] A ideia de funcionalização da liberdade de empresa, na ilha do Direito Empresarial, encontrou resistência para orientar o controle e a administração das empresas.

Veja-se: o parágrafo único do artigo 116 da Lei das Sociedades Anônimas[389] (Lei nº 6.404/1976) estabelece que o poder do acionista controlador deve ser utilizado "*com o fim de fazer a companhia realizar o seu objeto e cumprir sua função social, e tem deveres e responsabilidades para com os demais acionistas da empresa, os que nela trabalham e para com a comunidade em que atua, cujos direitos e interesses deve lealmente respeitar e atender*". Mais adiante, o artigo 154[390] atribui ao administrador da sociedade anônima o dever de cumprir a lei e o estatuto social para atender o interesse da companhia, "*satisfeitas as exigências do bem público e da função social da empresa*". O parágrafo único do artigo 49-A do Código Civil, por sua vez, dispõe que a autonomia patrimonial das pessoas jurídicas é um instrumento lícito de alocação e segregação de riscos, mas "*com a finalidade de empreendimentos, para a geração de empregos, tributo, renda e inovação em benefício de todos*".[391]

Os dispositivos legais determinam a incorporação de valores sociais nos objetivos da empresa, impondo aos seus controladores e administradores deveres para o cumprimento da função social. Parte da doutrina empresarialista,[392] contudo, interpretou esses comandos

---

[388] FRAZÃO, Ana. Função Social da Empresa. *In*: COELHO, Fábio Ulhoa; ALMEIDA, Marcus Elidius Michelli (org.). *Enciclopédia Jurídica da PUCSP*: direito comercial. São Paulo: Pontifícia Universidade Católica de São Paulo, 2018, p. 5.

[389] Lei nº 6.404/1976, art. 116, Parágrafo único. O acionista controlador deve usar o poder com o fim de fazer a companhia realizar o seu objeto e cumprir sua função social, e tem deveres e responsabilidades para com os demais acionistas da empresa, os que nela trabalham e para com a comunidade em que atua, cujos direitos e interesses deve lealmente respeitar e atender.

[390] Lei nº 6.404/1976, art. 154. O administrador deve exercer as atribuições que a lei e o estatuto lhe conferem para lograr os fins e no interesse da companhia, satisfeitas as exigências do bem público e da função social da empresa.

[391] Código Civil, art. 49-A, Parágrafo único. A autonomia patrimonial das pessoas jurídicas é um instrumento lícito de alocação e segregação de riscos, estabelecido pela lei com a finalidade de estimular empreendimentos, para a geração de empregos, tributo, renda e inovação em benefício de todos.

[392] Tavares Borba foi uma exceção nas visões estáticas de atos de empresa e indiferentes à função social: "*A sociedade anônima deixa de ser um mero instrumento de produção de lucros*

como se a função social da empresa se tratasse do atendimento de seus objetivos estatutários, equiparando o objetivo societário previsto no estatuto com os interesses da sociedade (os interesses da comunidade política e não os interesses societários de maximização de lucro). É o que se lê, por exemplo, dos esclarecimentos de Fabio Ulhoa Coelho acerca do art. 154 da Lei das S.A., que enuncia as vedações impostas ao administrador, mas não traz qualquer referência ao atendimento de interesses das comunidades onde a empresa atua, de sua função social e dos valores constitucionais que deveria observar:

> Em outros termos, o enunciado prescritivo, resultante das diversas definições e vedações listadas no art. 154 da LSA e seus parágrafos, afirma, em síntese, a proibição de determinadas práticas, que o legislador considera desvio de poder. Especificamente, estabelece a lei a seguinte série de condutas proibidas: o administrador não pode privilegiar o grupo ou classe de acionistas que o elegeu; não pode incorrer em liberalidade à custa da companhia, admitida apenas a prática de atos gratuitos razoáveis em favor de empregados ou da comunidade, quando autorizado pelo conselho de administração ou pela diretoria; não pode, sem prévia autorização da assembleia geral ou do conselho de administração, tomar por empréstimo recursos ou bens da companhia, nem usar — em benefícios próprio ou de outrem — seus bens, serviços e crédito; e não pode, por fim, sem autorização estatutária ou assemblear, receber de terceiros vantagem de qualquer tipo em razão do seu cargo. Assim, se o administrador não incorrer nessas quatro condutas proibidas, estará exercendo suas atribuições regularmente, sem desvio de finalidade; em consequência, estará dando cumprimento ao dever leal do art. 154 da LSA.[393]

Por exemplo, a produção pela empresa de impactos negativos sobre as comunidades locais, a poluição do meio ambiente e a existência de regimes discriminatórios entre empregados não foram consideradas

---

para distribuir aos detentores do capital, para elevar-se à condição de instituição destinada a exercer o seu objeto para atender aos interesses de acionistas, empregados e comunidade. Esses três interesses devem, por conseguinte, conviver equilibradamente no âmbito da sociedade; as decisões tomadas terão, necessariamente, que considera-los, a fim de que nenhum deles seja sacrificado". (BORBA, José Edwaldo Tavares Borba. *Direito Societário*. Rio de Janeiro: Renovar, 2003, p. 134). De igual modo, Fabio Konder Comparato: "*A atividade empresarial deve ser exercida pelo empresário nas sociedades mercantis, não no interesse próprio mas no interesse social, i.e., de todos os sócios uti socii. Trata-se, portanto, de um poder-dever, a meio caminho entre o jus e o munus*" (COMPARATO, Fabio Konder. *Poder de controle na sociedade anônima*. Rio de Janeiro: Forense, 1983, p. 100-101).

393 COELHO, Fabio Ulhoa. *Curso de Direito Comercial*: de acordo com o novo Código Civil e alterações da LSA. v. 2. São Paulo: Saraiva, 2002, p. 245.

como hipóteses de desvio de poder do administrador. A determinação de abertura dos objetivos societários para a incorporação de objetivos constitucionais foi silenciada.

Mesmo aqueles, como Nelson Eizirik,[394] que abordaram o dever dos controladores e administradores de exercerem as suas posições/atribuições estatutárias com atenção a interesses extracontratuais socialmente relevantes, além de afirmarem uma primazia do lucro sobre os interesses coletivos, não ultrapassaram a ideia de obrigações negativas (o *respeito* como mera abstenção) para o cumprimento desses deveres.

Ocorre que a função social, ao impor o atendimento de uma finalidade, além de estabelecer limites à liberdade de agir,[395] também fixa um padrão de conduta para que essa finalidade seja alcançada. Ela impõe deveres positivos à empresa. É o que afirma Eros Grau:

> O que mais releva enfatizar, entretanto, é o fato de que o princípio da função social da propriedade impõe ao proprietário — ou a quem detém o poder de controle, na empresa — o dever de exercê-lo em benefício de outrem e não, apenas, de não o exercer em prejuízo de outrem. Isso significa que ã função social da propriedade atua como fonte da imposição de comportamentos positivos — prestação de fazer, portanto, e não, meramente, de não fazer — ao detentor do poder que deflui da propriedade.[396]

Esse quadro de controvérsia que, de um lado, advoga uma compreensão libertária de empresa, cujo objetivo exclusivo é a maximização de riqueza de seus acionistas, mas que, de outro lado, se depara com uma Constituição com eficácia normativa que expressamente impõe o atendimento de finalidades socioambientais, produz enorme insegurança

---

394 EIZIRIK, Nelson. *A Lei das S/A Comentada*. v. III. São Paulo: Quartier Latin, 2015, p. 152/153: "*Os administradores devem exercer as suas atribuições legais e estatutárias tendo em vista os fins e o interesse da companhia, ou seja, atuando para alcançar o desenvolvimento do objeto social da forma mais lucrativa possível. Tais objetivos, embora prevalecentes, devem ser perseguidos ao menor custo possível para a comunidade; daí a menção às exigências do 'bem público' e da função social da empresa, que constituem topoi, ou seja, expressões de certa forma vazias, a serem preenchidas pelo aplicador da norma*".

395 Ana Frazão designa que a limitação da atuação da empresa pela função social indica uma dimensão negativa, estabelecendo "*restrições ao exercício de direitos subjetivos e liberdade que, por mais que estejam em aparente conformidade com o direito, sejam contrários às finalidades e princípios maiores do ordenamento jurídico*" (FRAZÃO, Ana. Função Social da Empresa. *In*: COELHO, Fábio Ulhoa; ALMEIDA, Marcus Elidius Michelli (org.). *Enciclopédia Jurídica da PUCSP*: direito comercial. São Paulo: Pontifícia Universidade Católica de São Paulo, 2018, p. 24).

396 GRAU, Eros Roberto. *A Ordem Econômica na Constituição de 1988*. São Paulo: Malheiros, 2010, p. 250/251.

jurídica. E, aqui, a insegurança é relacionada à própria empresa, de modo que os controladores e, sobretudo, os administradores possam saber o que deve ser feito, sem fraudar os seus deveres fiduciários.

A incerteza sobre qual é o propósito e o papel da empresa suscita a criação de conflitos de interesse e inflaciona os custos de agência. Isso porque a empresa deverá empregar cada vez mais recursos para se certificar da aderência da atuação de seus administradores aos objetivos da empresa. Recorde-se que as grandes companhias, estruturadas sob a forma de sociedades anônimas, são caracterizadas pela existência de uma separação entre a propriedade e o controle. Afinal, a propriedade dos acionistas não resulta, necessariamente, no poder de controle da empresa.[397] Nesse aspecto, administradores têm deveres fiduciários para com os acionistas. Eles atuam não em seu próprio interesse, mas conforme o interesse daqueles de quem administram os recursos.

A indefinição sobre o propósito da empresa — se permanece na ilha ou se estabelece pontes com o entorno em que está inserida — não permite clareza sobre as decisões a serem tomadas, com risco de imobilização, elevação de custos de agir e, consequentemente, comprometimento da capacidade de geração de riqueza e de desenvolvimento social e econômico. Observe-se: se os executivos de uma empresa tomam decisões e empregam os recursos da companhia orientados por finalidades socioambientais, é possível que os acionistas busquem a sua responsabilização pelo desvio na maximização de lucro. Por outro lado, se o administrador e o controlador não agem de modo socioambiental responsável, porque priorizam o lucro imediato, a empresa e o executivo podem responder, inclusive pessoalmente, por danos causados, por exemplo, ao meio ambiente. A insegurança jurídica, em um cenário de indeterminação sobre o objetivo da empresa, é evidente.

A função social cria obrigações para as empresas. As normas constitucionais, afinal, têm eficácia normativa, que orientam a governança da empresa para a conformação de uma governança socioambiental corporativa. As empresas existem para gerar valor para os seus

---

[397] Adolf Berle e Gardiner Means, em 1932, foram os primeiros autores a examinar os benefícios e os custos da separação entre propriedade e controle. Um dos custos assinalados foi o de aumento de poderes dos gestores/administradores com a pulverização da propriedade, aumentando as chances de atuação em próprio interesse, em vez de no interesse dos acionistas. Esse cenário resultou no desenvolvimento de teorias de governança corporativa, que estabeleceram meios de controle, internos e externos, para incentivo e controle, objetivando minimizar os custos decorrentes do problema de agência. Sobre o tema, v. BERLE, Adolf A.; MEANS, Gardiner C. *A moderna sociedade anônima e a propriedade privada*. São Paulo: Abril Cultural, 1984.

acionistas, mas isso não as autoriza nem exige de seus administradores condutas que imponham riscos e danos aos interesses socialmente relevantes protegidos pela Constituição.

É certo que não cabe transferir as funções do Estado para as empresas, nem as transformar em instrumentos de atuação estatal. Contudo, não é mais possível que as empresas se fechem e ajam de maneira indiferente ao oceano que cerca a ilha. A função social da empresa é um chamado de conciliação dos interesses da empresa com os da sociedade. A Constituição promove uma integração heterônoma de contratos e estatutos sociais de empresas, remodelando seus objetivos para que neles se incluam interesses extracontratuais socialmente relevantes.[398] A empresa deixa de ser um simples instrumento de produção de lucros para distribuição aos acionistas para elevar-se à condição de instituição destinada a exercer o seu objeto para atender de forma equilibrada os interesses de acionistas, empregados e comunidade.[399] Isso significa que o dever fiduciário de controladores e administradores passa a ser mais amplo. Além da lealdade e da devida diligência com os interesses de acionistas, passa-se a exigir a consideração dos interesses socioambientais protegidos por direitos fundamentais.[400] Trata-se da devida diligência e da lealdade também com a Constituição.

O Direito criou as bases para que os indivíduos assumissem mais riscos em investimentos financeiros. Um dos principais elementos do Direito Empresarial e Societário é a separação jurídica de personalidade da empresa, que permite considerá-la uma entidade diversa de seus acionistas e daqueles que a administram. O outro elemento essencial é a responsabilidade limitada aos ativos da empresa. Em conjunto, a personalidade jurídica separada protege os ativos da empresa de credores de seus acionistas e a responsabilidade limitada garante que os ativos do acionista não sejam atingidos para satisfação de débito da

---

[398] Sobre o ponto, v. COSTA, André Brandão Nery; CASTRO, Raul Murad Ribeiro de. Notas sobre a influência de interesses extracontratuais socialmente relevantes no contrato. *In:* TEPEDINO, Gustavo; TEIXEIRA, Ana Carolina Brochado; ALMEIDA, Vitor. *O Direito Civil entre o sujeito e a pessoa*: estudos em homenagem ao professor Stefano Rodotà. Belo Horizonte: Fórum, 2016, p. 460-479.

[399] BORBA, José Edwaldo Tavares. *Direito Societário*. Rio de Janeiro: Renovar, 2003.

[400] Sobre o ponto, David Bilchitz destaca que "*Directors have a fiduciary duty to act in the 'best interests of the company': if the company is conceived of as a socially embedded entity, then all directors — no matter who appoints them — must take seriously both the social and individual imperatives thereof. It is better thus not to conceive of directors as being locked into representing a particular constituency and rather encouraging a wider sociallyresponsible and holistic engagement from all directors*" (BILCHITZ, David. *Fundamental rights and the legal obligations of business*. Cambridge: Cambridge University Press, 2022, p. 375).

empresa. A empresa é, assim, especificamente projetada para permitir que riscos sejam assumidos. Esse regime cria incentivos para a maximização de lucro. No Estado Constitucional de Direito, contudo, não é possível que essa estrutura normativa se converta em um caminho para a busca patológica de lucro.[401]

A tutela jurídica da empresa e os estímulos à assunção de riscos não podem chegar ao ponto de sacrificar os interesses socioambientais que a Constituição protege sob a forma de direitos fundamentais. A funcionalização social da empresa, nesse aspecto, impõe o equilíbrio entre os interesses econômicos da empresa com os interesses socioambientais protegidos pela Constituição. Esse não é, de fato, um equilíbrio trivial. O exercício de *devida diligência em direitos fundamentais*, como se verá no último capítulo, é o caminho para o balanceamento entre, de um lado, os riscos sociais produzidos pela empresa e, de outro lado, os riscos para a empresa da interferência do Estado em sua liberdade de iniciativa.

Já com atraso, portanto, é chegada a hora de superar a resistência das empresas à constitucionalização das relações empresariais, de modo a adotar uma postura mais aberta e comprometida com os valores constitucionais. Isso implica reconhecer a importância dos direitos fundamentais na regulação das atividades empresariais, além de considerar os impactos sociais e ambientais das atividades econômicas. Somente assim será possível construir uma sociedade mais justa, solidária e em conformidade com o projeto constitucional brasileiro, e, na urgência de crises climáticas e sanitárias, capaz de garantir a nossa existência.

3.3 Conclusão parcial: a responsabilidade socioambiental corporativa — da benemerência à constitucionalização

As resistências das empresas e da dogmática jurídica empresarial à constitucionalização das relações da empresa, em especial no exercício de controle e administração societária, não são uma particularidade brasileira.[402] Em uma concepção libertária, a empresa é um meio projetado

---

[401] BAKAN, Joel. *The Corporation*: The Pathological Pursuit of Profit and Power. New York: Free Press, 2004.

[402] David Bilchitz destaca que "*The libertarian vision of the corporation thus conceives of it ultimately as a vehicle designed to enable individuals to express their economic interests in conducting business*

para permitir que indivíduos expressem os seus interesses econômicos e maximizem a sua riqueza com responsabilidade limitada. Não cabe incluir nada nos objetivos da empresa que não seja imediatamente relacionado à obtenção de lucro.[403]

A ideia de responsabilidade socioambiental corporativa é, nessa concepção libertária, contrária à própria *raison d'être* da empresa. Isso, além de aprofundar a ilha da empresa, conduziu a inadequada propagação da frase de Milton Friedman de que *"a responsabilidade social da empresa é aumentar os seus lucros"*.[404] Qualquer atuação voltada ao atendimento de interesses coletivos socialmente relevantes seria vedada. Nessa concepção libertária, até mesmo o exercício de ações filantrópicas é questionado. Isso porque significaria o exercício de empresa em desconformidade com o seu objetivo social, utilizando-se capital alheio sem autorização estatutária. O administrador que assim procedesse, com se viu, estaria descumprindo os seus deveres fiduciários com os acionistas.

Em consequência, para além de cumprir as leis sem engano e fraude, não haveria qualquer dever jurídico capaz de orientar as decisões da empresa à remoção e/ou à mitigação de seus impactos negativos sobre os direitos fundamentais. Entretanto, a ascensão da agenda ESG no mundo, na esteira das crises de crédito, sanitária e climática, recolocou foco sobre o debate já antigo sobre a responsabilidade social corporativa, exigindo novas compreensões sobre *o que* a empresa deve fazer e *como* ela deve agir.

Em agosto de 2019, a *U.S. Business Roundtable*, uma associação que reúne os presidentes das maiores empresas norte-americanas[405] publicou uma inovadora declaração de princípios sobre os objetivos de

---

profitably. This view is often linked with the problematic conception of the nature of a corporation — as being wholly reducible to the individuals underlying it" (BILCHITZ, David. *Fundamental rights and the legal obligations of business*. Cambridge: Cambridge University Press, 2022, p. 38).

403 BILCHITZ, David. *Fundamental rights and the legal obligations of business*. Cambridge: Cambridge University Press, 2022, p. 38.

404 A frase consta de artigo de 13 de setembro de 1970, do *The New York Times*, escrito por Milton Friedman, com o título: *A Friedman Doctrine — The social responsibility of business is to increase its profits*. (FRIEDMAN, Milton. A Friedman Doctrine — The social responsibility of business is to increase its profits. New York Times, New York, 13.09.1970. Disponível em: https://www.nytimes.com/1970/09/13/archives/a-friedman-doctrine-the-social-responsibility-of-business-is-to.html).

405 De acordo com as informações disponíveis no site da US Business Roundtable, a associação reúne representantes das 200 maiores empresas dos Estados Unidos, responsáveis pela movimentação de 10 trilhões de dólares por ano (24% do Produto Interno Bruto dos EUA). Disponível em: https://www.businessroundtable.org/about-us . Acesso em: 3 abr. 2023.

uma corporação ("*statement on the purpose of a Corporation*"[406]). Diferente de todas as declarações lançadas pela influente associação desde 1997, a carta de princípios sinalizou a necessidade de orientar a atuação das empresas para além dos interesses financeiros dos acionistas.[407] O documento registrou o seguinte preceito: "*Cada parte interessada é essencial. Comprometemo-nos a valorizar todas elas, para o sucesso de nossas empresas, de nossas comunidades e do nosso país*".[408]

A mudança de uma compreensão histórica de primazia de interesse de *shareholders* (acionistas) traduziu a substituição da teoria da maximização da riqueza dos acionistas pela teoria de equilíbrio dos interesses dos *stakeholders.*[409] Em vez de continuar a orientar as decisões corporativas pela exclusiva maximização do valor da empresa (interesse dos acionistas), assumiu-se como fundamental dirigir as decisões corporativas de forma a equilibrar os interesses de todos aqueles envolvidos e/ou impactados pela atividade empresarial: não apenas os acionistas, mas também consumidores, empregados, fornecedores, parceiros e comunidades. E isso, como constou do novo *slogan* da US Business Roundtable, para o *sucesso* das empresas, mas também do *Estado*. A mudança de orientação, declarada por associação de empresas da maior economia do planeta, marcadamente refratária à intervenção estatal na economia, foi retratada em artigo da revista *Fortune*,[410] com a constatação de que "*Friedman must be turning in his grave*".

A assimilação de medidas de responsabilidade socioambiental corporativa pelas empresas foi resultado de uma progressiva compreensão

---

[406] Disponível em: https://system.businessroundtable.org/app/uploads/sites/5/2023/02/WSJ_BRT_POC_Ad.pdf. Acesso em: 3 abr. 2023.

[407] A Declaração da US Business Roundtable afirma que "*while each of our individual companies serves its own corporate purpose, we share a fundamental commitment to all of our stakeholders*".

[408] Tradução livre. A redação no original constante da Declaração da US Business Roundtable de 2019 é a seguinte: "*Each of our stakeholders is essential. We commit to deliver value to all of them, for the future success of our companies, our communities and our country*".

[409] O detalhamento das teorias de maximização do valor dos acionistas e de equilíbrio dos interesses dos *stakeholders* pode ser visto em BAZANINI, Roberto *et al.* A teoria dos *stakeholders* nas diferentes perspectivas: controvérsias, conveniências e críticas. *Revista Pensamento & Realidade*, v. 35, n. 2, p. 43-58, maio/ago. 2020.

[410] Alan Murray, em artigo na *Fortune Magazine*, de 19 de agosto de 2019, descreveu que a Declaração da US Business Roundtable de 2019 faria Milton Friedman, economista e professor da Universidade de Chicago, conhecido pela defesa da economia de mercado e do monetarismo, se revirar na tumba. Como sintetizado pelo artigo, "*For Friedman it was simple. There is only one social responsibility for business: to engage in activities designed to increase its profits*" (Tradução livre: "Para Friedman era simples. Só há uma responsabilidade social para os negócios: se envolver em atividades feitas para aumentar seus lucros".) Disponível em: https://fortune.com/longform/business-roundtable-ceos-corporations-purpose/. Acesso em: 3 abr. 2023. MURRAY, Alan. *A new purpose for the Corporation. Fortune*, ago. 2019.

de que a governança socioambiental não beneficiava apenas a sociedade em geral. Tratava-se de uma providência estratégica para a sustentabilidade da empresa, convertendo-se em uma vantagem competitiva.[411]

Oded Grajew, fundador do Instituto Ethos, que é uma Organização da Sociedade Civil de Interesse Público voltada a mobilizar empresas a gerirem seus negócios de forma socialmente responsável,[412] explica o conceito de responsabilidade socioambiental corporativa a partir da seguinte reflexão: todos nós fazemos escolhas baseadas em nossas possibilidades, julgamentos, princípios e valores. Por vezes, no entanto, as escolhas são feitas em modo "piloto automático", repetindo acriticamente condutas e discursos.[413] Não dedicamos atenção suficiente para observar quais são os caminhos possíveis para alcançar os nossos objetivos. No caso da empresa, o objetivo é o lucro. Há, contudo, diversas formas de perseguir e alcançar o lucro.

As empresas, nesse ponto, podem ser dirigidas de várias formas. A gestão socioambiental responsável é uma dessas formas. Assim como os indivíduos, que fazem escolhas sobre a forma como irão viver e os riscos que assumirão, as empresas também tomam decisões que resultam em fazeres e não fazeres. Essas escolhas empresariais que se convertem em ações e omissões têm impactos sobre a vida das pessoas que estão sistematicamente submetidas ou se relacionam com o modelo organizado de produção econômica: os acionistas, os funcionários da empresa e seus familiares, as comunidades em que a atividade econômica se desenvolve, as gerações futuras, os consumidores, os fornecedores, os parceiros, os investidores e os concorrentes. A responsabilidade socioambiental corporativa diz respeito, portanto, à atenção com os impactos das ações e das omissões da empresa sobre as pessoas e sobre o ambiente. O seu conceito "*compreende a ideia de que as empresas devem perseguir objetivos sociais que vão além de gerar lucros para os acionistas*".[414]

---

411 SERPA, Daniela Abrantes Ferreira; FOURNEAU, Lucelena Ferreira. Responsabilidade social corporativa: uma investigação sobre a percepção do consumidor. *Revista de Administração Contemporânea — RAC*, v. 11, n. 3, p. 83-103, jul./set. 2007. Disponível em: https://www.scielo.br/j/rac/a/8qyLFBVV4FvyKqDKQWsZSrc/?format=pdf&lang=pt. Acesso em: 20 set. 2023.

412 Disponível em: https://www.ethos.org.br/conteudo/o-instituto/. Acesso em: 20.06.2023.

413 A reflexão pode ser lida no prefácio do livro de BARBIERI, José Carlos; CAJAZEIRA, Jorge Emanuel Reis. *Responsabilidade Social Empresarial e Empresa Sustentável*: da teoria à prática. São Paulo: Saraiva, 2019.

414 GOMES, Marcus Lívio; ABREU, Paula Santos de. Responsabilidade Social Corporativa: um Novo Limite ao Planejamento Fiscal? *In*: CAMPOS, Carlos Alexandre de Azevedo; OLIVEIRA, Gustavo da Gama Vital de; MACEDO, Marco Antonio Ferreira (org.). *Direitos fundamentais e estado fiscal*: estudos em homenagem ao Professor Ricardo Lobo Torres.

Nesse aspecto, é de se indagar: existe uma moral corporativa que deve orientar as empresas a agirem de forma responsável em relação aos impactos socioambientais de suas atividades? Em caso afirmativo, qual porção dessa moral foi convertida em dever jurídico pela Constituição? Qual é, em consequência, o espaço de autonomia para que as escolhas da empresa observem os seus impactos socioambientais?

A ideia de uma moral corporativa alimentou muitos debates que, essencialmente, se ocuparam de responder sobre a existência de uma agência moral da empresa para definir se a responsabilização pelos atos seria da pessoa jurídica ou de seus sócios. Carlos Portugal Gouvêa destaca que "*o coletivismo e o individualismo mostraram-se presos a uma mesma dicotomia falsa: a de que, se existe agência moral, existe base para a responsabilização e, se não existe agência moral, não existe base para a responsabilização de companhias*".[415]

O debate entre a mera reunião de indivíduos (esses com responsabilidades morais) e um coletivismo para a formação de uma pessoa (ficção legal com responsabilidade moral) é, de fato, irrelevante para a responsabilização da empresa. Afinal, o entendimento uniforme das teorias de personalidade jurídica e societárias é o de que a empresa é um centro de imputação de direitos e deveres.[416] No Brasil, assim como na maior parte dos sistemas jurídicos, reconhece-se a capacidade das pessoas jurídicas de serem titulares de direitos e de contraírem obrigações. Aliás, a responsabilidade da empresa por seus atos, independentemente da responsabilidade individual de seus administradores e sócios, é expressa na Constituição (CRFB/1988, art. 173, §5º; art. 225, §3º). Ela é igualmente afirmada em leis, como a Lei Anticorrupção (Lei nº 12.846/2013), que dispõem sobre a responsabilização direta da empresa por atos lesivos.

Apesar disso, a força da controvérsia sobre a agência moral da pessoa jurídica contribuiu para oferecer um fundamento teórico para

---

Salvador: Juspodivm, 2019. Em igual sentido: DARCY, Shane. The elephant in the room: corporate tax avoidance & business and human rights. *Business and Human Rights Journal*, v. 2, n. 1, 2017, p. 16: "*corporate social responsibility can be characterized broadly as voluntary business-led attempts to address social and environmental issues arising in the context of corporate activities*".

415 GOUVÊA, Carlos Portugal. *A Estrutura da Governança Corporativa*. São Paulo: Quartier Latin, 2022. p. 430.

416 Sobre a pessoa jurídica como centro de imputação de direitos e deveres, v. COMPARATO, Fabio Konder; SALOMÃO FILHO, Calixto. *O poder de controle na sociedade anônima*. Rio de Janeiro: Forense, 2014. A afirmação sobre a uniformidade da concepção de pessoa jurídica como centro de imputação é feita por GOUVÊA, Carlos Portugal. *A Estrutura da Governança Corporativa*. São Paulo: Quartier Latin, 2022. p. 430.

uma atuação de agentes econômicos com indiferença aos impactos de exploração do trabalho, degradação ambiental e desintegração social.[417] Essa noção de irresponsabilidade social da empresa, como já exposto, ganhou notoriedade em 1970, quando Milton Friedman publicou um artigo na *The New York Times Magazine*, com o título "*The Social Responsability of Business is to Increase its Profits*", afirmando que "*only people can have responsibilities. A corporation is an artificial person and in this sense may have artificial responsibilities*".[418]

A ideia de irresponsabilidade, de todo modo, passou a ser desafiada pela compreensão de que as empresas têm estruturas internas de tomada de decisão, que atribuem razões de agir dissociadas das razões de seus administradores e acionistas.[419] Diante disso, com o fortalecimento das estruturas de governança, diversas empresas passaram a editar códigos de ética ou de conduta para explicitar os valores que orientariam a sua atuação em casos de dilemas morais no mercado, com seus empregados e com o ambiente externo.[420]

Nesse quadro, em meio e como contraponto ao discurso de irresponsabilidade, construiu-se a ideia de que as empresas teriam, sim, responsabilidades sociais, mas elas seriam determinadas pela própria organização, ou, no máximo, por órgãos e entidades de classe. Esse quadro de autorregulação, sem fiscalização e controle, conduziu a uma multiplicidade de exigências e roteiros de agência moral. Por outro lado, também resultou em cobranças ambiciosas sobre as empresas para que tivessem "licença social para operar". Formou-se, com isso, um sistema de controle social externo baseado nas relações entre as empresas e seus *stakeholders*.[421] Tudo isso em um ambiente pleno de autorregulação.

---

[417] POLANYI, Karl. *A Grande Transformação*: as origens de nossa época. Rio de Janeiro: Campus, 2000, p. 138.

[418] FRIEDMAN, Milton. A Friedman Doctrine — The social Responsibility of Business Is to Increase Its Profits. New York Times, Nova Iorque, 13.09.1970. Disponível em: https://www.nytimes.com/1970/09/13/archives/a-friedman-doctrine-the-social-responsibility-of-business-is-to.htm.

[419] FRENCH, Peter A. The Corporation as a Moral Person. *American Philosophical Quarterly*, v. 16, n. 3, p. 207-215, jul. 1979.

[420] SAPELLI, Giulio. *Morality and Corporate Governance*: Firm Integrity and Spheres of Justice. Milan: Springer, 2013, p. 11.

[421] John Ruggie destaca que "*o descumprimento de normas sociais pode afetar a licença social de operação da empresa (...) Portanto, empresas estão sujeitas a dois sistemas distintos de governança externa: o do direito e da autoridade pública e o sistema social e civil, fora do controle do estado, baseado nas relações entre corporações e seus stakeholders*" (RUGGIE, John Gerard. *Quando negócios não são apenas negócios*: as corporações multinacionais e os direitos humanos. São Paulo: Abril, 2014. p. 148).

Desde a sua origem, portanto, a ideia de responsabilidade social corporativa foi cercada de controvérsias e extremos.[422] Nos dois lados, de toda sorte, a responsabilidade social corporativa foi concebida como uma esfera de atuação integralmente voluntária.[423] A ideia subjacente era a de que a livre-inciativa e a opção pelo modelo de livre mercado vedariam qualquer imposição estatal nos objetivos estatutários.

Há, é certo, uma parcela da responsabilidade socioambiental corporativa que trata de atuação voluntária da empresa, que se relaciona com a promoção de bem-estar do entorno da empresa e de sua cadeia produtiva. Contudo, em ordenamentos como o brasileiro, que se orientam pelos princípios da solidariedade social e da função social da empresa, a condução de atividades econômicas conforme padrões morais relacionados aos direitos fundamentais não é uma opção, mas uma exigência constitucional.

Por sinal, em 2020, a Diretora-Executiva do *Global Compact*, a maior iniciativa voluntária de responsabilidade corporativa, declarou publicamente a insuficiência de regimes voluntários de responsabilidade socioambiental corporativa.[424] Como destacado pelo Centro de Informação sobre Empresas e Direitos Humanos, uma organização social dedicada à agenda de empresa e direitos humanos, *"por volta de metade (46.2%) das maiores empresas do mundo avaliadas pelo Benchmark de Direitos Humanos Corporativos em 2020 foram incapazes de demonstrar qualquer evidência no que tange à identificação ou à mitigação de problemáticas de direitos humanos em suas cadeias produtivas"*.[425]

Em razão disso, há um crescente movimento ao redor do mundo para atribuição de eficácia jurídica a deveres relacionados à reponsabilidade socioambiental.[426] É o caso da lei de devida diligência da França

---

[422] Keith Davis assinala a dificuldade de elaborar uma definição para a reponsabilidade social corporativa. Sobre as controvérsias envolvendo o tema, v. DAVIS, Keith. The Case For and Against Business Assumption of Social Responsibilities. *The Academy of Management Review*, v. 16, n. 2, 1973.

[423] CRANE, Andrew; MATTEN, Dirk; SPENCE, Laura J. *Corporate Social Responsibility*: Readings and Cases in a Global Context. Oxon: Routledge, 2014.

[424] Disponível em: https://www.pactoglobal.org.br/noticia/pacto-global-anuncia-apoio-a-due-diligence-obrigatoria-de-direitos-humanos/. Acesso em: 28 out. 2023.

[425] Disponível em: https://www.business-humanrights.org/pt/temas-relevantes/devida-dilig%C3%AAncia-obrigat%C3%B3ria/. Acesso em: 10 jan. 2024.

[426] É o que destaca Claire Bright: "*For instance, France adopted the French Duty of Vigilance law in 2017 which requires large French companies to establish, effectively implement and disclose a vigilance plan setting out due diligence measures taken in relation to the companies' own activities, the companies under their control, or from the activities of their subcontractors and suppliers with whom they have an established business relationship. The Netherlands adopted the Dutch Child Labour Due Diligence Act adopted in 2019 requires companies that supply goods or services*

(Lei nº 2017-399),[427] da lei de devida diligência na cadeia produtiva da Alemanha, em vigor desde janeiro de 2023,[428] e da proposta de Diretivas do Parlamento Europeu de Devida Diligência e Sustentabilidade Corporativa.[429]

A empresa, como centro de imputação de direitos e deveres, é dotada de autonomia privada. Mas o exercício dessa autonomia é materialmente conformado e limitado pela Constituição. Há, nesse passo, deveres socioambientais corporativos que são juridicamente vinculantes por imposição constitucional. Não há, afinal, liberdade de empresa fora ou em contrariedade à Constituição.

É uma obviedade que a Constituição é uma norma jurídica, dotada de caráter imperativo, cujos comandos podem ser tutelados se não forem espontaneamente respeitados.[430] Sem embargo, a ideia ainda encontra resistência para conformar o discurso de responsabilidade social corporativa. Como já se expôs, agentes econômicos privados passaram a concentrar enorme poder econômico, financeiro, tecnológico, político e cultural. Entre as cem maiores economias do planeta, sessenta e nove são empresas.[431] O poder de ditar como vivemos e como será o nosso futuro é uma realidade. Diante disso, os compromissos para construção de uma sociedade livre, justa e solidária dependem da cautela e das condutas que esses centros fragmentados de poder têm sobre o seu entorno e em sua cadeia produtiva.

A falta de efetividade das normas constitucionais nas relações da empresa, além dos riscos e danos causados às pessoas e ao ambiente, contribui para comprometer a credibilidade da Constituição. A manutenção de espaços de poder que se blindaram da força normativa da

---

to Dutch end-users to exercise human rights due diligence in relation to child labour. Recent legislation on mandatory due diligence have also been adopted in Germany and in Norway and have been put forward in several other jurisdictions" (BRIGHT, Claire. *Corporate Due Diligence*: History and Future Prospects. *In:* ABREU, Jorge M. Coutinho de; MARTINS, Alexandre de Sorveral; DIAS, Rui Pereira. *Dever de diligência das empresas e responsabilidade empresarial*. Coimbra: Coimbra, 2022.

[427] Disponível em: https://www.legifrance.gouv.fr/jorf/id/JORFTEXT000034290626/. Acesso em: 10 mar. 2021.

[428] Disponível em: https://www.bafa.de/DE/Lieferketten/Multilinguales_Angebot/multilinguales_angebot_node.html#:~:text=The%20Act%20on%20Corporate%20Due,with%20at%20least%203%2C000%20employees. Acesso em: 10 jan. 2023.

[429] Disponível em: https://www.europarl.europa.eu/doceo/document/TA-9-2023-0209_PT.html. Acesso em: 19 ago. 2023.

[430] SARMENTO, Daniel. *Direitos fundamentais e relações privadas*. Rio de Janeiro: Lumen Juris, 2004, p. 70.

[431] Disponível em: https://www.globaljustice.org.uk/news/69-richest-100-entities-planet-are-corporations-not-governments-figures-show/. Acesso em: 20 jun. 2023.

Constituição corrói o sistema de justiça, assim como a própria ideia de emancipação pela Constituição.

A teoria constitucional que impõe uma modalidade de eficácia especializada para as empresas, exigindo o controle e o gerenciamento de riscos e danos aos direitos fundamentais no exercício da atividade econômica, é o aceno de recuperação de efetividade e de credibilidade da Constituição em um espaço fundamental para o desenvolvimento social e econômico, mas que conta com vulnerabilidades e assimetrias que precisam ser enfrentadas.

CAPÍTULO 4

CONSTITUIÇÃO E EFETIVIDADE DOS DIREITOS FUNDAMENTAIS NO CONTEXTO DA EMPRESA

Os Princípios Orientadores das Nações Unidas tratam da afirmação de responsabilidades das empresas relacionadas aos direitos fundamentais. Para além da mera abstenção, como uma observância passiva do Direito, articulou-se a projeção de uma função ativa: a devida diligência em direitos humanos, concretizada pela condução de processos de controle e gerenciamento dos impactos adversos da atividade econômica sobre os direitos fundamentais.

Apesar da recente ebulição da agenda ESG e da revitalização dos debates sobre o papel da empresa em relação aos direitos fundamentais, ainda não há clareza sobre a natureza das responsabilidades socioambientais da empresa, tendo força a compreensão de que é uma ação voluntária. No Brasil, o recentemente revogado[432] Decreto nº 9.571/2018 estabelecia as Diretrizes Nacionais sobre Empresas e Direitos Humanos. Não fazia, contudo, qualquer indicação concreta de reformas que pudessem orientar políticas e práticas administrativas. Carlos Portugal Gouvêa, inclusive, designa que a edição do decreto é um retrato de imobilidade governamental em relação à implementação dos Princípios Orientadores.[433]

[432] O Decreto nº 9.571/2018 foi recentemente revogado pelo Decreto nº 11.772, de 9 de novembro de 2023, que instituiu um grupo de trabalho interministerial para a elaboração de proposta da Política Nacional de Direitos Humanos e Empresas.

[433] Sobre o ponto, Carlos Portugal Gouvêa destaca: "*Por um lado, o decreto representa uma demonstração de esforço no sentido de implementar os Princípios Orientadores, mas, por outro, o fato de não ter dado indicações concretas com relação a qualquer reforma administrativa ou judicial*

Nesse aspecto, pesquisa empírica realizada sobre o avanço da implementação de políticas de direitos humanos por empresas listadas no Novo Mercado B3, que são aquelas que atendem padrões mais elevados de governança corporativa no Brasil, apurou um cenário pouco otimista sobre a efetiva incorporação dos Princípios Orientadores. A partir da análise dos Formulários de Referência anuais, que são os informes de comunicação e de prestação de contas da companhia para compreensão e avaliação dos valores mobiliários por ela emitidos, aferiu-se que, de 127 companhias pesquisadas, apenas 22 faziam referências superficiais sobre políticas de direitos humanos.[434]

Assim, se por um lado é possível dizer que os Princípios Orientadores constituem uma plataforma de recomendações para políticas de fortalecimento da proteção dos direitos humanos, com a expansão para alcançar de forma direta e independente as empresas, por outro lado, houve baixa repercussão interna na incorporação das suas diretrizes e na interpretação da ordem jurídica interna. Cabe, portanto, após identificar a sua conformidade com os princípios da ordem econômica e a exigência de incorporação de valores socioambientais protegidos pelos direitos fundamentais no processo decisório da empresa, examinar como esse fenômeno de mudança de papéis das empresas se relaciona com a teoria dos direitos fundamentais.

As compreensões de direitos fundamentais e de seus efeitos correlatos têm, contudo, uma relação direta com a forma como concebemos o Estado, a sociedade e, claro, a relação que se estabelece entre o Estado e a sociedade. Desde a conformação dos Estados modernos, essas concepções variaram significativamente. Passamos do Estado liberal ao Estado social, chegando a um ideal de Estado socioambiental, que incorpora os desafios colocados ao mundo contemporâneo: a degradação da humanidade pelo acelerado processo de destruição social e ambiental. A articulação de um conjunto de responsabilidades que vão condicionar a liberdade de empreender para exigir condutas ativas das empresas se insere nesse contexto de reformulação dos papéis do Estado e de ascensão de compromissos e de responsabilidades sociais relacionados à nossa existência concreta.

---

que pudesse refletir a implementação das propostas para maior proteção dos direitos humanos no Brasil reforça a ideia de que o governo brasileiro não dá ao tema a sua devida importância" (GOUVÊA, Carlos Portugal. *A Estrutura da Governança Corporativa.* São Paulo: Quartier Latin, 2022. p. 488).

434 GOUVÊA, Carlos Portugal *et al*. Governança Corporativa e direitos humanos: uma análise empírica no novo mercado. *Revista Internacional de Direitos Humanos e Empresas*, v. 3, n. 2, p. 139-158, fev./jul. 2019.

Esse processo de transformação, como se demonstrará, resultou no reforço de eficácia jurídica do princípio da solidariedade, com a afirmação de deveres de prevenção e de precaução em relações privadas. A exigência de medidas preventivas para preservação de direitos fundamentais se alinha com a formulação dos Princípios Orientadores das Nações Unidas, que orientam a adoção de processos de prevenção de danos a direitos fundamentais.

Neste capítulo, portanto, o objetivo é demonstrar que a teoria de eficácia horizontal dos direitos fundamentais, no contexto das empresas, é chamada a incorporar mais do que o *respeito*, como mera abstenção de causar dano. Por razões de efetividade e de segurança jurídica, no exercício de atividade econômica privada, tornou-se necessário falar em funções ativas das empresas voltadas à realização de direitos fundamentais. Isso para mitigar as assimetrias de poder e de informação nas relações da empresa, com ganhos de transparência, previsibilidade e de capacidade de controle interno e externo. Esse processo conduzirá à conclusão parcial sobre as transformações de sujeitos e da forma de proteção dos direitos fundamentais na realidade da globalização e da revolução digital.

4.1 Do Estado liberal ao Estado socioambiental de direito: as transformações das concepções de Estado e de direitos fundamentais

A afirmação de incidência dos direitos fundamentais nas relações entre particulares, atualmente aceita com relativo consenso no ordenamento jurídico brasileiro, foi uma história de derrubada de barreiras. A admissão de uma modalidade de eficácia especializada, que impõe uma conduta empresarial preventiva de danos para os direitos fundamentais, pressupõe ir ainda mais adiante. Afinal, trata da mitigação *prima facie* de blindagens que se relacionam com o próprio fundamento do regime jurídico de empresa: a engenharia jurídica que habilita os indivíduos a incorrerem em riscos para empreender, com (alguma) imunização de responsabilidades pessoais. A intensidade dessa imunização foi sendo gradativamente desafiada na passagem que vai do Estado liberal ao Estado social, até se chegar ao ideal de Estado socioambiental de Direito.

A revalorização da ideia de solidariedade, para rearticular as compreensões de liberdade, valorizada pelo Estado liberal, e de igualdade, que constituiu o compromisso do Estado social, é o que fundamenta a ampliação do campo de eficácia dos direitos fundamentais e, consequentemente, justifica o discurso de deveres corporativos relacionados à consecução desses direitos. A despeito disso, como visto, a responsabilidade socioambiental corporativa continua enquadrada como atividade filantrópica e voluntária. A voluntariedade para atender objetivos socioambientais, como se viu, não é compatível com a função social da empresa, nem com a exigência de máxima efetividade e aplicabilidade imediata dos direitos fundamentais. Além disso, é contrária à interpretação do ordenamento jurídico orientada pelo princípio constitucional da solidariedade social.

Veja-se: a história dos direitos fundamentais é também a história do surgimento dos Estados modernos e, mais adiante, do constitucionalismo. Trata-se, em essência, de uma busca por fórmulas para a limitação do uso abusivo e arbitrário do poder. Isso significa que a positivação de direitos fundamentais tem uma função: assegurar níveis máximos de autonomia e dignidade aos indivíduos.[435] A *dimensão funcional* dos direitos fundamentais estabelece, assim, um comando para a reconstrução institucional permanente, de modo que o regime de respeito, proteção e promoção seja aderente ao objetivo de preservação da dignidade humana, independentemente da natureza do agente que exerça poder com aptidão para corromper os imperativos éticos que protegem a humanidade.[436] É justamente esse comando de reconstrução institucional que levou ao reconhecimento e à consagração pelas constituições de novos direitos fundamentais e, consequentemente, atribuiu novas funções aos Estados e à sociedade.

Os Estados nacionais foram conformados a partir da superação da fragmentação do poder entre senhores feudais, nobreza, reis e igreja. Nesse momento de transição da Idade Média para a reunificação do poder político, a grande questão em aberto era *como* garantir um governo fundado na soberania popular, que fosse ao mesmo tempo absoluto em relação aos seus próprios autores. A solução hobbesiana foi a criação de uma ficção de pessoa[437] investida do poder soberano, que foi alienado pelos indivíduos da multidão dispersa do estado de natureza.

---

[435] PEREIRA, Jane Reis Gonçalves. Apontamentos sobre a aplicação das normas de direito fundamental nas relações entre particulares. *In:* BARROSO, Luís Roberto (org.). *A nova interpretação constitucional:* ponderação, direitos fundamentais e relações privadas. Rio de Janeiro: Renovar, 2003, p. 163.

[436] A natureza do agente é relevante para a determinação da intensidade de vinculação aos deveres de respeito, proteção e promoção, mas é indiferente para a afirmação da existência de deveres.

[437] A ideia de Estado como ficção jurídica, desenvolvida no século XIX, se opõe à teoria da realidade e à teoria orgânica de Estado.

O poder soberano, assim, originário das pessoas não seria nem mais delas, nem do governante, mas, por contrato,[438] do Estado/Leviatã. O Estado moderno se converteu, então, em um centro supremo e impessoal de autoridade, oponível de forma absoluta ao povo e desvinculado da capacidade de desempenho de seus governantes.[439] A centralização do poder político, contudo, conduziu ao absolutismo. A concentração de poder do Estado absolutista evidenciou os riscos de arbítrio e opressão. Era preciso, portanto, proteger o indivíduo do despotismo do Estado, reconhecendo o espaço de liberdade que não poderia ser ultrapassado. No ideário liberal formado a partir do contratualismo hobbesiano,[440] com a subsequente influência de John Locke,[441] o reconhecimento de direitos humanos significou um correlato dever de abstenção do Estado para a criação de *"uma esfera imune a interferências estranhas"*.[442] O Estado era o adversário da liberdade e *"por isso, cumpria limitá-lo em prol da garantia dos direitos do homem"*.[443]

No Estado liberal, portanto, os direitos fundamentais foram concebidos como limites para a atuação do Estado em relação aos

[438] As teorias contratualistas de Estado são teorias ideais, que conformaram a compreensão de Estado moderno. Ao lado delas há teorias organicistas, religiosas, de conflito e dominação. As teorias contratualistas são fundadas no racionalismo, em concepção iluminista de uma criação humana para solucionar um problema. Em comum, as teorias contratualistas de Hobbes, Locke e Rousseau se baseiam em três fases: o Estado de Natureza, o Contrato Social e o Estado. São, contudo, bem diversas, as concepções de Contrato Social e da figura do homem no Estado de Natureza para cada uma das teorias contratualistas.

[439] SKINNER, Quentin. The state. *In:* BALL, Terence, FARR, James, HANSON, Russell L. *Political Innovation and conceptual change*. Cambridge University Press: Cambridge, 1995.

[440] É corrente a identificação da teoria de Hobbes como fundamento para o absolutismo. É, por exemplo, o que afirma David Hume: *"A política de Hobbes serve apenas para promover a tirania e sua ética para encorajar a licenciosidade. Embora um inimigo da religião, ele não compartilha de nada do espírito de ceticismo, mas é tão positivo e dogmático como se a razão humana, e sua razão em particular, pudessem atingir uma convicção completa nesses assuntos"* (HUME, David. *A História da Inglaterra:* da invasão de Júlio César à Revolução. São Paulo: UNESP, 2016). É também a leitura da Hannah Arendt, no sentido de que o *Leviatã* seria uma homenagem à maneira tirânica de conduzir o Estado com sua filosofia civil (ARENDT, Hannah. *Sobre a Revolução*. São Paulo: Companhia das Letras, 2011, p. 223). Essa não é, contudo, a leitura de Renato Janine Ribeiro. Renato Janine Ribeiro anota que o pensamento hobbesiano não é do despotismo, nem do absolutismo: é o da soberania — o reconhecimento, no interior do corpo político, de um poder soberano perante o qual nenhum privilégio localizado, nenhum direito adquirido subsista. E fundar esse poder na representação coloca nos súditos a sua força e fonte de legitimação (RIBEIRO, Renato Janine. *Ao leitor sem medo:* Hobbes escrevendo contra o seu tempo. Belo Horizonte: UFMG, 2004).

[441] LOCKE, John. *Segundo tratado sobre o governo civil e outros escritos*. Petrópolis: Vozes, 2001

[442] MAIA, Antonio Cavalcanti; MENEZES, Tarcísio. Republicanismo Contemporâneo, Constituição e Política. *In:* SARMENTO, Daniel (org.). *Filosofia e Teoria Constitucional Contemporânea*. Rio de Janeiro: Lumen Juris, 2009, p. 29/54.

[443] SARMENTO, Daniel. *Direitos fundamentais e relações privadas*. Rio de Janeiro: Lumen Juris, 2004, p. 23.

indivíduos, criando-se uma fronteira rígida entre a esfera pública e a esfera privada. Os deveres projetados pelos direitos reconhecidos ao indivíduo impunham uma redução ao mínimo de ação estatal. Essa perspectiva, na Economia Política, se converteu na concepção de Estado Mínimo: o modelo econômico do *laissez-faire*, que atribui à "mão invisível" do mercado os caminhos para a solução de problemas, conduzindo a sociedade a um desenvolvimento harmonioso.[444] Estavam, assim, criadas as barreiras para o alcance dos direitos fundamentais às relações privadas, em especial para as relações econômicas.

Ocorre que os excessos do capitalismo, com os retratos de exploração do homem pelo homem em relações de trabalho, de consumo ou mesmo nas relações de família, se tornaram um problema que o Estado Liberal não tinha como resolver. Os seus deveres limitados de abstenção não permitiam qualquer interferência para a equalização de relações privadas e assimétricas de poder. A garantia de segurança, que era o dever fundamental do Estado Liberal, destinava-se exclusivamente a preservar a pessoa abstratamente considerada, os seus direitos e a sua propriedade. Nesse aspecto, na crítica ao liberalismo formulada por Karl Marx, "*o conceito de segurança não chega para elevar a sociedade civil acima do próprio egoísmo. A segurança surge antes como a garantia do seu egoísmo*".[445]

Esse quadro acabou por "*desnaturar a ideia de liberdade e por dar a deixa para a famosa pergunta de Proudhon: Où est la liberté du non proprietaire? (Onde está a liberdade do não proprietário?)*".[446] Diante disso, na primeira metade do século XIX, na Inglaterra e na Alemanha começaram a surgir normas de proteção social, relacionadas sobretudo ao trabalhador, com a progressiva consolidação da ideia de que a efetiva fruição de liberdades dependia da verificação do homem contextualizado em suas relações sociais.

A acentuação dos quadros de exploração humana, associada à pressão social de trabalhadores que se organizavam em sindicatos e ao receio de rupturas revolucionárias socialistas, conduziu a uma revisão dos deveres do Estado, assentando-se um novo modelo de Estado: o

---

444 Hayek, em *O Caminho da Servidão*, criou as bases para o liberalismo econômico clássico, com foco na liberdade individual e na eficiência dos mercados: HAYEK, Friedrich. *O caminho da servidão*. Rio de Janeiro: Instituto Liberal, 1990.

445 MARX, Karl. *A questão judaica*. Lisboa: Lusosofia, 1989, p. 25.

446 SARMENTO, Daniel. *Direitos fundamentais e relações privadas*. Rio de Janeiro: Lumen Juris, 2004, p. 31.

Estado Social.[447] Ao lado dos deveres de abstenção, decorrentes das liberdades individuais reconhecidas pelo Estado Liberal, o Estado Social passou a agregar deveres promocionais, voltados à garantia de condições mínimas de existência. A garantia de igualdade meramente formal foi qualificada para, ao lado dela, promover a igualdade material, tendo como base uma relação cada vez mais extensa de direitos sociais e econômicos.[448]

A irrestrita liberdade econômica designada pelo ideal de mercado livre produziu imensa desigualdade e quadros de exploração social, mas também falhas que impediam o seu próprio funcionamento: a concentração de capital impulsionou a formação de monopólios que afetavam a livre concorrência. A economia de mercado engolia-se e afetava o desenvolvimento econômico e social. Tornava-se, então, necessário que o Estado provesse garantias sociais, mas também disciplinasse as forças do mercado.[449] E foi a grande crise do capitalismo, marcada pela quebra da Bolsa de Nova Iorque em 1929, que marcou a transição definitiva para o novo modelo de Estado, que, de *"inimigo número um dos direitos humanos, passa à condição de agente promotor destes direitos"*.[450]

É nesse contexto que a proteção à propriedade privada foi flexibilizada, de forma a condicioná-la ao cumprimento de sua função social,[451] assim como se relativizou a autonomia negocial, para a proteção de partes vulneráveis nas relações sociais. A tradicional divisão de espaço público e espaço privado foi, portanto, rompida com o aumento do intervencionismo estatal para combater a injustiça social, conter o poder abusivo do capital e prestar serviços públicos à população.[452] Como destaca Daniel Sarmento, é exatamente nesse momento de embaçamento das fronteiras entre espaço público e privado, a ponto de

---

447 BONAVIDES, Paulo. *Do Estado liberal ao Estado social*. São Paulo: Malheiros, 2013.

448 As Constituições Mexicana, de 1917, e de Weimar, de 1919 foram as primeiras a positivar direitos sociais em seus textos.

449 GRAU, Eros Roberto. *A Ordem Econômica na Constituição de 1988:* interpretação e crítica. São Paulo: Malheiros, 2010.

450 SARMENTO, Daniel. *Direitos fundamentais e relações privadas*. Rio de Janeiro: Lumen Juris, 2004, p. 35.

451 COMPARATO, Fabio Konder. *Direitos e Deveres fundamentais em matéria de propriedade*. *In:* STROZAKE, Juvelino José (org.). *A questão agrária e a justiça*. São Paulo: Revista dos Tribunais, 2000, p. 130/147.

452 Norberto Bobbio pontua que, *"com o declínio dos limites à ação do Estado, cujos fundamentos éticos haviam sido encontrados pela tradição jusnaturalista na prioridade axiológica do indivíduo com respeito ao grupo, e a consequente afirmação dos direitos naturais do indivíduo, o Estado foi pouco a pouco se reapropriando do espaço conquistado pela sociedade civil burguesa"* (BOBBIO, Norberto. *Estado, Governo e Sociedade*. Rio de Janeiro: Terra e Paz, 1987, p. 25).

sequer ser possível sustentar uma dicotomia rígida, que se passou a situar a incidência dos direitos fundamentais nas relações privadas.[453] A concentração de poder de instâncias não estatais e o aumento da desigualdade material que resultaram do Estado Liberal e que justificaram a própria transição para um regime mais intenso de intervenção estatal orientaram também a revisão da concepção que confinava os direitos fundamentais apenas às relações entre indivíduos e Estado.[454] O poder de atores privados foi logo assumido como fonte de abuso e arbítrio, justificando-se a sua limitação pela vinculação ao *respeito* aos direitos fundamentais.[455]

Contudo, se no Estado Social o poder já se encontrava fragmentado e distribuído por diversas entidades, em especial empresas, esse processo de deslocamento e fragmentação, como já visto,[456] foi acelerado com a globalização econômica. Na década de 1990, o avanço tecnológico e das telecomunicações ampliou mercados e diminuiu as distâncias, diluindo a importância das fronteiras nacionais. Ao mesmo tempo, o crescimento do déficit público de muitos Estados, em razão do aumento da expectativa de vida, com a consequente elevação de gastos com saúde e previdência, colocou em crise as bases do Estado Social. O Estado, então, se debilitou, deteriorando-se a sua capacidade de regular as variáveis que impactavam em sua economia, assim como de formular e implementar políticas públicas para a garantia dos direitos sociais.

Como resultado, ascenderam as políticas neoliberais, que, na fórmula ditada pelo Consenso de Washington,[457] encaminhavam o

---

453 SARMENTO, Daniel. *Direitos fundamentais e relações privadas*. Rio de Janeiro: Lumen Juris, 2004, p. 42.

454 Sobre o ponto, Daniel Sarmento assinala: "*No contexto da economia capitalista, o poder crescente de instâncias não estatais como as grandes empresas e associações, tornara-se uma ameaça para os direitos do homem, que não poderia ser negligenciada, exigindo que a artilharia destes direitos se voltasse também para os atores privados*" (SARMENTO, Daniel. *Direitos fundamentais e relações privadas*. Rio de Janeiro: Lumen Juris, 2004, p. 42).

455 Ingo Wolfgang Sarlet registra: "*reconhece-se, no âmbito da perspectiva jurídico-objetiva dos direitos fundamentais, que todos, Estado e particulares, se encontram a estes vinculados por um dever geral de respeito, situação que costuma ser identificada com uma eficácia externa dos direitos fundamentais, na qual os particulares assumem a posição de terceiros relativamente à relação indivíduo-poder, na qual está em jogo determinado direito fundamental*" (SARLET, Ingo Wolfgang. *A eficácia dos direitos fundamentais*: uma teoria geral dos direitos fundamentais na perspectiva constitucional. Porto Alegre: Livraria do Advogado, 2018, p. 400).

456 Remete-se, aqui, especificamente ao item "2.1 *Por que empresa e direitos humanos?*", que detalha o movimento de fragmentação e concentração de poder por agentes econômicos privados.

457 Como já destacado o "Consenso de Washington" foi lançado pelo economista John Williamson para descrever o conjunto de políticas apoiadas pelo Fundo Monetário Internacional, pelo Banco Mundial e pelo Tesouro Norte-Americano. As políticas,

retorno à desregulação econômica e à restrição de gastos sociais. A globalização orientada pelas políticas neoliberais, que resultaram na reforma do Estado para diminuir a sua atuação na economia e facilitar as transações econômicas internacionais, ampliou o poder de atores econômicos privados, com a corrosão do poder do Estado de "*subordinar, de modo soberano, os fatores econômicos e sociais que condicionam a vida de cada comunidade política*".[458]

Nesse processo, o próprio monopólio estatal de produção normativa foi flexibilizado porque instâncias privadas nacionais e supranacionais passaram a disciplinar regras de comportamento, mas sem a legitimação democrática ou transparência no processo de elaboração normativa. No atual contexto da ordem da economia globalizada, com o concomitante fortalecimento de atores privados, cujos incentivos são voltados à maximização de lucros, a capacidade de intervenção estatal para a correção de falhas de mercado e para a proteção de interesses socialmente relevantes no exercício da empresa acentuou os riscos de extremos de degradação social e ambiental.[459]

Tal como destacado pelo então Secretário-Geral das Nações Unidas Kofi Annan, por ocasião do lançamento do Pacto Global,[460] a

---

destinadas ao enfrentamento de crises financeiras de Estados em desenvolvimento ou subdesenvolvidos, sobretudo na América Latina, advogavam a premissa de Estado mínimo e de máxima liberalização dos mercados, com a diminuição de regulação e controle da economia. O lema era: reduzir o tamanho do Estado, garantir o livre mercado e aumentar a abertura para o exterior.

458 SARMENTO, Daniel. *Direitos fundamentais e relações privadas*. Rio de Janeiro: Lumen Juris, 2004, p. 47.

459 Já em 1987, o Relatório Bruntdland, elaborado pela Comissão Mundial sobre o Meio Ambiente e Desenvolvimento da ONU, afirmou a nossa dependência existencial ao meio ambiente, assim como o avançado quadro de desigualdade social produzido pelo liberalismo econômico, cujo Estado de Bem-Estar Social tampouco foi capaz de solucionar. Afinal, os limites ao crescimento econômico e a esgotabilidade dos recursos naturais já tinham confrontado as ilusões de que o desenvolvimento social, com suas crescentes demandas e custos, seria integralmente atendido.

460 Tradução livre de trecho do discurso de Kofi Annan no Fórum Mundial de Davos de 1999. No original, com a íntegra do texto: "*Globalization is a fact of life. But I believe we have underestimated its fragility. The problem is this. The spread of markets outpaces the ability of societies and their political systems to adjust to them, let alone to guide the course they take. History teaches us that such an imbalance between the economic, social and political realms can never be sustained for very long. The industrialized countries learned that lesson in their bitter and costly encounter with the Great Depression. In order to restore social harmony and political stability, they adopted social safety nets and other measures, designed to limit economic volatility and compensate the victims of market failures. That consensus made possible successive moves towards liberalization, which brought about the long post-war period of expansion. Our challenge today is to devise a similar compact on the global scale, to underpin the new global economy. If we succeed in that, we would lay the foundation for an age of global prosperity, comparable to that enjoyed by the industrialized countries in the decades after the Second World War. Specifically, I call on you — individually*

realidade de extremos climáticos e de fragilização da nossa existência exige novos pactos, com perspectivas mais solidárias, que reconheçam a interdependência dos seres humanos, uns com os outros, e de nós com a natureza.[461] Esse novo ideal de pacto social, que tem o princípio da solidariedade como marco jurídico-constitucional, conforma a ideia de *Estado Socioambiental de Direito*.[462]

4.2 O reforço da eficácia jurídica da solidariedade como resultado de três grandes crises do século XXI: a afirmação de deveres de prevenção e precaução em relações privadas na jurisprudência do STF

De fato, tanto as concepções liberais como as sociais de Estado não contemplaram em seus projetos políticos a crise ambiental e a realidade da escassez de recursos.[463] Assim sendo, aos desafios de concretização de direitos sociais, que foram deixados no meio do caminho, chegou-se à prescrição de um modelo de Estado socioambiental, que assume novos

through your firms, and collectively through your business associations — to embrace, support and enact a set of core values in the areas of human rights, labour standards, and environmental practices". Disponível em: https://www.un.org/sg/en/content/sg/speeches/1999-02-01/kofi-annans-address-world-economic-forum-davos#:~:text=I%20propose%20that%20you%2C%20the,The%20problem%20is%20this. Acesso em: 22 jun. 2023.

461 Sobre o ponto, Minoushe Shafik destaca: "*Precisamos de um contrato social que ofereça uma arquitetura melhor de segurança e oportunidade para todos, um contrato social que diga respeito menos sobre "eu" e mais sobre "nós", que reconheça nossa interdependência e a use em benefício mútuo; um contrato social que envolva reunir e compartilhar mais riscos uns com os outros para reduzir as preocupações que todos enfrentamos, ao mesmo tempo que otimiza o uso dos talentos em nossas sociedades e permite que os indivíduos contribuam o máximo que puderem. Além disso, significa também preocupar-se com o bem-estar não só dos nossos próprios netos, mas de outros, pois todos eles ocuparão o mesmo mundo futuro*" (SHAFIK, Minouche. *Cuidar uns dos outros:* um novo contrato social. Rio de Janeiro: Intrínseca, 2021, p. 237).

462 A expressão é de José Joaquim Gomes Canotilho, que aponta a existência de duas dimensões jurídico-políticas para a concepção de Estado Socioambiental de Direito: (a) a obrigação de o Estado, em cooperação com outros Estados e cidadãos ou grupos da sociedade civil, promover políticas públicas (económicas, educativas, de ordenamento) pautadas pelas exigências da sustentabilidade ecológica; e (b) o dever de adoção de comportamentos públicos e privados amigos do ambiente de forma a dar expressão concreta à assunção da responsabilidade dos poderes públicos perante as gerações futuras (CANOTILHO, José Joaquim Gomes. *Estado de Direito*. Lisboa: Gradiva, 1999).

463 Tiago Fensterseifer registra que tanto o Estado Liberal como o Social "*não souberam lidar com, e nem mesmo contemplaram no seu projeto político, a crise ambiental, considerando que ambos, respectivamente, o capitalismo industrialista e o coletivismo industrialista, colocaram em operação um modelo industrial agressivo aos valores ambientais da comunidade*" (FENSTERSEIFER, Tiago. Estado Socioambiental de Direito e o princípio da solidariedade social como seu marco jurídico-constitucional. *Direitos Fundamentais & Justiça*, n. 2, p. 132/157, jan./mar. 2008).

compromissos voltados à proteção de interesses comuns e difusos, fundamentais ao nosso existencialismo concreto.[464]

O processo histórico, econômico, político e social, que marcou essa passagem do Estado Liberal ao Estado Social até se chegar ao ideal de Estado Socioambiental, é caracterizado especificamente pelo reconhecimento de deveres de proteção que não mais se vinculam a um titular específico. Isso porque a articulação de direitos de natureza transindividual impõe deveres de proteção que se voltam à própria preservação da humanidade: "*o gênero humano mesmo, num momento expressivo de sua afirmação como valor supremo em termos de existencialidade concreta*".[465] Trata-se da afirmação político-jurídica de nossa interdependência, uns com os outros e de nós com o ambiente.[466] Cuida-se do reconhecimento de eficácia jurídica à solidariedade. Isso não significa um conflito com a liberdade e a igualdade, mas uma conformação conjunta que vai projetar sobre esses valores compromissos sociais de nós uns com os outros, equilibrando conflitos entre direitos individuais e direitos coletivos.[467]

As prescrições sobre o Estado, então, foram ajustadas para se incluir as ameaças e riscos ecológicos que fragilizam a existência humana,

---

[464] Sobre o ponto, Maria Celina Bodin de Moraes, fazendo referência a Paulo Bonavides, registra que, "*afora a seguridade, o século XX assistiu ao desenvolvimento de novos direitos, os quais, na esteira dos direitos de liberdade e da igualdade, vieram trazer uma nova dimensão, de fraternidade ou solidariedade, às constituições e aos ordenamentos ocidentais de um modo geral; daí se dizer que eles seriam direitos de "terceira geração". Entre esses direitos, que não têm por destinatário um indivíduo, um grupo ou um Estado específico, mas o próprio gênero humano, "num momento expressivo de sua afirmação como valor supremo em termos de existencialidade coconcreta", foram incluídos os direitos ao desenvolvimento, à paz internacional, à comunicação e a um meio ambiente sadio e protegido*". MORAES, Maria Celina Bodin de. O Princípio da Solidariedade. *In:* MATOS, Ana Carla Harmatiuk (org.). *A construção dos novos direitos*. Porto Alegre: Nubra Fabris, 2008. p. 232/260.

[465] BONAVIDES, Paulo. *Curso de Direito Constitucional*. São Paulo: Malheiros, 1997, p. 523.

[466] A interdependência com o meio ambiente, que vem sendo reconhecida com muito atraso pelos ordenamentos jurídicos ocidentais e eurocêntricos, é uma realidade de culturas indígenas. Como destaca Alberto Acosta, "*certamente, há que se destacar todas as contribuições e as lutas do mundo indígena, onde a Pacha Mama é parte consubstancial da vida. Em seu mundo, o reconhecimento legal de tais direitos não é necessário. Na civilização ocidental, sim, para que se possa reorganizar a vida dos seres humanos entre si e com a Natureza*" (ACOSTA, Alberto. *O Bem Viver*: uma oportunidade para imaginar outros mundos. São Paulo: Elefante, 2016, p. 125).

[467] Carlos Ayres Britto ressalta a coordenação promovida pelo princípio da solidariedade para equacionar extremos de pretensões individuais, fundadas no direito à liberdade, com extremos de pretensões coletivas, fundadas no direito à igualdade: "*A Fraternidade é o ponto de unidade a que se chega pela conciliação possível entre os extremos da Liberdade, de um lado, e, de outro, da Igualdade. A comprovação de que, também nos domínios do Direito e da Política, a virtude está sempre no meio (medius in virtus). Com a plena compreensão, todavia, de que não se chega à unidade sem antes passar pelas dualidades. Este, o fascínio, o mistério, o milagre da vida*". (BRITTO, Carlos Ayres. *O Humanismo como categoria constitucional*. Belo Horizonte: Fórum, 2007, p. 98).

remodelando-se e ampliando o catálogo de direitos fundamentais para lidar com os impactos negativos da deterioração ambiental e social, das presentes e futuras gerações. No admirável e surpreendente mundo novo em que somos obrigados a enfrentar a nossa degradação, a articulação da solidariedade como um princípio constitucional[468] passou, assim, a condicionar e ressignificar todo o ordenamento jurídico, convertendo-se em caminho para tutelar e recuperar a nossa existência. Nas palavras de Maria Celina Bodin de Moraes, "*a solidariedade, na jurisdicionada sociedade contemporânea, deixou de poder considerar-se como resultante de ações erráticas e eventuais, morais, éticas ou caritativas, para se tornar um princípio geral do ordenamento jurídico, com força normativa, capaz de tutelar o respeito devido a cada um, cabendo exclusivamente à norma jurídica distinguir, no que for essencial, a (peculiar) singularidade individual*".[469]

Assim, se o século XIX assistiu ao triunfo do individualismo, que foi gradativamente conformado e limitado pelo Estado Social para, então, já na segunda metade do século XX, reconhecer uma nova forma de relação entre as pessoas fundada na interdependência, chegamos ao século XXI confrontados por três grandes crises que afirmaram a urgência, já com algum atraso, da conversão de idealizações políticas e de prescrições normativas de solidariedade em realidade: a crise de crédito de 2008, a crise sanitária da covid-19 e a crise climática. Todas elas têm em comum uma crise de valores relacionada aos excessos do individualismo, seja na sua vertente de fundamentalismo de mercado, no desprezo ao financiamento de serviços sociais de saúde e na complacência com a acentuada desigualdade social ou na indiferença pelas gerações futuras.

Em todas essas crises, o que impressionou (e ainda impressiona) é a rapidez de alastramento dos efeitos severos por todo o planeta — fruto da interconexão global —, com ameaças concretas para a nossa existência. Como destaca Mark Carney, que foi Presidente do Banco Central inglês de 2003 a 2020 e serve atualmente como Primeiro-ministro do Canadá, a resposta a essas crises pressupõe "*reformular as relações entre valores e valor, fornecendo as bases para estratégias individuais, de investidores, empresas e países*".[470]

---

[468] A Constituição de 1988 estabelece no art. 3º, inciso I, que é objetivo da República a construção de uma sociedade livre, justa e solidária.

[469] MORAES, Maria Celina Bodin de. *O Princípio da Solidariedade*. *In:* MATOS, Ana Carla Harmatiuk (org.). *A construção dos novos direitos*. Porto Alegre: Nubra Fabris, 2008. p. 232/260, p. 258/259.

[470] Tradução livre em CARNEY, Mark. *Value(s)*: building a better world for all. Dublin: William Collins, 2021, p. 5.

É nesse contexto de crises que a solidariedade social amplia a sua eficácia jurídica, tornando mais intensos os deveres jurídicos de cada indivíduo com o bem-estar dos outros, assimilando-se a ideia de que, para além do Estado, todos nós temos compromissos com a proteção e promoção de direitos fundamentais (individuais, coletivos e difusos) dos outros. Veja-se: não são novas as teorizações sobre a eficácia jurídica da solidariedade ou fraternidade. Em realidade, como registra Peter Häberle, já em 1789, as bases dos Estados constitucionais contemporâneos foram afirmadas pela Revolução Francesa, com a consagração da fraternidade como um postulado ético, mas também jurídico.[471] A solidariedade, no entanto, foi o componente historicamente menos prestigiado do trinômio em que se assentou o ideário revolucionário francês.[472] No Brasil, até a Constituição de 1988, a compreensão jurídica de solidariedade se restringia à acepção obrigacional de uma pluralidade subjetiva submetida à dívida inteira. A "demanda aos semelhantes"[473] era compreendida a partir de uma lógica de benemerência e assistencialismo.

A positivação constitucional da solidariedade na Constituição brasileira, contudo, transformou esse quadro, afastando a solidariedade da noção de um sentimento genérico de fraternidade ou de ação virtuosa que poderia ou não ser praticada dentro de ampla autonomia. O Supremo Tribunal Federal, inclusive, passou a assentar em suas decisões a referência ao princípio constitucional da solidariedade para limitar espaços de autonomia privada em benefício da sociedade como um todo. São exemplos: (i) a decisão na ADI nº 1.003, em que afirmou, com base no princípio da solidariedade, a constitucionalidade da obrigatoriedade de pagamento por consórcio de seguradoras de seguro obrigatório de danos pessoais causados a pessoas vitimadas por veículos automotores não identificados, com seguradora não identificada ou com seguro vencido; (ii) a afirmação de constitucionalidade, na ADC 9, do Programa Emergencial de Redução de Consumo de Energia Elétrica,

---

471 HÄBERLE, Peter. *Libertad, igualdad, fraternidad*: 1789 como historia, actualidad y futuro del estado constitucional. Madrid: Minima Trotta, 1998. p. 89: "*Aquí sigue estando hasta ahora quizá la mayor discrepancia entre promesa y realidad, También e incluso en el Estado constitucional. Pienso en el déficit de plasmación jurídico-positiva y ético-social del postulado de fraternidad de 1789 en la actualidad y en el futuro del Estado constitucional, especialmente actual para la sucesión de generaciones*".

472 SARMENTO, Daniel. *Direitos fundamentais e relações privadas*. Rio de Janeiro: Lumen Juris, 2004, p. 3.

473 MORAES, Maria Celina Bodin de. O Princípio da Solidariedade. *In:* MATOS, Ana Carla Harmatiuk (org.). *A construção dos novos direitos*. Porto Alegre: Nubra Fabris, 2008. p. 232/260, p. 258/259.

que estabelecia metas de consumo e sobretarifa por excesso de consumo, durante a crise de fornecimento de energia do início dos anos 2000; (iii) a declaração de constitucionalidade da contribuição previdenciária incidente sobre proventos de servidores inativos, na ADI nº 3.128; e (iv) a fixação de tese, no regime de repercussão geral no RE 677.725, no sentido da constitucionalidade de previsões normativas que permitem a diminuição em até 50% ou o aumento em até 100% de alíquotas de contribuição ao Seguro de Acidente de Trabalho — SAT, a depender do desempenho da empresa na redução dos riscos inerentes ao trabalho.

Em todos esses casos, no entanto, ao princípio da solidariedade foi reconhecida eficácia interpretativa, não se enfrentando a existência de eficácia positiva ou simétrica à norma constitucional.[474] O princípio constitucional da solidariedade foi contraposto e sopesado com liberdades individuais, para conformar os espaços de autonomia, de maneira a respeitar direitos e garantias de terceiros. Não se afirmaram explicitamente deveres extraídos do princípio constitucional.

As decisões do Supremo Tribunal Federal relacionadas à covid-19, contudo, foram além. Foi no contexto da jurisprudência de crise de covid-19 que o Supremo passou a afirmar que o princípio da solidariedade projetava deveres específicos para a conformação de *ações diligentes* que não causassem dano, nem impusessem risco a direitos fundamentais de terceiros. Apesar de sua abertura e indeterminação semântica, o princípio da solidariedade social recebeu interpretação que delimitou obrigações específicas de cada um de nós para com o bem-estar dos outros: afirmou-se expressamente a existência de deveres privados de prevenção e de precaução.

É o que se extrai da ADI nº 6.855, julgada em fevereiro de 2023, em que o Supremo afirmou a constitucionalidade de medidas sanitárias restritivas, como o isolamento social, quarentena e suspensão e restrição de atividades comerciais, estabelecidas em Decretos estaduais.

---

[474] O que diferencia a norma jurídica de outras espécies normativas, como as normas morais e sociais, é a sua imperatividade associada aos meios para assegurar o seu cumprimento. A eficácia jurídica designa, assim, os efeitos produzidos pela norma, de forma a ser aplicada. A aplicação da norma retrata diferentes modalidades de eficácia. A eficácia simétrica ou positiva trata do reconhecimento de exigibilidade judicial do comando normativo, para que seja convertido em realidade concreta. A eficácia interpretativa, por sua vez, trata da possibilidade de exigir que comandos normativos de hierarquia inferior sejam interpretados de acordo com os de hierarquia superior. As normas constitucionais são normas jurídica, de modo que a elas se reconhece eficácia jurídica. Dependendo da estrutura do enunciado normativo, no entanto, é possível que não se reconheça eficácia positiva ou simétrica, porque a exigibilidade pressupõe complementação legislativa ou administrativa.

O Ministro Relator Luís Roberto Barroso, citando precedentes do tribunal sobre questionamentos de medidas sanitárias, destacou que "*o STF vem reiteradamente decidindo que, em matéria de proteção à vida, à saúde e ao meio ambiente, devem-se observar os princípios da prevenção e da precaução*".

De igual forma, no julgamento das ADI 6.586, ADI nº 6.587 e do ARE nº 1.267.879, relacionados à compulsoriedade da vacinação contra a covid-19, a Ministra Cármen Lúcia registrou que "*a Constituição não garante liberdade às pessoas para que elas sejam soberanamente egoístas*", concluindo que "*não se cogita de vida democrática sem responsabilidade com o outro, sem solidariedade pelo outro*". Dessas assertivas, ainda que não fosse o objeto central da controvérsia constitucional, o Supremo consignou um dever geral de prevenção e precaução, extraído diretamente do princípio da solidariedade social, que passa a conformar condutas individuais, direcionando-as para que assimilem funções de cuidado e de responsabilidade recíprocas, concretizadas, no caso específico julgado, pelo dever de imunização.

Em outro julgado, na ADI nº 6.362, ajuizada pela Confederação Nacional de Saúde, em face de dispositivos da Lei nº 13.979/2020,[475] o Supremo Tribunal Federal rejeitou a pretensão das operadoras privadas de saúde de impedirem a requisição administrativa de seus equipamentos e leitos para o atendimento da população em geral. O antissolidário comportamento dos agentes privados, subjacente ao pedido da Confederação de Saúde para declaração de inconstitucionalidade de dispositivos da lei de enfrentamento à covid-19, foi rechaçado, com a afirmação de que o direito à saúde e à vida de outros (aqueles que não eram contratantes dos serviços das operadoras privadas de saúde) impõe limites morais e constitucionais às liberdades econômicas, designando deveres de atuação comprometida com interesses coletivos.

Por sinal, na ADI nº 6.421, que questionou a limitação das responsabilidades civil e administrativa de agentes públicos por suas decisões relacionadas à pandemia às hipóteses de erro grosseiro e dolo, o STF utilizou o atendimento dos deveres de precaução e prevenção como diretriz para a afirmação de responsabilidades pessoais. Como destacado em passagem do voto do Ministro Edson Fachin, "*É imperioso responder aos desafios* [da crise sanitária] *com rejeição aos apelos autoritários, com legalidade constitucional e com ampla garantia de direitos fundamentais. A democracia, o federalismo cooperativo e a dimensão humanista devem nos*

---

[475] A Lei nº 13.979/2020 dispôs sobre as medidas para o enfrentamento da emergência em saúde pública decorrente do coronavírus de 2019.

conduzir a um futuro comum de solidariedade, caminho a ser trilhado com amparo nos princípios da prevenção e da precaução".

Sobressalta, no caso, a afirmação de que se impõe a "*observância dos princípios constitucionais da precaução e da prevenção, sob pena de se tornarem corresponsáveis por eventuais violações a direitos*".[476] Ainda que se estivesse tratando de agentes públicos, a conclusão do julgado apontou que, diante de ameaças a direitos fundamentais, a verificação de conformidade constitucional de conduta pressupõe o atendimento de deveres pessoais de precaução e prevenção.

O que se evidenciou, portanto, nos julgados relacionados à pandemia, é que a solidariedade social, além dos tradicionais deveres projetados para o Estado, para que institua medidas redistributivas pelos sistemas de seguridade social e promova comportamentos de alteridade, tem também *incidência direta* em relações horizontais, instituindo compromissos para cada indivíduo voltados à preservação do outro pela simples razão de proteção da humanidade. O uso de máscara, o isolamento social, a suspensão de atividades produtivas, a limitação de frequência em espaços privados, com seus inquestionáveis comprometimentos de interesses individuais, são exemplos de deveres recíprocos decorrentes diretamente do princípio da solidariedade social.

Nas relações privadas, portanto, interpretou-se o princípio da solidariedade social como fonte direta de deveres jurídicos de um agir diligente, capaz de evitar danos (prevenção) e com a avaliação de riscos da conduta (precaução). Esses deveres, aliás, não se relacionam apenas com as gerações futuras, como é corriqueiramente vinculada à ideia de precaução. Eles se impõem também para a geração atual. Como destacado pela Ministra Cármen Lúcia, em seu voto na ADI nº 6.586, "*A solidariedade entre gerações é princípio constitucional expresso. A solidariedade entre seres na mesma geração não seria? O sistema não seria democrático nem a liberdade poderia ter esse descompromisso humano*". A solidariedade entre pessoas da presente e de futuras gerações, por sinal, está expressa na determinação constitucional de ser uma obrigação do *Poder Público* e da *coletividade* defender e preservar a sadia qualidade de vida (CRFB/1988, art. 225).

Nesse contexto, contudo, é de se perguntar: a projeção dessa eficácia positiva que impõe um agir diligente é própria de uma jurisprudência de crise, sendo excepcional e transitória? Por um lado, seria possível dizer que sim, já que as restrições às liberdades individuais

---

[476] Trecho da tese fixada pelo Ministro Relator Luís Roberto Barroso na ADI nº 6.421.

e econômicas foram admitidas diante de circunstâncias emergenciais. Isso, por sinal, foi afirmado pelo Ministro Gilmar Mendes, em seu voto na ADPF nº 811, que tratava de vedação à realização presencial de cultos, missas e demais atividades religiosas de caráter coletivo no Estado de São Paulo. O Ministro destacou que *"não é preciso muito para reconhecer o desenvolvimento, entre nós, de uma verdadeira Jurisprudência de Crise, em que os parâmetros de aferição da proporcionalidade das restrições aos direitos fundamentais têm sido moldados e redesenhados diante das circunstâncias emergenciais"*.

Por outro lado, não se pode afastar que as três crises que desafiaram o século XXI conduziram a uma reflexão mais profunda sobre as responsabilidades individuais para com o bem-estar de outras pessoas. Esse processo atribuiu mais intensos e específicos contornos ao princípio da solidariedade social, conformando conteúdos mínimos de deveres correlacionados. O atual estágio de degradação social e ambiental, que sinaliza a incapacidade de recuperação de biomas e de sociedades inteiras consumidas pela exclusão e miséria, justifica a manutenção de reforço de eficácia do princípio da solidariedade social. Como sinaliza Joseph Raz, *"a mudança de circunstâncias pode levar à criação de novos deveres baseados em velhos direitos"*.[477] A interpretação constitucional, como se adverte, pressupõe a interação com fatos e elementos de realidade para a determinação de sentidos do enunciado normativo.[478]

De toda forma, ainda que a interpretação dos efeitos do princípio da solidariedade estivesse condicionada a situações emergenciais, próprias de momentos de crise, essa situação fática continua atendida. *Em primeiro lugar*, porque a crise climática permanece uma questão urgente que ameaça o bem-estar de todo o planeta, afetando desproporcionalmente as comunidades mais pobres e vulneráveis, com prejuízo à segurança alimentar e hídrica, à saúde pública e à biodiversidade.

Em segundo lugar, porque, apesar de se ter superado a fase mais aguda da crise da covid-19, são sólidas as indicações de que pandemias e emergências sanitárias serão cada vez mais frequentes.[479] Assim,

---

[477] Tradução livre do original: *"a change of circumstances may lead to the creation of new duties based on the old right"* (RAZ, Joseph. *The Morality of Freedom*. Oxford: Oxford Press, 1988. p. 171).

[478] BARROSO, Luís Roberto; BARCELLOS, Ana Paula de. O começo da história: a nova interpretação constitucional e o papel dos princípios no direito brasileiro. *In*: SILVA, Virgilio Afonso da (org.). *Interpretação constitucional*. São Paulo: Malheiros, 2010.

[479] Como apontado por publicação do Butantan, com base em relatório produzido em agosto de 2021, por uma força-tarefa científica liderada pelo Instituto de Saúde Global da Universidade de Harvard (HGHI) e pelo Centro para o Clima, Saúde e Meio Ambiente Global da Escola de Saúde Pública TH Chan, também de Harvard, *"o risco do surgimento de*

a superação pontual de uma delas não descarta a necessidade de se preparar para as outras. Diante disso, continuam presentes as circunstâncias excepcionais que levaram à afirmação dos deveres privados de precaução e prevenção.

Em terceiro lugar, porque, como resultado da crise financeira de 2008, da crise sanitária da covid-19 e da progressiva conscientização sobre a crise climática, ocorreram transformações socioculturais sobre as nossas responsabilidades individuais que não podem ser descartadas para a interpretação do Direito. A conformação da chamada "geração Z", que designa jovens altamente conectados, interessados em pertencer a comunidades inclusivas e solidárias, é uma realidade que vem modificando a forma como se compreende a propriedade, como são feitos investimentos financeiros e sobre como se consomem bens e serviços.

Em quarto lugar, porque as crises do século XXI, com as transformações socioculturais que vieram a reboque, também foram assimiladas pelos agentes econômicos privados, que passaram a equilibrar riscos e resiliência nas suas operações.[480] A incorporação de fatores socioambientais e de preocupações intergeracionais à gestão de negócios se transformou em uma necessidade para minimizar riscos e contribuir para a sustentabilidade dos negócios a longo prazo. A interdependência com as comunidades e o ambiente em que operam foi uma realidade que o mundo corporativo precisou internalizar para sobreviver.

Portanto, as três crises, mas essencialmente a crise sanitária da covid-19, reforçaram as noções de responsabilidade coletiva, chamando a atenção para as interconexões que fazem da existência individual dependente dos destinos dos outros. Como já citado, estamos todos presos em uma teia de mutualidade, entrelaçados em um único tecido do destino.

A transposição para o contexto empresarial dessa eficácia extraída do princípio da solidariedade social se aproxima da noção de *devida diligência* constante dos Princípios Orientadores das Nações Unidas.

---

novas pandemias existe justamente pela situação global que vivemos. Com invasão de áreas rurais para ampliação de cidades, os animais silvestres passam a ter uma proximidade maior com os seres humanos e, consequentemente, aumentam as probabilidades de transmitirem algum tipo de vírus. O tráfico de animais silvestres e a caça excessiva também se tornam um risco". Disponível em: https://butantan.gov.br/noticias/depois-da-covid-19-sera-que-estamos-preparados-para-novas-pandemias-. Acesso em: 23 jun. 2023.

[480] Mark Carney, sobre o ponto, destaca: "*The searing experience of the twin health and economic crisis will change how companies balance risk and resilience. We are entering a world where business will be expected do prepare for black swans by valuing anti-fragility and planning for failure*" (CARNEY, Mark. *Value(s)*: building a better world for all. Dublin: William Collins, 2021, p. 259).

Afinal, como já exposto, os princípios consignam responsabilidades diretas e independentes para que as empresas identifiquem, previnam, mitiguem, tratem, monitorem e comuniquem os seus impactos potenciais (precaução) e reais (prevenção) sobre os direitos humanos. Já há, portanto, na jurisprudência do Supremo, interpretação constitucional que *afirma a existência de deveres preventivos privados para a proteção de direitos fundamentais.*

Contudo, apesar da afirmação de deveres de prevenção e precaução em relações horizontais, reconhecendo-se um dever geral de cuidado, que pode significar a atribuição de funções ativas para não violar nem ameaçar direitos fundamentais de terceiros, não há na jurisprudência do STF manifestação específica sobre *como* as empresas atendem esse dever, nem qual é a extensão da vinculação constitucional para a sua exigibilidade e controle. Na busca de substância para a eficácia dos direitos fundamentais no exercício de atividade econômica privada ainda é preciso, portanto, assentar os fundamentos para a afirmação de deveres corporativos extraídos diretamente dos direitos fundamentais, que vão além do *respeito* como mera abstenção.

4.3 A eficácia horizontal dos direitos fundamentais: a vinculação jurídica da responsabilidade socioambiental corporativa relacionada a direitos fundamentais

Como ressaltado na introdução do livro, a afirmação de responsabilidades jurídicas das empresas relacionadas ao regime de proteção dos direitos fundamentais pressupõe, *em primeiro lugar*, saber se as empresas têm obrigações extraídas diretamente dos direitos fundamentais. A partir daí, pode-se determinar o conteúdo dessa eficácia dos direitos fundamentais. Isso com o objetivo de atribuir segurança jurídica às atividades da empresa, de seus administradores e investidores, assim como alinhar as expectativas estatais e sociais sobre a proteção dos direitos fundamentais no contexto empresarial.

Nesse passo, é especificamente a teoria de eficácia horizontal que permite responder afirmativamente à incidência dos direitos fundamentais nas relações da empresa e justificar a eficácia jurídica das responsabilidades socioambientais da empresa. As teorias que, a partir da década de 1950, em especial na Alemanha, passaram a admitir a aplicação dos direitos fundamentais nas relações entre particulares (*Drittwirkung*), em linhas gerais, se dividiram em, de um lado, defesas de eficácia direta ou imediata e, de outro lado, propostas de eficácia indireta ou mediata.[481] A controvérsia dizia respeito à forma de vinculação de atores privados aos direitos fundamentais. É dizer: se os direitos fundamentais podem ser diretamente exigidos, inclusive por imposição judicial, ou se caberia ao legislador a mediação para atribuir densidade aos valores constitucionais, limitando-se a eficácia à interpretação de cláusulas gerais e conceitos jurídicos indeterminados.[482]

No Brasil, diferente da Alemanha, em que ganhou maior projeção a teoria da eficácia indireta,[483] a orientação doutrinária predominante é a de que há "*uma vinculação direta (imediata) prima facie também dos particulares aos direitos fundamentais*".[484] E, como visto no tópico anterior, essa também passou a ser uma orientação estruturada na jurisprudência do STF, que foi reforçada no contexto de julgamentos relacionados à pandemia de covid-19.[485] Independentemente dos debates sobre a forma

---

481 A exposição detalhada das teorias sobre a incidência de direitos fundamentais nas relações privadas, inclusive com a apresentação de visões que rejeitam a eficácia horizontal, pode ser lida em SARMENTO, Daniel. *Direitos fundamentais e relações privadas*. Rio de Janeiro: Lumen Juris, 2004.

482 Virgílio Afonso da Silva sintetiza que "*a grande diferença entre o modelo de aplicabilidade direta e modelo de efeitos indiretos, visto anteriormente, consiste na desnecessidade de mediação legislativa para que os direitos fundamentais produzam efeitos nas relações entre particulares*" (SILVA, Virgílio Afonso da. *A constitucionalização do direito*: os direitos fundamentais nas relações entre particulares. São Paulo: Malheiros, 2005, p. 89).

483 Sobre o ponto, v. SARLET, Ingo Wolfgang. *A eficácia dos direitos fundamentais*: uma teoria geral dos direitos fundamentais na perspectiva constitucional. Porto Alegre: Livraria do Advogado, 2018, p. 401: "*De acordo com a orientação dominante no Tribunal Federal Constitucional da Alemanha, os direitos fundamentais exercem sua influência na esfera do direito privado por intermédio dos dispositivos que regem cada área específica do direito, de modo especial, por meio das cláusulas gerais e dos conceitos carentes de interpretação e integração*". Em igual sentido, ALEXY, Robert. *Teoria dos direitos fundamentais*. São Paulo: Malheiros, 2012, p. 529.

484 SARLET, Ingo Wolfgang. *A eficácia dos direitos fundamentais*: uma teoria geral dos direitos fundamentais na perspectiva constitucional. Porto Alegre: Livraria do Advogado, 2018, p. 401. Em igual sentido, afirmado a eficácia direta e imediata dos direitos fundamentais, diante do ordenamento constitucional brasileiro, SARMENTO, Daniel. *Direitos fundamentais e relações privadas*. Rio de Janeiro: Lumen Juris, 2004; SILVA, Virgílio Afonso da. *A constitucionalização do direito*: os direitos fundamentais nas relações entre particulares. São Paulo: Malheiros, 2005.

485 Como observa Daniel Sarmento, apesar da jurisprudência do STF, anterior às decisões relacionadas à covid-19, admitir a aplicabilidade direta dos direitos fundamentais nas relações privadas, tendo ganhado notoriedade o voto do Ministro Gilmar Mendes, no RE 201.819, j. em 11.10.2005, sobre o direito à ampla defesa que a União Brasileira de Compositores deveria assegurar aos seus associados, não havia uma afirmação generalizada de incidência dos direitos fundamentais na esfera das relações privadas. Sobre o tema, v. SARMENTO, Daniel. A vinculação dos particulares aos direitos fundamentais. *In:* SARMENTO, Daniel. SARLET, Ingo Wolfgang (org.). *Direitos Fundamentais no Supremo Tribunal Federal*: Balanço e Crítica. Rio de Janeiro: Lumen Juris, 2011. Outro caso julgado pelo STF, que ganhou notoriedade pela admissão de eficácia direta dos direitos fundamentais em relações privadas foi o RE 161.243, j. em 29.10.1996, que tratou da inconstitucionalidade, por violação ao

de incidência, tanto no modelo de aplicação indireta como no modelo direto, afirma-se que os direitos fundamentais projetam efeitos jurídicos sobre atores não estatais. Isso porque os direitos fundamentais têm uma dupla dimensão: designam tanto direitos subjetivos, que atribuem pretensões individuais para a tutela de posições jurídicas; assim como espelham a ordem de valores mais relevantes de uma comunidade política, que, por isso, pressupõe proteção e promoção.[486] Como anota José Carlos Vieira de Andrade, "*os direitos fundamentais não podem ser pensados apenas do ponto de vista dos indivíduos, enquanto faculdades ou poderes de que estes são titulares, antes valem juridicamente também do ponto de vista da comunidade, como valores ou fins que esta se propõe a prosseguir*".[487]

Isso quer dizer que, além de serem limites para o exercício de poder político, impondo deveres de abstenções correlatos a direitos subjetivos de defesa, os direitos fundamentais consagram os valores fundantes do ordenamento, projetando deveres de proteção e de promoção. É essa *dimensão objetiva* que vai justificar a expansão de incidência dos direitos fundamentais para o âmbito das relações privadas, de modo a limitar a autonomia das empresas para se proteger "*a pessoa humana da opressão exercida pelos poderes sociais não estatais, difusamente presentes na sociedade contemporânea*".[488]

Os Princípios Orientadores das Nações Unidas, no entanto, diante da ascensão dos agentes econômicos privados no cenário internacional, partiram da afirmação da eficácia dos direitos fundamentais nas relações privadas para afirmar mais do que o *respeito*.[489] Passou-se a articular um conteúdo de responsabilidades mais amplo do que a

---

princípio da igualdade, de uma previsão de plano de benefícios e de carreira da *Air France*, que beneficiava empregados franceses em detrimento de não-franceses. O exame do caso relacionado à eficácia dos direitos fundamentais em relações privadas por ser lido em SILVA, Virgílio Afonso da. A constitucionalização do direito: os direitos fundamentais nas relações entre particulares. São Paulo: Malheiros, 2005, p. 94.

[486] É o que destaca Daniel Sarmento: "*Reconhece a doutrina contemporânea a existência de uma dupla dimensão dos direitos fundamentais, porque estes constituem, simultaneamente, fonte de direitos subjetivos que podem ser reclamados em juízo e as bases fundamentais da ordem jurídica, que se expandem para todo o direito positivo*" (SARMENTO, Daniel. *Direitos fundamentais e relações privadas*. Rio de Janeiro: Lumen Juris, 2004, p. 135).

[487] ANDRADE, José Carlos Vieira de. *Os direitos fundamentais e Controle de Constitucionalidade*. São Paulo: Celso Bastos Editor, 1998, p. 32.

[488] SARMENTO, Daniel. *Direitos fundamentais e relações privadas*. Rio de Janeiro: Lumen Juris, 2004, p. 136.

[489] Sobre o ponto, v. RATNER, Steve R. Corporations and human rights: A Theory of Legal Responsibility. *Yale Law Journal*, v. 111, n. 3, p. 443/545, dez. 2001: "*Long before those cases, German courts had developed the notion of third-party (or horizontal) effect (Drittwirkung), holding that some German constitutional rights affect private legal relationships*".

noção restrita de *respeito* como mera abstenção. Mas isso sob a forma de normas sociais.[490] É dizer: os Princípios Orientadores designam que as empresas adotem um padrão de conduta em relação aos direitos humanos, mas o seu descumprimento não tem qualquer consequência jurídica. O inadimplemento dessas normas sociais pode gerar riscos reputacionais e boicotes de consumidores, mas não autorizaria intervenção judicial para forçar o seu cumprimento.

Como exposto no capítulo 2, no Direito Internacional não há normas jurídicas, mas a articulação de deveres sociais de agir de forma diligente, de controlar os riscos e de monitorar os impactos negativos da própria atividade e das condutas de parceiros comerciais sobre as suas cadeias de valor. Essa noção de normas sociais, sem consequências jurídicas pelo descumprimento, foi incorporada pelo revogado Decreto nº 9.571/2018, que estabelecia as Diretrizes Nacionais sobre Empresas e Direitos Humanos. O ato normativo federal (indevidamente, na linha do que se articula no livro) registrava o caráter integralmente voluntário do regime de responsabilidade das empresas.[491]

É certo que as consequências sociais relacionadas ao descumprimento de normas sociais, como exemplificam os já citados boicotes publicitários e de consumidores a empresas com condutas socioambientais que violam direitos fundamentais,[492] são relevantes e não podem ser desprezadas. Em grande medida, foram essas consequências sociais que mobilizaram mudanças de práticas corporativas e levaram à adesão ou à edição de códigos de ética e de conduta empresarial. Contudo, como demonstram os já citados estudos empíricos sobre os impactos de códigos de conduta voluntários,[493] ou mesmo os Princípios Orientadores

---

[490] As diferenças entre normas sociais e normas jurídicas podem ser lidas em BOBBIO, Norberto. *Teoria da Norma Jurídica.* São Paulo: Edipro, 2016.

[491] O Decreto nº 9.571, de 21 de novembro de 2018, recentemente revogado, estabelecia as Diretrizes Nacionais sobre Empresas e Direitos Humanos. O ato incorporou, em linhas gerais, os *Guiding Principles on Business and Human Rights* da Organização das Nações Unidas. Assim como os Princípios Orientadores, o Decreto Federal, no §2º do art. 1º, consignava o caráter voluntário da responsabilidade da empresa em relação aos impactos de suas atividades sobre os direitos humanos: "*Art. 1º Este Decreto estabelece as Diretrizes Nacionais sobre Empresas e Direitos Humanos, para médias e grandes empresas, incluídas as empresas multinacionais com atividades no País. (...) §2º As Diretrizes serão implementadas voluntariamente pelas empresas*".

[492] Os boicotes sociais são objeto de estudo recente de administração de empresas e podem ser definidos como "*o ato do consumidor deixar de comprar um produto ou um serviço de uma empresa em função de não concordar com uma ação ou com o conjunto de ações e atitudes de uma empresa*" (CRUZ, Breno de Paula Andrade. Boicote Social. *Revista Brasileira de Gestão de Negócios*, São Paulo, v. 19, n. 63, p. 5/29, jan./mar. 2017).

[493] OLIVEIRA, José Antonio Puppim de *et al.* A implementação do Pacto Global pelas empresas do Paraná. *Revista de Gestão Social Ambiental*, v. 2. n. 3, p. 92/110, set./dez. 2008, p. 108.

das Nações Unidas,[494] a dependência ao voluntarismo não impulsionou transformações que levassem à adesão das empresas ao sistema de proteção de direitos fundamentais.[495] Os processos de avaliação de risco empresariais continuam centrados sobre os riscos para as empresas, sem incorporar o exame dos riscos que elas produzem para terceiros.[496]

Mais além, cartas de compromisso meramente formais e declaratórias confundem o mercado, minam a confiança de consumidores, fornecedores, investidores e comunidades impactadas pela atividade econômica, desorientando a capacidade do Estado e da sociedade de fiscalização dos impactos negativos da empresa sobre o ambiente em que operam. Esse é o atual quadro controverso e ainda sem transparência que gravita sobre a agenda ESG, com as denúncias de práticas de *greenwashing* e de *bluewashing*.

É necessário, assim, ter previsibilidade sobre *como* as empresas podem demonstrar que a observância aos direitos fundamentais é constitutiva de sua atividade econômica. Isso, inclusive, para que os agentes econômicos não se sujeitem a boicotes e retaliações por consumidores

---

[494] GOUVÊA, Carlos Portugal *et al*. Governança Corporativa e direitos humanos: uma análise empírica no novo mercado. *Revista Internacional de Direitos Humanos e Empresas*, v. 3, n. 2, p. 139/158, fev./jul. 2019.

[495] Conforme registrado pela Comissão Europeia, na exposição de motivos da proposta de Diretivas de Devida Diligência e Sustentabilidade, que foi objeto de acordo provisório recente do Parlamento e do Conselho Europeu, "*A ação voluntária não parece ter resultado numa melhoria em grande escala em todos os setores e, consequentemente, observam-se externalidades negativas da produção e do consumo da UE, tanto dentro como fora da União. Algumas empresas da UE têm sido associadas a efeitos negativos nos direitos humanos e no ambiente, nomeadamente nas suas cadeias de valor*". Disponível em: https://eur-lex.europa.eu/legal-content/EN/TXT/?uri=CELEX%3A52022PC0071&qid=1705150897448. Acesso em: 10 jan. 2024. Em sentido contrário, Gunther Teubner afirma que há "*alguns estudos empíricos que merecem especial atenção. Eles demonstram que em alguns casos os códigos trouxeram mudança real; ou seja, aprimoraram as condições de trabalho, incrementaram a proteção ambiental e forçaram standards de direitos humanos*". (TEUBNER, Gunther. Autoconstitucionalização de corporações transnacionais? sobre a conexão entre os códigos de conduta corporativos (*Corporate Codes of Conduct*) privados e estatais. *In*: SCHWARTZ, Germano (org.). *Juridicização das esferas e fragmentação do direito na sociedade contemporânea*. Porto Alegre: Livraria do Advogado, 2012. p. 109-126). Teubner, de toda forma, ressalva que os estudos precisam ser qualificados. De toda sorte, como exposto, estudos mais recentes indicam a insuficiência dos instrumentos de *soft law* e de códigos de ética voluntária para assegurar a adesão de empresas às práticas socioambientais responsáveis.

[496] SMITH, Lise; BRIGHT, Claire *et al*. *Study on due diligence requirements through the supply chain*: final report. Serviço das Publicações, 2020. Disponível em: https://data.europa.eu/doi/10.2838/39830, p. 221: "*Traditional reporting on risks and internal risk management processes of companies tend to focus on the risks to the company rather than the risks to those external rightsholders which are actually or potentially affected. Risks are assessed based on materiality of the risks to the company, instead of the severity of the risks to those affected. Even severe harms to those affected may not necessarily pose material risks to the company, whether in the short, medium or long term*".

e ONGs, porventura capturadas por interesses comerciais de concorrentes, com riscos reputacionais para a continuidade dos negócios. Essa transparência e previsibilidade na atuação das empresas depende do reconhecimento de eficácia jurídica às responsabilidades socioambientais para garantir: (i) segurança jurídica com a conformação sobre *o que* deve ser feito; (ii) a uniformização de expectativas sociais sobre a empresa; e (iii) a atribuição de clareza para fundamentar mecanismos de controle e fiscalização, internos e externos da empresa.

A atribuição de contornos absolutos de voluntariado e filantropia para a responsabilidade corporativa se contrapõe, assim, à teoria da eficácia horizontal dos direitos fundamentais e aos deveres privados de prevenção e precaução afirmados pela jurisprudência do STF. Note-se que até mesmo em conformações libertárias de empresa[497] há o reconhecimento, ao menos, do dever de *respeito* ao direito vigente. Isso, por certo, não exclui as normas constitucionais de direitos fundamentais. A noção de que a Constituição é uma norma jurídica, dotada de caráter imperativo e de mecanismos para assegurar o seu cumprimento, já suficientemente detalhada pela doutrina e jurisprudência,[498] não é compatível com uma concepção de responsabilidade social corporativa que inclua toda e qualquer ação da empresa relacionada a direitos fundamentais como ato voluntário e filantrópico. Isso, afinal, conduziria à negação total de eficácia aos dispositivos constitucionais que positivam os direitos fundamentais, em contrariedade ao art. 5º, §1º, da Constituição.

Além disso, compreendendo-se que os direitos fundamentais têm a função específica de assegurar níveis máximos de autonomia e dignidade aos indivíduos, independentemente da origem e da natureza

---

[497] É o que se extrai da seguinte passagem de artigo escrito por Milton Friedman sobre responsabilidade social corporativa: "*But the doctrine of "social responsibility" taken seriously would extend the scope of the political mechanism to every human activity. It does not differ in philosophy from the most explicitly collectivist doctrine. It differs only by professing to believe that collectivist ends can be attained without collectivist means. That is why, in my book "Capitalism and Freedom," I have called it a "fundamentally subversive doctrine" in a free society, and have said that in such a society, "there is one and only one social responsibility of business—to use its resources and engage in activities designed to increase its profits so long as it stays within the rules of the game, which is to say, engages in open and free competition without deception fraud*" (FRIEDMAN, Milton, A Friedman Doctrine — The social Responsibility of Business Is to Increase Its Profits. New York Times, Nova Iorque, 13.09.1970. Disponível em: https://www.nytimes.com/1970/09/13/archives/a-friedman-doctrine-the-social-responsibility-of-business-is-to.html).

[498] Veja-se, por todos, BARROSO, Luís Roberto. *O Direito Constitucional e a Efetividade de suas Normas*. Rio de Janeiro: Renovar: 2006.

do agente que os ameace ou viole,[499] não há como conceber um vazio de eficácia jurídica se os riscos de violação por atos de empresa são expressivos. No contexto de progressiva concentração de poder pelas empresas, com aptidão de violação, mas também de domínio sobre bens e serviços necessários à concretização dos direitos fundamentais,[500] recusar a projeção de deveres às empresas também levaria à inefetividade dos direitos fundamentais.

Esse descompasso sobre a natureza do regime das responsabilidades socioambientais corporativo, como já dito, apenas amplia a insegurança jurídica sobre o que se pode esperar das empresas, como elas podem cumprir suas responsabilidades e, consequentemente, como todos nós podemos qualificar o regime de proteção dos direitos fundamentais. Como já se pontuou, o recurso das Nações Unidas à figura de normas sociais para fixação das responsabilidades das empresas tratou de uma estratégia para a consolidação de um quadro referencial, em um contexto de controvérsias sobre a aprovação de normas jurídicas internacionais que estabelecessem deveres para empresas.[501] A inexistência de eficácia jurídica no plano internacional, entretanto, não determina a natureza das normas no plano interno dos Estados. Muito ao contrário. Como demonstrado, as diretrizes do Direito Internacional trataram de um apelo à interpretação e à conformação dos ordenamentos jurídicos dos Estados ao quadro referencial de responsabilidades empresariais sobre os direitos humanos.

Esse quadro referencial do Direito Internacional dos Direitos Humanos foi elaborado justamente pela situação de vulnerabilidade

---

[499] PEREIRA, Jane Reis Gonçalves. Apontamentos sobre a aplicação das normas de direito fundamental nas relações entre particulares. *In:* BARROSO, Luís Roberto (org.). *A nova interpretação constitucional:* ponderação, direitos fundamentais e relações privadas. Rio de Janeiro: Renovar, 2003, p. 163.

[500] A dependência de bens e serviços controlados por agentes econômicos privados para a realização de direitos é destacada por David Bilchitz: "*At both a national level and internationally, there is an intertwining of state and private sector control over the vital resources necessary to realise rights*" (BILCHITZ, David. *Fundamental Rights and the legal obligations of business.* Cambridge: Cambridge University Press, 2022, p. 309).

[501] É o que destaca, em tom crítico, David Bilchitz: "*Infelizmente, na busca de Ruggie por consenso, parece que ele caiu em algumas dessas armadilhas e fez concessões de princípio que os defensores dos direitos humanos deveriam se recusar a aceitar. Um dos elementos mais controversos das Normas* [*Draft Norms*] *era a afirmação de responsabilidades legais vinculativas das empresas para com a realização dos direitos humanos. Ruggie tenta acalmar a preocupação das empresas nesse sentido, negando que elas tenham obrigações legais internacionais de realizar os direitos humanos e estabelecendo que suas responsabilidades são apenas uma questão de expectativa social*" (BILCHITZ, David. *O marco Ruggie*: Uma proposta adequada para as obrigações de direitos humanos das empresas? *SUR — Revista Internacional de Direitos Humanos*, São Paulo. v. 7, n. 12, p. 209-241, jun. 2010, p. 227).

dos direitos humanos no contexto da empresa. No âmbito interno, além de contrária à natureza jurídica das normas constitucionais, a fundamentação da responsabilidade da empresa em norma social não é capaz de oferecer proteção suficiente aos direitos fundamentais. Em uma realidade de incentivo à maximização de lucro e de relações assimétricas de poder e de informação, a atribuição de eficácia jurídica a comando normativo que impõe a incorporação de interesses socioambientais no processo decisório é essencial para a proteção dos direitos fundamentais, assim como para o próprio exercício da empresa.

4.4 Por que a teoria de eficácia dos direitos fundamentais nas relações privadas não é suficiente: a necessidade de uma teoria especializada para a efetividade dos direitos fundamentais e para a segurança jurídica dos negócios

A centralidade do ser humano, de sua dignidade e dos direitos fundamentais é um ideal, como visto, tanto do Direito Internacional como do Direito brasileiro. No Brasil, a Constituição de 1988 rompeu com a visão de funcionalização do indivíduo aos interesses do Estado[502] e consagrou a dignidade humana como o centro do sistema jurídico e estatal. Desde então, muitos esforços doutrinários, jurisprudenciais e normativos foram feitos para transformar o ideal de centralidade do ser humano e de seus direitos fundamentais em realidade.[503]

Ao lado da formulação de políticas públicas e da edição de leis relacionadas à concretização de direitos previstos na Constituição, houve um esforço específico para o desenvolvimento de uma dogmática de expansão da eficácia jurídica e da efetividade da Constituição como um todo, mas especialmente dos direitos fundamentais.[504] É essa dogmática de máxima efetividade das normas de direitos fundamentais que: (i) conduz à afirmação da incidência desses direitos nas relações

[502] A superação da ideia de existência de um princípio de supremacia de interesse público pode ser lida em BINENBOJM, Gustavo. Da supremacia do interesse público ao dever de proporcionalidade: um novo paradigma para o direito administrativo. *Revista de Direito da Procuradoria Geral do Estado*, Rio de Janeiro, v. 59, p. 49-82, 2005.

[503] Um catálogo de esforços legislativos, jurisprudenciais e administrativos pode ser lido em BARCELLOS, Ana Paula de. *Direitos Fundamentais e Direito à Justificativa*: Devido Procedimento na Elaboração Normativa. Belo Horizonte: Fórum, 2020. p. 25.

[504] Veja-se, por todos, BARROSO, Luís Roberto. *O Direito Constitucional e a Efetividade de suas Normas*. Rio de Janeiro: Renovar: 2006.

da empresa; e (ii) indica a necessidade de uma especialização da teoria de eficácia nas relações privadas para se exigir mais do que o *respeito*.

O elemento essencial da norma jurídica é a imperatividade de seus efeitos.[505] A juridicidade confere à norma o caráter de obrigatoriedade, assim como a possibilidade de impor a sua realização ou de associar alguma consequência ao seu descumprimento. O objetivo é fazer prevalecer no mundo dos fatos os valores e interesses que são tutelados por uma norma jurídica.

A teoria de eficácia dos direitos fundamentais nas relações privadas foi estruturada justamente para assegurar a efetividade de valores nucleares contidos nas normas de direitos fundamentais no mundo da realidade. A expansão de sua eficácia para os ambientes não estatais foi justificada para a proteção da pessoa humana independentemente da origem da opressão. A tendência de expansão da eficácia dos direitos fundamentais no campo das relações privadas, no entanto, foi orientada para que a proteção não se convertesse em instrumento de violação de liberdades individuais. Isso conduziu à afirmação (i) de um modelo específico de aplicação (*técnica de ponderação*)[506] para dosar a intensidade da limitação à autonomia privada, de modo a, em regra,[507] (ii) projetar abstenções para não violar direitos fundamentais (o dever de *respeito*).[508]

---

505 BARCELLOS, Ana Paula de. *Curso de Direito Constitucional*. 2. ed. Rio de Janeiro: Forense, 2019, p. 51.

506 Ingo Wolfgang Sarlet destaca, nesse sentido, que "*o modo pela qual se opera a aplicação dos direitos fundamentais às relações privadas não é uniforme, reclamando soluções diferenciadas mediante recurso, em especial, à ponderação e correlato teste de proporcionalidade*" (SARLET, Ingo Wolfgang. *A eficácia dos direitos fundamentais*: uma teoria geral dos direitos fundamentais na perspectiva constitucional. Porto Alegre: Livraria do Advogado, 2018, p. 401).

507 Daniel Sarmento, ainda que não estivesse examinando especificamente a efetividade dos direitos fundamentais nas relações da empresa, ao tratar da eficácia de direitos fundamentais transindividuais sobre as relações privadas, afirma que "*seria praticamente inócua a garantia constitucional destes direitos, que tutelam bens jurídicos que podem ser afetados e comprometidos por todos, se a eles só ficassem diretamente vinculados os poderes públicos*". Sugere, assim, que a vinculação direta dos particulares não se restringe a uma obrigação negativa, de não afetar os bens jurídicos por eles protegidos, já que "*pode importar, em certos casos, no reconhecimento de obrigações positivas de caráter prestacional, inferidas diretamente da Constituição*" (SARMENTO, Daniel. *Direitos fundamentais e relações privadas*. Rio de Janeiro: Lumen Juris, 2004, p. 365). A incidência dos direitos fundamentais nas relações entre particulares, mas restrita ao dever de respeito, é apontada por André de Carvalho Ramos: "*Os direitos de defesa, então, têm como consequência inicial a transformação desses direitos em um escudo contra o poder estatal, concretizando exigências de abstenção, derrogação e até mesmo anulação de atos do Estado, o que gera a chamada eficácia vertical dos direitos humanos (indivíduo x Estado). Porém, já é um consenso no Brasil que os direitos de defesa também podem ser invocados contra outros particulares, consagrando a eficácia horizontal dos direitos humanos (relação partícula x particular)*" (RAMOS, André de Carvalho. *Curso de direitos humanos*. São Paulo: Saraiva, 2021. p. 35).

508 Como também aponta Ingo Wolfgang Sarlet, "*assim, reconhece-se, no âmbito da perspectiva jurídico-objetiva dos direitos fundamentais, que todos, Estado e particulares, se encontram a*

É curioso recordar, como anota Virgílio Afonso da Silva, que nos debates iniciais sobre a eficácia dos direitos fundamentais nas relações privadas, a concentração de poder por grandes empresas foi "*o primeiro passo para o reconhecimento da superação da tradicional visão de que somente o Estado poderia ameaçar direitos fundamentais*".[509] Logo, essa vinculação foi estendida para qualquer relação entre particulares, sem fixar possíveis especificidades do regime de proteção nas relações com a empresa.

Por sinal, Daniel Sarmento sinaliza que a assimetria da relação é um fator primordial para considerar a aplicação dos direitos fundamentais nas relações privadas, dizendo que "*quanto maior for a desigualdade, mais intensa será a proteção ao direito fundamental em jogo, e menor a tutela da autonomia privada*".[510] Por certo, quanto maior o potencial de impacto e de vulnerabilidade, maior será a justificativa do ordenamento para condicionar a autonomia privada.

Nesse passo, a progressiva expansão e concentração de poder dos agentes econômicos privados tornou insuficiente o modelo de aplicação pela técnica de ponderação, assim como de projeção de efeitos limitados ao respeito aos direitos fundamentais. Por razões de efetividade e de segurança jurídica, no exercício de atividade econômica privada, é necessário falar em funções ativas e preventivas das empresas voltadas à realização de direitos fundamentais.

Veja-se: o recurso à técnica de ponderação para a solução de conflitos aparentes de normas constitucionais, apesar de útil para determinar a intensidade da projeção de efeitos dos direitos fundamentais em relações privadas, não é capaz de oferecer segurança jurídica para se compreender quais são as condutas que as empresas devem adotar. Por sinal, se as condutas das empresas forem meramente declaratórias e limitadas ao preenchimento de relatórios e *checklists*, onde se comprova apenas a capacidade de preencher questionários, a solução encontrada pela técnica de ponderação será igualmente retórica e incapaz de enfrentar as assimetrias de informação e de poder existentes nas relações das empresas com qualquer parte interessada ou impactada pela atividade econômica.

---

estes vinculados por um dever geral de respeito, situação que costuma ser identificada como uma eficácia externa dos direitos fundamentais" (SARLET, Ingo Wolfgang. *A eficácia dos direitos fundamentais*: uma teoria geral dos direitos fundamentais na perspectiva constitucional. Porto Alegre: Livraria do Advogado, 2018, p. 400).

509 SILVA, Virgílio Afonso da. *A constitucionalização do direito*: os direitos fundamentais nas relações entre particulares. São Paulo: Malheiros, 2005, p. 53.

510 SARMENTO, Daniel. *Direitos fundamentais e relações privadas*. Rio de Janeiro: Lumen Juris, 2004, p. 303.

Uma abordagem exclusivamente centrada na ponderação de princípios, para demarcar a extensão da liberdade de empresa, pode conduzir a soluções díspares e sem qualquer confiabilidade sobre os fatores que foram considerados no processo de ponderação. Como resultado, tanto a empresa como o Estado ou qualquer interessado (consumidores, comunidades locais, fornecedores, trabalhadores, ONGs) são colocados em um ambiente de incerteza, arbítrio e descontrole. Fluindo dessa falta de clareza, haverá falta de segurança jurídica quanto às regras aplicáveis aos deveres da empresa em relação aos direitos humanos.

Mas a segurança é um dos fundamentos do Estado. A segurança jurídica, por sua vez, é um dos valores mais caros ao Direito e essencial para a realização de negócios. Ela trata da possibilidade de prever as consequências e efeitos de atos praticados. O exercício de empresa exige regras claras sobre o que se está obrigado a fazer.

4.4.1 As limitações da técnica de ponderação para determinação de obrigações positivas das empresas na proteção dos direitos fundamentais

Na ordem jurídica brasileira, como se viu, há uma vinculação direta (imediata) também dos particulares aos direitos fundamentais, sem as quais não há como assegurar proteção aos direitos fundamentais. O modo pelo qual se opera a aplicação dos direitos fundamentais às relações entre particulares, contudo, não é uniforme e reclama soluções diferenciadas de acordo com a situação concreta em exame.[511] A aplicação dos direitos fundamentais às relações jurídicas entre particulares, afinal, demanda soluções a partir *"de uma análise tópico-sistemática, calcada nas circunstâncias específicas do caso concreto"*.[512]

É dizer: mediante recurso, em especial, à ponderação e ao correlato teste de proporcionalidade[513] é que se determina a intensidade

[511] SARLET, Ingo Wolfgang. *A eficácia dos direitos fundamentais*: uma teoria geral dos direitos fundamentais na perspectiva constitucional. Porto Alegre: Livraria do Advogado, 2018, p. 401. Em igual sentido, afirmada a eficácia direta e imediata dos direitos fundamentais diante do ordenamento constitucional brasileiro, SARMENTO, Daniel. *Direitos fundamentais e relações privadas*. Rio de Janeiro: Lumen Juris, 2004; SILVA, Virgílio Afonso da. *A constitucionalização do direito*: os direitos fundamentais nas relações entre particulares. São Paulo: Malheiros, 2005.

[512] SARLET, Ingo Wolfgang. Direitos fundamentais e Direito Privado: algumas considerações em torno da vinculação dos particulares aos direitos fundamentais. *In*: SARLET, Ingo Wolfgang (org.). *A Constituição Concretizada*. Porto Alegre: Livraria do Advogado, 2000.

[513] Os critérios para o processo de ponderação são detalhados por SARMENTO, Daniel. *Direitos fundamentais e relações privadas*. Rio de Janeiro: Lumen Juris, 2004, p. 301 e ss.

de limitações ou restrições ao exercício de empresa. Contrastam-se as garantias de autonomia privada e de livre-iniciativa da empresa com os direitos e garantias fundamentais dos indivíduos ou grupos impactados pelo exercício da atividade econômica. Incluem-se, ainda, os legítimos interesses econômicos que se espera obter com a empresa,[514] para, só então, se alcançar a intensidade da abstenção que se projetará sobre o agente privado em uma situação concreta.

Veja-se um exemplo. O direito à liberdade de expressão demanda que o Estado se abstenha de sancionar críticas ao governo, mas não exige que uma empresa deixe de aplicar o regime disciplinar a um empregado que divulga em redes sociais mensagens depreciativas da empresa e/ou de seus empregadores ou que divulga segredos industriais. Por outro lado, a empresa não pode instaurar regime disciplinar por discordar de manifestações políticas de um empregado.[515] Mas nada impede que ela atue para resguardar os seus interesses econômicos, disciplinando os limites para manifestações de empregados que afetem o exercício de empresa, incluindo até mesmo manifestações políticas, se essa for uma questão relacionada a sua atividade econômica (por exemplo, caso se tratar de um instituto de pesquisa de intenção de voto).

O teste de proporcionalidade é o caminho para a identificação da intensidade de abstenção, ou de proibições à liberdade de agir. Diante de ações concretas e contextualizadas é possível aplicar os três aspectos da proporcionalidade, de modo a apurar se uma ação específica é adequada, necessária e proporcional em sentido estrito aos fins pretendidos.[516] Ocorre que o teste é limitado para identificar uma omissão e, consequentemente, dizer qual é a obrigação de fazer da empresa.

Isso porque, quando está em jogo a determinação de obrigações positivas e preventivas de violações, que antecedem uma situação concreta de conflito entre a livre-iniciativa e o direito fundamental

---

[514] A Constituição de 1988 inclui a livre-iniciativa como fundamento do Estado (CRFB/1988, art. 1º, VI).

[515] O exemplo é desenvolvido por Steven R. Ratner: "*To give a simple example, the right to free speech requires governments to refrain from penalizing individuals for speech critical of the government (as well as much other speech);29' but it would not require a company to refrain from penalizing employees for public speech that insults the company to consumers, lures away employees, or gives away trade secrets, since these actions impinge on core interests of the company. In general, however, it would bar a company from taking disciplinary measures against an employee for his speech critical of the government*" (RATNER, Steven R. Corporations and human rights: A Theory of Legal Responsibility. *Yale Law Journal*, v. 111, n. 3, p. 443/545, dez. 2001).

[516] A exposição aprofundada dos princípios da razoabilidade e da proporcionalidade e do correlato recurso à ponderação pode ser lida em BARROSO, Luís Roberto. *Interpretação e aplicação na Constituição*. São Paulo: Saraiva, 2009.

potencialmente afetado, não há clareza sobre (i) a omissão que deve ser submetida ao teste; (ii) as razões que levaram a empresa a não agir; e (iii) quais são as finalidades que se pretende alcançar com a imposição do dever de agir. Nessa situação, o teste de proporcionalidade, sem uma omissão específica e sem conhecer a sua relação com a finalidade que se pretende preservar, se torna vago e imperfeito.[517] Nas palavras de Stephen Gardbaum, *"proportionality is most essentially a condition for permitting limited exceptions to negative duties"*.[518]

Sem uma ação concreta para examinar, nem as razões que fundamentaram o agir, mas apenas *hipóteses* de omissões, não há como esperar consistência em uma solução que pressupõe o contraste entre meios e fins. Os meios e os fins porventura utilizados serão eleitos aleatoriamente por aquele que busca a identificação da omissão relevante. Será, portanto, igualmente aleatória a solução oferecida pelo teste de proporcionalidade acerca da obrigação positiva da empresa e o seu conteúdo correspondente.

Assim, em um contexto de acentuada vulnerabilidade e de relações assimétricas de poder e de informação, em que a própria empresa controla as informações sobre a sua atividade e a de suas parceiras comerciais, em linha com os Princípios Orientadores, não há como dispensar a definição de um conjunto de condutas que darão transparência, estabilidade e previsibilidade sobre o que as empresas devem fazer para *respeitar* os direitos fundamentais. É o processo de devida diligência que habilitará a verificação de omissões específicas e o contexto dessas omissões, de forma a avaliar se a empresa identificou, preveniu, mitigou, monitorou, tratou e comunicou os riscos sobre os direitos fundamentais. É esse processo, afinal, que permitirá dizer se há o *respeito* aos direitos fundamentais no contexto empresarial.

Nesse aspecto, como aponta Carlos Portugal Gouvêa, *"o maior problema da governança corporativa contemporânea não é como garantir que a companhia proceda de forma correta apenas com relação aos interesses dos acionistas, mas, sim, com relação aos interesses de um conjunto mais amplo de atores"*.[519] A falta de uniformidade sobre o que se exige da empresa

---

[517] As dificuldades da aplicação do teste de proporcionalidade para identificar uma omissão e, consequentemente, o conteúdo de uma obrigação de agir são relatadas por BILCHITZ, David. *Fundamental rights and the legal obligations of business*. Cambridge: Cambridge University Press, 2022.

[518] GARDBAUM, Stephen. Positive and Horizontal Rights: Proportionality's Next Frontier or a Bridge too Far? *UCLA School of Law Research Paper*, n. 16, Cambridge University Press, 2017.

[519] GOUVÊA, Carlos Portugal. *A Estrutura da Governança Corporativa*. Quartier Latin: São Paulo, 2022. p. 552.

para satisfazer o seu dever de *respeito* produz insegurança jurídica ao exercício dos negócios, assim como inviabiliza o controle pela própria empresa, seus acionistas e investidores, como também pelo Estado e pela sociedade dos riscos associados à atividade econômica.

Esse quadro leva à afirmação de deveres instrumentais derivados do dever geral de *respeito*, que asseguram os meios pelos quais as empresas podem demonstrar, de forma permanente, auditável e controlada, que observam os direitos fundamentais no exercício da atividade econômica organizada. Forma-se, com isso, um sistema privado especializado de proteção dos direitos fundamentais.

4.5 Conclusões parciais: Estados soberanos e poderes econômicos privados — transformações de sujeitos e de forma de proteção dos direitos fundamentais

Em 2016, o Facebook circulou um comunicado entre todos os seus funcionários sobre mensagens deixadas em murais coletivos existentes na sede da empresa na Califórnia. Por mais de uma vez, alguém riscou a frase "*Black Lives Matter*" e escreveu no lugar "*All Lives Matter*". Diante disso, o Presidente da empresa anotou que "*jamais tivemos regras sobre o que as pessoas podem escrever nas nossas paredes (...) A despeito do conteúdo ou da localização, riscar algo significa silenciar uma voz, ou considerar que a voz de uma pessoa é mais importante do que a de outra*".[520]

Quatro anos depois, a reprovação à conduta interna de seus funcionários não havia sido reproduzida pelas diretrizes da rede social relacionadas à propagação de conteúdo racista e considerado como discurso de ódio. Apesar das tentativas de regulação estatal para o estabelecimento de regras para a responsabilização de provedores e para desincentivar a dispersão de conteúdo falso e com mensagem de ódio, o Facebook resistia às sanções e aos comandos do Estado para ajuste em sua política de conteúdo e de proteção de dados.[521]

Após a decisão de manter a mensagem "*quando começam os saques, começam os tiros*", do Presidente americano Donald Trump, em

[520] Disponível em: https://www.usatoday.com/story/tech/news/2016/02/25/facebook-mark-zuckerberg-black-lives-matter-diversity/80933694/. Acesso em: 20 fev. 2021.

[521] É exemplo a multa de 5 bilhões de dólares aplicada pela Comissão Federal de Comércio dos Estados Unidos ao Facebook, em razão das acusações de que a empresa não protegeu adequadamente a privacidade de seus usuários, compartilhando dados com a firma britânica de consultoria política Cambridge Analytica, durante as eleições presidenciais americanas de 2016.

seu primeiro mandato, sobre as manifestações populares que se multiplicaram após a morte de George Floyd,[522] mais de 150 empresas no mundo anunciaram a suspensão de seus contratos de publicidade com o Facebook, em protesto pela omissão da rede social frente a incitação de violência. Foi a articulação, em 1º de julho de 2020, de um boicote publicitário de vários anunciantes às redes sociais, denominado "*Stop Hate for Profit*", que levou o Facebook a mudar.

Para além da discussão sobre embaraços à liberdade de expressão e sobre os riscos de censura de conteúdos veiculados na internet,[523] o caso retrata a acentuação do papel de agentes privados na proteção e promoção, mas também na capacidade de violação de direitos fundamentais.[524] O fenômeno não é novo. Os avanços tecnológicos, em especial a Internet, impuseram mudanças sociais e culturais, com significativo impacto sobre as relações humanas e, como consequência, sobre a organização e o funcionamento do Estado. Essas transformações de exercício de poder estatal e de fortalecimento de poderes privados levaram, inclusive, à formulação de teorias que sugerem a necessidade de um constitucionalismo digital[525] para se assegurar a proteção de direitos no novo contexto de realidade digital e globalmente dispersa.

A ideia de um mundo hiperconectado e globalizado, de fato, trouxe desafios à noção de soberania conformada desde a formação dos Estados Modernos.[526] Afinal, o poder político e jurídico incidente sobre

---

[522] Em maio de 2020, George Floyd, um homem negro de 40 anos, foi imobilizado no chão pela polícia. Após o algemarem no chão, um dos policiais manteve o joelho sobre o pescoço de Floyd, que repetia: "*não consigo respirar*". A abordagem policial resultou na morte de Floyd e desencadeou uma onda de indignação e de protestos nos Estados Unidos e no mundo pelo fim da brutalidade contra pessoas negras.

[523] Sobre o tema v. FARAH, André. *Liberdade de Expressão e remoção de conteúdo da Internet*. Rio de Janeiro: Lumen Juris, 2018; e SHREIBER, Anderson. Marco Civil da Internet: avanço ou retrocesso? A responsabilidade civil por dano derivado do conteúdo gerado por terceiro. *In*: DE LUCCCA, Newton *et al*. *Direito e Internet III*, Tomo II: Marco Civil da Internet (Lei nº 12.965/14). São Paulo: Quartier Latin, 2015.

[524] O exemplo ilustra a acentuação do papel de agentes privados na conformação de condutas sociais e na definição da intensidade de proteção e promoção de direitos humanos tanto por caber ao Facebook a determinação das diretrizes de conteúdo e relacionamento, disciplinando o espaço de expressão assegurado em sua plataforma, como por ser dele a competência para afirmar os abusos e violações praticados na rede social.

[525] A expressão "constitucionalismo digital" segue outras formulações contemporâneas que utilizam os termos "constituição" e "constitucionalismo" para descrever e orientar o funcionamento de poderes supranacionais e privados, diante das limitações enfrentadas pelos Estados no contexto da globalização e da revolução digital. O tema pode ser lido em PEREIRA, Jane Reis Gonçalves; KELLER, Clara Iglesias. Constitucionalismo Digital: contradições de um conceito impreciso. *Revista Direito e Práxis*, Rio de Janeiro, v. 13, n. 4, p. 2648/2689, 2022.

[526] Jose Luiz Bolzan de Moraes destaca que "*Falar em soberania, nos dias que correm, como um poder irrestrito, muito embora seus limites jurídicos, parece mais saudosismo do que uma avaliação*

territórios e pessoas a ele vinculadas foi confrontado pela dispersão de ações praticadas em espaços virtuais, com amplo alcance espacial e demográfico. O protagonismo dos Estados nacionais na imposição de um poder incontrastável, inalienável e indivisível para regular pessoas, ações e coisas em seu território tem sido, desde então, mitigado por ações supranacionais, extraterritoriais e difusas que, nada obstante, têm efeitos concretos sobre o território dos Estados. Passamos, já se disse, por um processo de *desterritorialização*, assim como de *desinstitucionalização* do poder, já que ele não se concentra mais apenas nos Estados soberanos e dentro de seus limites territoriais. Ele está fragmentado e disperso, sendo compartilhado e altamente concentrado por atores econômicos privados.

Diante disso, em razão dessa influência cada vez mais intensa de agentes privados na conformação de condutas sociais e, em decorrência disso, do poder que passaram a concentrar e dos consequentes riscos que refletem para direitos individuais, coletivos e difusos que os Estados reconhecem ou consagram como fundamentais, deve-se atribuir às empresas funções relacionadas à realização dos direitos fundamentais. A ideia de simples abstenção para não causar danos, associada ao dever de *respeito*, ou mesmo de filantropia, não são mais suficientes para assegurar a efetividade dos direitos fundamentais, em um cenário em que os agentes econômicos privados assumem papéis relevantes na concretização dos direitos fundamentais.

Afinal, para exercício do dever de *respeito* (como simples abstenção) é preciso alguma substância para respeitar. Essa substância, cada vez mais, também depende da atuação de agentes não estatais. Do contrário, teríamos que afirmar que há zonas de aparente anomia,[527] ou, ao menos, de autorregulação, em que direitos e garantias fundamentais podem ser definidos, vilipendiados ou ameaçados por atores privados, cabendo ao Estado apenas assistir e fazer homenagens póstumas aos direitos humanos, aos direitos fundamentais e ao próprio direito constitucional.

Mais além, caberia o reconhecimento de que a dignidade humana, concretizada pela efetividade de direitos e garantias fundamentais, deixou de ser um valor capaz de reconstruir a ordem jurídica e impor deveres para a sua afirmação. O papel da Constituição e do constitucionalismo,

---

lúcida dos vínculos que a circunscrevem" (MORAES, Jose Luiz Bolzan de. *As crises do Estado e da Constituição e a Transformação Espaço-Temporal dos Direitos Humanos*. Porto Alegre: Livraria do Advogado, 2011. p. 28).

527 Sobre zonas de anomia como espaços vazios de direito v. AGAMBEN, Giorgio. *Estado de Exceção*. São Paulo: Boitempo, 2007.

contudo, não está terminado. A Constituição é indispensável para mitigar assimetrias de poder, sobretudo diante das transformações advindas da globalização, da revolução digital e da concentração de poder privado.[528]

Recorde-se: a teoria tradicional designa Estado como a "*corporação territorial dotada de um poder de mando originário*".[529] Trata-se da ideia de "*uma comunidade humana que pretende, com êxito, o monopólio do uso legítimo da violência dentro de um determinado território*".[530] O conceito apresentado por Max Weber em 1918, em *A política como vocação*, ainda orienta a compreensão contemporânea de Estado. A globalização, a revolução digital e a formação de grandes grupos econômicos privados, no entanto, colocaram desafios à reprodução dessa ideia de Estado e de soberania. É certo que as reformulações liberais sobre as teorias de Estado e soberania tiveram por objetivo conjugar a compreensão de poder político dentro de um contexto de defesa de liberdade e de autodeterminação dos povos. Arrumaram-se às lacunas teóricas sobre a justificação e a legitimidade do poder político soberano, sem mexer, contudo, na ideia de poder exclusivo, permanente e inerente ao Estado: a soberania caracterizada como *una, indivisível, inalienável* e *imprescritível*.[531]

O caso das diretrizes do Facebook, que abre esta conclusão parcial, demonstra que uma entidade diversa e coexistente ao Estado fixou regras com incidência sobre uma multiplicidade de pessoas localizadas em seu território, sem aparente subordinação ao seu poder político e jurídico. Com a revolução digital, os conflitos decorrentes da aplicação

---

[528] Igual conclusão é registrada por PEREIRA, Jane Reis Gonçalves; KELLER, Clara Iglesias. Constitucionalismo Digital: contradições de um conceito impreciso. *Revista Direito e Práxis*, Rio de Janeiro, v. 13, n. 4, p. 2648/2689, 2022.

[529] JELLINEK, Geörg, *apud* DALLARI, Dalmo de Abreu. *Elementos da Teoria Geral do Estado*. São Paulo: Saraiva, 2011, p. 121.

[530] WEBER, Max Weber, *Ensaios de Sociologia*, 1982, p. 97/153.

[531] Sobre o ponto, v. DALLARI, Dalmo de Abreu. *Elementos de Teoria Geral do Estado*. São Paulo: Saraiva, 2011, p. 87. "*Quanto às características da soberania, praticamente a totalidade dos estudiosos a reconhece como una, indivisível, inalienável e imprescritível. Ela é una porque não se admite num mesmo Estado a convivência de duas soberanias. Seja ela poder incontrastável, ou poder de decisão em última instância sobre a atributividade das normas, é sempre poder superior a todos os demais que existem no Estado, não sendo concebível a convivência de mais de um poder superior no mesmo âmbito. É indivisível porque, além das razões que impõem sua unidade, ela se aplica à universalidade dos fatos ocorridos do Estado, sendo inadmissível, por isso mesmo, a existência de várias partes separadas da mesma soberania. (...) A soberania é inalienável, pois aquele que a detém desaparece quando fica sem ela, seja o povo, a nação, ou Estado. Finalmente, é imprescritível porque jamais seria verdadeiramente superior se tivesse prazo de duração. Todo poder soberano aspira a existir permanentemente e só desaparece quando forçado por uma vontade superior*".

de ordens jurídicas, antes restritos a questões transnacionais, passaram a ocorrer dentro dos limites territoriais do Estado. Como alerta Lawrence Lessig, condutas sociais eram disciplinadas pela jurisdição do Estado-nação, mas o mundo virtual fez com que comportamentos passassem a ser orientados por jurisdições múltiplas e não coordenadas, ou mesmo por regulamentos privados, criando conflitos entre pessoas que interagem em um mesmo espaço, mas vivem em diferentes jurisdições.[532]

A crise de paradigmas da teoria clássica de soberania provocada pelos impactos da globalização e da revolução digital chegou, inclusive, a suscitar prescrições sobre a extinção do Estado.[533] Essas previsões não se confirmaram. A soberania do Estado-nação, no entanto, convive com crescentes espaços onde ordenamentos privados disciplinam condutas sociais e definem a intensidade de fruição de direitos e garantias fundamentais.

O Estado, compreendido como uma ficção de pessoa (entidade artificial)[534] investida do poder soberano alienado pelos indivíduos da multidão dispersa do estado de natureza,[535] não deixou de ser fundamental para a vida em sociedade. No mundo *off-line,* assim como para a própria existência do mundo virtual, não há como dispensar a existência de ordem estatal para disciplinar e regular as estruturas físicas e as relações sociais que permitem a criação de espaços digitais e que operam os efeitos daquilo que é pactuado e concretizado no universo digital.[536]

---

532 LESSIG, Lawrence. *Code*: version 2.0. Basic Books: New York, 2006. p. 300: "*Cyberspace has exploded this third stage of the debate. What was once the exception will become the rule. Behavior was once governed ordinarily within one jurisdiction, or within two coordinating jurisdictions. Now it will systematically be governed within multiple noncoordinating jurisdictions. How can law handle this? The integration of cyberspace will produce a profound increase in the incidence of these conflicts. It will produce a kind of conflict that has never happened before: a conflict arising from individuals from different jurisdictions living together in one space while living in these different jurisdictions*".

533 As prescrições sobre a extinção do Estado, em razão do fim das fronteiras com a globalização e a revolução digital, podem ser vistas em IANNE, Octavio, *A era do Globalismo,* Rio de Janeiro: Civilização Brasileira, 1996; e OHMAE, Kenichi. *The end of the nation state:* the rise of regional economies. London: Harper Collins Publishers, 1996.

534 A referência à compreensão de Estado como entidade artificial não desconhece a teoria da realidade e a teoria orgânica de Estado, que o afirmam como uma entidade anterior ao direito ou como naturalmente existente. Quis-se, contudo, enfatizar a concepção de Estado, que resulta das teorias contratualistas.

535 SKINNER, Quentin. The state. *In*: BALL, Terence; FARR, James; HANSON, Russell L. *Political Innovation and conceptual change.* Political innovation and conceptual change. Cambridge University Press: Cambridge, 1995. p. 90-131.

536 Sobre o ponto v. FRANZESE, Patrick. W. Sovereignty in cyberspace: can it exist? *Air Force Law Review,* v. 64, n. 1, p. 1-49, 2009: "(...) *there are five key reasons why cyberspace is not immune from state sovereignty. The first is that some entity must control cyberspace for it to exist and function. Cyberspace requires a physical structure, because without it, users have no access.*

Ainda que se caminhe para a criação de "duplos eletrônicos" que conformam a própria personalidade das pessoas, não se tornou dispensável a vida de realidade concreta e humana.[537] De toda forma, o desafio apresentado pela globalização e pela revolução digital "*está a descentrar o enquadramento nacional de uma forma que torna cada vez menos plausível postular o Estado nacional como o único contexto de actuação e a única instância que contém em si e regula a justiça social*".[538]

Nesse panorama, cabe lembrar que a questão por trás da evolução da ideia de Estado, desde Hobbes e Bodin, foi buscar uma fórmula institucional que conciliasse a dimensão absoluta do poder político — a soberania indispensável para a proteção e preservação de uma comunidade —, com a exigência de sua limitação para evitar que, em vez de proteger, ela se tornasse a fonte do abuso e da violência. O surgimento de espaços onde o exercício do poder político e jurídico do Estado não se orienta pela lógica tradicional de poder soberano exige, assim, a reformulação dos papéis do Estado na proteção e preservação da comunidade que justifica a sua existência. Afinal, apesar dos impactos sobre o seu território e sobre as pessoas a ele vinculadas, o Estado perdeu parcela de sua capacidade de imposição de seu sistema jurídico e, consequentemente, de seu sistema de justiça.

Esse cenário, portanto, suscita a questão: como a ordem jurídica interna pode conformar ações que produzem impactos dentro do território, mas que são praticadas em espaços de aparente anomia, ou, ao menos, de autorregulação, de modo a preservar direitos e garantias fundamentais? Em outras palavras, como se pode instituir um regime de proteção de direitos fundamentais em relação a agentes econômicos privados que se esvaem da autoridade do Estado?

A resposta, como se viu, está na interpretação da Constituição para reconhecer responsabilidades diretas de empresas para a realização dos

---

That physical structure, however, is terrestrially based and thus naturally falls under the purview of the state where those physical assets sit. Additionally, cyberspace itself requires regulation and oversight. (...) The second reason cyberspace is not immune from state sovereignty is that financial relationships in cyberspace need laws to govern those relationships and transactions. (...) The third reason cyberspace is not immune from state sovereignty is that content sent through cyberspace holds significance in the "real" world. (...) The fourth reason cyberspace is not immune from state sovereignty is that states are increasingly required to assert their presence in cyberspace as a matter of national security. (...) Consequently, much like the 'real' world which requires state sovereignty to regulate, protect, and punish various actors, cyberspace needs this sovereign influence as well".

[537] Sobre o ponto v. RODOTÀ, Stefano. *A Vida na Sociedade da Vigilância*: a privacidade hoje, 2008.

[538] FRASER, Nancy. A justiça social na globalização: Redistribuição, reconhecimento e participação. *Revista Crítica de Ciências Sociais*, n. 63, p. 7-20, out. 2002.

direitos fundamentais. A força da Constituição penetra e reorienta os objetivos sociais da empresa, para exigir um *dever especializado de proteção* que diminui a *assimetria de informação* sobre os impactos negativos das atividades econômicas nos direitos fundamentais. Em um cenário de maior *transparência* e *certeza* de condutas exigidas pelo Estado, passam a ser mais intensos os riscos de impactos reputacionais e financeiros àqueles que descumprem o conjunto de deveres objetivamente atribuído às empresas.

Carlos Portugal Gouvêa anota que *"a partir do reconhecimento de que existe uma assimetria cognitiva quanto às tecnologias detidas pelas grandes companhias, é forçoso reconhecer (...) uma ética corporativa que já incorpore tal brutal assimetria de poder"*.[539] Em consequência, conclui que a pessoa jurídica passou a ser compreendida como um *centro de comunicação*, que se move pelo reconhecimento de interesses de terceiros relacionados aos impactos de sua atividade econômica. É preciso, contudo, clareza sobre o que comunicar e, antes disso, *segurança* sobre o que se deve fazer. Do contrário, a comunicação das práticas corporativas transforma-se em discurso vazio e não auditável.

Nessa perspectiva, considerando que há valores fundamentais que a Constituição atribui a uma tutela jurídica qualificada e que esses valores podem ser negativamente impactados pela atividade empresarial, as *assimetrias de poder e de informação* devem ser mitigadas para que os riscos produzidos sobre os direitos fundamentais sejam monitorados e devidamente tratados. O monitoramento estatal, social e da própria empresa pressupõe, no entanto, meios concretos, previsíveis e estáveis para que se realize.

A devida diligência em direitos fundamentais é, assim, uma exigência constitucional projetada sobre as empresas para que identifiquem, previnam, mitiguem, tratem, monitorem e comuniquem os impactos adversos de sua atividade econômica. Trata-se de um regime complementar de *proteção* que habilita a instauração de mecanismos de controle e que, de forma coordenada com os deveres do Estado, restaura, na maior medida possível, a efetividade dos direitos fundamentais.

---

539 GOUVÊA, Carlos Portugal. *A Estrutura da Governança Corporativa*. São Paulo: Quartier Latin, 2022. p. 442.

CAPÍTULO 5

A TEORIA DE EFICÁCIA DOS DIREITOS FUNDAMENTAIS NO CONTEXTO DA EMPRESA

Nos quatro capítulos anteriores, buscou-se demonstrar as premissas que orientam a expansão de eficácia dos direitos fundamentais no contexto empresarial, de maneira a exigir mais do que a simples abstenção de causar danos a terceiros, conformando uma teoria especializada de eficácia dos direitos fundamentais incidente sobre a atividade econômica organizada. Essa eficácia projeta *o dever procedimental de devida diligência em direitos fundamentais*.

Em resumo do que se viu até aqui, portanto, detalhou-se que a estruturação de sistemas privados de proteção e de promoção de direitos fundamentais decorre dos giros de sentido dos elementos do Estado, com a consequente ascensão e concentração de poder por agentes econômicos privados. Essas transformações geopolíticas e econômicas marcaram a indispensabilidade de um regime de proteção dos direitos fundamentais no contexto empresarial.

Com isso, multiplicaram-se as iniciativas voluntárias, mas também as cobranças sociais para que as empresas contribuíssem ativamente com a realização dos direitos fundamentais. Mas a ausência de um quadro objetivo sobre as obrigações das empresas relacionadas aos direitos fundamentais colocou as empresas, o Estado e a sociedade em um quadro de incertezas. Afinal, sem a previsibilidade sobre *como* e *o que* as empresas devem fazer, criam-se obstáculos para exigir, fiscalizar e controlar os impactos negativos da atividade econômica sobre os direitos fundamentais. Além da insegurança jurídica, há um problema de efetividade dos direitos fundamentais decorrente da indefinição de deveres relacionados à responsabilidade socioambiental corporativa.

Viu-se, assim, que os debates sobre o regime de responsabilidades das empresas avançaram no Direito Internacional, levando as Nações Unidas a fixar um quadro de responsabilidades de empresas: os *Guiding Principles on Business and Human Rights*. A exposição dos limites e das potencialidades do Direito Internacional para a regulação da matéria marcou um apelo aos Estados para interpretação de suas ordens jurídicas, de modo a construírem, de maneira dialógica e integrativa, o regime de devida diligência em direitos fundamentais.

Diante disso, sob a perspectiva interna do Estado, examinou-se: (i) a conformidade da devida diligência em direitos fundamentais com os princípios da ordem econômica; e (ii) a insuficiência da teoria de eficácia dos direitos fundamentais para assegurar a efetividade dos direitos fundamentais nas relações da empresa e a segurança jurídica para os negócios. Registrou-se, então, que o recurso à devida diligência em direitos fundamentais é um meio para mitigar as *assimetrias de poder e de informação* nas relações da empresa. Ganha-se transparência, previsibilidade e capacidade de controle interno e externo.

Fixadas essas premissas teóricas para a necessidade de uma teoria constitucional de eficácia dos direitos fundamentais especializada para o contexto da empresa, neste quinto e último capítulo, avançaremos para a exposição das consequências da afirmação da existência de um dever constitucional de *devida diligência*. A intenção é contribuir para o reforço de proteção dos direitos fundamentais nas relações da empresa, dando instrumentos ao Estado, à própria empresa e aos seus acionistas e administradores, assim como aos investidores e à sociedade em geral, para controlar os impactos negativos da atividade econômica sobre os direitos fundamentais.

Para tanto, a exposição da teoria de eficácia especializada dos direitos fundamentais no contexto da empresa será apresentada, com a demonstração da formação de um regime especializado de *proteção* derivado do dever de *respeito* aos direitos fundamentais. Isso permitirá demarcar até onde se estende a projeção de eficácia jurídica para impor obrigações positivas às empresas para a realização de direitos fundamentais. Em consequência, se delimitará também o espaço próprio de voluntariado e filantropia. Em seguida, se identificará especificamente o que é o dever da empresa, de modo a detalhar o conceito de devida diligência, o conteúdo dessa eficácia projetada e os parâmetros para a sua incidência. Após, se examinará qual é o papel do Estado diante da afirmação do dever corporativo de devida diligência.

5.1 Os deveres constitucionais corporativos derivados do respeito aos direitos fundamentais: o regime especializado de proteção atribuído às empresas

Como se abordou no capítulo anterior, a incidência dos direitos fundamentais nas relações privadas e, consequentemente, no contexto das relações da empresa tem relativo consenso doutrinário e afirmação na jurisprudência do Supremo Tribunal Federal. Aliás, Daniel Sarmento[540] e Virgílio Afonso da Silva[541] anotam que o ônus argumentativo para recusar a incidência dos direitos fundamentais em relações privadas é daqueles que afirmam a exclusividade da eficácia nas relações com o Estado. Afinal, a Constituição, em nenhum momento, fala em direitos fundamentais que vinculem apenas os poderes estatais. Além disso, no contexto de Estado da era digital e globalizado e de concentração de poder por agentes econômicos privados, o reconhecimento de eficácia jurídica às responsabilidades das empresas, superando-se as compreensões de voluntariado e filantropia, é uma necessidade, tanto para a efetividade dos direitos fundamentais assim como para a segurança jurídica dos negócios.

Há, é certo, constituições que afirmam a existência de deveres para pessoas jurídicas de direito privado,[542] como é o caso das Constituições da África do Sul[543] e da Colômbia.[544] Nos dois casos, de qualquer

---

540 SARMENTO, Daniel. *Direitos fundamentais e relações privadas*. Rio de Janeiro: Lumen Juris, 2004, p. 279.

541 SILVA, Virgílio Afonso da. *A constitucionalização do direito*: os direitos fundamentais nas relações entre particulares. São Paulo: Malheiros, 2005, p. 139.

542 Virgílio Afonso da Silva cita as constituições da África do Sul de 1997, da Suíça de 1999 e de Portugal como exemplos de previsão constitucional expressa aos particulares como destinatários das normas de direitos fundamentais (SILVA, Virgílio Afonso da. *A constitucionalização do direito*: os direitos fundamentais nas relações entre particulares. São Paulo: Malheiros, 2005, p. 60).

543 A Constituição da África do Sul é expressa ao designar que o seu "Bill of Rights" é aplicável a pessoas jurídicas: *Chapter 2, Section 8 (2): A provision of the Bill of Rights binds a natural or a juristic person if, and to the extent that, it is applicable, taking into account the nature of the right and the nature of any duty imposed by the right.*

544 A Constituição da Colômbia prevê uma ação específica para proteção de direitos fundamentais ameaçados ou violados daqueles que se encontram em situação de subordinação ou de vulnerabilidade. Essa previsão é interpretada pela Corte Constitucional colombiana como fundamento para imposição de deveres corporativos relacionados aos direitos fundamentais, como se extrai do caso T-1236/2000, a respeito de uma empresa que não registrou seu empregado desde o início da relação, o que importou na negativa de direitos previdenciários, no momento que o empregado parou de trabalhar. O exame do caso à luz das responsabilidades corporativas pode ser lido em BILCHITZ, David. *Fundamental Rights and the legal obligations of business*. Cambridge: Cambridge University Press, 2022, p. 204. Confira-se a redação do art. 86 e §4º da Constituição da Colômbia: "*Artículo 86. Toda*

forma, ainda que se dispense a justificativa teórica para a afirmação da incidência dos direitos fundamentais na esfera privada, não se tem a determinação do conteúdo de deveres.

A Constituição brasileira de 1988, por sua vez, positivou, no título do Capítulo I, do Título II, o registro de "*direitos e deveres individuais e coletivos*". A Constituição faz, ainda, referência a alguns deveres individuais e coletivos, como exemplificam o artigo 143, sobre o serviço militar obrigatório; o artigo 144, sobre segurança pública; o artigo 205, sobre educação; o §1º do artigo 14, sobre alistamento eleitoral; e o artigo 225, a respeito do meio ambiente. Mas nela não há, tampouco, a indicação de deveres corporativos específicos.

É indiscutível, assim, que *como* e *o que* as empresas devem fazer em relação aos direitos fundamentais não está expresso na Constituição. Como se viu, a Constituição, por razões de segurança jurídica e de efetividade dos direitos fundamentais, orienta a incidência dos direitos fundamentais nas relações da empresa, conduzindo à afirmação da existência de dever jurídico. Contudo, ela não é explícita quanto ao conteúdo das responsabilidades das empresas. Nesse cenário de silêncio sobre os deveres, qual é, então, a intensidade da vinculação das empresas à realização dos direitos fundamentais?

De início, é importante observar que a ausência de previsão expressa não significa a inexistência de deveres. Os deveres corporativos são, como na maior parte dos deveres fundamentais, *deveres implícitos*.[545] Essa é, por sinal, uma característica do regime constitucional de deveres fundamentais. Afinal, ao contrário da extensa e expressa relação de direitos fundamentais, são poucos os deveres explicitados no texto constitucional.

Em realidade, não apenas em relação aos deveres corporativos, mas de modo geral, "*o tema dos deveres fundamentais é reconhecidamente*

---

persona tendrá acción de tutela para reclamar ante los jueces, en todo momento y lugar, mediante un procedimiento preferente y sumario, por sí misma o por quien actúe a su nombre, la protección inmediata de sus derechos constitucionales fundamentales, cuando quiera que éstos resulten vulnerados o amenazados por la acción o la omisión de cualquier autoridad pública. (...) La ley establecerá los casos en los que la acción de tutela procede contra particulares encargados de la prestación de un servicio público o cuya conducta afecte grave y directamente el interés colectivo, o respecto de quienes el solicitante se halle en estado de subordinación o indefensión".

545 Sobre os deveres fundamentais implícitos, v. SARLET, Ingo Wolfgang. *A eficácia dos direitos fundamentais*: uma teoria geral dos direitos fundamentais na perspectiva constitucional. Porto Alegre: Livraria do Advogado, 2018, p. 237: "*Outra distinção relevante, também utilizada para os direitos fundamentais, diz com a diferenciação entre deveres expressos e deveres implícitos, visto que, diversamente do que ocorre com os direitos, no caso dos deveres fundamentais, são poucas as hipóteses de deveres que tenham sido expressamente estabelecidos no texto constitucional*".

considerado dos mais esquecidos da doutrina constitucional contemporânea".[546] Para além de deveres fiscais, que receberam atenção constitucional e doutrinária,[547] não há regimes constitucionais expressos sobre deveres fundamentais,[548] tampouco expressivo desenvolvimento doutrinário e jurisprudencial sobre a matéria.[549]

De toda sorte, a afirmação da existência de deveres implícitos decorre logicamente da previsão de direitos, seguindo *"a máxima de que direitos não podem existir sem deveres"*.[550] Em outras palavras, o reconhecimento de um direito fundamental pela Constituição importa em uma igual afirmação de deveres necessários à sua efetivação. Há, nessa linha, uma correspondência direta entre os direitos consagrados e reconhecidos pela Constituição e os deveres necessários à sua concretização.[551]

---

[546] NABAIS, José Casalta. *O dever fundamental de pagar impostos*: contributo para a compreensão constitucional do estado fiscal contemporâneo. Coimbra: Almedina, 2009, p. 15.

[547] A citada obra de José Casalta Nabais é exemplo de desenvolvimento doutrinário que, a partir do regime de deveres fiscais, estruturou uma teoria geral de deveres fundamentais. Além disso, sobre o regime constitucional dos deveres fiscais, tem-se, no Brasil, como referência a obra do Professor Ricardo Lobo Torres, em especial TORRES, Ricardo Lobo. *Tratado de direito constitucional financeiro e tributário, vol. II* — valores e princípios constitucionais tributários. Rio de Janeiro: Renovar, 2005. Para um exame sobre a relação entre deveres fiscais e a realização de direitos fundamentais sociais, v. BARCELLOS, Ana Paula de. Tributação e direitos sociais: uma reflexão sobre suas múltiplas conexões. *In*: CAMPOS, Carlos Alexandre de Azevedo; OLIVEIRA, Gustavo da Gama Vital de; MACEDO, Marco Antonio Ferreira (org.). *Direitos fundamentais e estado fiscal*: estudos em homenagem ao Professor Ricardo Lobo Torres. Salvador: Juspodivm, 2019.

[548] Sobre o ponto, v. NABAIS, José Casalta. *O dever fundamental de pagar impostos*: contributo para a compreensão constitucional do estado fiscal contemporâneo. Coimbra: Almedina, 2009, p. 16: *"Por outro lado, tendo agora em conta especificamente o direito constitucional, estamos em crer que, para um tal esquecimento, contribuiu decisivamente o facto de uma boa parte das actuais constituições da Europa Ocidental terem sido em geral, adoptadas na sequência da queda de regimes totalitários ou autoritários, regimes que, pelo menos ao nível da realidade constitucional (se bem que, por via de regra, com importantes apoios quer nos respectivos textos constitucionais, quer nas correspondentes dogmáticas), acabaram por atribuir uma predominância praticamente absoluta ao que , desde G, Jellinek, se vem designando por status passivus ou statuts subjectiones do cidadão"*.

[549] No âmbito da doutrina constitucional brasileira, Ingo Wolfgang Sarlet discorre sobre o regime de deveres fundamentais. É dele, por sinal, o alerta sobre o baixo desenvolvimento do tema: *"No âmbito da doutrina constitucional brasileira, os deveres fundamentais não tiveram destino diferente, sendo praticamente inexistente o seu desenvolvimento doutrinário e jurisprudencial"* (SARLET, Ingo Wolfgang. *A eficácia dos direitos fundamentais*: uma teoria geral dos direitos fundamentais na perspectiva constitucional. Porto Alegre: Livraria do Advogado, 2018, p. 234).

[550] SARLET, Ingo Wolfgang. *A eficácia dos direitos fundamentais*: uma teoria geral dos direitos fundamentais na perspectiva constitucional. Porto Alegre: Livraria do Advogado, 2018, p. 234.

[551] Sobre os deveres fundamentais implícitos, Ingo Wolfgang Sarlet ressalta que, diversamente do que ocorre com os direitos, no caso dos deveres fundamentais, são poucas as hipóteses de deveres expressamente estabelecidos no texto constitucional. Nesse sentido, complementa: *"Embora seja correto afirmar que a existência de deveres implícitos tem sido majoritariamente aceita, não há consenso fechado a respeito de quais seriam estes deveres implícitos"* (SARLET, Ingo

Ocorre que a correspondência entre o reconhecimento de direitos e a imposição de deveres para concretizá-los não traduz posições estanques entre os titulares de direitos e os destinatários dos deveres. É dizer: quem tem o direito não tem necessariamente deveres, nem aquele que tem deveres será obrigatoriamente o titular dos direitos.[552] Assim sendo, os deveres fundamentais, ainda que aparentemente associados a direitos, constituem uma realidade autônoma e exterior a um direito subjetivo específico.[553] A ausência de correlação necessária entre titulares de direito e destinatário de dever confere complexidade à identificação do destinatário do dever e de seu conteúdo.

Nesse passo, embora alguns consensos sejam possíveis, em um ambiente de pluralismo democrático, em razão de distintas posições políticas, ideológicas e valorativas, as respostas sobre a existência de deveres fundamentais para além do Estado podem ser múltiplas. E, ainda que se afirme a existência de deveres corporativos, as compreensões sobre o conteúdo desses deveres podem ser diversas. Portanto, quando se fala em deveres corporativos, há desde visões refratárias a qualquer discurso que imponha mais do que a mera abstenção de não causar dano, em uma compreensão restrita de *respeito*[554] (obrigações negativas); até noções ampliadas de deveres positivos (obrigações focadas na contribuição ativa para a realização dos direitos fundamentais), que equiparam as empresas ao Estado, para incluir nos seus objetivos sociais obrigações de atuação direta para o desenvolvimento socioambiental (incluindo, portanto, indistintamente, as funções de *proteção* e *promoção*).[555]

Wolfgang. *A eficácia dos direitos fundamentais*: uma teoria geral dos direitos fundamentais na perspectiva constitucional. Porto Alegre: Livraria do Advogado, 2018, p. 237).

552 Ao discorrer sobre a tipologia dos deveres fundamentais, Ingo Wolfgang Sarlet esclarece que, "*uma primeira distinção entre os diversos tipos de deveres costuma ser traçada levando em conta a existência de deveres conexos ou correlatos (aos direitos) e deveres autônomos, cuja diferença reside justamente no fato de que os últimos não estão relacionados diretamente à conformação de nenhum direito subjetivo ao passo que os primeiros tomam forma a partir do direito fundamental a que estão atrelados materialmente*" (SARLET, Ingo Wolfgang. *A eficácia dos direitos fundamentais*: uma teoria geral dos direitos fundamentais na perspectiva constitucional. Porto Alegre: Livraria do Advogado, 2018, p. 236).

553 ANDRADE, José Carlos Vieira de. *Os direitos fundamentais na Constituição Portuguesa de 1976*. Coimbra: Almedina, 2001, p. 165.

554 É a posição de Milton Friedman, que rejeita qualquer assimilação de responsabilidades sociais corporativas. FRIEDMAN, Milton, A Friedman Doctrine — The social Responsibility of Business Is to Increase Its Profits. New York Times, Nova Iorque, 13.09.1970. Disponível em: https://www.nytimes.com/1970/09/13/archives/a-friedman-doctrine-the-social-responsibility-of-business-is-to.html.

555 Essa é posição de Florian Wettstein, em WETTSTEIN, Florian. *Multinational Corporations and Global Justice*: Human Rights Obligations of a Quasi-Governmental Institution. Stanford: Stanford University Press, 2009.

Não há, afinal, uma lista fechada e permanente de deveres que correspondam aos direitos previstos na Constituição.[556] Assim, para além de apenas "cumprir as regras do jogo" sem engano e fraude, na concepção restrita de *respeito* advogada por Milton Friedman,[557] as razões de especialização da teoria de eficácia dos direitos fundamentais para as relações de empresa pressupõem sedimentar: (i) por que existem obrigações corporativas positivas; e (ii) até onde se estendem esses deveres da empresa.

Em resposta objetiva, há deveres constitucionais que impõem obrigações de fazer às empresas, porque os direitos fundamentais de pessoas afetadas pelo exercício de empresa estão potencialmente sujeitos à violação, em uma relação assimétrica de poder e de informação, com baixa capacidade da empresa, do Estado e da sociedade de conhecer e controlar os riscos da atividade econômica organizada. A afirmação de deveres corporativos positivos é, portanto, necessária para a efetividade dos direitos fundamentais. E, para além da simples abstenção de causar danos a terceiros, em razão da concentração de poder e de recursos para a realização dos direitos, assim como da potencialidade de danos decorrentes da atividade econômica organizada, exigem-se medidas que permitam identificar, prevenir, mitigar, tratar, monitorar e comunicar os impactos negativos da atividade econômica organizada. A constatação de risco concreto decorrente da concentração de poder justifica o dever de gerenciamento desses riscos para que sejam evitados ou mitigados os danos.

Regimes assentados exclusivamente sobre obrigações negativas (o *respeito* como mera abstenção) não são claros sobre o que a empresa deve fazer para respeitar os direitos fundamentais. Isso porque as limitações e restrições ao exercício de empresa são casuisticamente determinadas no momento que a violação já é iminente ou consumada. Não há, assim, proteção suficiente aos direitos fundamentais nem

[556] É o que destaca Joseph Raz: "*Thirdly, there is no closed list of duties which correspond to the right. The existence of a right often leads to holding another to have a duty because of the existence of certain facts peculiar to the parties or general to the society in which they live. A change of circumstances may lead to the creation of new duties based on the old right*" (RAZ, Joseph. *The Morality of Freedom*. Oxford: Oxford Press, 1988. p. 171).

[557] *I have called it a "fundamentally subversive doctrine" in a free society, and have said that in such a society, "there is one and only one social responsibility of business—to use its resources and engage in activities designed to increase its profits so long as it stays within the rules of the game, which is to say, engages in open and free competition without deception fraud"* (FRIEDMAN, Milton, A Friedman Doctrine — The social Responsibility of Business Is to Increase Its Profits. New York Times, New York, 13.09.1970. Disponível em: https://www.nytimes.com/1970/09/13/archives/a-friedman-doctrine-the-social-responsibility-of-business-is-to.html).

estabilidade para os negócios (segurança jurídica). A devida diligência em direitos fundamentais é o instrumento para mitigar as assimetrias de poder e informação.

Trata-se de um conjunto de ações que estruturam deveres de *proteção* necessários ao atendimento do dever de *respeito*. É dizer: são deveres procedimentais relacionados e derivados do dever principal de *respeito* dos direitos fundamentais, sem os quais não há como garantir a sua efetividade no contexto empresarial, nem segurança jurídica aos negócios. Essa é a extensão da vinculação constitucional das empresas aos direitos fundamentais. Para além disso, como se verá adiante, há a necessidade de mediação legislativa e/ou ações voluntárias, que devem ser incentivadas pelo Estado.

Os processos de avaliação de risco empresariais, como já se colocou, continuam centrados sobre os prejuízos para as empresas, sem incorporar a perspectiva de prejuízos que a atividade econômica produz para terceiros. Mais ainda, os riscos são avaliados com base na sua materialidade para a empresa e não na gravidade de riscos para as pessoas afetadas.[558] O dever de devida diligência impõe, diante disso, uma obrigação procedimental, que reforça uma dimensão preventiva de ameaças e violações, orientando a atuação da empresa para incluir o exame de riscos que ela ou suas parceiras comerciais produzem para o ambiente externo.

Tome-se, como exemplo, o direito fundamental previsto no art. 5º, inciso III, da Constituição, que assegura que "*ninguém será submetido a tortura nem a tratamento desumano ou degradante*". É possível dizer que esse direito fundamental projeta tanto para o Estado como para atores privados o dever de não submeter outra pessoa à tortura. Até aí, se está diante do "respeito às regras do jogo" ou, como propõe a teoria liberal clássica, a garantia de liberdade assegurada a todos nos limites estabelecidos pela ordem subjetiva das liberdades ou direitos dos outros. Há, portanto, um dever geral de respeito, que projeta uma abstenção — uma obrigação de não fazer — tanto para o Estado como para qualquer indivíduo ou para entidades privadas.

Mas, para além do dever de abstenção de não submeter nenhuma pessoa a tortura, o comando normativo constitucional também projeta deveres de *proteção* e *promoção*, que são tradicionalmente, atribuídos ao

---

[558] SMIT, Lise; BRIGHT, Claire *et al. Study on due diligence requirements through the supply chain*: final report. Serviço das Publicações, 2020.

Estado. Cabe ao Estado, por meio de atos administrativos ou judiciais, prevenir e combater a tortura em presídios, centros de detenção, estabelecimentos penais, hospitais psiquiátricos, abrigos, instituições socioeducativas e centros militares de detenção disciplinar. Cabe, ainda, ao Estado editar atos normativos, como a Lei nº 12.847/2013 e o Decreto nº 8.154/2013, que dispõem sobre o Sistema Nacional de Prevenção e Combate à Tortura, assim como instituir políticas para a efetivação do direito individual em questão. É um dever do Estado, por exemplo, promover o treinamento de seus agentes para a defesa dos direitos humanos das pessoas privadas de liberdade e das vítimas de tortura.

Mas e as empresas? Além de meras abstenções, qual é a razão de se dizer que também devem adotar medidas para, no contexto de sua atividade econômica, contribuir para a concretização do direito fundamental a não ser torturado? A razão é simples. A potencialidade de danos à integridade física e psíquica de pessoas que estão submetidas à atuação de um agente econômico privado pressupõe a adoção de medidas que, para além de não fazer (o dever de *respeito*), demonstrem, de forma sindicável e controlada, o compromisso assumido com esse não fazer. Do contrário, a abstenção se torna uma obrigação meramente declaratória e formal, sem qualquer escrutínio da empresa, do Estado e da sociedade para verificação de efetivo respeito aos direitos fundamentais.

O caso do espancamento que levou à morte de João Alberto Silveira Freitas, em Porto Alegre, por agentes de segurança contratados pela rede de supermercado Carrefour, é representativo do ponto.[559] João Alberto, um homem negro com 40 anos, fazia compras com sua esposa, quando foi abordado por dois seguranças do supermercado. Ele foi agredido com chutes e socos, por mais de cinco minutos, foi sufocado e não resistiu. As cenas de brutalidade foram todas registradas por uma câmera de celular. O fato ocorreu às vésperas do Dia da Consciência Negra.

A rede de supermercado, tão logo o caso ganhou projeção, anunciou que romperia o contrato com a empresa de segurança, além de demitir os funcionários envolvidos. Mais recentemente, o Carrefour celebrou um Termo de Ajustamento de Conduta com os Ministérios Públicos Federal e do Rio Grande do Sul, assim como com as Defensorias do Estado e da União, comprometendo-se a destinar

---

[559] A notícia da morte por espancamento de João Alberto pode ser lida em: https://www1.folha.uol.com.br/cotidiano/2020/11/homem-negro-morre-apos-ser-espancado-por-segurancas-do-carrefour-em-porto-alegre.shtml. Acesso em: 23 jun. 2023.

R$ 68 milhões para o pagamento de bolsas de estudo para pessoas negras em instituições de ensino superior de todo o Brasil.[560]

Sem prejuízo da relevância das medidas de reparação, no caso, chama a atenção o fato de o Carrefour, desde 20 de setembro de 2015, integrar o Pacto Global (*Global Compact*).[561] Como exposto no item 2.1.1.1, trata-se de uma empresa que se comprometeu a desenvolver suas atividades de forma a apoiar e respeitar os direitos humanos. Tratava-se, ainda, de agente econômico associado ao instituto Ethos, uma Organização da Sociedade Civil de Interesse Público, cuja missão é mobilizar, sensibilizar e ajudar as empresas a gerirem seus negócios de forma socialmente responsável.[562] Aliás, poucos dias antes da morte de João Alberto, o Carrefour respondeu a um relatório da OXFAM, sobre a participação de supermercados nas más condições impostas a colhedores de frutas,[563] destacando o seguinte:

> O Carrefour preza pelo respeito e bem-estar de todos que integram suas cadeias produtivas. Há anos, o compromisso com os direitos humanos faz parte da cultura interna e de relacionamento com todos os fornecedores da companhia. A rede possui um Código de Ética e Social para Fornecedores com cláusulas rigorosas que reiteram que apenas aqueles que partilham dos mesmos princípios podem ser parceiros comerciais do Carrefour. Além disso, é apresentado neste material o comprometimento da empresa em apoiar os 10 princípios do pacto global da ONU.[564]

Diante disso, se já havia um código de ética social e um compromisso público de se orientar pelo respeito aos direitos humanos, o que conduziu à contratação de uma empresa de segurança que matou João Alberto? Não havia rotinas de verificação e monitoramento da efetiva aderência aos compromissos de respeito aos direitos humanos.

---

560 Disponível em: https://www.mprs.mp.br/noticias/56116/. Acesso em: 23 jun. 2023.

561 Disponível em: https://unglobalcompact.org/what-is-gc/participants/65851-Carrefour-Comercio-e-Industria-Ltda. Acesso em: 23 mar. 2023.

562 As informações sobre o instituto Ethos podem ser acessadas em: https://www.ethos.org.br/conteudo/o-instituto/. Acesso em: 23 jun. 2023.

563 De acordo com o relatório da OXFAM Brasil, uma organização da sociedade civil brasileira, criada em 2014, "*trabalhadores e as trabalhadoras safristas que atuam nas cadeias de melão, uva e manga no Rio Grande do Norte e perímetro irrigado do Vale do rio São Francisco (Petrolina/Juazeiro) estão entre os 20% mais pobres da população brasileira. Além disso, vivem em constante ameaça de contaminação por agrotóxicos, trabalham muitas vezes sem as condições básicas necessárias e estão presos a um ciclo de pobreza, muitas vezes mal tendo o que comer*". Disponível em: https://www.oxfam.org.br/noticias/trabalhadores-de-cadeias-de-frutas-estao-entre-os-20-mais-pobres-do-brasil/#. Acesso em: 23 jun. 2023.

564 Disponível em: https://reporterbrasil.org.br/2019/10/integra-das-respostas-de-carrefour-gpa-e-grupo-big/. Acesso em: 23 jun. 2023.

As empresas devem desenvolver meios para *garantir* a observância dos direitos fundamentais. E isso é feito pelo instrumental da devida diligência em direitos humanos. Em estruturas gigantescas de produção, com dispersão geográfica e milhares de parceiros comerciais, é improvável que as empresas tenham capacidade de conhecer e avaliar os riscos e impactos de sua atividade econômica para o ambiente e para as pessoas. E, ainda que existissem esses meios, como o controle sobre as informações é mantido pelo próprio agente econômico privado, não há transparência para que o Estado, demais partes interessadas e até mesmo os seus acionistas e investidores avaliem as decisões para evitar ou mitigar as ameaças e violações a direitos fundamentais.

No caso do Carrefour, a rotina de devida diligência em direitos humanos poderia ter conduzido à exigência de treinamento de pessoal para prevenção à tortura, com a verificação de rotinas de formação de profissionais contratados por suas parceiras comerciais. Isso, em grande medida, poderia ter evitado a morte de João Alberto. Ou, por mais que ocorresse, se teria clareza sobre a omissão da empresa, o dever de reparação e de adoção de medidas corretivas para mitigação de riscos. Sem o reconhecimento de eficácia jurídica à exigência de atuação diligente não é possível verificar, controlar nem conformar condutas que são potencialmente lesivas.

Quando se fala em regime de proteção de direitos fundamentais atribuído às empresas se está, portanto, a tratar de *uma exigência de agir de forma diligente*. Além de medidas de abstenção de causar dano, agregam-se medidas profiláticas de gerenciamento de risco para que o *respeito* seja efetivo.[565] No contexto empresarial, para além da abstenção de violação a direitos de terceiros, os direitos fundamentais têm uma eficácia externa que impõe obrigações positivas derivadas do dever de *respeito*, sem as quais a efetividade dos direitos fundamentais é esvaziada. São obrigações instrumentais que conformam funções de *proteção* extraídas diretamente da Constituição.

---

[565] Sobre o ponto, Steven Ratner destaca: "*As a practical matter, the nexus analysis suggests that the company will usually have only negative duties or those positive measures clearly necessary to effect them. That is, the company's duties will typically be to avoid directly infringing upon the right based on the balancing test above, including through some prophylactic measures*". (RATNER, Steven R. Corporations and human rights: A Theory of Legal Responsibility. *Yale Law Journal*, v. 111, n. 3, p. 443/545, dez. 2001).

5.2 Os graus de vinculação diversos e mais brandos para a realização de direitos fundamentais pelas empresas: as empresas não são o Estado — o espaço de filantropia e voluntariado

As empresas não são o Estado e não há nada de errado na busca do lucro. A busca do lucro, contudo, não pode ser feita a qualquer custo, barateando artificialmente os custos de produção, com a cegueira deliberada ou a invisibilidade de violações de direitos fundamentais pela própria empresa ou em sua cadeia de valor.[566] A existência de uma obrigação constitucional que recai sobre as empresas para assegurar a efetividade dos direitos fundamentais, de toda sorte, não pode ser equiparada às responsabilidades estatais.

Relembre-se: a ideia de eficácia dos direitos fundamentais nas relações privadas está relacionada à dimensão objetiva dos direitos fundamentais. Afinal, além de tratarem da tutela e promoção da pessoa em sua individualidade, afirmando uma titularidade subjetiva (dimensão subjetiva), os direitos fundamentais também designam os valores nucleares de uma determinada comunidade política, que devem ser respeitados, protegidos e promovidos pelo Estado e, como já exposto, pela sociedade em geral.[567]

As obrigações atribuídas aos atores não estatais, contudo, foram tradicionalmente limitadas ao *respeito* aos direitos fundamentais e associadas a obrigações de não-fazer/abstenção (deveres negativos).[568] Afinal, para além do *respeito*, que é um dever do Estado, mas também dos particulares de se absterem de praticar condutas que ameacem ou violem os direitos fundamentais, caberia apenas ao Estado: (i) *proteger* contra ações de terceiros, provendo estruturas e mecanismos que preservem e/ou restaurem os direitos fundamentais; e (ii) *promover* esses direitos, criando as condições jurídicas e materiais para a sua progressiva concretização e universalização.

---

566 CHOUDHURY, Barnali. Corporate Law's Threat to Human Rights: why Humna Rights Due Diligence Might not be enough. *Business and Human Rights Journal*, n. 8, p. 180-196, 2003.

567 Sobre o ponto, v. SARLET, Ingo Wolfgang. *A eficácia dos direitos fundamentais*: uma teoria geral dos direitos fundamentais na perspectiva constitucional. Porto Alegre: Livraria do Advogado, 2018, p. 234.

568 Nesse sentido, v. WETTSTEIN, Florian. *Multinational Corporations and Global Justice*: Human Rights Obligations of a Quasi-Governmental Institution. Stanford: Stanford University Press, 2009, p. 284: "*First, the dominant view of the relation between business and human rights still holds that only states can have direct human rights obligations, while the obligations of corporations are, as a result, merely indirect. Second, the debate on business and human rights has been largely limited to negative responsibilities of corporations concerning human rights*".

Nunca houve, de todo modo, uma associação necessária, nem mesmo uma vinculação entre direitos humanos e deveres do Estado.[569] A ligação é apenas uma decorrência da preocupação histórica de que os Estados seriam o maior perigo para o indivíduo.[570] Em realidade, para as vítimas é irrelevante se as violações são praticadas pelo Estado ou por uma entidade privada. Violações de direitos fundamentais são violações independentemente de quem as comete e pressupõem regimes efetivos de proteção.[571]

Nessa linha, o regime de deveres correlatos aos direitos fundamentais com foco sobre a ação dos Estados retrata apenas uma visão parcial do complexo e mais extenso conjunto de relações jurídicas exigidas para a concretização dos direitos fundamentais. Em grande medida, esse cenário estadocentrista se deve à conformação liberal das teorias contratualistas, que conceberam o indivíduo como o titular de prerrogativas de não intervenção estatal em sua esfera privada.[572]

Nesse contexto de atenção aos riscos de violação decorrentes da atuação do Estado, o nascimento do constitucionalismo moderno no período das chamadas revoluções liberais[573] concentrou-se sobre a

---

[569] Steven R. Ratner esclarece o ponto: "*Thus, while human rights law has focused on state duties, the two are by no means tied to each other jurisprudentially or even historically*" (RATNER, Steven R. Corporations and human rights: A Theory of Legal Responsibility. *Yale Law Journal*, v. 111, n. 3, p. 443/545, dez. 2001).

[570] Em razão da visão tradicional de que os direitos fundamentais traduziriam trunfos para contenção de abuso e arbítrio estatal, pouca atenção foi dada aos riscos e potencialidades de efetivação dos direitos fundamentais nas relações com agentes econômicos privados. Em realidade, a relação entre empresas e direitos fundamentais permaneceu inexplorada até a década de 1990. O ponto é ressaltado por Florian Wettstein: "*The relation between business and human rights remained largely unexplored until the mid- 1990s. This is surprising, considering the long history of concepts like corporate social responsibility and corporate citizenship. Despite their practical roots in the workers' rights movements of the early 20th century, these concepts have seldom inquired systematically into the conceptual and substantive clarification of human rights obligations of businesses*" (WETTSTEIN, Florian. *Multinational Corporations and Global Justice*: Human Rights Obligations of a Quasi-Governmental Institution. Stanford: Stanford University Press, 2009. p. 282).

[571] Sobre o ponto, v. WETTSTEIN, Florian. *Multinational Corporations and Global Justice*: Human Rights Obligations of a Quasi-Governmental Institution. Stanford: Stanford University Press, 2009. p. 285.

[572] Sobre o ponto, Daniel Sarmento destaca: "*Por muito tempo, estes direitos não eram nada mais do que deveres de abstenção do Estado, que deveria manter-se inerte para não viola-los. O essencial era salvaguardar as liberdades privadas do indivíduo, o que impunha o estabelecimento de limites ao exercício do poder político. O Estado era visto como um adversário da liberdade, e por isso cumpria limita-lo, em prol da garantia dos direitos do homem*" (SARMENTO, Daniel. *Direitos fundamentais e relações privadas*. Rio de Janeiro: Lumen Juris, 2004, p. 23).

[573] Sem prejuízo de antecedentes históricos que afirmavam a noção moral, religiosa ou filosófica de que existiam normas superiores a outras, "*considera-se como o nascimento do constitucionalismo moderno o período das chamadas revoluções liberais, que têm seu marco inicial com a*

afirmação de direitos para a garantia de espaços de liberdade individual nas relações com o Estado.[574] Como consequência, tratou-se *"tão só de dar prioridade à liberdade (individual) sobre a responsabilidade (comunitária)"*.[575] Os direitos reconhecidos e consagrados pela ordem constitucional foram positivados, então, mirando a imposição de deveres de abstenção do Estado, com pouca reflexão sobre os deveres dos indivíduos e das entidades privadas.

E mesmo no paradigma do Estado Social, em que se agregou a preocupação com o bem-estar das pessoas, em tentativa de composição e conciliação das liberdades individuais e políticas com os direitos sociais e econômicos, o Estado permaneceu como o centro exclusivo das atenções na proteção e promoção dos direitos fundamentais. Às empresas e às pessoas em geral caberia apenas o atendimento de obrigações de natureza eminentemente fiscal.[576] Isso para que o Estado arrecadasse recursos e cumprisse os seus deveres de promoção e proteção, com a instituição de serviços de proteção social e de meios para a tutela dos direitos e garantias fundamentais.[577]

A abordagem sobre a observância, por atores privados, de normas relacionadas aos direitos fundamentais foi assumida, assim, como essencialmente *indireta* e *negativa*.[578] É dizer: ao realizar suas obrigações

---

Revolução Gloriosa inglesa de 1688, por força da qual se impuseram limites permanentes à monarquia, se consolidou o parlamentarismo na Inglaterra e se asseguraram garantias aos parlamentares e protelação a direitos individuais por meio da Bill of rights" (BARCELLOS, Ana Paula de. *Curso de Direito Constitucional*. 2. ed. Rio de Janeiro: Forense, 2019, p. 11).

574 SARLET, Ingo Wolfgang; FENSTERSEIFER, Tiago. *Direito Constitucional Ecológico*: Constituição, Direitos Fundamentais e Proteção da natureza. São Paulo: Thomson Reuters, 2021, p. 336.

575 NABAIS, José Casalta. *O dever fundamental de pagar impostos*: contributo para a compreensão constitucional do estado fiscal contemporâneo. Coimbra: Almedina, 2009, p. 16.

576 O Estado Social, estruturado para realização de igualdade material, com a instituição de políticas redistributivas e a instalação de serviços sociais, converteu as ações voluntárias e filantrópicas de proteção social em questões de direito. O Estado, com isso, assumiu o dever primário de assegurar condições mínimas de vida para todos, por meio de direitos sociais e econômicos. O sistema tributário é o meio instituído para que, indiretamente, todos contribuam para que o Estado realize o bem-estar social comum.

577 BILCHITZ, David. *Fundamental Rights and the legal obligations of business*. Cambridge: Cambridge University Press, 2022, p. 309: *"Firstly, it could be argued that the state must have the resources to meet its positive obligations to address the developmental and maintenance conditions for the autonomy of its people. Those resources are not magically obtained but rather come, largely, from taxation upon private individuals and corporations. As such, effectively the obligations of the state translate into obligations upon non-state actors to contribute towards ensuring the developmental and maintenance conditions of autonomy are fulfilled for all individuals"*.

578 Sobre o ponto, v. WETTSTEIN, Florian. *Multinational Corporations and Global Justice*: Human Rights Obligations of a Quasi-Governmental Institution. Stanford: Stanford University Press, 2009. p. 284: *"First, the dominant view of the relation between business and human rights*

tributárias e, desde que não se estivessem ativamente ofendendo direitos de terceiros, as pessoas e a empresa ficariam completamente desoneradas de sua responsabilidade em relação aos direitos fundamentais.

As transformações do Estado já referidas no item 4.1, impulsionadas pela necessidade de moderação dos excessos de individualismo do Estado liberal,[579] aliadas à concentração de poder por agentes privados no contexto da globalização e da revolução digital, pouco a pouco, colocaram luzes sobre a necessidade de "*um empenho solidário de todos na transformação das estruturas sociais*".[580] Foi, então, na já referida idealização do Estado Socioambiental de Direito, alarmado pela emergência das crises climática e sanitária, que se fortaleceram as noções de deveres fundamentais de atores não estatais.[581] Trata-se da articulação de deveres individuais e coletivos, de uns com os outros, sem os quais não haverá perspectiva de existência humana. É exatamente neste contexto que se passa a afirmar que "*tanto o Estado quanto os particulares podem estar vinculados por deveres de proteção*".[582]

Não há mais como dispensar os agentes econômicos privados de compromissos para a preservação da existência humana. Esse é um dever do Estado, mas também de todos os que detêm poder para auxiliar o encontro de cada ser humano com a dignidade. É com base nisso, por sinal, que Florian Wettstein[583] atribui às empresas indistintamente

---

still holds that only states can have direct human rights obligations, while the obligations of corporations are, as a result, merely indirect. Second, the debate on business and human rights has been largely limited to negative responsibilities of corporations concerning human rights. In other words, it has mainly focused on corporations' obligations not to violate human rights rather than to make positive contributions to their realization".

579 É o que destaca José Casalta Nabais: "*Como um outro limite à instituição constitucional de deveres fundamentais, no actual estado social aponta-se a necessidade, perante a qual está colocado o legislador constituinte, de se modera o excessivo individualismo e o carácter demasiado liberal tradicionalmente imputado à ideia de estado de direito, acentuando assim os elementos sociais e os deveres fundamentais, mormente os de cariz econômico, social e cultural*" (NABAIS, José Casalta. *O dever fundamental de pagar impostos*: contributo para a compreensão constitucional do estado fiscal contemporâneo. Coimbra: Almedina, 2009. p. 59).

580 ANDRADE, José Carlos Vieira de. *Os direitos fundamentais na Constituição Portuguesa de 1976*. Coimbra: Almedina, 2001, p. 155.

581 Ingo Wolfgang Sarlet registra que "*foi o reconhecimento dos direitos sociais e ecológicos que, já no âmbito do Estado Social, acabou levando a um fortalecimento da noção de deveres fundamentais*" (SARLET, Ingo Wolfgang. *A eficácia dos direitos fundamentais*: uma teoria geral dos direitos fundamentais na perspectiva constitucional. Porto Alegre: Livraria do Advogado, 2018, p. 235).

582 SARLET, Ingo Wolfgang. *A eficácia dos direitos fundamentais*: uma teoria geral dos direitos fundamentais na perspectiva constitucional. Porto Alegre: Livraria do Advogado, 2018, p. 235.

583 WETTSTEIN, Florian. *Multinational Corporations and Global Justice*: Human Rights Obligations of a Quasi-Governmental Institution. Stanford: Stanford University Press, 2009.

as funções de proteção e de promoção. Isso sob o fundamento de que o poder estrutural que as empresas concentram as transformou em instituições quase-governamentais (*quasi-governmental institution*), de modo que o "*serious engagement of multinationals in the realization of human rights means not merely to donate a part of their revenues to good causes but to proactively address societal problems with their core competences and capabilities*".[584]

Ocorre que a premissa de ascensão e de concentração de poder por entidades privadas, ainda que justifique a expansão de eficácia dos direitos fundamentais sobre as empresas, não permite concluir pela equiparação de seu papel na concretização dos direitos fundamentais com aqueles impostos ao Estado. Vejamos, *em primeiro lugar*, as razões para a impossibilidade de equiparação das funções de *proteção*.

As teorias contratuais de Estado moderno têm apoio na ideia de celebração de um contrato social que impõe renúncia à liberdade absoluta de se fazer o que bem entender. Isso como o meio de superação de riscos a que todos estaríamos submetidos em um mundo de conflitos gerados pelo exercício ilimitado de desejos e impulsos. A questão é que a renúncia da parcela de nossa liberdade individual para respeitar os direitos de terceiros não é autoexecutória.

O Estado, assim, foi constituído como um meio para assegurar o cumprimento do dever de *respeito* e, consequentemente, garantir as nossas integridades físicas, psíquicas e morais. Hobbes, nesse ponto, alertava que, por mais que as pessoas chegassem a acordos de não causar danos uns aos outros, sem que houvesse um meio para cumpri-los, os pactos seriam apenas palavras e "*nada se rompe mais facilmente do que a palavra de um homem*".[585] Atribuiu-se, portanto, ao Estado a função de *proteção*, a fim de que os compromissos entre pessoas (partes privadas em geral) fossem respeitados e, em caso de inadimplemento, existissem caminhos para forçar o seu cumprimento.

Qual foi, contudo, a razão teórica dos contratualistas modernos para se atribuir ao Estado o dever de proteção, em vez de confiá-lo a uma ou a algumas pessoas ou entidades privadas? Foi Locke quem explicitou essa resposta de forma mais objetiva. Locke afirmava que as pessoas seriam capazes de seguir as leis da natureza, sem necessariamente

---

[584] WETTSTEIN, Florian. *Multinational Corporations and Global Justice*: Human Rights Obligations of a Quasi-Governmental Institution. Stanford: Stanford University Press, 2009, p. 317.

[585] HOBBES, Thomas. *Leviatã*: matéria, forma e poder de um estado eclesiástico e civil. São Paulo: Abril, 1974, p. 48.

ingressarem em estados de conflito e guerra (como teorizado pela visão pessimista de Hobbes sobre o homem). Locke dizia que era justamente a atribuição de poder para exigir o cumprimento das leis da natureza a cada indivíduo que conduziria ao conflito.

Em primeiro lugar, porque cada indivíduo tenderia à defesa de seus próprios interesses. A parcialidade para autossatisfação levaria a equívocos na aplicação das leis, fossem elas naturais ou civis. *Em segundo lugar*, porque sem a existência de um árbitro imparcial, cada indivíduo tenderia a agir de forma desproporcional para satisfação dos próprios interesses. *Em terceiro lugar*, porque a execução de uma lei — a seleção dos meios para o seu cumprimento — pressuporia um juiz imparcial, para que a busca pela satisfação de pretensões não se convertesse em violência.[586]

O Estado moderno foi, assim, concebido para ser o *enforcer* de limitações necessárias à existência de todos nós.[587] Essa função corresponde exatamente ao dever de *proteção* dos direitos fundamentais. A necessidade de imparcialidade na solução de conflitos, de impessoalidade nas decisões públicas e de controle sobre o uso da força, de fato, justifica que os deveres de *proteção* sejam primariamente atribuídos ao Estado. Como anotou José Carlos Vieira de Andrade, no âmbito das relações privadas, "*estão excluídas as faculdades de exigir a proteção positiva ou activa dos direitos e liberdades, que só podem ter como destinatário o Estado, detentor do monopólio da coacção*".[588]

Por exemplo, não cabe a uma empresa instituir forças de segurança privada para salvaguardar direitos fundamentais próprios ou de terceiros. A admissão de regimes de proteção privados conduziria à criação de milícias armadas, em progressivo incentivo ao exercício de autotutela. No caso citado do Carrefour, para além da rescisão de

---

586 LOCKE, John. *Segundo tratado sobre o governo civil e outros escritos*. Petrópolis: Vozes, 2001, p. 113: "*Aqueles que estão reunidos de modo a formar um único corpo, com um sistema jurídico e judiciário com autoridade para decidir controvérsias entre eles e punir os ofensores, estão em sociedade civil uns com os outros; mas aqueles que não têm em comum nenhum direito de recurso, ou seja, sobre a terra, estão ainda no estado de natureza, onde cada um serve a si mesmo de juiz e de executor, o que é, como mostrei antes, o perfeito estado de natureza*".

587 A ideia de Estados como *enforcers* de direitos fundamentais é sustentada por David Bilchitz: "*I have sought to show that the state duty to protect model is parasitic on having an idea of what the state must protect individuals against. That, in turn, requires an understanding of and construction of the legally enforceable obligations of non-state actors, a matter that takes us beyond the conceptual resources of the state duty to protect doctrine as it has been developed thus far*" (BILCHITZ, David. *Fundamental Rights and the legal obligations of business*. Cambridge: Cambridge University Press, 2022, p. 97).

588 ANDRADE, José Carlos Vieira de. *Os direitos fundamentais na Constituição Portuguesa de 1976*. Coimbra: Almedina, 2001, p. 287.

contrato e do estabelecimento de medidas para controle interno e de gerenciamento de riscos, não cabe à empresa sancionar civil ou criminalmente a parceira comercial e seus dirigentes pela morte de João Alberto. Essas são funções do Estado.

Já em relação às funções de *promoção*, tampouco se pode falar em transposição aos agentes privados, na linha do que afirma David Bilchitz. De acordo com Bilchitz, em razão da concentração de poder e da função social da empresa, "*capacity to assist in the realisation of rights creates a prima facie obligation to contribute towards the realization of those rights*".[589] Ainda que tenham competência e capacidade para a realização de direitos fundamentais, não há como extrair da Constituição um dever geral de contribuições materiais das empresas para a realização de direitos fundamentais alheios.[590] Além de afastar a empresa de seus objetivos de lucro, a propriedade privada, por mais que tenha sido funcionalizada ao atendimento de interesses sociais, é uma garantia constitucional que não pode ser suprimida fora das hipóteses admitidas pela Constituição e, em regra, com garantia de justa indenização.

A ordem constitucional brasileira confere ampla proteção à liberdade, garantindo autonomia e liberdade de empresa. Ainda que as liberdades não sejam absolutas, como já se viu, não é possível, sem lei específica, nos termos do art. 5º, inciso II, da Constituição, exigir contribuições materiais das empresas para a realização dos direitos fundamentais. A contribuição, nesse ponto, é satisfeita com o atendimento de suas obrigações tributárias (o que não exclui o impacto do dever constitucional de devida diligência sobre o planejamento tributário abusivo).[591]

Mais além, empresas, por óbvio, não são eleitas e não podem realizar escolhas, em nome de toda a comunidade política, sobre as medidas que compreendem adequadas e necessárias à realização dos

---

589 BILCHITZ, David. *Fundamental Rights and the legal obligations of business*. Cambridge: Cambridge University Press, 2022, p. 325.

590 O debate é similar àquele suscitado por Daniel Sarmento relativo à incidência dos direitos sociais nas relações privadas. Sobre o tema v. SARMENTO, Daniel. *Direitos fundamentais e relações privadas*. Rio de Janeiro: Lumen Juris, 2004, p. 343.

591 Marcus Lívio Gomes e Paula Santos de Abreu sobre as obrigações tributárias, em aproximação da responsabilidade social corporativa ao direito tributário, afirmam que "*faz sentido esperar que os instrumentos de Responsabilidade Social Corporativa contemplem o compromisso das empresas em se organizarem de forma não apenas lícita mas também ética, em seus planejamentos tributários*" (GOMES, Marcus Lívio; ABREU, Paula Santos de. Responsabilidade Social Corporativa: um Novo Limite ao Planejamento Fiscal? *In*: CAMPOS, Carlos Alexandre de Azevedo; OLIVEIRA, Gustavo da Gama Vital de; MACEDO, Marco Antonio Ferreira (org.). *Direitos fundamentais e estado fiscal*: estudos em homenagem ao Professor Ricardo Lobo Torres. Salvador: Juspodivm, 2019. p. 188).

direitos fundamentais.[592] A Constituição não esgota todas as decisões políticas relevantes de uma sociedade e nem pode ser utilizada para fundamentar uma interpretação iliberal que resulte em comandos impositivos de fazeres por agentes privados.

Dizer que os direitos fundamentais impõem obrigações materiais de proteção e de promoção equiparadas às do Estado ignora, ainda, o grau de indeterminação semântica de algumas normas constitucionais, as diferentes gradações de efeitos de seus preceitos, assim como a inexistência de consenso sobre sentidos e efeitos de normas constitucionais. Embora alguns aspectos de determinados direitos fundamentais possam ser razoavelmente consensuais, em sociedades marcadas pelo pluralismo, os direitos podem significar coisas muito diversas para as pessoas, assim como podem ser diversos os modelos de acomodação dos diferentes direitos e garantias constitucionais. Como destaca Ana Paula de Barcellos, *"é inevitável que essas diferentes concepções políticas acabem repercutindo sobre a interpretação e aplicação das normas constitucionais de direitos fundamentais"*.[593]

Assim, ainda que existam interesses socialmente relevantes que poderiam justificar a imposição de obrigações mais intensas do que o regime procedimental de devida diligência, em regra, a mediação legislativa é necessária para democraticamente se determinar os contornos de contribuições materiais de agentes econômicos privados para a realização de direitos fundamentais. A atuação das empresas na *promoção* de direitos fundamentais, caso não seja imposta por lei que observe os limites exigidos pela garantia de livre-iniciativa, não decorrerá de uma obrigação jurídica, mas de uma ação voluntária.

Trata-se do campo mais distante do núcleo que irradia a *força centrífuga de eficácia dos direitos fundamentais*. No equilíbrio com as

[592] O ponto sobre a falta de legitimidade democrática para a atribuição abrangente de responsabilidades corporativas na realização de direitos fundamentais foi destacado no relatório A/HRC/14/27, das Nações Unidas, de 9 de abril de 2010, sobre empresas e direitos humanos: "64. *However, the proposition that corporate human rights responsibilities as a general rule should be determined by companies' capacity, whether absolute or relative to States, is troubling. On that premise, a large and profitable company operating in a small and poor country could soon find itself called upon to perform ever-expanding social and even governance functions — lacking democratic legitimacy, diminishing the State's incentive to build sustainable capacity and undermining the company's own economic role and possibly its commercial viability. Indeed, the proposition invites undesirable strategic gaming in any kind of country context*". Disponível em: https://documents-dds-ny.un.org/doc/UNDOC/GEN/G10/126/29/PDF/G1012629.pdf?OpenElement. Acesso em: 19 ago. 2023.

[593] BARCELLOS, Ana Paula de. *Curso de Direito Constitucional*. Rio de Janeiro: Forense, 2019, p. 48.

forças dos direitos fundamentais que garantem a liberdade para a conformação de atividades econômicas, a função de promoção fica além da fronteira da eficácia jurídica. A relevância dos valores que os direitos fundamentais carregam continua a irradiar sobre a empresa, mas eles não são capazes de impor eficácia jurídica, mas apenas recomendações morais de atuação.

Assim, a verificação de capacidade e de possibilidade da empresa de contribuir para a criação de condições materiais para a realização progressiva dos direitos fundamentais designa uma norma moral. É o espaço de voluntariado e filantropia que o Estado deve fomentar, por exemplo, por meio de benefícios fiscais.[594]

Dessa forma, como regra, o Estado é o sujeito primário de deveres fundamentais positivos, já que é o titular do monopólio do uso legítimo da força para a proteção, assim como também é aquele que detém os recursos sociais para a promoção de condições para a concretização dos direitos fundamentais.[595] No *processo centrífugo de eficácia dos direitos fundamentais*, ele se encontra no núcleo e intensamente vinculado ao respeito, à proteção e à promoção dos direitos fundamentais que consagra e reconhece.

Cabe ao Estado, nessa linha, assegurar que os atores não estatais, em especial grandes empresas, adequem as suas condutas para conformá-las aos direitos fundamentais, provendo ainda as condições materiais e jurídicas para a sua tutela e realização, inclusive por leis e políticas públicas que estimulem comportamentos direcionados à realização dos direitos fundamentais. Porém, como os agentes privados "*não estão isentos da incidência dos valores constitucionais que impõem sua conformação a parâmetros materiais de justiça*",[596] seria excessivamente simplificada e contrária à efetividade dos direitos fundamentais a afirmação de que as empresas teriam meros deveres indiretos e limitados a abstenções. Isso significaria, como já se disse, a admissão para uma atuação contrária à Constituição.

---

[594] A Lei Complementar nº 187/2021, que dispõe sobre a certificação das entidades beneficentes e regula os procedimentos referentes à imunidade de contribuições à seguridade social, é exemplo de estímulo fiscal para a promoção dos direitos sociais fundamentais à saúde, à educação e à assistência social.

[595] É o que ressalta Daniel Sarmento: "*No Estado de Direito, detentor do monopólio do uso legítimo da força, este dever de proteção pesa, em princípio, sobre as autoridades estatais do Legislativo, Executivo e Judiciário*" (SARMENTO, Daniel. *Direitos fundamentais e relações privadas*. Rio de Janeiro: Lumen Juris, 2004, p. 300).

[596] SARMENTO, Daniel. *Direitos fundamentais e relações privadas*. Rio de Janeiro: Lumen Juris, 2004, p. 337.

É certo, assim, que a intensidade da vinculação constitucional à realização dos direitos fundamentais não é igual à do Estado. As empresas têm um conjunto de deveres especializados na proteção dos direitos fundamentais, que não podem ser equiparados aos estatais.[597] Além de serem titulares de direitos e garantias fundamentais que limitam interferências estatais e preservam a sua autonomia, os agentes econômicos privados não têm as mesmas finalidades e compromissos constitucionais,[598] nem possuem os meios à disposição do Estado para proteger e promover os direitos fundamentais. Para além do *respeito* e de deveres especializados de *proteção* (condutas instrumentais necessárias a assegurar o *respeito*, materializadas por meio da *devida diligência em direitos fundamentais*), não há deveres gerais e abstratos exigidos diretamente pela Constituição.

5.3 O que a Constituição exige das empresas: o dever de devida diligência

Desde a aprovação dos Princípios Orientadores de Empresas e Direitos Humanos das Nações Unidas (POs), em 2011, o sistema internacional dos direitos humanos conta com um marco teórico sobre as responsabilidades da empresa em relação aos direitos humanos.[599] Além do *respeito*, compreendido como uma observância passiva de não causar dano, os POs centraram-se sobre a necessidade de identificar, prevenir e mitigar os impactos adversos da atividade econômica sobre os direitos humanos. O instrumento construído foi a *devida diligência* em direitos humanos.[600]

---

[597] Conforme apontado por John Ruggie, em relatório que antecedeu a edição dos *Guiding Principles on Business and Human Rights* das Nações Unidas, "*By their very nature, therefore, corporations do not have a general role in relation to human rights as do States; they have a specialized one*". (Disponível em: https://documents-dds-ny.un.org/doc/UNDOC/GEN/G06/110/27/PDF/G0611027.pdf?OpenElement. Acesso em: 19 ago. 2023).

[598] Steven Ratner ressalta que "*simply extending the state's duties with respect to human rights to the business enterprise ignores the differences between the nature and functions of states and corporations*" (RATNER, Steven R. Corporations and human rights: A Theory of Legal Responsibility. *Yale Law Journal*, v. 111, n. 3, p. 443/545, dez. 2001).

[599] Zeid Ra'ad Al Hussein descreve os Princípios Orientadores das Nações Unidas como "*the global authoritative standard, providing a blueprint for the steps all states and businesses should take to uphold human rights*" (RA'AD AL HUSSEIN, Zeid. Ethical Pursuit of Prosperity. *Law Society Gazette*, n. 23, mar. 2015.

[600] RUGGIE, John Gerard; SHERMAN, John F. The concept of "due diligence" in the UN. Guiding Principles on Business and Human Rights: A Reply to Jonathan Bonnitcha and Robert McCorquodale. *The European Journal of International Law*, v. 28, n. 3, p. 923, 2017: "*For businesses, beyond compliance with legal obligations, the Guiding Principles focus on the need*

A partir de então, o regime meramente declaratório e voluntário de responsabilidades socioambientais corporativas foi desafiado pela exigência de efetiva demonstração de diligência em relação aos impactos, reais e potenciais, das atividades da empresa e de suas parceiras comerciais sobre os direitos humanos. Mas a natureza de *Soft Law* dos Princípios Orientadores e de documentos internacionais que os seguiram[601] manteve o exercício da devida diligência em direitos humanos como uma decisão discricionária da empresa.

Como resultado, as mudanças no padrão de conduta foram limitadas. Claire Bright destaca que, em 2020, a partir das informações não financeiras das 230 maiores empresas do mundo, constatou-se que 46,2% das empresas não exerciam a devida diligência em direitos humanos.[602] No Brasil, no mesmo ano, conforme pesquisa realizada pela Clínica de Direitos Humanos da PUCPR e pelo Centro de Direitos Humanos e Empresas da FGV/SP,[603] das 30 maiores empresas operando aqui, apenas 7 declararam possuir mecanismos formais para a identificação de riscos e impactos nos direitos humanos. E, entre essas 7, somente 3 indicaram a forma como exerciam esse processo.

Nesse aspecto, a baixa adesão das empresas, como já se referiu, levou a um movimento recente de atribuição de eficácia normativa à exigência de devida diligência em direitos humanos. O Parlamento e o Conselho Europeu, em 14 de dezembro de 2023, chegaram a um acordo provisório sobre as Diretivas de Devida Diligência e Sustentabilidade Corporativa,[604] na linha de modelos normativos existentes na França e na Alemanha. Todos eles utilizam os Princípios Orientadores das Nações Unidas como base para a regulação da responsabilidade da empresa e para a determinação do conteúdo da devida diligência em direitos humanos.

---

to prevent and address involvement in adverse human rights impacts, for which conducting human rights due diligence is prescribed".

601 Após a aprovação dos Princípios Orientadores das Nações Unidas, o conceito de devida diligência foi introduzido em outros documentos internacionais como as Diretrizes da OCDE para Empresas Multinacionais, em 2011, e as Diretrizes da OCDE para devida diligência, em 2018.

602 BRIGHT, Claire. Corporate Due Dilligence: History and future prospects. *In*: COUTINHO DE ABREU, Jorge M.; MARTINS, Alexandre de Soveral; DIAS, Rui Pereira. *Dever de diligência das empresas e responsabilidade empresarial*, Instituto Jurídico: Coimbra, 2022, p. 6.

603 Disponível em: https://repositorio.fgv.br/server/api/core/bitstreams/33f1afdf-739d-4456-887a-c3958a790dd9/content. Acesso em: 10 out. 2023.

604 Disponível em: https://www.europarl.europa.eu/doceo/document/TA-9-2023-0209_PT.html. Acesso em: 19 ago. 2023.

Como se concluiu nos capítulos anteriores, na Constituição brasileira, a eficácia jurídica não é só desejada, mas exigida por razões de efetividade dos direitos fundamentais e de segurança jurídica. A exigência, de toda forma, pressupõe clareza sobre o que significa o dever de devida diligência, o conteúdo dessa eficácia projetada e os parâmetros para a sua incidência.

5.3.1 Conceito e conteúdo do dever de devida diligência em direitos fundamentais

O dever de devida diligência é um dever preventivo de violações de direitos fundamentais. Trata-se de um comando de conciliação de interesses econômicos da empresa com os direitos fundamentais impactados pela atividade empresarial para evitar ou mitigar violações. A devida diligência é realizada por um processo contínuo, que envolve sucessivas fases. Em todas elas, a finalidade é forçar a própria empresa a enxergar os custos socioambientais de suas ações voltadas à maximização de lucros. Levando-se a sério a premissa de que todos devem ser tratados com igual consideração e respeito, é possível encontrar o caminho de equilíbrio. E isso inclui levar a sério os legítimos interesses dos dois lados desse conflito: os da empresa, com a sua fundamentalidade para o desenvolvimento econômico e social, e os das pessoas submetidas aos impactos da atividade econômica.

Pense-se na seguinte situação. Uma empresa de mineração obteve todas as licenças para a extração de ouro em uma área de floresta. Ao iniciar a mobilização de recursos e de pessoal para o início da atividade, a companhia verifica que há protestos de uma comunidade indígena na área, que afirma a invasão de seu território e a intenção de se estabelecer no local. Em razão disso, o projeto de mineração não tem início. Os recursos financeiros da empresa, contudo, já foram desembolsados para a aquisição de material e a contratação de pessoas. De um lado, o interesse da empresa de continuidade do projeto, buscando evitar atrasos e prejuízos nos seus resultados financeiros. Por outro lado, o interesse da comunidade indígena de proteção de seus direitos territoriais para a preservação de seu modo de vida e cultura.[605] No meio disso, encontram-se os executivos da empresa que precisam tomar uma decisão sobre o que fazer: chamar as forças do

[605] É possível incluir outros interesses nos dois lados, como os interesses sociais de desenvolvimento econômico e social e o de proteção ao meio ambiente.

Estado para remover os indígenas, com risco de ações violentas, ou responder pelos prejuízos financeiros perante os órgãos de fiscalização da empresa permitindo uma ocupação de longo prazo? Não há resposta simples. O equilíbrio entre o risco para a empresa e o risco para as pessoas[606] não é trivial. Como já se pontuou no terceiro capítulo, as empresas têm reservado um regime de proteção constitucional, que é justificado pela sua fundamentalidade na geração de riqueza, inovação e, consequentemente, para o desenvolvimento social e econômico. Mas a sua liberdade de empreender, como qualquer liberdade, não é irrestrita.

Nesse passo, qual é o papel da eficácia especializada dos direitos fundamentais, que impõe o dever procedimental de devida diligência? *Em primeiro lugar*, em uma realidade de atuação da empresa voltada à satisfação de seus próprios e exclusivos interesses de maximização de lucros, o reconhecimento de eficácia constitucional ao dever de devida diligência torna obrigatória a identificação e o exame dos interesses das pessoas e da sociedade que concorrem com os objetivos imediatamente econômicos da empresa. Isso permite que administradores de empresa, assim como os membros e órgão de fiscalização da companhia ampliem a sua compreensão e o sentido de risco para os negócios (inclusive riscos reputacionais).

No caso descrito, a realização da devida diligência em direitos fundamentais, com a identificação de interesses impactados pela atividade econômica, com a sua subsequente consideração e respeito no curso de processo decisório da empresa, poderia fazer com que a mineradora avaliasse como evitar ou mitigar os impactos para a comunidade indígena. Antes de o conflito se instaurar, seria possível encontrar caminhos para que os interesses da empresa e os igualmente legítimos interesses da comunidade indígena se conciliassem. Essa composição poderia ser alcançada de diferentes formas, como por meio de um acordo sobre a forma de extração do minério, de admissão de supervisão das operações pela comunidade indígena, ou mesmo com a conclusão de inviabilidade da operação, em razão dos riscos sociais associados. Ganha-se com a devida diligência a capacidade de enxergar riscos sistêmicos de longo prazo, corrigindo o *short-termism* (a prioridade ao lucro imediato em vez de resultados de longo prazo).

Em segundo lugar, a exigência de rotinas de identificação, exame e comunicação garante segurança para a atuação da empresa e de seus

---

[606] As compreensões de riscos para a empresa e riscos para as pessoas são desenvolvidas por ROGGE, Malcom. Risk, Uncertainty, and the Future of Corporate Human Rights Due Diligence. Corporate Responsibility Initiative, *Harvard Kennedy School*, working paper n. 81, dez. 2022.

administradores. Em eventual demanda ou ação de responsabilização, as medidas e providências adotadas, com as respectivas justificativas de escolhas sobre o que fazer, estarão documentadas. Isso permite a exata compreensão, por todas as partes interessadas e pelos órgãos de controle do Estado, dos dilemas postos à empresa e aos seus administradores para tratar de riscos potenciais e reais aos direitos fundamentais.

Em terceiro lugar, a exigência constitucional de procedimento para o exame de impactos adversos da atividade econômica sobre direitos fundamentais permite o controle sobre as decisões da empresa. Acionistas, investidores, partes interessadas/prejudicadas e órgãos do Estado passam a compreender os interesses em jogo, antes mesmo de os conflitos se instaurarem e de os prejuízos acontecerem. Podem, assim, buscar os caminhos para a tutela de seus interesses. Para os investidores e acionistas, isso pode resultar em providências para investimento/desinvestimento ou para exigir a prestação de contas dos executivos sobre as decisões tomadas. Para as partes interessadas/prejudicadas e os órgãos do Estado, em caso de discordância com as decisões tomadas, autoriza a instauração de meios extrajudiciais e/ou judiciais para adequação da decisão corporativa.

Dentro desse cenário de propósitos da devida diligência em direitos fundamentais, passemos, então, para a estruturação de seu significado. Os Princípios Orientadores são o subsídio para a interpretação constitucional do sentido e do conteúdo dessa eficácia dos direitos fundamentais que se projeta sobre as empresas para impor o dever de devida diligência em direitos fundamentais. Eles, afinal, fixaram a moldura para orientar a interpretação constitucional sobre empresas e direitos humanos. O Supremo Tribunal Federal utiliza o Direito Internacional dos Direitos Humanos para o exercício de interpretação constitucional.[607] Trata-se de uma relação integrativa de busca por efetividade na aplicação e proteção dos direitos fundamentais consagrados e reconhecidos pela Constituição. Por esse caminho, os consensos globais que se consolidam em torno dos direitos humanos podem se irradiar ainda mais.[608]

---

[607] Cite-se, como exemplo, as decisões no RE 466.343, sobre a prisão civil de depositário infiel, em que se interpretou o art. 5º, inciso LXVII e §§1º, 2º e 3º, da Constituição à luz do art. 7º, §7º, da Convenção Americana de Direitos Humanos (Pacto de San José da Costa Rica). A interpretação constitucional com base no Direito Internacional dos Direitos Humanos também foi realizada no RE nº 511.961, Relator Ministro Gilmar Mendes, j. em 17.06.2009, sobre a inconstitucionalidade da exigência de diploma de jornalismo para o exercício da profissão.

[608] Daniel Sarmento e Claudio Pereira de Souza Neto ressaltam a tendência crescente e positiva de invocação do Direito Internacional dos Direitos Humanos e do Direito Comparado

Para além disso, a utilização dos POs como a base para a interpretação constitucional assegura uniformidade de tratamento de um tema com implicações transnacionais. A adoção de uma interpretação descompromissada com esses sentidos, que envolvem relações com pessoas e empresas em diversas partes do planeta, criaria impasses para a orientação das condutas corporativas no Brasil. O impasse ainda seria agravado, porque, em linha com a atenção dos POs sobre os impactos adversos em toda a cadeia de valor, os atos normativos francês, alemão e a proposta de Diretivas do Parlamento Europeu mostram a tendência de comandos de extraterritorialidade para alcançar toda a cadeia produtiva.[609] Trata-se do chamado "efeito Bruxelas", para denominar o processo de regulação unilateral do mercado provocado pela União Europeia.

O processo de interpretação constitucional pela integração do Direito Internacional dos Direitos Humanos é, contudo, dialógico. Não se trata de uma mera reprodução. É uma leitura de experiências e sentidos pela perspectiva e pelos limites da ordem constitucional brasileira. Desse modo, ainda que racionalmente se pudessem justificar contribuições mais intensas das empresas, o dever constitucional de devida diligência não pode resultar em obrigações que desnaturem o seu caráter procedimental e instrumental de *respeito* aos direitos fundamentais no exercício da atividade econômica.

Dentro desses parâmetros que foram construídos até aqui, a determinação do conceito e do conteúdo da devida diligência parte do comentário ao Princípio 18, constante da Resolução das Nações Unidas A/HRC/RES/17/4,[610] que diz: "*o primeiro passo no processo de devida diligência em direitos humanos é identificar e avaliar a natureza dos impactos negativos atuais e potenciais sobre os direitos humanos nos quais a empresa*

na interpretação constitucional. Ressaltam que "*hoje, as ideias constitucionais migram*". SARMENTO, Daniel; SOUZA NETO, Claudio Pereira de. *Direito Constitucional*: Teoria, história e métodos de trabalho. Belo Horizonte: Fórum, 2013. p. 451.

609 Sobre o impacto extraterritorial da proposta de Diretivas do Parlamento Europeu, v. ENRIQUES, Luca. *The extraterritorial impact of the Proposed EU Directive on Corporate Sustainability Due Diligence*: Why Corporate America Should Pay Attention. abr. 2022. Disponível em: https://blogs.law.ox.ac.uk/business-law-blog/blog/2022/04/extraterritorial-impact-proposed-eu-directive-corporate. Acesso em: 22 mar. 2023.

610 Disponível em: https://ap.ohchr.org/documents/dpage_e.aspx?si=A/HRC/RES/17/4. Acesso em: 22 jun. 2023. É válido ressaltar que a Resolução A/HRC/RES/17/4, que aprovou os Princípios Orientadores, também criou um Grupo de Trabalho, denominado de Grupo de Trabalho sobre Empresas e Direitos Humanos, com o objetivo de disseminar os Princípios Orientadores, bem como avaliar e fazer recomendações aos estados sobre o regime de Empresas e Direitos Humanos. O Grupo de Trabalho teve o seu mandato renovado em 2020.

pode ser envolvida".[611] A devida diligência tem uma *fase inicial* que diz respeito à avalição de riscos e impactos. O seu objetivo é compreender as consequências específicas de operações da própria empresa, de suas subsidiárias e parceiras comerciais sobre pessoas determinadas e o ambiente em que vivem.

A devida diligência exige saber *concretamente* quais são os impactos negativos da atividade econômica. Ou seja: enxergar *como* a ação da empresa remove ou reduz a capacidade de pessoas terem os seus direitos fundamentais respeitados. Como já se disse, a compreensão dos direitos humanos e fundamentais pode dizer coisas muito diferentes para as pessoas. É preciso ter em conta, assim, a pessoa concretamente interessada e o seu contexto sociocultural para se determinar a existência e a intensidade de impactos adversos, assim como as medidas necessárias para a sua prevenção e remoção.

Exige-se, assim, participação e escuta ativa, com a consideração da vulnerabilidade e do risco a que as pessoas podem estar sujeitas durante o processo de audiências, consultas e negociação. Como destaca Daniel Sarmento, *"em um Estado plural como o brasileiro, que, rejeitando o etnocentrismo, conferiu explícita proteção constitucional aos 'modos de criar, fazer e viver' dos diferentes grupos formadores da sociedade brasileira (art. 216, inciso II, CF)"*, a perspectiva do impacto adverso não pode ser tomada de forma unilateral, privilegiando uma concepção específica de mundo e de forma de vida.

Não há, assim, um modo de atuação, mas cabe à empresa instituir mecanismos operacionais, que podem ser administrados pela própria empresa ou em colaboração com terceiros. É possível, ainda, recorrer a especialista ou a organismo externo. Os canais, contudo, devem existir e ser conhecidos das pessoas impactadas pela atividade econômica. A criação de espaços para denúncia, reclamação e ouvidoria é, por sinal, um instrumento relevante para que a empresa identifique problemas sistemáticos e adapte as suas práticas.

Com os impactos mapeados, nos termos do Princípio 19[612] as informações são submetidas aos órgãos e dirigentes internos responsáveis

---

[611] A tradução para o português dos comentários aos Princípios Orientadores foi realizada pela organização Conectas Direitos Humanos. Disponível em: https://www.conectas.org/wp-content/uploads/2017/12/2012_Empresas_-Direitos_Humanos_Par%C3%A2metros_-ONU.pdf.

[612] PRINCÍPIO 19 Para prevenir e mitigar os impactos negativos sobre os direitos humanos, as empresas devem integrar as conclusões de suas avaliações de impacto no marco das funções e processos internos pertinentes e tomar as medidas apropriadas. A. Para que essa integração seja eficaz é preciso que: I. A responsabilidade de prevenir essas consequências seja atribuída aos níveis e funções adequados dentro da empresa; II. A adoção de decisões

para: (i) avaliação; (ii) priorização de providências, conforme a urgência e a severidade do impacto; e (iii) decisão sobre as medidas a serem adotadas para o tratamento do impacto adverso real ou potencial. Essas medidas podem envolver: (i) a contratação de especialistas independentes para assessoramento sobre a resposta de prevenção ou mitigação a ser oferecida; (ii) a verificação da atuação direta da empresa ou se a solução depende de terceiros; e (iii) a viabilidade de rescisão de parceria comercial. Uma vez examinadas as alternativas para prevenção ou mitigação dos impactos negativos sobre os direitos fundamentais, a empresa deve colocar em prática essas providências, dando tratamento ao caso.

Em uma terceira fase, como indica o Princípio 20,[613] cabe à empresa monitorar a eficácia de sua resposta aos riscos e impactos negativos identificados. Isso para confirmar se as soluções projetadas eram as adequadas e necessárias para a mitigação ou prevenção de violações, se é necessário ajustá-las, assim como para confirmar se os resultados esperados foram atingidos. Monitoramento, afinal, consiste em verificar se os meios selecionados (*inputs*) e os objetivos idealizados (*outputs*) para prevenção/mitigação dos impactos adversos estão sendo atingidos, acompanhar o que de fato está sendo executado e apurar os resultados concretos produzidos (*outcomes*) em face dos direitos fundamentais que se pretende proteger.[614]

Por fim, a devida diligência exige a estruturação de processos de comunicação para prestar contas e informar, de maneira transparente, os impactos identificados, assim como as medidas para o seu tratamento (Princípio 21[615]). A comunicação deve ser tanto para os órgãos da própria

internas, as atribuições orçamentárias e os processos de supervisão possibilitem oferecer respostas eficazes a esses impactos. B. As medidas a serem adotadas devem variar em função de: I. Que a empresa provoque ou contribua para provocar as consequências negativas ou de que seu envolvimento se reduza a uma relação direta desses impactos com as operações, produtos ou serviços prestados por uma relação comercial; II. Sua capacidade de influência para prevenir os impactos negativos.

613 PRINCÍPIO 20 A fim de verificar se estão sendo tomadas medidas para prevenir os impactos adversos sobre os direitos humanos, as empresas devem fazer um acompanhamento da eficácia de sua resposta. Esse monitoramento deve: A. Basear-se em indicadores qualitativos e quantitativos adequados; B. Levar em consideração as informações vindas de fontes tanto internas como externas, inclusive das partes interessadas afetadas.

614 Sobre monitoramento, embora tratando de políticas públicas, v. BARCELLOS, Ana Paula. Políticas Públicas e o dever de monitoramento: levando os direitos a sério. *Revista Brasileira de Políticas Públicas*, UNICEUB, v. 8, n. 2, p. 252-265, ago. 2018.

615 PRINCÍPIO 21 Para explicar as medidas tomadas para enfrentar os impactos de suas atividades sobre os direitos humanos, as empresas devem estar preparadas para comunicar isso externamente, sobretudo quando os afetados ou seus representantes demonstrem

empresa e seus investidores quanto para as pessoas ou grupos afetados e ao Estado.

Há, como se vê, quatro fases relacionadas à devida diligência: (i) a identificação de impactos em direitos fundamentais — *o problema a resolver*; (ii) a avaliação dos riscos e impactos para decisão sobre as providências para prevenção e mitigação — *a seleção dos meios para o tratamento*; (iii) o monitoramento das soluções — *o acompanhamento da execução e o exame de resultados*; e (iv) a comunicação sobre os riscos, impactos e medidas adotadas — *a publicidade do processo*.

As fases, é certo, podem ser sobrepostas. Mas a divisão, além de fins didáticos, tem o propósito de delimitar os fazeres que se espera da empresa. No ciclo exposto, é possível enxergar que o dever de realização dos direitos fundamentais exigido constitucionalmente da empresa diz respeito a: (i) identificar riscos; (ii) decidir sobre como eles serão tratados para prevenir ou mitigar os impactos adversos; (iii) monitorar essas soluções; (iv) com a subsequente comunicação às partes interessadas.

Delimitadas as ações (os verbos), para indicar o conteúdo e o conceito, ainda falta identificar as espécies de envolvimento das empresas e os impactos que os POs incluem no processo de devida diligência. O Princípio 17 e sua alínea A,[616] nesse aspecto, orientam que a devida diligência "*deve abranger os impactos negativos sobre os direitos humanos que tenham sido causados ou que tiveram a contribuição da empresa para sua ocorrência por meio de suas próprias atividades, ou que tenham relação direta com suas operações, produtos ou serviços prestados por suas relações comerciais*", incluindo "*uma avaliação do impacto real e potencial das atividades sobre os*

---

suas preocupações. As empresas cujas operações ou contextos operacionais impliquem graves riscos de impacto sobre os direitos humanos deveriam informar oficialmente as medidas que tomam a esse respeito. Em qualquer caso, as comunicações devem reunir as seguintes condições: A. Possuir uma forma e uma frequência que reflitam as consequências das atividades da empresa sobre os direitos humanos e que sejam acessíveis para seus destinatários; B. Proporcionar suficiente informação para avaliar se a resposta de uma empresa diante de consequências concretas sobre os direitos humanos é adequada; C. Não pôr em risco, por sua vez, as partes afetadas ou seus funcionários, e não violar requisitos legítimos de confidencialidade comercial.

[616] PRINCÍPIO 17 A fim de identificar, prevenir, mitigar e reparar os impactos negativos de suas atividades sobre os direitos humanos, as empresas devem realizar auditorias (*due diligence*) em matéria de direitos humanos. Esse processo deve incluir uma avaliação do impacto real e potencial das atividades sobre os direitos humanos, a integração das conclusões e sua atuação a esse respeito; o acompanhamento das respostas e a comunicação de como as consequências negativas são enfrentadas. A auditoria (*due diligence*) em matéria de direitos humanos: A. Deve abranger os impactos negativos sobre os direitos humanos que tenham sido causados ou que tiveram a contribuição da empresa para sua ocorrência por meio de suas próprias atividades, ou que tenham relação direta com suas operações, produtos ou serviços prestados por suas relações comerciais.

direitos humanos". Os POs falam da necessidade de examinar o *respeito* aos direitos fundamentais para impactos relacionados à atividade da própria empresa, ou de suas parceiras comerciais, por causalidade, contribuição ou conexão.

Explica-se. A empresa *causa* o impacto quando eles decorrem diretamente de suas atividades. É o caso, por exemplo, de despejo de poluentes químicos em rio que abastece uma comunidade, prejudicando a pesca e o consumo de água potável; de utilização de mão de obra infantil em estabelecimento comercial; e de práticas racistas com funcionários ou clientes.[617] Já a *contribuição* está relacionada aos impactos causados por outra entidade, pessoa ou pelo Estado, mas com a influência ou a cumplicidade da empresa. O caso Ken Saro-Wiwa de cumplicidade da Shell com o governo nigeriano para contenção de protestos na área de atuação da empresa ilustra a hipótese. Por sua vez, a *conexão* é caracterizada pelo impacto adverso decorrente da atuação de uma parceira comercial da empresa. Trata-se de impactos que ocorrem na cadeia produtiva, como a utilização em uma confecção na cidade de São Paulo de algodão manuseado por escravizados na China. Como se percebe, dependendo da espécie de envolvimento da empresa, as providências podem ser diversas: cessar ou mudar a atividade, a influência ou a cumplicidade, ou rescindir contrato.[618]

Quanto aos tipos de impacto, o Princípio 18[619] esclarece que as empresas devem identificar e avaliar as consequências negativas

---

617 Os exemplos foram retirados de FGV/SP; MINISTÉRIO DOS DIREITOS HUMANOS. *Implementando os princípios orientadores sobre empresas e direitos humanos da ONU*: o dever do Estado de proteger e a obrigação das empresas de respeitar os direitos humanos. Brasília: Artecor Gráfica, 2017.

618 Em estudo elaborado pela Fundação Getúlio Vargas para o Ministério dos Direitos Humanos sobre os Princípios Orientadores de Empresas e Direitos Humanos, também são descritas quatro fases relacionadas à devida diligência em direitos humanos. O conceito apresentado pelo documento é próximo ao que alcançou na tese. Há um ponto de diferença: o estudo da FGV não evidencia a responsabilidade sobre o controle na cadeia de valor. Veja-se, nesse sentido o conceito: "*A Auditoria (due diligence) em Direitos Humanos é um processo contínuo que busca compreender como as peculiaridades de cada empreendimento ou negócio impactam na proteção e garantia de direitos humanos, a fim de subsidiar a elaboração de medidas concretas e adequadas para prevenir, mitigar e reparar os impactos provocados nos direitos humanos*" (FGV/SP; MINISTÉRIO DOS DIREITOS HUMANOS. *Implementando os princípios orientadores sobre empresas e direitos humanos da ONU*: o dever do Estado de proteger e a obrigação das empresas de respeitar os direitos humanos. Brasília: Artecor Gráfica, 2017).

619 PRINCÍPIO 18 A fim de aferir os riscos em matéria de direitos humanos, as empresas devem identificar e avaliar as consequências negativas reais ou potenciais sobre os direitos humanos em que possam ser envolvidos, seja por meio de suas próprias atividades ou como resultado de suas relações comerciais. Esse processo deve: A. Recorrer a especialistas em direitos humanos internos e/ou independentes; B. Incluir consultas substanciais com grupos potencialmente afetados e outras partes interessadas, em função do tamanho da empresa e da natureza e do contexto da operação.

potenciais e *reais* sobre direitos fundamentais. Por exemplo, uma empresa que não instala um equipamento de tratamento de resíduos perigosos resultantes de sua atividade, dentro de algum tempo, impactará a qualidade da água consumida na comunidade local. É um impacto potencial. Ele se converterá em real quando a água da comunidade deixar de ser potável.

Feito esse exame segmentado dos elementos que estruturaram a ideia de devida diligência em direitos humanos nos Princípios Orientadores, é possível formular o seguinte conteúdo: *o dever de devida diligência compõe um processo contínuo de identificação concreta, tratamento, prevenção, mitigação, monitoramento e comunicação dos impactos adversos (reais e potenciais) sobre os direitos humanos ou fundamentais causados pela empresa, ou para os quais ela contribua, por meio de suas próprias atividades, ou de seus parceiros comerciais.*[620]

Esse conteúdo, é certo, pode ser lido criticamente por estabelecer encargos muito abrangentes e até em contradição com conceitos elementares de responsabilidade civil e criminal. Afinal, exige-se o controle sobre atos com os quais não se tem relação direta nem conhecimento e até mesmo por danos eventuais e futuros. Essa foi a crítica formulada por Jonathan Bonnitcha e Robert McCorquodale,[621] que apontaram que os POs sobrepunham e confundiam compreensões de responsabilidade civil com processos de gerenciamento de risco.

Em primeiro lugar, é preciso recordar que o dever de *respeito* aos direitos fundamentais e o dever derivado e instrumental de devida diligência não formam um regime de reponsabilidade civil, criminal ou administrativa. Não cabe, por essa razão, ler o conceito de devida diligência a partir das noções de nexo de causalidade e dos elementos subjetivos da responsabilidade civil ou criminal. Ainda que a devida

---

620 O conteúdo descrito, a partir da leitura dos princípios orientadores, corresponde ao teor das obrigações veiculadas pela proposta de Diretivas do Parlamento Europeu. O artigo 4º da proposta estabelece o seguinte: "*Artigo 4º Dever de diligência 1. Os Estados-Membros devem assegurar que as empresas exercem o dever de diligência em matéria de direitos humanos e de ambiente, de acordo com o estabelecido nos artigos 5º a 11º («dever de diligência»), nomeadamente:(a) Integrando o dever de diligência nas suas políticas, em conformidade com o artigo 5º; (b) Identificando os efeitos negativos, potenciais ou reais, em conformidade com o artigo 6º; (c) Prevenindo e atenuando os efeitos negativos potenciais, cessando os efeitos negativos reais e minimizando a sua extensão, em conformidade com os artigos 7º e 8º; (d) Estabelecendo e mantendo um procedimento de reclamação em conformidade com o artigo 9º; (e) Avaliando a eficácia da sua política e das suas medidas em matéria de dever de diligência, em conformidade com o artigo 10º;(f) Comunicando publicamente informações sobre o dever de diligência, em conformidade com o artigo 11º*".

621 BONNITCHA, Jonathan; MCCORQUODALE, Robert. The Concept of 'Due Diligence' in the UN Guiding Principles on Business and Human Rights. *The European Journal of International Law*, v. 28, n. 3, p. 899, 2017.

diligência possa subsidiar e justificar a responsabilização civil ou criminal, os regimes não se confundem. A devida diligência é um *instrumento preventivo* de danos para a proteção de direitos fundamentais.

Em segundo lugar, como um dever procedimental, a *devida diligência* impõe, sim, um gerenciamento de risco, mas voltado ao interesse das pessoas e da sociedade em geral pelos impactos da atividade econômica. O sujeito passivo da obrigação (a empresa) se compromete a um comportamento para alcançar certos efeitos (evitar ou mitigar o dano), mas sem assegurar um resultado específico. Trata-se, essencialmente, de uma obrigação de meio.[622]

Nesse passo, a elaboração de uma estratégia de devida diligência sempre envolverá alguma incerteza quanto à identificação e à avaliação dos riscos e alguma discricionariedade quanto à seleção e à ordenação dos meios para a prevenção e mitigação de impactos.[623] Isso é, aliás, ressaltado pelo comentário ao Princípio 22, constante do *Guiding Principles on Business and Human Rights*: "*Even with the best policies and practices, a business enterprise may cause or contribute to an adverse human rights impact that it has not foreseen or been able to prevent*".[624] Não há, afinal, como assegurar que todos os impactos adversos serão evitados ou mitigados. Mas é apenas aí que ingressam os mecanismos de reparação, regidos pelos instrumentos de responsabilidade civil.

De todo modo, como ressalta J. M. Coutinho,[625] ainda que seja uma obrigação de meio, há um *padrão mínimo de comportamento que vincula as empresas*, independentemente da estratégia desenvolvida. Imagine-se uma empresa localizada em uma região com problemas

---

[622] Na obrigação de meio o devedor se compromete à prestação de uma atividade diligente em benefício do credor. As partes buscam um resultado, mas o devedor não se compromete com esse resultado. O seu compromisso é em empregar a sua melhor técnica para alcançar o resultado. Por vezes, pela própria natureza da obrigação, o resultado não pode ser exigido, pois depende de fatores que não são relacionados à vontade do devedor. É o caso da responsabilidade civil do médico. Sobre o tema, v. AGUIAR JUNIOR, Ruy Rosado de. *Responsabilidade civil do médico*. São Paulo: Revista dos Tribunais, 1995.

[623] COUTINHO DE ABREU, J. M.; BRIGHT, Claire. Dever de Diligência das Empresas e Responsabilidade Civil (A Propósito do Projeto de Diretiva do Parlamento Europeu de 10/3/2021). *In*: ABREU, Jorge M. Coutinho de; MARTINS, Alexandre de Soveral; DIAS, Rui Pereira. *Dever de diligência das empresas e responsabilidade empresarial*. Instituto Jurídico: Coimbra, 2022, p. 34.

[624] Disponível em: https://www.ohchr.org/Documents/Publications/GuidingPrinciples BusinessHR_EN.pdf. Acesso em: 20 jan. 2022.

[625] COUTINHO DE ABREU, J. M.; BRIGHT, Claire. Dever de Diligência das Empresas e Responsabilidade Civil (A Propósito do Projeto de Diretiva do Parlamento Europeu de 10/3/2021). *In*: COUTINHO DE ABREU, Jorge M.; MARTINS, Alexandre de Soveral; DIAS, Rui Pereira. *Dever de diligência das empresas e responsabilidade empresarial*. Coimbra: Instituto Jurídico, 2022, p. 33.

críticos de garantia de direitos trabalhistas. A empresa, então, elabora seu plano de devida diligência e consegue garantir um padrão laboral adequado. Contudo, ela recebe uma demanda extraordinária de produção e, por isso, recorre a trabalho infantil e impõe jornadas extenuantes que causam doença grave em centenas de trabalhadores. A falta de revisão da estratégia ou as falhas em sua aplicação evidenciam a falha no atendimento de um padrão de comportamento específico que independe do exame concreto dos esforços realizados.

Como já exposto, a devida diligência é um comando procedimental para mitigar as assimetrias de poder e de informação nas relações da empresa, com o objetivo de qualificar a transparência e a capacidade de controle interno e externo sobre os impactos adversos em direitos fundamentais. A sua finalidade é fazer com que a empresa, o Estado e as partes interessadas tomem conhecimento de ameaças ou lesões a direitos fundamentais que, por razões diversas, podem ser invisibilizados nas redes de produção própria ou de parceiros comerciais. O objetivo, repita-se, é expor os riscos associados à atividade econômica e fazer com que eles sejam considerados e respeitados no processo decisório da empresa. O que a empresa e seus executivos farão com essas informações poderá resultar em consequências civis, administrativas e criminais, assim como na dosagem da responsabilização caso o dano se concretize. Esse, de todo modo, não é o foco da *devida diligência.*

Nos casos de ausência de nexo de causalidade, como na conexão, por exemplo, não há sequer (no Direito brasileiro) como falar em dever de reparação ou de responsabilização de administradores. Mas isso não exime a empresa de ativamente examinar os riscos aos direitos fundamentais associados à sua atividade. É dizer: o fato de não ter responsabilidade civil ou criminal não afasta o dever de devida diligência.

A existência de risco a direito fundamental impõe um dever jurídico, decorrente do imperativo ético de não causar danos às pessoas e ao ambiente, que exige uma conduta preventiva que contribua para a proteção dos direitos fundamentais. Como explica o próprio John Ruggie, em artigo escrito com John F. Sherman para responder à crítica de Bonnitcha and McCorquodale, a *devida diligência* envolve um "*comprehensive, proactive attempt to uncover human rights risks, actual and potential, over the entire life cycle of a project or business activity, with the aim of avoiding and mitigating those risks*".[626]

---

[626] RUGGIE, John Gerard; SHERMAN, John F. The concept of "due diligence" in the UN. Guiding Principles on Business and Human Rights: A Reply to Jonathan Bonnitcha and Robert McCorquodale. *The European Journal of International Law*, v. 28, n. 3, p. 927, 2017.

No Direito Societário, o dever de *devida diligência* tem longa tradição. Como exposto no capítulo 2, as auditorias de operações para fusões e aquisições foram a fonte de inspiração dos Princípios Orientadores. Mas essa *due diligence* do Direito Societário é direcionada aos membros e órgãos de administração e de fiscalização da empresa para exame de riscos do negócio sob a perspectiva do interesse econômico da empresa.[627] A devida diligência em direitos fundamentais reorienta essa prática para incluir a informação e exigir o exame de interesses externos não imediatamente econômicos da empresa: os interesses juridicamente protegidos por direitos fundamentais das pessoas, inclusive empregados, e da sociedade.

Uma vez identificados os seus elementos e esclarecida a sua natureza procedimental, pode-se, enfim, apresentar o seguinte conceito de devida diligência: *a devida diligência em direitos fundamentais designa a ação razoável para obter informação, tratar e comunicar os impactos negativos sobre os direitos fundamentais no exercício da atividade econômica organizada, com o objetivo de prevenir e mitigar riscos.* Isso quer dizer, portanto, que a obrigação exigida pela Constituição, na eficácia especializada dos direitos fundamentais, é a de *identificar, tratar e comunicar os impactos adversos da atividade econômica, incorporando os interesses das pessoas e da sociedade protegidos por direitos fundamentais no processo de decisão corporativa.*

A devida diligência em direitos fundamentais, como se viu, diz respeito ao processo de prevenção de danos a direitos fundamentais. Não diz respeito à ocorrência do dano e à consequente responsabilidade civil. Isso, por evidente, não quer dizer que as empresas possam violar direitos fundamentais. O que se está enfatizando é que não se deve confundir o regime de devida diligência em direitos fundamentais com os mecanismos de reparação que podem emergir das ações e omissões da empresa.

Em uma realidade de incentivos voltados à maximização do lucro e de relações assimétricas de poder e de informação, exigir um procedimento que incorpora interesses socioambientais no processo decisório da empresa e que qualifica a transparência é fundamental para a proteção dos direitos fundamentais, assim como para o próprio exercício da empresa. O dever de devida diligência permite aprimorar

[627] COUTINHO DE ABREU, J. M.; BRIGHT, Claire. Dever de Diligência das Empresas e Responsabilidade Civil (A Propósito do Projeto de Diretiva do Parlamento Europeu de 10/3/2021). *In*: ABREU, Jorge M. Coutinho de; MARTINS, Alexandre de Soveral; DIAS, Rui Pereira. *Dever de diligência das empresas e responsabilidade empresarial*, Instituto Jurídico: Coimbra, 2022.

a qualidade da tomada de decisões da empresa, da sociedade e do Estado relacionadas às obrigações corporativas relativas aos direitos fundamentais.

De todo modo, ainda que se trate de uma obrigação procedimental e não de uma obrigação de resultado, é fora de dúvida que a forma de cumprir essa obrigação não é uniforme. Como o próprio John Ruggie esclareceu, *"due diligence is how risks and impacts are identified and mitigated. And remedy is commensurate with, and proportional to, the nature of the company's involvement with the risk or impact"*.[628]

5.3.2 Os parâmetros de incidência do dever constitucional de devida diligência em direitos fundamentais

A afirmação de eficácia dos direitos fundamentais para impor o dever de devida diligência em direitos fundamentais, compreendido como a ação razoável para obter informação, tratar e comunicar os impactos negativos sobre os direitos fundamentais no exercício da atividade econômica organizada, envolve duas questões difíceis: (i) até onde as empresas devem ir para identificar, tratar e comunicar os impactos adversos sobre direitos fundamentais nas suas próprias atividades e nas de seus parceiros comerciais; e (ii) como equilibrar esses esforços para o controle de riscos com os custos gerados para a empresa na realização desses esforços.

A instalação de estruturas de identificação de impactos adversos, a adoção de ferramentas de monitoramento e de comunicação, entre as outras providências que compõem o processo de devida diligência em direitos fundamentais, têm custos.[629] Esses custos, com consequência da existência de um dever constitucional, são socialmente impostos para que se qualifique o regime de respeito aos direitos fundamentais no exercício da atividade econômica.[630] O peso para a realização desse

---

[628] RUGGIE, John Gerard; SHERMAN, John F. *The concept of "due diligence" in the UN.* Guiding Principles on Business and Human Rights: A Reply to Jonathan Bonnitcha and Robert McCorquodale. *The European Journal of International Law*, v. 28, n. 3, p. 928, 2017.

[629] Não há informação específica sobre os custos para a instalação de programas de devida diligência em direitos humanos. Contudo, os altos custos impostos para a estruturação de departamentos de *compliance* são relatados por CHEN, Hui; SOLTES, Eugene. Why Compliance Programs Fail — and how to fix them. *Harvard Business Review*, abr. 2018. Disponível em: https://hbr.org/2018/03/why-compliance-programs-fail. Acesso em: 10 jan. 2024.

[630] Sobre o ponto, v. MULLIGAN, Thomas. A Critique of Milton Friedman's Essay The Social Responsibility of Business is to Increase its Profits. *Journal of Business Ethics*, Durham,

interesse coletivo, contudo, não pode significar a inviabilização do funcionamento da empresa.

Nesse aspecto, uma empresa de mineração transnacional é diferente de um empresário individual que conduz um comércio de bairro. A Constituição, aliás, ciente dessas diferentes realidades, assegura tratamento favorecido às microempresas e às empresas de pequeno porte (CRFB/1988, art. 146, III, "d"; art. 170, IX). Mais além, ao lado da perspectiva econômica, também se deve considerar que os impactos da grande empresa de mineração e aqueles que podem advir do dono de uma pequena padaria não são os mesmos.

Recorde-se que o dever constitucional de devida diligência em direitos fundamentais incidente sobre as empresas é justificado por razões de efetividade dos direitos fundamentais. A vulnerabilidade na relação assimétrica de poder e de informação é um dos fundamentos do regime especializado de eficácia dos direitos fundamentais. Nesse passo, o tamanho da empresa assim como a natureza da atividade econômica que ela desempenha não podem ser desconsiderados. A essencialidade dos seus produtos ou serviços e o tamanho de suas operações vão designar a vulnerabilidade e a assimetria nas relações da empresa com aqueles impactados por sua atividade. A capacidade de produzir impactos é diretamente relacionada à dimensão e à natureza das operações da empresa.

Nesse sentido, como sinaliza o Princípio 14, o dever de devida diligência em direitos fundamentais aplica-se a todas as empresas, independentemente de seu tamanho, setor, contexto operacional, proprietário ou estrutura, mas a forma de cumprir as suas obrigações "pode variar em função desses fatores e da gravidade dos impactos negativos das atividades da empresa sobre os direitos humanos".[631]

---

p. 265-269, ago. 1986: "*Friedman is right in pointing out that exercising social responsibility costs money. If nothing else, a company incurs expense when it invests the man hours needed to contemplate the possible social consequences of alternative actions and to consider the merit or demerit of each set of consequences. f each set of consequences. But Friedman is wrong in holding that such costs must be imposed by one business stake holder on the others, outside of the whole collaborative process of strategic and operational business management. He presumes too much in intimatingthroxigh his imagined examples that the business person who pursues a socially responsible course inevitably acts without due attention to return on investment, budgetary limitations, reasonable employee remuneration, or competitive pricing*".

[631] PRINCÍPIO 14 A responsabilidade das empresas de respeitar os direitos humanos aplica-se a todas as empresas independentemente de seu tamanho, setor, contexto operacional, proprietário e estrutura. No entanto, a magnitude e a complexidade dos meios dispostos pelas empresas para assumir essa responsabilidade pode variar em função desses fatores e da gravidade dos impactos negativos das atividades da empresa sobre os direitos humanos.

Independentemente disso, é necessário notar que *qualquer* empresa, inclusive individual, deve observar o dever de devida diligência em direitos fundamentais. Uma pequena confecção de roupas no bairro paulista do Brás pode estar envolvida em trabalho forçado de imigrantes bolivianos e em despejo de corantes químicos em tubulação de águas pluviais. De igual modo, uma grande empresa de mineração pode ter instalado mecanismos de controle interno e de gerenciamento de risco ambiental que a tornaram referência de práticas sustentáveis. Em qualquer caso, o dever de devida diligência incidirá para conformar a governança socioambiental e exigir um padrão mínimo de comportamento diligente em relação aos impactos adversos produzidos. É dizer: a incorporação dos interesses de pessoas e da sociedade protegidos pelos direitos fundamentais no processo de administração da empresa.

De toda sorte, ainda que todas as empresas tenham um dever jurídico constitucional e que exista um padrão mínimo e objetivamente esperado, a compreensão sobre a suficiência do que se fez ou faz variará conforme fatores relacionados ao agente econômico e aos seus projetos e operações, bem como às pessoas impactadas pela atividade econômica. Não é demais repetir: a imposição de uma obrigação jurídico-constitucional às empresas se situa no difícil equilíbrio entre os legítimos e constitucionalmente protegidos interesses da empresa e os interesses igualmente protegidos das partes impactadas pela atividade econômica. Há que se estabelecer parâmetros para que se oriente a avaliação sobre a suficiência das medidas para o cumprimento do dever de devida diligência.[632]

Assim, o primeiro passo para a definição sobre até onde se deve ir para cumprir o dever instrumental de devida diligência é compreender a *aptidão* da empresa, em razão de seu tamanho e da natureza da sua atividade para produzir impactos adversos sobre direitos fundamentais. Por exemplo, um grupo de empresas que desenvolve projetos de infraestrutura ou uma que presta serviços de assistência à saúde devem

---

[632] David Bilchitz desenvolveu um teste para a determinação de obrigações exigidas da empresa relacionadas aos direitos fundamentais. O seu teste, de todo modo, não diz respeito aos esforços para a identificação de suficiência ou insuficiência de devida diligência em direitos fundamentais. O autor, afinal, afirma que as empresas têm obrigações materiais, inclusive para a *promoção* de direitos fundamentais de terceiros. De acordo com Bilchitz, exige-se mais do que o dever procedimental de devida diligência. Sobre o teste para determinação das obrigações positivas materiais de Bilchitz, v. BILCHITZ, David. *Fundamental Rights and the legal obligations of business*. Cambridge: Cambridge University Press, 2022, p. 335: "*In determining what must be done, I here propose that a seven-step reasoning process should be followed. The goal of doing so is to create, once again, a structured reasoning process that can guide decisionmaking about the content of corporate obligations*".

ter compromissos mais profundos do que uma pequena empresa de serviço de conserto de equipamentos eletrônicos. Assim, quanto maior for a aptidão da empresa, ou de uma operação ou projeto para produzir impactos adversos sobre direitos fundamentais, maiores serão os esforços exigidos para o cumprimento do dever de devida diligência.

O segundo passo é examinar as condições individuais das pessoas impactadas pela atividade econômica a partir da consideração sobre a aptidão da empresa para causar esses impactos. Isso permitirá compreender a intensidade de comprometimento de seus interesses protegidos por direitos fundamentais. A vulnerabilidade pode ser tanto por questões pessoais como por insuficiência de informação a respeito dos riscos associados à atividade. Assim, quanto maior for a *vulnerabilidade* das pessoas impactadas pela atividade econômica, maior será a intensidade do esforço para cumprir o dever de devida diligência.

Com a identificação da aptidão para os impactos e os efeitos concretos para as pessoas, o terceiro passo é examinar a *capacidade* da empresa para prevenção e mitigação dos impactos adversos aos direitos fundamentais. Quanto maiores forem os meios à sua disposição, maiores serão os seus deveres de identificação, tratamento e comunicação. Aqui são particularmente relevantes as já expostas compreensões de impactos produzidos por causa direta, contribuição e conexão. Quando o risco tem relação com a atividade da própria empresa, o seu dever será mais intenso do que nas hipóteses de impacto por conexão.

O quarto passo diz respeito à *liberdade de empreender*, que fixa um limite material para a intensidade de esforços exigidos para o cumprimento do dever de devida diligência. O exame a ser feito diz respeito à possibilidade de a satisfação do dever de devida diligência comprometer a própria existência da empresa. Aqui não se está a referir à existência de um projeto ou operação específica, cujo exame de impacto é feito e pode resultar na decisão sobre o seu cancelamento ou adaptação. O que se tem em foco são os reflexos sobre a própria atividade econômica organizada. Assim, a conclusão obtida após os três passos iniciais deverá ser sucessivamente testada com a repercussão de seus custos para a continuidade da empresa. Os testes deverão ser feitos até se alcançar o equilíbrio entre a suficiência das ações para o controle de riscos sobre os direitos fundamentais identificados e os respectivos custos impostos à empresa para realizá-los.

Em um quinto e último passo, há que se realizar o controle de aspecto relacionado à *livre concorrência*. Em contexto de valorização da competitividade, da inovação e da criatividade, as empresas lidam com informações estratégicas em suas atividades, que podem ser protegidas pelo segredo de empresa.[633] Os incisos XI e XII do art. 195 da Lei nº 9.297/1996 (Lei da Propriedade Industrial) tipificam as condutas de divulgação de dados confidenciais utilizáveis na empresa. A proteção a esses dados, de toda forma, não impede o controle judicial da devida diligência em direitos fundamentais. A própria Lei nº 9.297/1996, em seu art. 206, faz referência à possibilidade de acesso a essa informação, garantindo, contudo, o prosseguimento do processo em segredo de justiça. Além disso, saber sobre o processo de identificação, tratamento e comunicação de impactos adversos não envolve propriamente informação de estratégias confidenciais da empresa. De todo modo, a avaliação sobre a suficiência dos mecanismos estruturados para cumprir o dever de devida diligência em direitos fundamentais deve incluir a perspectiva do segredo de indústria como um limite para a determinação da intensidade de esforços para o exercício de devida diligência. A demanda por devida diligência em direitos fundamentais não pode se converter em um expediente camuflado de concorrência desleal.

Os cinco fatores, em um exame coordenado, permitem que a empresa, o Estado e os interessados examinem a suficiência das medidas para identificação, tratamento e comunicação de impactos adversos sobre os direitos fundamentais. Veja-se: são fatores que servem *primariamente* à própria empresa e aos seus órgãos de controle interno e administradores. Cabe a eles avaliar se o seu regime de devida diligência em direitos fundamentais atende satisfatoriamente os seus próprios interesses para avaliação de riscos e documentação das escolhas feitas na condução da atividade econômica. Mas nada impede, como se verá adiante, que essa avaliação seja feita em controle judicial.

A despeito disso, é preciso dizer que os parâmetros para determinação da intensidade de esforços, pela complexidade de avaliações, podem suscitar a crítica de recondução ao quadro de insegurança jurídica que justifica a existência do dever constitucional de devida diligência em direitos fundamentais. Sobre o ponto, de fato, é recomendável que se tenha um referencial mínimo fixado em lei para que, a partir dele, sejam seguidos os passos para confirmação da suficiência das medidas selecionadas para a realização da devida diligência. Na forma como se seguiu na França, na Alemanha e na proposta de Diretivas do Parlamento Europeu, a previsão de conteúdo mínimo para o plano de devida diligência e a definição de quais são as empresas (tamanho) e

---

[633] FEKETE, Elisabeth Kasznar. *O Regime jurídico do segredo de indústria e comércio no direito brasileiro*. Rio de Janeiro: Forense, 2003.

as atividades que possuem deveres mais rigorosos orientam com maior estabilidade o cumprimento de obrigações.

Em abstrato, de toda sorte, os critérios legais não servem para a avaliação de suficiência para o cumprimento da obrigação constitucional. É fundamental, por isso, a teoria constitucional que defina o dever da empresa de devida diligência. Afinal, é possível que o plano de devida diligência seja desenvolvido com base em critérios legais, mas se identifiquem omissões na identificação de interesses, ou falhas de participação que comprometeram a sua capacidade de avalição de riscos. Em qualquer hipótese, portanto, será preciso recorrer aos parâmetros que se relacionam à natureza da obrigação imposta pelo dever de devida diligência em direitos fundamentais. Isso para que não se tenha proteção insuficiente nem demanda excessiva.

E mais. Como em qualquer obrigação de meio, não há como abstratamente dizer quais são os esforços necessários e adequados para alcançar a finalidade. A existência de protocolos e diretrizes gerais sobre boas práticas servem, de toda forma, para que se tenha uma moldura de ações esperadas para a satisfação da obrigação. O reconhecimento disso, de todo modo, não significa reestabelecer a insegurança jurídica que fundamenta a existência do dever constitucional de devida diligência.

Em primeiro lugar, porque há uma dimensão objetiva do dever de devida diligência que estabelece um *padrão mínimo de comportamento que vincula as empresas*, independentemente da estratégia desenvolvida. Há, aliás, quem diga que a devida diligência trata de uma obrigação de resultado e que não se pode defender a sua natureza de obrigação de meio, como uma estratégia para isenção de responsabilização empresarial.[634]

Em segundo lugar, a insegurança jurídica decorrente de uma indefinição absoluta sobre qual é o dever da empresa em relação aos direitos fundamentais não é comparável à relativa incerteza sobre quais são os meios necessários para que a empresa atenda o seu dever constitucional de devida diligência. A definição sobre o papel da empresa na realização de direitos fundamentais já é um significativo avanço para a previsibilidade e a estabilidade nas relações corporativas. Ainda que se exija o exame concreto para determinação de *como* a empresa

---

[634] É o que afirmam ROLAND, Manoela Carneiro *et al.* O Brasil precisa de uma Lei marco de Direitos Humanos e Empresas. *Homa* — Centro de Direitos Humanos e Empresas. Friedrich Ebert Stiftung, São Paulo, p. 12, maio 2021: "*Ocorre que já há desenvolvimento doutrinário no sentido de que devida diligência deve ser interpretada como uma obrigação de resultado e não pode ser usada para isentar a responsabilização empresarial*".

irá cumprir esse dever, não é possível desconsiderar os ganhos que se obtêm com a clareza sobre as funções que se espera dela. Mais do que isso, não se pode desconsiderar os ganhos com transparência e capacidade de controle sobre os impactos adversos em direitos fundamentais.

A veiculação em lei de referências mínimas para a devida diligência também pode ter um ganho adicional: a associação do descumprimento de obrigações a um regime sancionatório. Sem previsão em lei específica, não há, afinal, como extrair diretamente da Constituição um regime sancionatório relacionado ao dever constitucional de devida diligência.[635] Como ainda são inciativas legislativas recentes (a lei alemã entrou em vigor em 2023 e a proposta de Diretivas do Parlamento Europeu teve apenas um acordo provisório), não há como afirmar o efeito de regime sancionatório para o efetivo cumprimento do dever de devida diligência em direitos fundamentais.[636] Não se pode desconsiderar, de qualquer forma, a possibilidade de servir à orientação e à conformação da governança socioambiental e de qualificar as informações disponíveis sobre impactos negativos da atividade econômica em direitos fundamentais.

5.3.3 Dimensões da eficácia jurídico-constitucional: como se pode exigir o cumprimento do dever constitucional de devida diligência em direitos fundamentais

A afirmação da existência de um dever constitucional de devida diligência em direitos fundamentais tem uma consequência para as empresas e seus administradores: a obrigação jurídica de identificar concretamente, tratar, prevenir, mitigar, monitorar e comunicar os impactos adversos (reais e potenciais) sobre os direitos humanos ou fundamentais causados pela empresa, ou para os quais ela contribua, por meio de suas próprias atividades, ou de seus parceiros comerciais.

---

[635] Como destaca Ingo Wolfgang Sarlet, "*Com efeito, especialmente quando se cuidar da imposição, diretamente deduzida de deveres fundamentais, (sem mediação legislativa) de sanções de natureza penal, administrativa e mesmo econômica, há que ter a máxima cautela e render sempre homenagem ao princípio da legalidade e seus diversos desdobramentos*" (SARLET, Ingo Wolfgang. *A eficácia dos direitos fundamentais*: uma teoria geral dos direitos fundamentais na perspectiva constitucional. Porto Alegre: Livraria do Advogado, 2018, p. 238).

[636] Como destacado pela Organização de defesa dos Direitos Humanos Conectas, "*As leis de devida diligência da França, de 2017, e da Alemanha, de 2021, são bons e importantes exemplos, embora ainda seja cedo para determinar o real impacto de sua implementação*". Disponível em: https://www.conectas.org/noticias/entenda-o-que-e-devida-diligencia-em-direitos-humanos/. Acesso em: 10 jan. 2024.

O reconhecimento da eficácia jurídica significa a atribuição de imperatividade à norma, fazendo dela obrigatória. E, como lembra Ana Paula de Barcellos, "*o Direito não confia apenas na boa disposição dos destinatários de obedecerem a suas normas: para garantir a imperatividade, existe a sindicabilidade, isto é, a possibilidade de exigir, por meio da utilização da força, se necessário, o cumprimento das normas*".[637] Assim sendo, uma vez desrespeitada uma norma jurídica, pode-se demandar o seu cumprimento para que o Estado determine a sua imposição coativa.

A existência da eficácia jurídica, por consequência, estabelece uma relação obrigacional. Estrutura-se um vínculo entre dois sujeitos, para que um deles satisfaça, em proveito do outro, uma determinada prestação.[638] Essa é a concepção clássica da teoria das obrigações: os sujeitos e o objeto da relação obrigacional. As obrigações jurídico-constitucionais, com algumas peculiaridades, também seguem essa estrutura. Tome-se, como exemplo, o art. 196 da Constituição. Ele impõe uma obrigação para o Estado assegurar à sociedade, a um grupo determinado ou a um indivíduo prestações para promoção, proteção e recuperação de saúde. O direito à saúde é um direito tanto individual como difuso, titularizado por cada indivíduo e pela sociedade. O Estado é o sujeito passivo dessa relação obrigacional, que pode ter como objeto uma prestação específica ou uma política social e econômica. A Constituição não detalha o objeto, mas assegura o direito, assim como o correspondente dever. Em caso de descumprimento, a parte interessada pode buscar judicialmente a satisfação de sua pretensão.

A estrutura obrigacional decorrente do dever constitucional de devida diligência em direitos fundamentais não é diferente. Mas aqui o sujeito passivo da obrigação são as empresas e seus administradores, em vez de o Estado. E como se viu, a obrigação recai sobre qualquer empresa. Independentemente de seu tamanho ou atividade econômica, a imposição constitucional se volta à conformação de uma governança socioambiental corporativa para que os interesses protegidos pelos direitos fundamentais sejam incorporados ao processo decisório da empresa.

Nessa relação, cada pessoa ou grupo de pessoas determinado, determinável ou indeterminado são os titulares de um correspondente poder de exigir o cumprimento da obrigação (sujeito ativo) para que os

---

637 BARCELLOS, Ana Paula de. *Direitos Fundamentais e Direito à Justificativa*: Devido Procedimento na Elaboração Normativa. Belo Horizonte: Fórum, 2020, p. 203.

638 VENOSA, Silvio de Salvo. *Direito Civil:* teoria geral das obrigações e teoria geral dos contratos. São Paulo: Atlas, 2003, p. 35.

seus interesses protegidos por direitos fundamentais sejam efetivamente respeitados no exercício da atividade econômica organizada.

O objeto da obrigação jurídico-constitucional, como já exposto, é essencialmente procedimental e preventivo de impactos adversos da atividade econômica sobre os direitos fundamentais. A sua finalidade é estabelecer um regime informacional que habilite controle interno e externo. As empresas devem, portanto, ter planos para identificação, tratamento e comunicação dos impactos adversos da atividade econômica. Mas esses planos podem ser escrutinados para que se avalie a aderência aos interesses das pessoas impactadas e a aptidão para protegê-los. Isso significa a possibilidade de os interessados demandarem: (i) o acesso às informações sobre o gerenciamento de risco em direitos fundamentais; (ii) a anulação total ou parcial dos planos existentes; e (iii) a elaboração de plano ou aditivo que contemple os seus interesses protegidos por direitos fundamentais.

Nesse aspecto, como se tem amplo direito de ação, qualquer parte com interesse e legitimidade própria (as pessoas sujeitas aos impactos adversos e acionistas/investidores) ou extraordinária (o Ministério Público, a Defensoria Pública, os entes federativos e associações) pode postular, judicial ou extrajudicialmente, o cumprimento do dever de devida diligência em direitos fundamentais, tanto em face da empresa como de seus administradores. Lembre-se do caso do rompimento da barragem de Fundão em Mariana (MG) referido na introdução do livro. A clareza sobre a existência do dever constitucional de devida diligência em direitos fundamentais permitiria que o Ministério Público ou a União, ou mesmo os acionistas e investidores da empresa, demandassem a correção dos planos de segurança, que, antes do rompimento da barragem, já se sabia de suas inconsistências em relação ao mapeamento de riscos.

É preciso, de todo modo, algumas ressalvas especificamente na demanda judicial. As garantias constitucionais reservadas à empresa asseguram uma cláusula de não interferência do Estado na atividade econômica. Isso não impede a intervenção nos casos autorizados pela Constituição. Para além da ideia de simples correção de falhas de mercado, a intervenção se justifica para promoção de direitos fundamentais, inclusão de grupos minoritários, proteção de direitos intergeracionais e para defesa de valores sociais e culturais.[639] Não fosse

[639] BINENBOJM, Gustavo. *Poder de polícia, ordenação, regulação*: transformações político-jurídicas, econômicas e institucionais do direito administrativo ordenador. Belo Horizonte: Fórum, 2016, p. 193.

a justificativa de proteção aos direitos fundamentais, a incorporação de interesses socioambientais no processo decisório empresarial designa, ainda, uma correção de falha de mercado: a superação de uma orientação da empresa para o curto prazo para contribuir para a sustentabilidade dos negócios a longo prazo.

De todo modo, a existência de fundamento para a interferência estatal, inclusive por decisão judicial, não permite que se imponha um modelo específico de organização, nem aquilo que a empresa fará com os seus recursos para ter uma estratégia de devida diligência. A avaliação sobre a ausência ou insuficiência das medidas deve ser *reconduzida* à própria empresa, para que reexamine e supra as deficiências identificadas, equilibrando-as com os seus interesses econômicos dentro de sua autonomia negocial.

O controle externo que incide sobre os planos de devida diligência em direitos fundamentais deve ter atenção à natureza da obrigação e ao seu objetivo. Como uma obrigação de meio, cabe analisar a aptidão do plano para alcançar a finalidade exigida. Ou seja: a consistência entre os meios e os fins declarados. Nesse sentido, como é um processo que envolve alguma incerteza sobre a identificação e a avaliação de riscos, assim como alguma discricionariedade quanto à seleção e ordenação dos meios para a prevenção e mitigação dos impactos, *não se deve admitir uma mera substituição de incerteza e discricionariedade da empresa pela incerteza e discricionariedade judicial*.

Como já se disse, levando-se a sério a premissa de que todos devem ser tratados com igual consideração e respeito, é possível encontrar o caminho de equilíbrio. Mas isso também inclui levar a sério os legítimos interesses da empresa, com a sua fundamentalidade para o desenvolvimento econômico e social. É imprescindível que qualquer efeito extraído do regime constitucional da devida diligência em direitos fundamentais seja pensado nessa perspectiva. Nesse passo, a admissão de controle judicial para que se incursione sobre a suficiência do dever de devida diligência não pode ser orientada por uma lógica punitiva, mas colaborativa.

A intervenção judicial sobre a empresa para garantia de máxima efetividade dos direitos fundamentais das pessoas impactadas pela atividade econômica não pode deixar de considerar as garantias constitucionais da empresa e sua fundamentalidade para o desenvolvimento social e econômico. Deve igualmente considerar que a excessiva interferência, por múltiplos atores do sistema de justiça, pode conduzir a um quadro de insegurança extremo para a realização dos negócios.

Um cenário de ampla e irrestrita intervenção desincentivaria as empresas a cumprirem o seu dever constitucional. Faria as empresas aguardarem eventual demanda judicial para, só então, se cumprir os esforços para a devida diligência em direitos fundamentais. Nessa lógica de incentivos e de respeito à autonomia da empresa, o controle judicial deve ser, portanto, deferente às escolhas de meios realizados para obter informação, tratar e comunicar os impactos negativos sobre os direitos fundamentais no exercício da atividade econômica organizada. Por sinal, na linha do que se estabelece para os programas de integridade,[640] a existência de um programa de controle de riscos sobre direitos fundamentais que incorpore os interesses das pessoas impactadas pela atividade econômica deve ser considerada como um elemento relevante para se determinar a intensidade do controle judicial sobre a empresa. Não é possível tratar igualmente as empresas que nada fazem e aquelas que, ainda que possam qualificar os seus procedimentos, já têm regimes de gerenciamento de riscos sobre direitos fundamentais.

Por outro lado, o controle judicial para acesso às informações da empresa sobre os seus impactos sobre direitos fundamentais deve, ainda, considerar os aspectos relacionados à livre concorrência. Como destacado no tópico anterior sobre os parâmetros para determinação da intensidade de esforços da empresa, as empresas lidam com informações estratégicas em suas atividades, que podem ser protegidas pelo segredo de empresa.[641] A admissão de controle judicial não pode ser utilizada para camuflar interesses de concorrentes em obter informação e dados comerciais que a empresa utilize em suas estratégias de negócio.

Mais além, o reconhecimento da obrigação constitucional de devida diligência em direitos fundamentais tem, ainda, repercussão sobre a interpretação das ações e remédios constitucionais. A afirmação de existência de um sistema de proteção privado de direitos fundamentais significa atribuir às empresas a responsabilidade de administrar interesses qualificados como direitos fundamentais. Ainda que suas funções de proteção não sejam equiparadas, nem equiparáveis às do Estado, o poder que têm para gerenciar os impactos da atividade econômica sobre direitos fundamentais coloca as empresas e seus administradores no exercício de atribuições públicas.

---

640 A Lei nº 12.846/2013 prevê, em seu art. 7º, inciso VIII, que serão levadas em consideração na aplicação das sanções "*a existência de mecanismos e procedimentos internos de integridade, auditoria e incentivo à denúncia de irregularidades e a aplicação efetiva de códigos de ética e de conduta no âmbito da pessoa jurídica*".

641 FEKETE, Elisabeth Kasznar. *O regime jurídico do segredo de indústria e comércio no direito brasileiro*. Rio de Janeiro: Forense, 2003.

É certo que a doutrina e a jurisprudência são restritivas em relação ao cabimento de mandado de segurança e de arguição de descumprimento de preceito fundamental — ADPF para impugnação de atos privados. Ocorre que a conformação da governança socioambiental decorre de uma imposição constitucional. As empresas e seus administradores passam a controlar os impactos da atividade econômica sobre direitos fundamentais, em exercício de uma função de caráter público.

O art. 1º da Lei nº 12.016/2009, que regulamenta o inciso LXIX do art. 5º da Constituição, dispõe que o mandado de segurança será concedido para proteger direito líquido e certo sempre que, ilegalmente ou com abuso de poder, *"qualquer pessoa física ou jurídica sofrer violação ou houver justo receio de sofrê-la por parte de autoridade, seja de que categoria for e sejam quais forem as funções que exerça"*. O §1º do dispositivo é expresso ao equiparar *"dirigentes de pessoas jurídicas ou as pessoas naturais no exercício de atribuições do poder público"* às autoridades. Dessa forma, é plausível, uma vez preenchidos os demais requisitos (direito líquido e certo e prova pré-constituída), impugnar por mandado de segurança os atos de administradores de empresa relativos ao exercício de sua função constitucional de proteção dos direitos fundamentais. Os planos de devida diligência deficientes ou mesmo as decisões corporativas que têm repercussão sobre a gestão de risco da atividade econômica sobre os direitos fundamentais podem, portanto, ser questionados por esse remédio constitucional.

De igual modo, o reconhecimento do caráter público dessa função desempenhada pelas empresas também autoriza o cabimento da ADPF. Afinal, a ausência ou insuficiência de um plano de gestão de riscos sobre direitos fundamentais é um ato da empresa, mas em exercício de um Poder Público necessário à prevenção ou à mitigação de impactos negativos a direitos fundamentais.[642] A hipótese se amolda com exatidão à disciplina do art. 1º da Lei nº 9.882/1999: *"A arguição prevista no §1º do art. 102 da Constituição Federal será proposta perante o Supremo Tribunal Federal e terá por objeto evitar ou reparar lesão a preceito fundamental, resultante de ato do Poder Público"*.

Por sinal, diante do descabimento das demais ações diretas, a utilização da ADPF é particularmente relevante. Isso porque pode ser o caminho para que o Supremo Tribunal Federal, em controle concentrado de situações com potencial para desestabilização da ordem

---

[642] Sobre a possibilidade de interpretar o cabimento de ADPF contra ato de particular no exercício de função pública, v. SARMENTO, Daniel. *Direitos fundamentais e relações privadas*. Rio de Janeiro: Lumen Juris, 2004, p. 328.

constitucional, como as catástrofes de Mariana e Brumadinho, examine medidas para sanar a lesividade de planos de devida diligência sem aptidão para evitar ou mitigar os impactos negativos da atividade da empresa sobre preceitos fundamentais.

Em outra frente, a ação civil pública é, particularmente, um dos principais caminhos para o controle do gerenciamento de riscos sobre direitos fundamentais. A Lei nº 7.347/1985, que disciplina a ação civil pública, autoriza que, em exercício de legitimidade extraordinária, o Ministério Público, a Defensoria Pública, o Estado e as associações constituídas há pelo menos um ano demandem a proteção de interesses coletivos e difusos. A ação coletiva, em casos de acentuada vulnerabilidade das pessoas impactadas pela atividade econômica da empresa, é um meio de impugnação judicial que permite mitigar a assimetria de poder para o efetivo controle de cumprimento do dever de devida diligência pelas empresas e seus administradores.

Trata-se, ainda, de um instrumento processual que, nos termos da Lei nº 7.913/1989, que dispõe sobre a ação civil pública de responsabilidade por danos causados aos investidores no mercado de valores mobiliários, pode ser utilizado por acionistas e investidores para requerer que legitimados extraordinários demandem providências das empresas para evitar prejuízos decorrentes de devida diligência inexistente ou deficiente.

Como referido no capítulo 3, os controladores e administradores de sociedades anônimas, por força do art. 116, parágrafo único, e do art. 154, da Lei nº 6.404/1976, devem exercer seus encargos para satisfazer "*as exigências do bem público e da função social da empresa*", assim como cumprir suas "*responsabilidades para com os demais acionistas da empresa, os que nela trabalham e para com a comunidade em que atua, cujos direitos e interesses deve lealmente respeitar e atender*". A atuação descompromissada com o dever de devida diligência caracteriza o descumprimento de deveres legais do controlador e do administrador. Os acionistas e investidores, em nome próprio, ou pelo Ministério Público ou pela Comissão de Valores Mobiliários, podem buscar a correção dessas falhas para preservar seus interesses e os do mercado mobiliário.

Apesar de serem diferentes meios de cobrança judicial para cumprimento da obrigação jurídico-constitucional de devida diligência, o objetivo de todas as ações descritas é comum: obter *accountability* das empresas e de seus administradores no cumprimento de suas obrigações relativas à gestão adequada de riscos sobre direitos fundamentais.

O cumprimento desse dever pelas empresas e seus administradores, de toda sorte, pode ser buscado por múltiplas estratégias.

Ao lado da via judicial, também são caminhos para *accountability* em devida diligência em direitos fundamentais: (i) as medidas de incentivo à adesão de administradores ao exercício de governança socioambiental, assim como (ii) as estratégias regulatórias de divulgação obrigatória de informações não financeiras. Os pontos serão detalhados adiante, com a exposição de deveres do Estado em relação ao sistema especializado de proteção aos direitos fundamentais por empresas.

5.4 Os deveres do Estado em relação ao sistema especializado de proteção dos direitos fundamentais atribuído às empresas

O reconhecimento de uma eficácia jurídica especializada incidente sobre as empresas, que impõe a devida diligência em direitos fundamentais significa, igualmente, um dever do Estado relacionado à efetivação desse regime. Esse dever incide sobre o Estado de duas formas. *A primeira*: o Estado assume a função de estruturar e tutelar o regime de devida diligência em direitos fundamentais, por meio de medidas legislativas, administrativas e judiciais. A existência de deveres constitucionais das empresas conduz, afinal, à ampliação de poderes-deveres do Estado para exigir, limitar e restringir as condutas das empresas. Trata-se, assim, de deveres *mediatos* ao dever de devida diligência. *A segunda*: o Estado, ainda que excepcionalmente e de forma subsidiária (CRFB/1988, art. 173), também exerce atividade empresarial econômica. Nessa hipótese, é destinatário de forma *direta* do dever de devida diligência, com o encargo de adotar as providências para o seu adimplemento no exercício de atividade econômica em sentido estrito.

O exame dos deveres do Estado em relação às empresas e direitos fundamentais envolve, por isso, essas duas espécies de deveres do Estado. Aqui serão detalhados os deveres *mediatos*. O regime de deveres *diretos* incidente sobre as estatais é idêntico ao já descrito regime incidente sobre as empresas privadas. Afinal, as estatais se submetem "*ao regime jurídico próprio das empresas privadas, inclusive quanto aos direitos e obrigações civis, comerciais, trabalhistas e tributários*" (CRFB/1988, art. 173, §1º, II). É certo, de todo modo, que quanto mais próxima do Estado seja uma empresa, mais se justifica que o Estado assegure que ela respeite os direitos fundamentais.[643]

---

643 Nesse aspecto, a Lei nº 13.303/2006, que dispõe sobre o estatuo jurídico das estatais, estabelece em seu art. 27, §2º, que as empresas públicas e as sociedades de economia

O Estado é o sujeito primário de deveres fundamentais positivos. No *processo centrífugo de projeção de eficácia*, ele se encontra no núcleo e intensamente vinculado ao respeito, à proteção e à promoção dos direitos fundamentais. Cabe ao Estado, nessa linha, assegurar que as empresas respeitem os direitos fundamentais, sem prejuízo do próprio dever da empresa de respeitá-los e de protegê-los por meio da devida diligência.

Como consequência lógica, é um dever do Estado editar leis, formular políticas públicas e orientar a sua atuação judicial para adequação das empresas ao dever de devida diligência. Como destaca Ana Paula de Barcellos, a estrutura normativa e institucional em matéria de direitos existe como um meio que busca produzir resultados no ambiente multifacetado dos fatos.[644] Dessa forma, a afirmação de que os direitos fundamentais pressupõem a devida diligência das empresas para a sua máxima efetividade é apenas um ponto de partida para a produção de diversos e sucessivos atos que levarão à efetivação desse dever-ser.

Os trinta e um Princípios Orientadores das Nações Unidas sobre Empresas e Direitos Humanos (POs), que figuram como o marco ético de responsabilidades das empresas, dedicam os seus dez primeiros princípios ao dever do Estado de proteger os direitos humanos, assim como os seus sete últimos para disciplinar o acesso a mecanismos de reparação. Os POs relativos ao dever do Estado de proteção e sobre os mecanismos de reparação estabelecem um roteiro de providências para que se transforme em realidade o dever de devida diligência em direitos fundamentais. Dentro da compreensão de que estamos diante de uma eficácia jurídica projetada pelos direitos fundamentais, trata-se de preocupação com a sua efetividade.

Em resumo, os POs dispõem que cabe ao Estado: (i) editar e cumprir leis que tenham por objeto fazer as empresas respeitarem os direitos humanos (Princípio 03, A e B); (ii) assessorar as empresas sobre como respeitar os direitos humanos em suas atividades (Princípio 03, C); (iii) estimular ou exigir que as empresas informem como lidam com o impacto de suas atividades sobre os direitos humanos (Princípio 03, D); (iv) adotar medidas de proteção contra as violações de direitos humanos praticadas por empresas estatais ou que recebam apoio e

---

mista devem seguir práticas de sustentabilidade ambiental e de responsabilidade social corporativa.

[644] BARCELLOS, Ana Paula de. *Direitos Fundamentais e Direito à Justificativa*: devido procedimento na elaboração normativa. Belo Horizonte: Fórum, 2020. p. 29.

serviços do Estado (Princípio 04); (v) exigir o respeito aos direitos humanos das empresas contratadas pelo Estado (Princípios 05 e 06); (vi) elaborar regimes específicos para o respeito aos direitos humanos por empresas que operem em regiões afetadas por conflitos (Princípio 07); (vii) assegurar que os departamentos e órgão estatais que orientem práticas empresariais sejam conscientes das obrigações relacionadas aos direitos humanos (Princípio 08); (viii) assegurar o cumprimento de obrigações relacionadas aos direitos humanos quando celebrar acordos com outros Estados ou empresas para investimento (Princípio 09); (ix) atuar em instituições multilaterais de modo a incentivar o respeito aos direitos humanos pelas empresas (Princípio 10); (x) adotar medidas para garantir a efetividade dos mecanismos judiciais para tratar de abusos de direitos humanos relacionados com empresas (Princípio 26); e (xi) criar mecanismos de denúncia extrajudicial e facilitar a criação de instrumentos não estatais de denúncia para, ao lado de mecanismos judiciais, estruturar um sistema integral de proteção aos direitos humanos no contexto da empresa (Princípios 27, 28 e 31).

Desde o lançamento dos Princípios Orientadores em 2011, o que marcou a atuação do Brasil foi, justamente, o seu imobilismo. O recentemente revogado Decreto nº 9.571/2018, que estabelecia as diretrizes nacionais sobre empresas e direitos humanos, estabelecia a devida diligência em direitos fundamentais como uma ação voluntária da empresa.[645]

O Decreto Federal era uma espécie de resumo literal dos Princípios Orientadores. O ato não fazia nenhuma reflexão sobre o sentido das orientações do documento das Nações Unidas para o direito interno, nem foi capaz de apreender a importância da questão que justificou o movimento no Direito Internacional. A falta de indicação de medidas administrativas que pudessem refletir a incorporação das orientações pelo Estado brasileiro evidencia a incompreensão do tema pelo governo brasileiro.

Há, contudo, uma sinalização de mudança no cenário nacional. A revogação do Decreto nº 9.571/2018 pelo Decreto nº 11.772, de 9 de novembro de 2023, demonstra a intenção do Estado de retomar a discussão sobre o papel da empresa na realização dos direitos fundamentais. O novo decreto instituiu um grupo de trabalho interministerial para a elaboração da Política Nacional de Empresas

---

[645] Decreto nº 9.571/2018, art. 1º, §2º As Diretrizes serão implementadas voluntariamente pelas empresas.

e Direitos Humanos. Por mais que ainda não se tenha uma definição da política pública, o art. 3º do decreto determina que a Política Nacional será orientada pelo: (i) "*aprimoramento da efetividade de atuais programas e políticas públicas setoriais relacionados à defesa e à promoção de direitos humanos no âmbito empresarial*; e (ii) "*estímulo à implementação de mecanismos empresariais para prevenção à violação de direitos humanos*". O teor das novas diretrizes, ainda que não se possa dizer como serão incorporadas pela política pública, demonstra a alteração da percepção do papel da empresa na realização de direitos fundamentais. A força da ideia de voluntariado e filantropia começou a ceder lugar para a compreensão de deveres independentes das empresas, que são constitucionalmente exigidos para a proteção dos direitos fundamentais.

A estruturação de uma política nacional é um passo essencial para: (i) a definição dos objetivos do Estado em relação à proteção dos direitos fundamentais no contexto da empresa; (ii) a segurança da empresa e de seus administradores sobre o que devem fazer; e (iii) acompanhar o movimento global de incorporação de interesses socioambientais na governança corporativa, evitando-se o risco de as companhias brasileiras ficarem segregadas do mercado investidor internacional.[646]

Veja-se: a falta de uma política nacional prejudica o desenvolvimento coordenado de atos que auxiliem as empresas a realizar a devida diligência em direitos fundamentais. É papel do Estado sinalizar para as empresas que operam em seu território quais são os temas que demandam especial atenção no exercício da diligência em direitos fundamentais. No documento "*Report of the Working Group on the issue of human rights and transnational corporations and other business enterprises on its mission to Brazil*",[647] de 2016, as Nações Unidas apontaram que três temas demandam especial atenção do Estado e das empresas em operação no Brasil: (i) povos indígenas; (ii) defensores de direitos humanos; e (iii) direitos trabalhistas.

Apontou-se que as questões relacionadas à exploração econômica de terras indígenas e quilombolas; à falta de consulta dessas populações para a realização de projetos de desenvolvimento; às mortes de pessoas

---

646 Sobre o ponto, Carlos Portugal Gouvêa afirma um diagnóstico de "*atraso das companhias brasileiras na matéria, em oposição a um processo de grande adesão a práticas de respeito aos direitos humanos no exterior, indicando um risco de segregação das companhias brasileiras do mercado investidor internacional*" (GOUVÊA, Carlos Portugal. *A Estrutura da Governança Corporativa*. São Paulo: Quartier Latin, 2022. p. 493).

647 Disponível em: https://digitallibrary.un.org/record/843240. Acesso em: 10 jan. 2024.

que atuam na defesa de direitos humanos, principalmente em conflitos fundiários; ao trabalho infantil e de pessoas em condições análogas à escravidão são temas de atenção para a devida diligência de direitos fundamentais no Brasil. Ainda que se possa ter o apoio de organismos internacionais, cabe ao Estado a definição de temas prioritários para atenção das empresas em seu território.

Já existem, é certo, políticas pontuais que auxiliam o dever de devida diligência em direitos fundamentais. O Cadastro de Empregadores que tenham submetido trabalhadores à condição análoga à escravidão, popularmente conhecido como "Lista Suja", é disciplinado pela Portaria Interministerial MTPS/MMIRDH nº 4 de 11, de maio de 2016, e existe desde 2003. Trata-se de um relevante instrumento para identificação de impactos adversos em direitos fundamentais na cadeia de valor (impactos por conexão). Com base no cadastro mantido pelo Governo federal, é possível restringir negócios com as pessoas e entidades inscritas, assim como negar a concessão de empréstimos e serviços financeiros.

A lista instituída pelo Governo Federal, contudo, foi impugnada por parte do empresariado brasileiro. A demonstração da incompreensão sobre a exigência de internalização dos interesses socioambientais no processo decisório empresarial foi registrada no ajuizamento da Ação Direta de Inconstitucionalidade nº 5.209, pela Associação Brasileira de Incorporadoras Imobiliárias. Em decisão de 23 de dezembro de 2014, o Supremo Tribunal Federal suspendeu os efeitos da Portaria do Ministério do Trabalho, sob o fundamento de que "*mesmo no exercício de seu múnus institucional de fiscalizar as condições de trabalho e punir os infratores, a Administração Pública Federal deve observância aos preceitos constitucionais, dentre os quais os limites da parcela de competência atribuída aos entes públicos*".

A ação direta foi julgada extinta, em razão da edição de novo ato administrativo para disciplinar a "Lista Suja".[648] A anterior decisão de inconstitucionalidade por ofensa à reserva de lei, de um ato destinado à divulgação de informação, demonstra a incompreensão sobre a eficácia das normas constitucionais, em especial dos direitos fundamentais nas relações da empresa. Como se viu, há uma exigência constitucional de devida diligência em direitos fundamentais. Cabe ao Estado, por

[648] O novo ato foi impugnado pela ADPF nº 509, mas o Supremo Tribunal Federal, em 16.09.2020, afirmou a constitucionalidade da Portaria, por considerar que ela tinha fundamento em lei. Não se apreendeu, contudo, a relação do ato com as obrigações constitucionais da empresa relacionadas à realização dos direitos fundamentais.

seus órgãos e Poderes, ampliar o acesso à informação para auxiliar as empresas a cumprirem suas obrigações relacionadas aos direitos fundamentais. Inexiste, nesse passo, exigência de mediação legislativa para que todos os atos do Estado sejam interpretados à luz da Constituição, de maneira a efetivar as suas normas, sobretudo aquelas relacionadas a direitos fundamentais.

O exemplo exitoso da "Lista Suja" de Empregadores é um caminho para que a Administração Pública incentive o cumprimento do dever de devida diligência em direitos fundamentais pelas empresas. O fortalecimento de cadastros de empresas e pessoas condenadas por crimes ambientais ou com embargos e autuações ambientais também é um exemplo de medida para essa finalidade.[649] A regulamentação da rastreabilidade de bovinos, de ouro,[650] assim como de madeira, é outra frente para incentivo ao cumprimento do dever de devida diligência pelas empresas.

Para além dos cadastros e registros de origem de produtos e serviços, o Estado pode incentivar o cumprimento do dever de devida diligência em direitos fundamentais por meio de benefícios fiscais e contratos públicos. Como destacou o Ministro Luís Roberto Barroso, em voto no RE 1.054.110, *"a ideia de Estado como fonte inesgotável de riqueza, associada ao histórico oficialismo brasileiro, ainda vincula o desenvolvimento de qualquer projeto pessoal, social ou empresarial à obtenção de apoio ou chancela estatal"*. Esse traço do empresariado brasileiro é uma frente importante para conformar condutas de empresas e de seus administradores.

O Banco Nacional do Desenvolvimento Econômico e Social — BNDES, por exemplo, já conta com uma lista de temas para os quais não oferece apoio financeiro: clientes condenados por atos que envolvam discriminação de raça e gênero; trabalho infantil; trabalho escravo;

---

649 O IBAMA mantém uma ferramenta de consulta de autuações ambientais e embargos Disponível em: https://servicos.ibama.gov.br/ctf/publico/areasembargadas/ConsultaPublicaAreasEmbargadas.php. A consulta só reúne a relação de atos do IBAMA. Não há uma lista unificada de condenações judiciais definitivas e de autuações administrativas de todos os entes federativos, que permita identificar quais são as empresas envolvidas em danos ambientais.

650 O art. 39, §4º, da Lei nº 12.844/2013, que permitia a presunção de legalidade de ouro adquirido de boa-fé de pessoa jurídica adquirente, na realidade do extrativismo ilegal no Brasil, teve a sua eficácia suspensa, na ADI nº 7.345, Relator Ministro Gilmar Mendes, j. em 02.05.2023, sob o fundamento de que *"o diploma legislativo em questão inviabilizou o monitoramento privado ao desresponsabilizar o comprador, o que incentivou o mercado ilegal, levando ao crescimento da degradação ambiental e ao aumento da violência nos municípios em que o garimpo é ilegal"*.

assédio moral ou sexual; e crime contra o meio ambiente.[651] De igual forma, por meio da Resolução CMN nº 5.081, de 20 de junho de 2023, o Banco Central do Brasil alterou o Manual de Crédito Rural, que regulamenta as condições para a concessão de empréstimo, proibindo que instituições financeiras emprestem dinheiro para empreendimentos situados em imóvel não inscrito no Cadastro Ambiental Rural ou que tenha qualquer parcela de seu CAR sobreposto a terras públicas, como florestas não destinadas, terras indígenas e unidades de conservação; e que esteja em listas de embargo do Ibama ou dos órgãos ambientais estaduais.

Por sua vez, a nova Lei de Licitações e Contratos Administrativos (Lei nº 14.133/2021), na reconhecida função da contratação pública como mecanismo de regulação,[652] autoriza o estabelecimento de critérios de sustentabilidade nos procedimentos licitatórios,[653] como forma de estímulo ao desenvolvimento econômico sustentável. Além disso, exige que as obras e serviços contratados pela Administração Pública: (i) deem disposição final ambientalmente adequada dos resíduos sólidos gerados pelas obras contratadas; (ii) realizem as compensações ambientais e as mitigações de impactos definidas no procedimento de licenciamento ambiental; (iii) utilizem produtos, equipamentos e serviços que, comprovadamente, favoreçam a redução do consumo de energia e de recursos naturais; (iv) protejam o patrimônio histórico, cultural, arqueológico e imaterial, inclusive por meio da avaliação de impacto direto ou indireto causado pelas obras contratadas; e (v) assegurem acessibilidade para pessoas com deficiência ou com mobilidade reduzida.[654]

---

651 Disponível em: https://www.bndes.gov.br/wps/portal/site/home/financiamento/guia/lista-exclusao-atividades-e-itens-nao-apoiaveis-pelo-bndes/. Acesso em: 10 jan. 2024.

652 Marcos Juruena Villela Souto foi o primeiro autor a trata do tema, com a utilização da expressão *"função regulatória da licitação"*. Sobre o tema, v. SOUTO, Marcos Juruena Villela. *Direito Administrativo Regulatório*. Rio de Janeiro: Lumen Juris, 2002. Flavio Amaral Garcia explica que a função regulatória da licitação consiste em utilizar os contratos administrativos para realizar outros valores constitucionais. Assim, na licitação a proposta mais vantajosa pode comportar o exame de outros valores que não apenas o aspecto estritamente econômico. Sobre o tema, v. GARCIA, Flavio Amaral. *Licitações e Contratos Administrativo*: casos e polêmicas. São Paulo: Malheiros, 2016.

653 Lei nº 14.133/2021, art. 144. Na contratação de obras, fornecimentos e serviços, inclusive de engenharia, poderá ser estabelecida remuneração variável vinculada ao desempenho do contratado, com base em metas, padrões de qualidade, critérios de sustentabilidade ambiental e prazos de entrega definidos no edital de licitação e no contrato.

654 Lei nº 14.133/2021, art. 45 As licitações de obras e serviços de engenharia devem respeitar, especialmente, as normas relativas a: I - disposição final ambientalmente adequada dos resíduos sólidos gerados pelas obras contratadas; II - mitigação por condicionantes e

O Brasil já possui, portanto, um conjunto de leis e atos que orientam as empresas a assimilarem os interesses socioambientais em sua atividade. Há, inclusive, obrigações específicas relacionadas aos direitos fundamentais e regimes de responsabilização por violações diretas ou indiretas a esses direitos. É possível citar a Lei nº 12.846/2013 (Lei anticorrupção), a Lei nº 13.146/2015 (Lei Brasileira de Inclusão da Pessoa com Deficiência), a Lei nº 11.340/2006 (Lei Maria da Penha), o art. 93 da Lei nº 8.213/1991 (exigência de contratação de pessoas com deficiência), as leis de proteção ao trabalhador, o Código de Defesa do Consumidor e as leis de proteção ambiental. Ainda não há, contudo, uma definição sobre o conjunto mínimo de medidas para a criação de planos de devida diligência em direitos fundamentais.

A ausência de regulamentação dessa obrigação constitucional, como se expôs, cria impasses para que a empresa gerencie os riscos que sua atividade produz sobre os direitos fundamentais. Como já se pontuou, há um comportamento mínimo exigido pela Constituição que se impõe a qualquer empresa, independentemente de seu tamanho ou atividade. Mas a orientação sobre a forma de condução da devida diligência em direitos fundamentais assim como a sua fiscalização e controle pelo Estado dependem de escolhas políticas, que devem ser decididas pelo Poder Legislativo.

O Projeto de Lei nº 572/2022, de autoria do Deputado Helder Salomão (PT/ES), em tramitação na Câmara dos Deputados, tem por objetivo criar o "Marco Nacional sobre Direitos Humanos e Empresas". O projeto enfatiza o caráter obrigatório da devida diligência (art. 7º[655]) e dispõe sobre conteúdos mínimos que a empresa deve fazer para prevenir, monitorar e reparar os impactos adversos relacionados à

compensação ambiental, que serão definidas no procedimento de licenciamento ambiental; III - utilização de produtos, de equipamentos e de serviços que, comprovadamente, favoreçam a redução do consumo de energia e de recursos naturais; IV - avaliação de impacto de vizinhança, na forma da legislação urbanística; v. - proteção do patrimônio histórico, cultural, arqueológico e imaterial, inclusive por meio da avaliação do impacto direto ou indireto causado pelas obras contratadas; VI - acessibilidade para pessoas com deficiência ou com mobilidade reduzida.

[655] PL nº 572/2021, art. 7º. As empresas deverão realizar processo de devida diligência para identificar, prevenir, monitorar e reparar violações de direitos humanos, incluindo direitos sociais, trabalhistas e ambientais, devendo, no mínimo: I - Abranger aquelas que a empresa pode causar ou para as quais possa contribuir, por meio de suas próprias atividades, ou que estejam diretamente relacionadas às suas atividades e operações, produtos ou serviços por meio de suas relações comerciais; II - Ser contínuo, reconhecendo que os riscos de violação aos direitos humanos podem mudar com o passar do tempo, conforme se desenvolvem suas atividades e operações e o contexto operacional da empresa;

sua atividade (art. 12[656]). A iniciativa parlamentar não exclui qualquer empresa do dever de devida diligência; apenas afasta das micro e pequenas empresas a exigência de relatórios sobre as medidas relacionadas à devida diligência em direitos fundamentais (§4º do art. 12[657]). Trata-se de uma compreensão alinhada com a interpretação de que toda a atividade econômica organizada deve ser exercida com devida diligência em direitos fundamentais. O PL nº 572/2022, da mesma forma prevista na Proposta de Diretivas do Parlamento Europeu sobre Devida Diligência e Sustentabilidade, propõe, ainda, a criação de um regime sancionatório para que as empresas e seus administradores cumpram o dever constitucional de devida diligência.

Além de estratégias estatais de fomento ao exercício de governança socioambiental e de exigência legal associada a regime sancionatório, a adesão das empresas e de seus administradores ao regime de proteção constitucional de devida diligência também pode ser buscada por comandos de divulgação de informações não financeiras pelas empresas.

As empresas têm obrigações relacionadas à sua realidade financeira. Periodicamente, divulgam demonstrações financeiras (balanços, demonstração de lucros, prejuízos, resultados e origens e aplicações de recursos) para expressar a sua situação geral para o mercado. Essas são informações relevantes para que acionistas, investidores e o mercado em geral avaliem a saúde financeira da empresa e o seu desempenho. São documentos voltados especificamente ao atendimento da compreensão da empresa como uma entidade voltada à maximização do lucro.

A divulgação de informações não financeiras relacionadas a questões socioambientais tem por objetivo informar todos os *stakeholders* sobre a governança socioambiental da empresa. David Bilchitz destaca que esse é um movimento que tem sido seguido por órgãos reguladores de valores mobiliários pelo mundo.[658] A União Europeia, por exemplo, lançou em 2014 as suas Diretivas de informações não financeiras e de informações sobre a diversidade, exigindo que grandes empresas

---

[656] PL nº 572/2022, art. 12. As empresas deverão elaborar relatório periódico semestral em direitos humanos contendo: (...)

[657] PL nº 572/2022, art. 12, §4º. As microempresas e empresas de pequeno porte ficam excluídas das obrigações constantes do presente artigo até que lei específica regule a forma, conteúdo e periodicidade diferenciadas para as referidas empresas.

[658] Sobre o ponto, v. BILCHITZ, David. *Fundamental Rights and the legal obligations of business*. Cambridge: Cambridge University Press, 2022, p. 385-386: "*More recently, there have been attempts to impose non-financial reporting requirements and to use disclosure obligations to try and improve the behaviour of corporations towards stakeholders more generally*".

divulguem dados socioambientais relativos às suas atividades.[659] A Comissão de Valores Mobiliários (CVM), por meio da Resolução CVM nº 59/2021, alterou e acrescentou dispositivos à Instrução nº 480, para incluir em Formulário de Referência das companhias de capital aberto as informações sobre práticas ambientais, sociais e de governança corporativa. Mais recentemente, publicou a Resolução CVM nº 175/2022,[660] que dispõe sobre a constituição, o funcionamento e a divulgação de informações dos fundos de investimento, com previsão específica sobre a utilização das expressões "ESG", "ASG", "ambiental", "verde", "social", "sustentável" ou quaisquer outros termos correlatos às finanças sustentáveis.

A despeito da utilidade da ampliação da informação não financeira divulgada pelas empresas sobre sua gestão socioambiental, os deveres de informar definidos pelos órgãos reguladores, inclusive a CVM, são formulados de maneira muito ampla. Em consequência, não há clareza sobre o que deve ser relatado em relação aos direitos fundamentais. Além disso, as informações não financeiras são orientadas para riscos relacionados à operação da empresa. Dados que não geram prejuízo ao seu funcionamento, mas que produzem risco sobre terceiros, não estão no escopo dos relatórios.[661] Há, assim, uma abordagem que prioriza o interesse da empresa, sem incluir os das pessoas impactadas pelas suas atividades.

A divulgação de relatórios densos sobre as atividades da empresa tampouco é facilmente compreendida. O excesso de informação sem a capacidade de apreensão não é suficiente para superar as assimetrias informacionais. Mais além, a divulgação de informação dissociada da possibilidade de exigir a adequação de comportamento da empresa sobre os riscos que produz para as pessoas e o ambiente, caracterizaria uma forma fraca e insuficiente de proteção dos direitos fundamentais impactados pela atividade econômica organizada.

---

[659] Diretiva 2014/34/EU. Disponível em: https://eur-lex.europa.eu/legal-content/PT/TXT/PDF/?uri=CELEX:32014L0095. Acesso em: 10 jan. 2024.

[660] Nos termos do art. 140 da Resolução CVM nº 175, de 22 de dezembro de 2022, o ato da Comissão de Valores Mobiliários do Brasil tem vigência a partir de 2 de outubro de 2023.

[661] David Bilchitz cita, como exemplo, a inclusão de informação não financeira relacionada a protestos de uma comunidade local, que impede a operação de uma mina. Mas se a mesma empresa poluir um rio e isso não tiver impacto nas suas operações, essa não será uma informação a ser incluída no relatório (BILCHITZ, David. *Fundamental rights and the legal obligations of business*. Cambridge: Cambridge University Press, 2022, p. 389).

CONCLUSÃO

O estudo da relação entre empresas e direitos humanos é uma história recente, iniciada na década de 1970, mas recheada de disputas e controvérsias. A resistência para a assimilação de um modelo de governança empresarial que equilibre os legítimos interesses econômicos com o efetivo *respeito* aos direitos humanos ainda é um desafio global. Por mais que, a partir do final do século XIX, movimentos sociais de trabalhadores, de consumidores e de ativistas ambientais tenham impulsionado a estruturação de regimes de obrigações corporativas relacionadas a direitos sociais, coletivos e difusos, com a mais recente disciplina de instrumentos anticorrupção e *compliance*, o conjunto de regras não foi organizado sob a perspectiva de deveres corporativos emergentes dos direitos fundamentais.

Em realidade, ao longo de quase todo o século XX, a responsabilidade socioambiental corporativa foi encarada como uma preocupação marginal, tratada como filantropia. A lógica era a de que os direitos humanos eram uma causa destinada aos Estados e, por isso, de responsabilidade exclusivamente estatal. O que cabia às empresas e como demonstrariam o *respeito* a esses direitos ficou imerso em um ambiente dominado por códigos, cartas e discursos de sustentabilidade e compromisso social regidos pela voluntariedade. Os atos declaratórios, contudo, encobriam a baixa concretude para a vida das pessoas negativamente impactadas pela atividade econômica. Esses impactos, aliás, na urgência da crise climática, são de todo o planeta.

Em 1995, a controversa atuação da empresa de petróleo *Royal Dutch Shell* na Nigéria, escancarou as inconsistências e os riscos do discurso de responsabilidade socioambiental corporativa como atividade voluntária. A execução de ativistas do Movimento pela Sobrevivência do Povo Ogoni (MOSOP), fundado por Ken Saro-Wiwa, após uma campanha pacífica contra os danos ambientais no Delta do Níger[662] causados pela indústria do petróleo,[663] marcou a necessidade de se falar em responsabilidade corporativa sob a perspectiva dos direitos humanos.[664]

Os ativistas do Povo Ogoni foram presos em 1994, acusados de incitação ao homicídio. Um ano depois da prisão, foram julgados por um tribunal nigeriano, que os condenou à pena de morte. Saro-Wiwa e outros oito ativistas foram enforcados em 10 de novembro de 1995. Em sua carta final, o líder do Movimento do Povo Ogoni declarou que, apesar de ser sua a condenação à morte, era a Shell que estava em julgamento. Alertou que chegaria o dia que seria publicamente condenado e punido o exercício de atividades econômicas fora da moldura dos direitos humanos.[665] Ken Saro-Wiwa estava certo. Treze anos após a execução, em 2007, no caso *Wiwa v. Royal Dutch Shell*,[666] a cumplicidade da *Shell* na morte dos ativistas Ogoni foi reconhecida.

Em março de 2011, as Nações Unidas finalmente aprovaram os Princípios Orientadores de Empresas e Direitos Humanos. Em um ambiente ainda muito polarizado sobre a intensidade da vinculação da empresa na realização de interesses sociais constitucionalmente relevantes, conseguiu-se consolidar um marco teórico, mas sem vinculação jurídica, sobre a responsabilidade das empresas: a *devida diligência* em direitos humanos.

---

662 O relato sobre a resistência do Movimento de Sobrevivência do Povo Ogoni pode ser lido em https://www.greenpeace.org/usa/remembering-ken-saro-wiwa/. Acesso em: 23 jun. 2023.

663 A exploração e a produção de petróleo pela *Shell Petroleum Development*, uma *joint venture* constituída entre a *Royal Dutch Shell* e a *Nigerian National Petroleum* Corporation, causou, desde o início de sua operação, danos ambientais no território dos Ogonis, um povo tradicional que vive em uma área de cerca de 100.000 km^2, no estado de Rivers, na Nigéria. A atividade afetou a subsistência da comunidade local, que dependia da agricultura e da pesca e ainda convivia com queimadores de gás residual e chuva ácida.

664 Como exposto no capítulo 2, com a divulgação de casos de impactos negativos de atividades de empresas transnacionais sobre comunidades locais e nas relações com trabalhadores e o meio ambiente, o direito internacional passou a examinar de forma detida meios para proteção e promoção dos direitos humanos no contexto das relações empresariais.

665 OLUKOSHI, Adebayo; MUSTAPHA, Abdul Raufu; SOYINKA, Wole; MNTHALI, Felix. A Tribute to Ken Saro-Wiwa. *Review of African Political Economy* 22, n. 66, p. 471-480, 1995.

666 O relato sobre o caso *Wiwa v. Royal Dutch Petroleum Co.* é feito por FELLMETH, Aron Xavier. *Wiwa v. Royal Dutch Petroleum Co.*: A New Standard for the Enforcement of International Law in U.S. Courts? Disponível em: https://openyls.law.yale.edu/bitstream/handle/20.500.13051/5828/08_5YaleHumRts_DevLJ241_2002_.pdf?sequence=2&isAllowed=y. Acesso em: 8 set. 2023.

Apesar do avanço no Direito Internacional, os danos ambientais, culturais, sociais e às vidas das pessoas permaneceram sem respostas efetivas e continuam excessivamente vinculados a medidas reparadoras. A reparação, além de morosa, na maior parte das vezes, não é capaz de restaurar as violações.[667] Trabalho forçado, exploração infantil, condições insalubres de trabalho, poluição ambiental são exemplos de violações aos direitos humanos relacionados à atividade da própria da empresa ou de sua cadeia de valor. Por exemplo, uma em cada cinco roupas vendidas no mundo são feitas com trabalho forçado do povo Uigures na China.[668] Há grandes chances das roupas que usamos terem passado por mãos de pessoas escravizadas. As empresas de combustíveis fósseis são os principais impulsionadores das alterações climáticas e são responsáveis por 91% das emissões industriais de gases de efeito estufa e por 70% de todas as emissões produzidas pelo homem.[669] No Brasil, as catástrofes humanitárias e ambientais de Mariana e Brumadinho são representativas do potencial de dano aos direitos fundamentais no contexto da empresa. Como ressaltado pelas vítimas, *"a tragédia não se encerra quando a lama para de correr"*.[670] Há uma infinidade de violações que permanecem camufladas, inclusive aos olhos da própria empresa e de seus acionistas e investidores, no momento de tomadas de decisão de empreender e de investimento.

Não se pode deixar de reconhecer, de todo modo, as mudanças de comportamento e a ascensão de discursos de responsabilidade socioambiental corporativa nos últimos anos. Multiplicaram-se as iniciativas das empresas para a promoção de diversidade no ambiente de trabalho, garantia de igualdade de gênero, diminuição de impactos ambientais,

[667] Conforme relatado pelo Business & Human Rights Resource Center sobre a tragédia de Brumadinho, as vítimas *"sentem que foram 'esquecidos' e, quando procuraram reparação nos tribunais, a resposta foi aquém do necessário. No mês passado, disseram-lhes que, contrariamente aos acordos anteriores, os pagamentos feitos como auxílio financeiro emergencial serão deduzidos da indenização total devida às comunidades. A Defensoria Pública afirma que essa decisão se deve às demandas judiciais apresentadas pela Vale e pela BHP Billiton"*. Disponível em: https://www.business-humanrights.org/de/blog/o-rompimento-da-barragem-de-brumadinho-um-aprendizado-sobre-devida-dilig%C3%AAncia-corporativa-e-repara%C3%A7%C3%A3o-por-danos/. Acesso em: 10 jan. 2024.

[668] ILHAM, Jewher. *There's a good chance your cotton T-shirt was made with Uyghur slave labor*. The Guardian. 09.04.2021. Disponível em: https://www.theguardian.com/commentisfree/2021/apr/09/cotton-slave-labor-uyghur-region-china. Acesso em: 10 jan. 2024.

[669] ALSTON, Philip Alston, *Climate change and poverty:* report of the Special Rapporteur on Extreme Poverty and Human Rights. New York: ONU, 2019.

[670] Disponível em: https://www.business-humanrights.org/de/blog/o-rompimento-da-barragem-de-brumadinho-um-aprendizado-sobre-devida-dilig%C3%AAncia-corporativa-e-repara%C3%A7%C3%A3o-por-danos/. Acesso em: 10 jan. 2024.

com uma corrida notável por conformação aos fatores ESG. Não há dia sequer que um jornal brasileiro não apresente uma notícia sobre ESG.[671]

O crescimento de exigências para investimento sustentável e de alinhamento das empresas, instituições financeiras e de fundos de investimento com agendas socioambientais é um movimento global.[672] Esse movimento, no entanto, provocou uma acelerada edição de manuais, códigos de conduta e de roteiros de certificação. Cada um deles com suas próprias métricas, escopos e peso atribuído para classificar as empresas como aderentes aos compromissos socioambientais.[673] Apesar do potencial para reforço de sistemas de proteção e promoção de direitos fundamentais, os instrumentos voluntários (códigos de ética e conduta empresarial), com seus múltiplos parâmetros: (i) além de não terem sido suficientes para a mitigação da vulnerabilidade das pessoas e de seus direitos fundamentais; (ii) ainda ampliaram a insegurança jurídica para a atuação e para o controle interno e externo da empresa.

Ainda há, portanto, um vazio de tutela jurídica dos direitos fundamentais no contexto empresarial.[674] Afinal, pouco se avançou na interpretação do regime constitucional de obrigações corporativas relacionadas aos direitos fundamentais.[675] O livro se propôs, assim, com todos os riscos, ingenuidades e erros associados ao desbravamento, a ser um impulso para a discussão sobre o regime constitucional de deveres corporativos relacionados aos direitos fundamentais.

---

[671] Nesse aspecto, o Jornal O Globo e o Jornal Valor lançaram um projeto de conteúdo focado na agenda ESG, com o objetivo de dar visibilidade às inciativas de empresas, instituições financeiras e fundos de investimento sobre políticas de sustentabilidade e inclusão no Brasil e no mundo. Disponível em: https://oglobo.globo.com/economia/esg/o-globo-valor-lancam-projeto-esg-para-empresas-25423111. Acesso em: 1 out. 2022.

[672] BERG, Florian *et al*. Agregate Confusion: the divergence of ESG ratings. *Review of Finance*, v. 26, n. 6, p. 1315-1344, nov. 2022: "*Sustainable investing is growing quickly, andmutual funds that invest according to ESG ratings experience sizable inflows*".

[673] Por exemplo, uma agência de classificação ou auditoria pode incluir atividades de *lobby* como um fator negativo para a responsabilidade social corporativa, ao passo que outra agência, não. Sobre as divergências nos parâmetros de classificação, v. BERG, Florian *et al*. Agregate Confusion: the divergence of ESG ratings. *Review of Finance*, v. 26, n. 6, p. 1315-1344, nov. 2022.

[674] Claire Cutler designa o vazio de tutela dos direitos fundamentais no contexto empresarial como um "vácuo" regulatório global. Sobre o tema, v. CUTLER, Claire. Private International Regimes and Interfirm Cooperation. *In:* HALL, Rodney; BIERSTEKER, Thomas. *The Emergence of private authority in global governance.* Cambridge: Cambridge University Press, 2022, p. 23-42.

[675] É o que afirma David Bilchitz: "*Given the dominance of the state duty to protect model in international law, there have been limited attempts to consider how to translate the obligations flowing from international fundamental rights from the realm of the state to the context of non-state actors*" (BILCHITZ, David. *Fundamental Rights and the legal obligations of business.* Cambridge: Cambridge University Press, 2022, p. 213).

A concretização de direitos fundamentais será sempre um projeto inacabado. Tanto pela necessidade de ajustar a sua origem etnocêntrica para se tornarem cada vez mais inclusivos[676] como pela exigência de mobilização permanente do Estado e da sociedade para que proclamações em folhas de papel se transformem em realidades onde mais importam: no dia a dia das pessoas.[677] A positivação na Constituição é, sem dúvida, relevante para o regime de proteção, promoção e respeito dos direitos fundamentais. O compromisso constitucional, contudo, não é com a existência de enunciados normativos, mas com a efetividade dos direitos das pessoas.[678]

Nesse passo, se a efetividade dos direitos fundamentais tem sido desafiada pelas dificuldades de os Estados contemporâneos lidarem com o poder estrutural e concreto das empresas na realidade da globalização e do ciberespaço, a proteção dos direitos fundamentais não pode mais ser dissociada da forma como as empresas administrarão esses impactos sobre as nossas vidas. O *dever constitucional de devida diligência* se converte, assim, no fator de legitimidade da liberdade de

---

676 Os direitos humanos e, consequentemente, os direitos fundamentais positivados pelos países ocidentais retratam uma tradução normativa de uma compreensão de mundo que, em essência, remonta o Iluminismo. As críticas relativas ao chamado imperialismo dos direitos humanos podem ser lidas em WALSH, Catherine; MIGNOLO, Walter; LINERA, Alvaro Garcia. *Interculturalidade, descolonización del Estado y del conocimento*. Buenos Aires: Signo, 2006. Por uma visão crítica, mas com indicação da relevância histórica da normatização decorrente dos direitos humanos e da necessidade de permanente adaptação, v. MOYN, Samuel. *The last utopia*: human rights in history. Cambridge: Harvard University Press, 2010, p. 227: "*If human rights call to mind a few core values that demand protection, they cannot be all things to all people. Put another way, the last utopia cannot be a moral one. And so whether human rights deserve to define the utopianism of the future is still very far from being decided*".

677 Sobre a necessidade de examinar o regime de proteção e promoção de direitos humanos com relação à atividade de empresas orientado pelo impacto positivo na vida das pessoas, v. RUGGIE, John. *Just Business*: multinacional corporations and human rights. New York: Norton & Company, 2013, p. 22: "*Thus, I made it clear from the outset that I would follow a course I called principled pragmatism: "an unflinching commitment to the principle of strengthening the promotion and protection of human rights as it relates to business, coupled with a pragmatic attachment to what works best in creating change where it matters most — in the daily lives of people*".

678 Ana Paula de Barcellos destaca que a promoção concreta de direitos não envolve apenas a edição de normas sobre o assunto, ou mesmo decisões judiciais. Pressupõe um esforço permanente de mobilização do Estado e da sociedade em geral: "*Nada obstante, como já referido, o compromisso constitucional é com os direitos das pessoas e não propriamente com a existência de normas sobre o tema. Nesse sentido, as conclusões enunciadas revelam que a promoção continuada dos direitos fundamentais dependerá, em última análise, não apenas de normas em vigor, mas também de um Estado que promova de forma sustentável — isto é: contínua, permanente — e equitativa os direitos*" (BARCELLOS, Ana Paula de. *Direitos Fundamentais e Direito à Justificativa*: Devido Procedimento na Elaboração Normativa. Belo Horizonte: Fórum, 2020. p. 36).

empresa. No contexto de urgência de crises sanitárias e climática, é esse dever procedimental e contínuo que permitirá a conciliação de interesses econômicos da empresa com os direitos fundamentais impactados pela atividade empresarial, de modo a evitar ou mitigar violações que se relacionam a nossa existência.

REFERÊNCIAS

ACOSTA, Alberto. *O Bem Viver*: uma oportunidade para imaginar outros mundos. São Paulo: Elefante, 2016.

AGAMBEN, Giorgio. *Estado de Exceção*. São Paulo: Boitempo, 2007.

ALBUQUERQUE, Roberto Chacon de. A Companhia das Índias Ocidentais: uma sociedade anônima? *Revista da Faculdade de Direito da USP*, v. 105, p. 25-38, jan./dez. 2010.

ALSTON, Philip. *Climate change and poverty:* report of the Special Rapporteur on Extreme Poverty and Human Rights. New York: ONU, 2019.

ALSTON, Phillip; GOODMAN, Ryan. *International human rights*. Oxford: Oxford University Press, 2013.

ANDRADE, José Carlos Vieira de. *Os direitos fundamentais e controle de constitucionalidade*. São Paulo: Celso Bastos Editor, 1998.

ANDRADE, José Carlos Vieira de. *Os direitos fundamentais na Constituição Portuguesa de 1976*. Coimbra: Almedina, 2001.

BAKAN, Joel. *The Corporation*: The Pathological Pursuit of Profit and Power. New York: Free Press, 2004.

BANET-WIESER, Sarah; CASTELLS, Manuel. Economia é cultura. *In*: CASTELLS, Manuel (org.). *Outra Economia é Possível*: cultura e economia em tempos de crise. Rio de Janeiro: Zahar, 2019, p. 13-46.

BARBIERI, José Carlos; CAJAZEIRA, Jorge Emanuel Reis. *Responsabilidade Social Empresarial e Empresa Sustentável*: da teoria à prática. São Paulo: Saraiva, 2019.

BARCELLOS, Ana Paula de. *Curso de Direito Constitucional*. 2. ed. Rio de Janeiro: Forense, 2019.

BARCELLOS, Ana Paula de. *Direitos Fundamentais e Direito à Justificativa*: Devido Procedimento na Elaboração Normativa. Belo Horizonte: Fórum, 2020.

BARCELLOS, Ana Paula de. Tributação e direitos sociais: uma reflexão sobre suas múltiplas conexões. *In*: CAMPOS, Carlos Alexandre de Azevedo; OLIVEIRA, Gustavo da Gama Vital de; MACEDO, Marco Antonio Ferreira (org.). *Direitos fundamentais e estado fiscal*: estudos em homenagem ao Professor Ricardo Lobo Torres. Salvador: Juspodivm, 2019.

BARCELLOS, Ana Paula de. *Políticas* Públicas e o dever de monitoramento: levando os direitos a sério. *Revista Brasileira de Políticas Públicas*, UNICEUB, v. 8, n. 2, ago. 2018.

BARROSO, Luís Roberto. Aqui, lá e em todo lugar: A dignidade humana no direito contemporâneo e no discurso transnacional. *Revista dos Tribunais*, Rio de Janeiro, ano 101, v. 919, p. 127-196, 2012.

BARROSO, Luís Roberto. *Curso de Direito Constitucional*. Rio de Janeiro: Saraiva, 2009.

BARROSO, Luís Roberto. Estado e livre-iniciativa na experiência constitucional brasileira. *Revista de Direito do Estado* 33, jan./mar 2013.

BARROSO, Luís Roberto. *Interpretação e aplicação na Constituição*. São Paulo: Saraiva, 2009.

BARROSO, Luís Roberto. *O Direito Constitucional e a efetividade de suas normas*. Rio de Janeiro: Renovar: 2006.

BARROSO, Luís Roberto. *Um outro país*: transformações no direito, na ética e na agenda do Brasil. Belo Horizonte: Fórum, 2018.

BARROSO, Luís Roberto; BARCELLOS, Ana Paula de. O começo da história: a nova interpretação constitucional e o papel dos princípios no direito brasileiro. *In*: SILVA, Virgilio Afonso da (org.). *Interpretação constitucional*. São Paulo: Malheiros, 2010.

BAZANINI, Roberto *et al*. A teoria dos *stakeholders* nas diferentes perspectivas: controvérsias, conveniências e críticas. *Revista Pensamento & Realidade*, v. 35, n. 2, p. 43-58, maio/ago. 2020.

BECK, Ulrich. *Sociedade de risco*: rumo a uma outra modernidade. São Paulo: Editora 34, 2011.

BERG, Florian *et al*. Agregate Confusion: the divergence of ESG ratings. *Review of Finance*, v. 26, n. 6, p. 1315-1344, nov. 2022.

BERLE, Adolf A.; MEANS, Gardiner C. *A moderna sociedade anônima e a propriedade privada*. São Paulo: Abril Cultural, 1984.

BERLIN, Isaiah. *Liberty*: Incorporating four Essays on Liberty. Oxford: Oxford University Press, 2002.

BILCHITZ, David. *Fundamental rights and the legal obligations of business*. Cambridge: Cambridge University Press, 2022.

BILCHITZ, David. O marco Ruggie: Uma proposta adequada para as obrigações de direitos humanos das empresas? *SUR – Revista Internacional de Direitos Humanos*, São Paulo, v. 7, n. 12, p. 209-241, jun. 2010.

BINENBOJM, Gustavo. *Da supremacia do interesse público ao dever de proporcionalidade*: um novo paradigma para o direito administrativo. *Revista de Direito da Procuradoria-Geral do Estado*, Rio de Janeiro, v. 59, p. 49-82, 2005.

BINENBOJM, Gustavo. *Poder de polícia, ordenação, regulação*: transformações político-jurídicas, econômicas e institucionais do direito administrativo ordenador. Belo Horizonte: Fórum, 2016.

BITTAR, Carlos Alberto. *Responsabilidade civil*: teoria e prática. Rio de Janeiro: Forense Universitária, 1999.

BLACK, Edwin. *A IBM e o Holocausto*: a aliança estratégica entre a Alemanha nazista e a mais poderosa empresa americana. Rio de Janeiro: Campus, 2001.

BOBBIO, Norberto. *A era dos direitos*. Rio de Janeiro: Elsevier, 2004.

BOBBIO, Norberto. *Da estrutura à função*: novos estudos de teoria do Direito. São Paulo: Manole, 2007.

BOBBIO, Norberto. *Estado, Governo e Sociedade*. Rio de Janeiro: Terra e Paz, 1987.

BOBBIO, Norberto. *Teoria da Norma Jurídica*. São Paulo: Edipro, 2016.

BONAVIDES, Paulo. *Curso de Direito Constitucional*. São Paulo: Malheiros, 1997.

BONAVIDES, Paulo. *Do Estado liberal ao Estado social*. São Paulo, Malheiros, 2013.

BONNITCHA, Jonathan; MCCORQUODALE, Robert. The Concept of 'Due Diligence' in the UM. Guiding Principles on Business and Human Rights. *The European Journal of International Law*, v. 28, n. 3, 2017.

BORBA, José Edwaldo Tavares. *Direito Societário*. Rio de Janeiro: Renovar, 2003.

BRANDÃO, Cláudio. Introdução ao estudo dos direitos humanos. *In*: BRANDÃO, Cláudio (coord.). *Direitos humanos e fundamentais em perspectiva*. São Paulo: Atlas, 2014.

BRASIL, Bárbara Dayana. *Direitos Humanos e investimento estrangeiro*: perspectivas para interação. Rio de Janeiro: Lumen Juris, 2019.

BRIGHT, Claire. Corporate Due Dilligence: History and future prospects. *In*: COUTINHO DE ABREU, Jorge M.; MARTINS, Alexandre de Soveral; DIAS, Rui Pereira. *Dever de diligência das empresas e responsabilidade empresarial*. Coimbra: Instituto Jurídico, 2022.

BRIL, Herman; KELL, George; RASCHE, Andreas. *Sustainable Investing:* a path to a new horizon. New York: Routledge, 2021.

BRITTO, Carlos Ayres. *O Humanismo como categoria constitucional*. Belo Horizonte: Fórum, 2007.

BUHMANN, Karin. Business and Human Rights: Understanding the UN Guiding Principles from the Perspective of Transnational Business Governance Interactions. *Osgoode Legal Studies Research Paper Series*, n. 20, 2014.

CANOTILHO, José Joaquim Gomes. *Estado de Direito*. Lisboa: Gradiva, 1999.

CANOTILHO, José Joaquim Gomes; MOREIRA, Vital. *Constituição da República Portuguesa Anotada*. Vol. I, Coimbra: Coimbra Ed., 2007.

CANOTILHO, José Joaquim Gomes. *Fundamentos da Constituição*. Coimbra: Coimbra Editora, 1991.

CAPPELLETTI, Mauro; GARTH, Bryant. *Acesso à Justiça*. Porto Alegre: Fabris, 1988.

CARNEY, Mark. *Value(s)*: building a better world for all. Dublin: William Collins, 2021.

CASTELLS, Manuel. *A Sociedade em Rede*. São Paulo: Paz e Terra, 2002.

CHEVALLIER, Jacques. *O Estado pós-moderno*. Belo Horizonte: Fórum, 2009.

CHOUDHURY, Barnali. Corporate Law's Threat to Human Rights: why Humna Rights Due Diligence Might not be enough. *Business and Human Rights Journal*, n. 8, p. 180-196, 2003.

CLAPHAM, Andrew. *Human Rights in the private sphere*. Oxford: Oxford University Press, 1993.

CLAPHAM, Andrew. *Human Rights Obligations of Non-State Actors*. New York: Oxford University Press, 2006.

COELHO, Fabio Ulhoa. *Curso de Direito Comercial*: de acordo com o novo Código Civil e alterações da LSA. v. 2. São Paulo: Saraiva, 2002.

COMPARATO, Fábio Konder. *A afirmação histórica dos direitos humanos*. São Paulo: Saraiva, 2015.

COMPARATO, Fábio Konder. Direitos e Deveres fundamentais em matéria de propriedade. *In*: STROZAKE, Juvelino José (org.). *A questão agrária e a justiça*. São Paulo: Revista dos Tribunais, 2000, p. 130-147.

COMPARATO, Fábio Konder. Estado, empresa e função social. *Revista dos Tribunais*, São Paulo, v. 732, p. 38-46, out. 1996.

COMPARATO, Fabio Konder; SALOMÃO FILHO, Calixto. *O poder de controle na sociedade anônima*. Rio de Janeiro: Forense, 2014.

COSSART, Sandra; CHPLIER, Jerôme; BEAU DE LOMENIE, Tiphaine. The French law on duty of care: a historic step towards making globalization work for all. *Bussiness and Human Rights Journal*, Cambridge, v. 2, p. 317-323, 2017.

COSTA, Alessandra de Sá Mello da; SILVA, Marcelo Almeida de Carvalho. Empresas, violação dos direitos humanos e ditadura civil-militar brasileira: a perspectiva da Comissão Nacional da Verdade. *Organizações & Sociedade*, v. 25, n. 84, p. 15/29, mar. 2018.

COSTA, André Brandão Nery; CASTRO, Raul Murad Ribeiro de. Notas sobre a influência de interesses extracontratuais socialmente relevantes no contrato. *In:* TEPEDINO, Gustavo; TEIXEIRA, Ana Carolina Brochado; ALMEIDA, Vitor. *O Direito Civil entre o sujeito e a pessoa*: estudos em homenagem ao professor Stefano Rodotà. Belo Horizonte: Fórum, 2016, p. 460-479.

COUTINHO DE ABREU, J. M.; BRIGHT, Claire. Dever de Diligência das Empresas e Responsabilidade Civil (A Propósito do Projeto de Diretiva do Parlamento Europeu de 10/3/2021). *In*: COUTINHO DE ABREU, Jorge M.; MARTINS, Alexandre de Soveral; DIAS, Rui Pereira. *Dever de diligência das empresas e responsabilidade empresarial*. Coimbra: Instituto Jurídico, 2022.

CRANE, Andrew; MATTEN, Dirk; SPENCE, Laura J. *Corporate Social Responsibility*: Readings and Cases in a Global Context. Oxon: Routledge, 2014.

CUEVA, Ricardo Villas Bôas; FRAZÃO, Ana. *Compliance*: perspectivas e desafios dos programas de conformidade. Belo Horizonte: Fórum, 2018.

CUTLER, Claire. Private International Regimes and Interfirm Cooperation. *In:* HALL, Rodney; BIERSTEKER, Thomas. *The Emergence of private authority in global governance.* Cambridge: Cambridge University Press, 2022, p. 23-42.

DARCY, Shane. The elephant in the room: corporate tax avoidance & business and human rights. *Business and Human Rights Journal*, v. 2, n. 1, 2017.

DAVIS, Keith. The Case For and Against Business Assumption of Social Responsibilities. The *Academy of Management Review,* v. 16, n. 2, 1973.

DEITELHOFF, Nicole; WOLF, Klaus Dieter. Business and human rights: how corporate norm violators become norm entrepreneurs. *In*: RISSE, Thomas; ROPP, Stephen C.; SIKKINK, Kathryn (org.). *The Persistent Power of Human Rights*: from commitment to compliance. Cambridge: Cambridge University Press, 2013.

DEVA, Surya; BILCHITZ, David. *Human Rigths Obligations of Business*: Beyond the Corporate Responsibility to Respect. Cambridge: Cambridge University Press, 2013.

EIZIRIK, Nelson. *A Lei das S/A Comentada*. v. III. São Paulo: Quartier Latin, 2015.

FARAH, André. *Liberdade de Expressão e remoção de conteúdo da Internet*. Rio de Janeiro: Lumen Juris, 2018.

FASSBENDER, Bardo; TRAISBACH, Knut (org.). *The Limits of Human Rights*. New York: Oxford University Press, 2019.

FEENEY, Patricia. A luta por responsabilidade das empresas no âmbito das nações unidas e o futuro da agenda de advocacy. *Sur — Revista Internacional de Direitos Humanos*, São Paulo, v. 6, n. 11, p. 174/191, dez. 2009.

FEKETE, Elisabeth Kasznar. *O regime jurídico do segredo de indústria e comércio no direito brasileiro*. Rio de Janeiro: Forense, 2003.

FENSTERSEIFER, Tiago. Estado Socioambiental de Direito e o princípio da solidariedade social como seu marco jurídico-constitucional. *Direitos Fundamentais & Justiça*, n. 2, p. 132-157jan./mar. 2008.

FGV/SP; MINISTÉRIO DOS DIREITOS HUMANOS. *Implementando os princípios orientadores sobre empresas e direitos humanos da ONU*: o dever do Estado de proteger e a obrigação das empresas de respeitar os direitos humanos. Brasília: Artecor Gráfica, 2017.

FONSECA, Pedro Cezar Dutra. *Desenvolvimentismo*: a construção do conceito. Brasília: Instituto de Pesquisa Econômica Aplicada, 2015.

FRANZESE, Patrick. W. Sovereignty in cyberspace: can it exist? *Air Force Law Review*, v. 64, n. 1, 2009.

FRASER, Nancy. A justiça social na globalização: Redistribuição, reconhecimento e participação. *Revista Crítica de Ciências Sociais*, n. 63, p. 7-20, out. 2002.

FRAZÃO, Ana. Função Social da Empresa. *In*: COELHO, Fábio Ulhoa; ALMEIDA, Marcus Elidius Michelli (org.). *Enciclopédia Jurídica da PUCSP*: direito comercial. São Paulo: Pontifícia Universidade Católica de São Paulo, 2018.

FRENCH, Peter A. *The Corporation as a Moral Person. American Philosophical Quarterly*, v. 16, n. 3, p. 207-215, jul. 1979.

FRIEDMAN, Milton, A Friedman Doctrine — The social Responsibility of Business is to Increase its Profits. New York Times, New York, 13.09.1970. Disponível em: https://www.nytimes.com/1970/09/13/archives/a-friedman-doctrine-the-social-responsibility-of-business-is-to.html.

FULLER, Lon. *The morality of law*. New Haven: Yale University Press, 1964.

GARCIA, Flavio Amaral. *Licitações e Contratos Administrativo*: casos e polêmicas. São Paulo: Malheiros, 2016.

GARDBAUM, Stephen. Positive and Horizontal Rights: Proportionality's Next Frontier or a Bridge too Far? *UCLA School of Law Research Paper*, Cambridge University Press, n. 16, 2017.

GATTO, Raquel Fortes. *O impacto da governança da internet sob o prisma da soberania*, Dissertação, Pontifícia Universidade Católica de São Paulo, 2008. Disponível em: https://sapientia.pucsp.br/bitstream/handle/8130/1/Raquel%20Fortes%20Gatto.pdf . Acesso em: 10 mar. 2021.

GOMES, Marcus Lívio; ABREU, Paula Santos de. Responsabilidade Social Corporativa: um Novo Limite ao Planejamento Fiscal? *In*: CAMPOS, Carlos Alexandre de Azevedo; OLIVEIRA, Gustavo da Gama Vital de; MACEDO, Marco Antonio Ferreira (org.) *Direitos fundamentais e estado fiscal*: estudos em homenagem ao Professor Ricardo Lobo Torres. Salvador: Juspodivm, 2019.

GOUVÊA, Carlos Portugal *et al*. Governança corporativa e direitos humanos*:* uma análise empírica no novo mercado. *Revista Internacional de Direitos Humanos e Empresas,* v. 3, n. 2, p. 139-158, fev./jul. 2019.

GOUVÊA, Carlos Portugal. *A Estrutura da Governança Corporativa*. São Paulo: Quartier Latin, 2022.

GOUVÊA, Carlos Portugal. *John Ruggie e o nascimento da moderna governança socioambiental*. Disponível em: https://www.jota.info/opiniao-e-analise/artigos/john-ruggie-nascimento-moderna-governanca-socioambiental-23112021. Acesso em: 2 jun. 2023.

GRAU, Eros Roberto. *A Ordem Econômica na Constituição de 1988*: interpretação e crítica. São Paulo: Malheiros, 2010.

HÄBERLE, Peter. *Libertad, igualdad, fraternidad*: 1789 como historia, actualidad y futuro del estado constitucional. Madrid: Minima Trotta, 1998.

HARARI, Yuval. My message to Benjamin Netanyahu: stop your coup or we'll stop the country. The Guardian, Nova Iorque, 07.03.2023. Disponível em: https://www.theguardian.com/commentisfree/2023/mar/07/benjamin-netanyahu-coup-israeli-judicial-system. Acesso em: 4 abr. 2023.

HARRACA PAULA. *O Poder Transformador ESG*: como alinhar lucro e propósito. São Paulo: Planeta do Brasil, 2022.

HAYEK, Friedrich. *O caminho da servidão*. Rio de Janeiro: Instituto Liberal, 1990.

HENDERSON, Rebeca. *Reimagining Capitalism in a World on Fire*. New York: Public Affairs, 2020.

HOBBES, Thomas. *Leviatã*: matéria, forma e poder de um estado eclesiástico e civil. São Paulo: Abril, 1974.

HULME, David; SCOTT, James *apud* GOUVÊA, Carlos Portugal. *A Estrutura da Governança Corporativa*. São Paulo: Quartier Latin, 2022.

HUME, David. *A História da Inglaterra:* da invasão de Júlio César à Revolução. São Paulo: UNESP, 2016.

HUNT, Lynn. *A Invenção dos Direitos Humanos*: uma história. São Paulo: Companhia das Letras, 2009.

IANNE, Octavio, *A era do Globalismo*. Rio de Janeiro: Civilização Brasileira, 1996.

OHMAE, Kenichi. *The end of the nation state:* the rise of regional economies. London: Harper Collins Publishers, 1996.

JELLINEK, Geörg, *apud* DALLARI, Dalmo de Abreu. *Elementos da Teoria Geral do Estado*. São Paulo: Saraiva, 2011.

JENSEN, Michael C.; MECKLING, William H. Theory of the firm: Managerial behavior, agency costs and ownership structure. *Journal of Financial Economics,* v. 3, n. 4, p. 305-360, 1976.

JERBI, Scott. Business and Human Rights at the UN: What might happen next? *Human Rights Quarterly,* v. 31, n. 2, p. 299-320, maio 2009.

KANT, Immanuel. *À paz perpétua*. Porto Alegre: L&PM, 1989.

KNIGHT, Graham; SMITH, Jackie. The Global Compact and its critics: activism, power relations, and corporate social responsibility. *In*: LEATHERMAN, Janie (org.). *Discipline and Punishment in Global Politics*. New York: Palgrave Macmillan, 2008. p. 191-213.

KNOEPFEL, Ivo; HAGART, Gordon. *Future Proof*? Embedding environmental, social and governance issues in investment markets — Outcomes of the Who Cares Wins Initiative 2004–2008. Banco Mundial, 2009. Disponível em: https://digitallibrary.un.org/record/681662. Acesso em: 22 jun. 2023.

KNOX, John H. Horizontal human rights law. *American Journal of International Law*, v. 102, n.1, p. 1-47, 2008.

KWITEL, Juana. *Empresas e direitos humanos:* parâmetros da ONU para proteger, respeitar e reparar — relatório final de John Ruggie — Representante Especial do Secretário-Geral. Disponível em https://www.conectas.org/wp-content/uploads/2017/12/2012_Empresas_-Direitos_Humanos_Par%C3%A2metros_-ONU.pdf.

LEHR, Amy; JENKINS, Beth. *Business and Human Rights*: Beyond corporate spheres of influence. Business & Human Rights Resource Centre, nov. 2007. Disponível em https://www.business-humanrights.org/en/latest-news/business-and-human-rights-beyond-corporate-spheres-of-influence/. Acesso em: 22 jun. 2023.

LESSIG, Lawrence, *Code*: version 2.0, Basic Books: New York, 2006.

LEVI, Primo. *É isto um homem?* Rio de Janeiro: Rocco, 2000.

LEWANDOWSKI, Enrique Ricardo. *Proteção internacional dos direitos humanos na ordem interna e internacional*. Rio de Janeiro: Forense, 1984.

LOCKE, John. *Segundo tratado sobre o governo civil e outros escritos*. Petrópolis: Vozes, 2001.

LÓPEZ, Carlos. The 'Ruggie process': from legal obligations to corporate social responsibility? *In*: DEVA, Surya; BILCHITZ, David. *Human rights obligations of business*: beyond the corporate responsibility to respect? New York: Cambridge University Press, 2013. p. 58-77.

LYRA, Edu. Pobreza Irreversível? *Jornal O Globo*, Rio de Janeiro, 26.10.2021.

MAGALHÃES, Eduardo *et al. O greenwashing impulsionado pela explosão ESG*. Disponível em: https://www.jota.info/opiniao-e-analise/colunas/praticas-esg/o-greenwashing-impulsionado-pela.

MAIA, Antonio Cavalcanti; MENEZES, Tarcísio. Republicanismo Contemporâneo, Constituição e Política. *In:* SARMENTO, Daniel (org.). *Filosofia e Teoria Constitucional Contemporânea*. Rio de Janeiro: Lumen Juris, 2009.

MALONE, Leah *et al. ESG Battlegrounds:* How the States Are Shaping the Regulatory Landscape in the U.S. Disponível em: https://corpgov.law.harvard.edu/2023/03/11/esg-battlegrounds-how-the-states-are-shaping-the-regulatory-landscape-in-the-u-s/ Acesso em: 3 abr. 2023.

MARINONI, Luiz Guilherme. *Tutela específica*: (arts. 461, CPC, e 84, CDC). São Paulo: Revista dos Tribunais, 2000.

MARX, Karl. *A questão judaica*. Lisboa: Lusosofia, 1989.

MAYER, Colin. *Prosperity*: better business makes the grater good. Nova Iorque: Oxford University Press, 2018.

MORAES, Jose Luiz Bolzan de. *As crises do Estado e da Constituição e a Transformação Espaço-Temporal dos Direitos Humanos*. Porto Alegre: Livraria do Advogado, 2011.

MORAES, Maria Celina Bodin de. O Princípio da Solidariedade. *In:* MATOS, Ana Carla Harmatiuk (org.). *A construção dos novos direitos*. Porto Alegre: Nubra Fabris, 2008. p. 232-260.

MOREIRA NETO, Diogo de Figueiredo. *Curso de Direito Administrativo*. Rio de Janeiro: Forense, 2014.

MOREIRA NETO, Diogo de Figueiredo. *Ordem Econômica e desenvolvimento na Constituição de 1988*. Rio de Janeiro: Apec, 1989.

MOYN, Samuel. *The last utopia*: human rights in history. Cambridge: Harvard University Press, 2010.

MUCHLINSKI, Peter. *Multinational Enterprises and the Law*. Oxford: Blackwell Publishing, 1999.

MULLIGAN, Thomas. A Critique of Milton Friedman's Essay The Social Responsibility of Business Is to Increase Its Profits. *Journal of Business Ethics*, Durham, p. 265-269, ago. 1986.

MURRAY, Alan. *A new purpose for the Corporation. Fortune,* ago. 2019.

MWANGI, Wagaki; RIETH, Lothar; SCHMITZ, Hans Peter. Encouraging greater compliance: local networks and the United Nations Global Compact. *In:* RISSE, Thomas; ROPP, Stephen C.; SIKKINK, Kathryn (org.). *The Persistent Power of Human Rights*: from commitment to compliance. Cambridge: Cambridge University Press, 2013. p. 206.

NABAIS, José Casalta. *O dever fundamental de pagar impostos*: contributo para a compreensão constitucional do estado fiscal contemporâneo. Coimbra: Almedina, 2009.

NAIM, Moises. *O fim do poder*. São Paulo: Leya, 2013.

NAKAYAMA, Patrícia. *Sobre a Descrição do Ser* (Estudo sobre ameríndios, Thomas Hobbes e os rebentos de seu estado de natureza). Dissertação (Mestrado em Filosofia). Faculdade de Filosofia, Letras e Ciências Humanas, Universidade de São Paulo. São Paulo, 2014.

NALIN, Paulo. *Do contrato: conceito pós-moderno*: em busca de sua formulação na perspectiva civil-constitucional. Curitiba: Juruá, 2001.

NEGREIROS, Teresina. *Teoria do contrato:* novos paradigmas. Rio de Janeiro: Renovar, 2006.

NEUMAYER, Eric. *Do International Human Rights treaties improve respect for human rights*? 2005, Londres: LSE Research Online. Disponível em: http://eprints.lse.ac.uk/612/. Acesso em: 22 jun. 2023.

NEVES, Miguel Santos. Soft Law. *In*: NASSER, Salem Hikmat. *Fontes e Normas do Direito Internacional*: um estudo sobre a *Soft Law*. São Paulo: Atlas, 2006.

NOLAN, Justine. The United Nations' Compact with Business: Hindering or Helping the Protection of Human rights? *University of Queensland Law Journal*, v. 24, n. 2, 2005.

OCHOA, Christiana. Business & Human Rights: Optimism and Concern from the U.S. *Perspective, Law and Business Research*, v. 8, n. 3, 2018.

OLIVEIRA, José Antonio Puppim de *et al.* A implementação do Pacto Global pelas empresas do Paraná. *Revista de Gestão Social Ambiental*, v. 2, n. 3, p. 92-110, set./dez. 2008.

OLUKOSHI, Adebayo; MUSTAPHA, Abdul Raufu; SOYINKA, Wole; MNTHALI, Felix. *A Tribute to Ken Saro-Wiwa. Review of African Political Economy*, ano 22, n. 66, p. 471-480, 1995.

PARGENDLER, Mariana. Reflexões sobre a Ascensão do Direito Societário Internacional. *In*: COELHO, Fábio Ulhoa; TEPEDINO, Gustavo; LEMES, Selma Ferreira (coord.). *A Evolução do Direito Societário no século XXI* — seus princípios e valores (ESG, Liberdade, Regulação, Igualdade e Segurança Jurídica): Homenagem ao Professor Arnoldo Wald. Direito Privado. v. 2. São Paulo: IASP, 2022. p. 935-951.

PARGENDLER, Mariana. The Corporate Governance Obsession. *Journal of Corporation Law*, v. 42, n. 2, p. 359-402, ago. 2016.

PAUST, Jordan J. Human Rights Responsibilities of Private Corporations. *Vanderbilt Journal of Transnational Law*, 2002, v. 35, p. 801-825.

PEREIRA, Jane Reis Gonçalves. Apontamentos sobre a aplicação das normas de direito fundamental nas relações entre particulares. *In:* BARROSO, Luís Roberto (org.). *A nova interpretação constitucional:* ponderação, direitos fundamentais e relações privadas. Rio de Janeiro: Renovar, 2003.

PEREIRA, Jane Reis Gonçalves. *Interpretação Constitucional e Direitos Fundamentais*. São Paulo: Saraiva, 2018.

PEREIRA, Jane Reis Gonçalves; KELLER, Clara Iglesias. Constitucionalismo Digital: contradições de um conceito impreciso. *Revista Direito e Práxis*, Rio de Janeiro, v. 13, n. 4, p. 2648/2689, 2022.

PÉREZ LUÑO, Antonio Henrique. *Los Derechos Fundamentales*. Madrid: Tecnos, 2004.

PERLINGIERI, Pietro. *O Direito Civil na Legalidade Constitucional*. Renovar: Rio de Janeiro, 2008.

PIOVESAN, Flavia. *Direitos humanos e direito constitucional internacional*. São Paulo: Saraiva jur, 2021.

PIOVESAN, Flavia. *Direitos humanos e o direito constitucional internacional*. São Paulo: Saraiva, 2016.

PIOVESAN, Flavia. *Temas de direitos humanos*. São Paulo: Saraiva, 2018.

POLANYI, Karl. *A Grande Transformação*: as origens de nossa época. Rio de Janeiro: Campus, 2000.

POSNER, Eric A. *The Twilight of Human Rights Law*. New York: Oxford University Press, 2014.

RA'AD AL HUSSEIN, Zeid. Ethical Pursuit of Prosperity. Law *Society Gazette*, n. 23, mar. 2015.

RAHIM, Mia Mahmudur. Quest for A Global Code of Conduct for TNCs — A Grim Tale. *In*: RAHIM, Mia Mahmudur (ed.). *Code of Conduct on Transnational Corporations*: challenges and opportunities. Cham: Springer, 2019.

RAMOS, André de Carvalho. *Curso de direitos humanos*. São Paulo: Saraiva, 2021.

RANDERS, Jorgen; ROCKSTROM, Johan; STOKNES, Per Espen; GOLUKE, Ulrich; COLLSTE, David; CORNELL, Sarah. *Transformation is Feasible*: How to Achieve the Sustainable Development Goals within Planetary Boundaries. Stockholm: Stockholm Resilience Centre, 2018.

RATNER, Steven R. Corporations and human rights: A Theory of Legal Responsibility. *Yale Law Journal*, v. 111, n. 3, p. 443-545, dez. 2001.

RAZ, Joseph. *The Morality of Freedom*. Oxford: Oxford Press, 1988.

RIBEIRO, Marilda Rosado de Sá; ROCHA, Raphael Vieira da Fonseca. Responsabilidade Social Corporativa: as empresas transnacionais no âmbito do direito internacional contemporâneo. *In*: MENEZES, Wagner (org.). *Anais do 18º Congresso Brasileiro de Direito Internacional* – Direito Internacional em Expansão: biodiversidade, mobilidade e integração. Belo Horizonte: Arraes Editores, 2020.

RIBEIRO, Renato Janine. *Ao leitor sem medo:* Hobbes escrevendo contra o seu tempo. Belo Horizonte: UFMG, 2004.

RODOTÀ, Stefano. *A Vida na Sociedade da Vigilância*: A privacidade hoje. Rio de Janeiro: Renovar, 2008.

ROGGE, Malcom. Risk, Uncertainty, and the Future of Corporate Human Rights Due Diligence. *Corporate Responsibility Initiative*, Harvard Kennedy School, working paper n. 81, dez. 2022.

ROLAND, Manoela Carneiro *et al.* Desafios e perspectivas para a construção de um instrumento jurídico vinculante em direitos humanos e empresas. *Revista de Direito GV*, São Paulo, v. 14, n. 2, p. 393/417, maio/ago. 2018.

ROLAND, Manoela Carneiro. O Brasil precisa de uma Lei marco de Direitos Humanos e Empresas. *Homa – Centro de Direitos Humanos e Empresas. Friedrich Ebert Stiftung,* São Paulo, maio 2021.

RUGGIE, John Gerard. Corporate Purpose in Play: The Role of ESG Investing. *In*: BRIL, Herman; KELL, Georg; RASCHE, Andreas. *Sustainable Investing:* a path to a new horizon. New York: Routledge, 2021. p. 173/189.

RUGGIE, John Gerard. *Life in the Global Public Domain*: Response to Commentaries on the UN Guiding Principles and the Proposed Treaty on Business and Human Rights, 2015.

RUGGIE, John Gerard. *Quando negócios não são apenas negócios*: as corporações multinacionais e os direitos humanos. São Paulo: Abril, 2014.

RUGGIE, John Gerard. *Just Business*: multinational corporations and human rights. Nova Iorque: Norton & Company, 2013.

RUGGIE, John Gerard; SHERMAN, John F. The concept of "due diligence" in the UN. Guiding Principles on Business and Human Rights: A Reply to Jonathan Bonnitcha and Robert McCorquodale. *The European Journal of International Law*, v. 28, n. 3, 2017.

SAGAFI-NEJAD, Tagi. *The UN and Transnational Corporations*: from Code of Conduct to Global Compact. Bloomington: Indiana University Press, 2008 *apud* RUGGIE, John Gerard. *Quando negócios não são apenas negócios*: as corporações multinacionais e os direitos humanos. São Paulo: Abril, 2014.

SALDANHA, Jânia Mara Lopes; BOHRZ, Clara Rossatto. Dupla influência e dupla projeção entre global e local: o "caso Mariana" e a (ir)responsabilidade Social das empresas de mineração. *Homa Publica — Revista Internacional de Direitos Humanos e Empresas*, Juiz de Fora, v. 2, n. 2, p. 1-28, fev./jul. 2018.

SALOMÃO FILHO, Calixto. *Direito concorrencial.* São Paulo: Malheiros, 2003.

SALOMÃO FILHO, Calixto. *O novo direito societário*. São Paulo: Malheiros, 2002.

SANCHES, Samyra Haydêe Dal Farra Naspolini; SILVEIRA, Vladmir Oliveira da. A função sociosolidária da empresa privada e o desenvolvimento sustentável. *In:* SILVEIRA, Vladimir Oliveira da; MEZZAROBA, Orides; SANCHES, Samyra Haydêe

Dal Farra Naspolini; COUTO, Mônica Bonetti (org.). *Empresa, funcionalização do direito e sustentabilidade:* Função sociosolidária da empresa e desenvolvimento. Curitiba: Clássica, 2013, p. 109-127.

SANDEL, Michael. *O que o dinheiro não compra:* os limites morais do mercado. Rio de Janeiro: Civilização Brasileira, 2012.

SAPELLI, Giulio. *Morality and Corporate Governance*: Firm Integrity and Spheres of Justice. Milan: Springer, 2013.

SARLET, Ingo Wolfgang. Direitos fundamentais e direito privado: algumas considerações em torno da vinculação dos particulares aos direitos fundamentais. *In*: SARLET, Ingo Wolfgang (org.). *A Constituição concretizada*. Porto Alegre: Livraria do Advogado, 2000, p. 107-163.

SARLET, Ingo Wolfgang. *A eficácia dos direitos fundamentais*: uma teoria geral dos direitos fundamentais na perspectiva constitucional. Porto Alegre: Livraria do Advogado, 2018.

SARLET, Ingo Wolfgang; FENSTERSEIFER, Tiago. *Direito Constitucional Ecológico*: Constituição, Direitos Fundamentais e Proteção da natureza. São Paulo: Thomson Reuters, 2021.

SARMENTO, Daniel. *Dignidade de Pessoa Humana:* conteúdo, trajetórias e metodologia. Belo Horizonte: Fórum, 2016.

SARMENTO, Daniel. A vinculação dos particulares aos direitos fundamentais. *In:* SARMENTO, Daniel. SARLET, Ingo Wolfgang (org.). *Direitos Fundamentais no Supremo Tribunal Federal*: balanço e crítica. Rio de Janeiro: Lumen Juris, 2011.

SARMENTO, Daniel. *Direitos fundamentais e relações privadas*. Rio de Janeiro: Lumen Juris, 2004.

SARMENTO, Daniel. *Direitos fundamentais e relações privadas*. Rio de Janeiro: Lumen Juris, 2004.

SARMENTO, Daniel. O princípio republicano nos 30 anos da Constituição de 88: por uma República inclusiva. *In:* BARROSO, Luís Roberto; MELLO, Patrícia Perrone Campos (org.). *A República que ainda não foi:* trinta anos da Constituição de 1988 na visão da escola de direito constitucional da UERJ. Belo Horizonte: Fórum, 2018.

SARMENTO, Daniel; SOUZA NETO, Claudio Pereira de. *Direito Constitucional*: Teoria, história e métodos de trabalho. Belo Horizonte: Fórum, 2013.

SCHREIBER, Anderson. Marco Civil da Internet: avanço ou retrocesso? A responsabilidade civil por dano derivado do conteúdo gerado por terceiro. *In*: DE LUCCCA, Newton *et al. Direito e Internet III*, Tomo II: Marco Civil da Internet (Lei nº 12.965/14), São Paulo: Quartier Latin, 2015.

SCHREIBER, Anderson; KONDER, Carlos Nelson. Uma agenda para o Direito Civil-Constitucional. *Revista Brasileira de Direito Civil,* Rio de Janeiro, v. 10, p. 9/27, out./dez. 2016.

SERPA, Daniela Abrantes Ferreira; FOURNEAU, Lucelena Ferreira. Responsabilidade social corporativa: uma investigação sobre a percepção do consumidor. *Revista de Administração Contemporânea — RAC*, v. 11, n. 3, p. 83-103, jul./set. 2007. Disponível em: https://www.scielo.br/j/rac/a/8qyLFBVV4FvyKqDKQWsZSrc/?format=pdf&lang=pt. Acesso em: 20 set. 2023.

SHAFIK, Minouche. *Cuidar uns dos outros*: um novo contrato social. Rio de Janeiro: Intrínseca, 2021.

SILVA, José Afonso da. *Curso de direito Constitucional Positivo*. São Paulo: Malheiros, 2004.

SILVA, Virgílio Afonso da. *A constitucionalização do direito*: os direitos fundamentais nas relações entre particulares. São Paulo: Malheiros, 2005.

SKINNER, Quentin. The state. *In*: BALL, Terence; FARR, James; HANSON, Russell L. *Political Innovation and conceptual change*. Cambridge: University Press: Cambridge, 1995. p. 90-131.

SMITH, Lise; BRIGHT, Claire *et al*. *Study on due diligence requirements through the supply chain*: final report. Serviço das Publicações, 2020. Disponível em: https://data.europa.eu/doi/10.2838/39830.

SOUTO, Marcos Juruena Villela. *Direito Administrativo Regulatório*. Rio de Janeiro: Lumen Juris, 2002.

SOUZA, Ana Luiza Gama e. *Responsabilidade das Corporações Transnacionais do Setor Agro-Bioquímico-Alimentares e as sementes Roudup Ready da Monsanto no mercado brasileiro:* para além das obrigações negativas. *In:* Compilação dos artigos selecionados para o Seminário sobre Empresas e Direitos Humanos: reflexões e contribuições para uma agenda nacional. Brasília: Ministério da Mulher, da Família e dos Direitos Humanos, 2019.

STEINMETZ, Wilson Antônio. *Vinculação dos particulares aos direitos fundamentais*. São Paulo: Malheiros, 2005.

SUSTEIN, CASS R. *Laws of Fear*: Beyond the Precautionary Principle. Cambridge: Cambridge University Press, 2005.

SZTAJN, Rachel. *Teoria jurídica da empresa*. São Paulo: Atlas, 2004.

TEPEDINO, Gustavo. *Temas de Direito Civil*. Rio de Janeiro: Renovar, 2008.

TEUBNER, Gunther. Autoconstitucionalização de corporações transnacionais? Sobre a conexão entre os códigos de conduta corporativos (Corporate Codes of Conduct) privados e estatais. *In*: SCHWARTZ, Germano (org.). *Juridicização das esferas e fragmentação do direito na sociedade contemporânea*. Porto Alegre: Livraria do Advogado, 2012. p. 109-126.

TORRES, Ricardo Lobo. *Tratado de direito constitucional financeiro e tributário, vol. II* – valores e princípios constitucionais tributários. Rio de Janeiro: Renovar, 2005.

TRINDADE, Antônio Augusto Cançado. Desafios e Conquistas do Direito Internacional dos Direitos Humanos no Início do Século XXI. *In:* MEDEIROS, Antônio Paulo Cachapuz de (org.). *Desafios do Direito Internacional Contemporâneo*: Jornadas de Direito Internacional Público no Itamaraty. Brasília: Funag, 2007.

VENOSA, Silvio de Salvo. *Direito Civil:* teoria geral das obrigações e teoria geral dos contratos. São Paulo: Atlas, 2003.

WALSH, Catherine; MIGNOLO, Walter; GARCÍA LINERA, Álvaro. *Interculturalidad, descolonización del Estado y del conocimento*. Buenos Aires: Signo, 2006.

WEBER, Max. *Ensaios de Sociologia*, 1982.

WETTSTEIN, Florian. *Multinational Corporations and Global Justice*: Human Rights Obligations of a Quasi-Governmental Institution. Stanford: Stanford University Press, 2009.

ZANITELLI, Leandro Martins. Corporações e Direitos Humanos: o debate entre voluntaristas e obrigacionistas e o efeito solapador das sanções. *SUR — Revista Internacional de Direitos Humanos*, São Paulo, v. 8, n. 15, p. 37-57, dez. 2011.

ZANITELLI, Leandro Martins. Corporações e direitos humanos: o debate entre voluntaristas e obrigacionistas e o efeito solapador das sanções. *SUR — Revista Internacional de Direitos Humanos*, São Paulo, v. 8, n. 15, p. 37-57, 2011.

ZHANG, Liping; SCHIMANSKI, Silvana. *Cadeias globais de valor e os países em desenvolvimento*. Disponível em: https://repositorio.ipea.gov.br/handle/11058/5322. Acesso em: 19 ago. 2023.

ZUBIZARRETA, Juan Hernández; RAMIRO, Pedro. *Against the "Lex Mercatoria"*: proposals and alternatives for controlling transnational corporations. Madrid: OMAL, 2016.

Esta obra foi composta em fonte Palatino Linotype, corpo 10
e impressa em papel Pólen Bold 70g (miolo) e Supremo 250g (capa)
pela Formato Artes Gráficas.